·新闻与传播系列教材·

比较新闻学：
方法与考证（修订版）

张威 著

清华大学出版社
北京

内容简介

本书是国内中西比较新闻学领域中与国际研究接轨的首部考证型专著。它在大文化研究的框架下对西方和中国的新闻学诸范畴做出了翔实的考察，重点探讨了比较新闻学的定义、历史沿革、研究现状和展望。全书分为上、下两篇，上篇是对中西新闻理论异同的宏观考察，下篇是根据大量的新闻实践和案例比照上部的理论进行诠释。全书信息丰富、旁征博引，重视第一手资料，流畅易读。

版权所有，侵权必究。举报：010-62782989，beiqinquan@tup.tsinghua.edu.cn。

图书在版编目（CIP）数据

比较新闻学：方法与考证/张威著．—修订版．—北京：清华大学出版社，2013（2024.8 重印）
（新闻与传播系列教材）
ISBN 978-7-302-34379-0

Ⅰ．①比⋯　Ⅱ．①张⋯　Ⅲ．①比较新闻学－高等学校－教材　Ⅳ．①G210

中国版本图书馆 CIP 数据核字（2013）第 260148 号

责任编辑：纪海虹
封面设计：傅瑞学
责任校对：宋玉莲
责任印制：曹婉颖

出版发行：清华大学出版社
网　　址：https://www.tup.com.cn, https://www.wqxuetang.com
地　　址：北京清华大学学研大厦 A 座　　　邮　编：100084
社 总 机：010-83470000　　　邮　购：010-62786544
投稿与读者服务：010-62776969，c-service@tup.tsinghua.edu.cn
质量反馈：010-62772015，zhiliang@tup.tsinghua.edu.cn

印 装 者：涿州市般润文化传播有限公司
经　　销：全国新华书店
开　　本：185mm×235mm　　　印　张：22.25　　　字　数：440 千字
版　　次：2013 年 12 月第 1 版　　　印　次：2024 年 8 月第 6 次印刷
定　　价：68.00 元

产品编号：054172-03

对"西方"概念的诠释

本著作中的比较新闻学是指在中国和西方框架下的新闻理论和新闻实践的综合比较研究:在本质上,它是一项东方与西方、社会主义与资本主义的跨文化研究。

文化意义上的"西方"是一个抽象的概念,随着历史的演进,它的地理意义早已模糊了,而它的政治的、经济的、文化的、意识形态的意义却日益凸显出来。到了19世纪末期,随着资本主义在世界各地的建立,这个概念的意义已经稳定建立在以欧美资本主义模式和价值观念为代表的文化这样一个层面上。20世纪后期,随着全球化的发展,资本主义在政治、经济、文化方面更加紧密地联系在一起,"西方"概念的这种抽象就稳固下来。有一种意见认为,西方文化就是希腊、罗马的传统加上后来整合进去的基督传统,经文艺复兴、宗教改革与启蒙运动而在近几百年来大盛于西欧、北美的文化系统。①

然而,"西方"这个概念又是具体的。仔细分析一下,英国文化并不等于美国文化,意大利文化不等于法国文化。德国当代传媒研究者霍夫曼认为,客观主义这个概念,德国有德国的看法,英国有英国的见解,挪威有挪威的诠释,其中的差别还是比较显著的。②

尽管如此,人们还是可以断定:英国、美国、德国、挪威等国家同属西方资本主义世界,这是由它们在政治、经济、文化诸方面的趋同性所决定的。从英国嫡出的澳大利亚尽管地理位置不在西方,但它的文化传统、精神气质、政治经济方面完全属于西方世界,是和西方文明一脉相承的。事

---

① 李慎之、何家栋:《中国的道路》,66页,广州,南方日报出版社,2000。
② See John Martin and Anju Grover Chaudhary (eds.). Comparative Mass Media Systems, London: Longman Inc., 1985.

实上，西方所有的成员国都是链条上的一个环节，正是这些环节组成了整个西方链条。

人们习惯上的思维定式是：美国＝西方，西方＝美国，其实这是相当不严谨的。西方文化的主要来源古希腊文明和基督教没有一个是美国的产品。尽管美国在全球的政治经济地位使其足以充任当代西方的典型代表，但美国还是无法取代西方世界的其他国家。而且，美国的极端膨胀、激进都使其具有特异另类之嫌。相对来说，英国、法国、德国、意大利、澳大利亚、加拿大等国家却有着相同的资本主义国家的历史发展稳定性。

本著作中的西方是指以英国、美国、澳大利亚文化为主流的、使用英语的资本主义"文化西方"，它一般不包括非英语的西方国家。做这样的界定主要是因为，由于语言隔膜的问题，本著作没有涉及非英语西方国家的第一手信息资料，这些国家包括德国、日本、法国、挪威、瑞典、意大利等。近年来，一些比较新闻学研究动辄使用"中西"的巨大标题，但那"西"的盛名之下却藏着几分暧昧。有的中西研究的"西"，内容实际只涉及美国一家，还不如干脆叫"中美比较新闻学研究"来得明白。正如美国华裔学者许倬云指出的：

> 中国人讨论西方文化时，常常笼笼统统以"西方"二字概括一切，忽略了欧美地区文化内涵的复杂性，也无视于西方世界在近百年来本身经历的种种变化。①

在本著作中的澳大利亚新闻学是作为西方新闻学比较坐标之一出现的，这样做并非出于偶然。作者长期在澳洲从事澳大利亚报刊研究，涉足其新闻媒体，对研究对象有着较直接、较系统的体验。作者希望第一手的资料和经验有助于本研究的鲜活和精确。

新闻学危机

重现新闻学的内在价值是本书的一个目的。

21世纪伊始，许多人痛感新闻学危机。

新闻学是什么？传播学又是什么？它们之间有何种联系和区别？在新媒体时代，当新闻（Journalism）变成传媒（Media）之后，一些学者认为，它已经失去了原有的存在理由，新闻已经不再是探讨人的社会实践，而变成了另一种哗众取宠的商品。哥伦比亚大学新闻学院教授卡莱（James W. Carey）认为美国新闻教育多有可指摘之处，其错误就在于将新闻视为传媒。卡莱在其论文《新闻教育错在何处？》中提出三个原则：1. 新闻或新闻教育不能和广告、传媒、公关或广播视为一体；2. 作为一种独特的社会实践，新闻不能和媒体及传播混淆；3. 新闻是民主的另一个名字——没有民主就没有新闻。② 卡莱认为，新闻教育本应该属于人文学科或有人文味的社会学科，而不是科技；新闻的主要对象是人和其社会环境，而传媒至多只不过是一种传达意义的工具、科技、组织结构，如果把新闻当作

---

① 许倬云：《中国文化与世界文化》，205页，贵阳，贵州人民出版社，1991。
② 李欧梵：《新闻危机》，载《21世纪环球报》，2002-06-14。

传媒,就等于"把鱼的故事和鱼"混为一谈。学者李欧梵指出,商品的生产和消费是以市场为出发点的,所以报纸的销量和电视的收视率成为媒体关注的目标,而不是社会和人生。李欧梵认为,目前要廓清几个问题:新闻到底是什么?它在社会领域的角色和地位是什么?新闻所处的社会环境是否尊重新闻?新闻和媒体的关系是什么?新闻媒体的急速转变——从印刷转向视觉网络造成了广泛的人文危机。发掘新闻学的内在价值是本书的一个目的。①

最近10多年来,随着传播学被引进到中国,新闻学被忽视了。对时髦的传播学,一大批学者趋之若鹜,研究新闻学似乎成了件落伍的事情。人们甚至还没有完全读懂它就准备弃之而去。但是,新闻学的独立价值是不会被埋没的。正如美国《纽约时报》前总编基恩·罗伯特所言:

> 人文学科,如文学和历史是新闻学的天然伙伴,更贴近新闻实践和媒体实践。而从社会科学派生出来的分支学科——传播学对新闻实践没有密切联系和实际意义。新闻学与传播学的"聚合"或新闻学"陷进"传播学,制约了新闻学价值的张扬和个性的发展。②

和基恩有同感的美国学者不在少数,他们认为,新闻传播学教育正在掉进传播学的陷阱里,或掉进应用传播学金钱的陷阱里,二者都走进了一个远离新闻学真谛的真空世界。有人甚至认为,新闻毕业生质量的下降应归罪于"大众传媒理论课程"和教员中拥有传播学博士学位人数的增加。新闻的核心价值和职业道德是新闻工作者从业的基础……由于大学教育中对传播学的强化和对新闻学的弱化,新闻的核心价值正在受到损害。③

在21世纪之初,一些中国学者试图重建新闻学价值,他们呼吁人们要学习和研究新闻学的精髓——系统地收集分析和传播信息的能力,讲求新闻的真实性、公正性、全面性以及新闻的专业经验。一些新闻学教授认为,由于新闻学和传播学的混淆,新闻学教育正在失去灵魂,因为在某些院系,新闻学的核心课程正在沦为选修课。然而,新闻学和传播学在培养人的方向上是根本不同的。前者是为社会和公众培养有社会责任感的"无冕之王",而后者是为各种利益集团服务的。④

其实何止是新闻学,近10年来,整个教育界都表现出一种失重现象。韩德强博士在他的反潮流著作《碰撞》中坦率地指出,中国的教育在某些方面是失败的,这种失败首先表现在学生对核心科技知识的冷落上。韩认为:20世纪80年代初,社会上流行"学好数理化,走遍天下都不怕",但后来热点又转向管理、财会、外贸、法律、计算机、外语类专业,几

---

① 李欧梵:《新闻危机》,载《21世纪环球报道》,2002-06-14。
② 李希光:《新闻学核心》,73页,广州,南方日报出版社,2002。
③ 李希光:《新闻学核心》,77页,广州,南方日报出版社,2002。
④ 李希光:《新闻学核心》,69页,广州,南方日报出版社,2002。

乎所有的硕士、博士入门考试似乎主要是在考外语,水利、地质、农林、机械、材料、物理、数学等最需要一流智力和创造力的专业常常只能招到中下等生源。① 但是,在人类科技进程中的决定因素还是数、理、化这些基本学科。这个道理对新闻传播学同样适用,此间并无贬低人们对传播学的热情之意,但新闻学是基础、是源泉则是毋庸置疑的。本书以一些传统新闻学的基本课题为论题,其中包括新闻理念、新闻报道方式、新闻属性等,这实际是对重建新闻学价值的一种呼应和积极支持。与此同时,新闻学的派生专题,如新闻道德、新闻法律等在本书中没有专门论及。

本著作的构架和方法的侧重

本书以引言"比较与交流:中国的两次革命"开篇,其中主要是从中西交流史的角度审视文化比较在文明发展中、特别是在中国现代化进程中的作用,意在为全书提供一个宏大的背景和坚实的基础。长期以来,这个背景被一些中西比较新闻学学者们所忽视,由于没有文化的底蕴,两种新闻的比较就不能摆脱苍白、单薄、脆弱的毛病。引言展示了文化比较在东西方文明相互交流中的历史作用,将文化比较提到"中国现代化进程的有力杠杆"这一高度,以期引起人们对文化比较的足够重视。

上篇"比较新闻学的宏观视野"

第一章的主题是讨论比较新闻学的方法论,是对这门新兴学科的概念、界定、范畴、特征等方面的系统叙述和诠释。比较新闻学是一门尚在发展的、年轻脆弱的新闻边缘学科,到目前为止,无论东方还是西方,无论中国还是澳大利亚,比较新闻学都还没有总结出属于自己的稳定的术语、概念、范畴和方法,而这些恰恰是一个学科得以建立的标志。本研究试图填补这个空白。在方法论上,作者在肯定传统比较文学中的影响研究、平行研究、科际整合等方法对比较新闻学发生极大作用的同时,对历史的、文化的、理论辨析的、对话的、个案研究的范畴加以诠释,认为它们已成为比较新闻学研究的一般方法,因此,本章的讨论具有构建和完善学科的重大意义。

中国比较文学自19世纪末20世纪初发端,经过改良派严复、梁启超等人引进西学,新文学运动健将胡适、李大钊等人为之鼓吹,王国维、鲁迅、茅盾、吴宓、朱光潜等人的鼎力助威而一度发展迅速,但在1949年后却陷入万马齐喑的局面。20世纪70年代以后,在国际"冷战"终结的大背景下,比较文学突然异峰突起,涌现出三次浪潮:"文革"之后,以钱钟书、杨周翰、季羡林、李赋宁为首的学者是比较文学复兴后的首批开拓者,随后乐黛云、钱中文、饶芃子、陈惇等专家又形成了第二梯队,近年来,更年轻的学人辈出,正是这三

---

① 韩德强:《碰撞:全球化陷阱与中国现实选择》,263页,北京,经济管理出版社,2000。

个梯队,将中国比较文学推上了世界舞台。比较文学在我国大学中已经建立了从硕士到博士的完整学术体系;研究者们撰写的学术著作内容已经几乎涵盖比较文学学科的所有层面,突破了"法国学派"、"美国学派"和西方中心主义的樊篱,显示出以中国文化为教养的文化精神和方法论特征。此外,中国比较文学学者积极参加国际比较文学的重大活动,已经进入了与国际学术对话的行列。① 所有这些都对中国的比较新闻学界具有启迪和示范作用。

引进比较文学方法论以加快比较新闻学研究步伐基于这样一个依据:"比较文学的原理和比较、综合的方法也适用于人文科学和社会科学的其他学科,对人文科学来说,尤其重要。"② 本章明确将比较新闻学置放在跨文化研究的范围内,强调比较新闻学对比较文学方法论的借鉴,从而拓开了一个新视野,突破了传统比较新闻学多年来徘徊不前的凝滞局面。

第二章"比较新闻学的历史、现状与难题"主要针对中西比较新闻学的发展脉络进行历史梳理。本章追溯了自20世纪初从西方发端的比较新闻学的萌芽,沿着时间的路径平行回顾了西方和中国比较新闻学的发展,评点了该领域中一些值得注意的理论著述,提出之所以比较新闻学多年来停滞不前、毫无生气,原因就在于学术问题意识形态化、东西方彼此之间做了简单化的观照。本章还分析了文化相对主义、西方中心论、妖魔化等思潮,提出在全球化的条件下,东西方比较新闻学要破除敌意,平等对话,互识互补,走和而不同的道路。

第三章"比较新闻学与文化误读"是对阻碍比较新闻学正常发展的文化误读做进一步剖析。误读(Misunderstand)是认知活动中的一种普遍现象,这里指一种文化在解析另一种文化时出现的错误理解和评估。误读可能是有意的也可能是无意的;不同的意识形态、相异的文化背景或粗疏都可能是造成误读的原因。误读的后果为远离事物的本来面目,堕入谬误泥沼,误读在大众传播中的消极性是显而易见的——误报、妄加评估、在新闻报道中的主观介入以及对事实的歪曲会加深不同文化之间的鸿沟。避免误读是促进两种文化进行正常交流的必要条件,它要求人们以一种富于理解的心态,详尽地占有事实,准确地进行分析。这些对比较新闻学都有提示的作用。

第四章"比较新闻学的社会因素"探讨政治和文化是如何影响新闻风貌的。在中西新闻比较时,如果简单地将两种新闻现象放在一起衡量,得出结论,就可能会误入歧途;离开了政治制度和文化传统的基础去侈谈客观性、新闻自由、真实性、舆论监督等概念就无异于求无本之木、无源之水。

政治和文化原本是一个庞大而复杂的题目,本章的讨论不在于求全,而在于提供一些可资参照的视角。本章中的政治因素是指政治制度赋予新闻形式的某种规定性;本章中的文化因素是指文化传统对新闻形式的某种渗透和影响。一定社会制度下的政治和文化

---

① 严绍璗:《中国比较文学的现状与未来》,载《中华读书报》,2000-05-10。
② 李赋宁:"序",见乐黛云等:《比较文学原理新编》,11页,北京,北京大学出版社,1998。

决定一定的新闻观念、样式、内容和风貌,对政治和文化的因素进行鉴别在比较新闻学中具有提纲挈领的作用。

本书的下篇"比较新闻学的聚像关注"着重讨论中西新闻理论和实践的趋同性、交叉性与悖逆性。在新闻概念的某些理论方面,双方具有一定的趋同性,比如新闻的定义、新闻价值以及新闻的功能。然而,在实际运作方面,中西新闻之间的悖逆性却是普遍的、巨大的,具体表现在双方相似的理论申明和不同的实践以及双方不同的理论申明和不同的实践上。在中西新闻理论方面历来有一些纠缠不清、似是而非的问题,本篇的重点就在于廓清这些问题。

在一个世纪的洗礼中,中西新闻理论经过了多次碰撞和磨合,到20世纪90年代,在一些基本概念方面显示出一种融合的趋势。从源和流的关系来看,西方新闻学研究在先,中国新闻学研究在后,考察这些基本概念的冲突、融合与变异是比较新闻学研究的出发点之一。第五章"'新闻'作为一种概念"讨论了中西双方在新闻、新闻价值、新闻的功能诸方面的趋同性。第六章"信息流动:怎样面对挑战"着重检视了中西双方都趋向一致的新闻最重要的功能——"告知"(inform)在实践中的变异和三大障碍。第七章"媒介威权与引导舆论"探讨的是媒介影响研究问题,通过实例透视两个世界中的媒体如何对受众释放影响。第八章"客观性、阶级性和宣传"试图诠释中西在新闻理论属性方面重大的原则分歧,虽然这些话题都是老生常谈、耳熟能详,但由于它们的重大性和人们对其理解的纷乱,仍然有必要做进一步梳理。

从第九章起进入新闻实务研究,其中包括第九章"硬新闻和软新闻的界定及其依据"、第十章"正面报道和负面报道"、第十一章"典型报道:中国当代新闻业的独特景观"、第十二章"调查性报道的沉浮"等专题。本部分不仅显示了中西之间在新闻实践方面的不同,而且从较深的层面上发掘了形成二者不同风格的原因。作为正面报道最高形式的典型报道是中国新闻的独特景观,但在西方新闻报道中,它是一种缺失的样式。它为什么在西方缺失?它怎样在中国兴起、发展和衰落?它未来的命运如何?本部分都作出了解答。本部分还讨论了负面报道的最高形式——调查性报道在西方与中国的历史命运。作为一种新闻报道样式,调查性报道具有其特定的历史背景和含义,它于20世纪70年代在西方兴起,至今仍然如火如荼并领导着西方新闻报道的潮流。调查性报道在中国一直命运不济,但在20世纪后期直至现在却几次异军突起。中西调查性报道之间的联系和区别是本部分考察的重点。

本著作选择报业作为研究对象,不仅因为报纸是起源最早的新闻媒介,也因为报纸比电视、广播、网络更具有稳定性和记录性。报业经过几百年的发展,已经进入了非常成熟的时期,它的历史的必然性和偶然性已经昭显得异常清晰。国际比较新闻界多以报纸为比较对象,也是考虑到报纸的相对稳定性。在西方,报纸、广播、电视之间的所有权是有区别的。报纸是受官方限制最少的媒体,对广播、电视或其他电子媒介,政府是有所控制的。应当指出的是,报业发展的原理对其他形式的媒体来说也是通用的。

本书选择的一些比较话题特别注重对那些似是而非问题的廓清,不求笼统、囊括一切,但求精当、有的放矢。在方法上,本著作的着眼点不仅注重展示理论是怎样说的,而且注重检视媒体实际是怎样运作的,尤其注意揭示一种异化的规律,比如,尽管新闻自由是西方思想家首先提出来的,是西方媒体奉为神明的宗旨,但当代的西方媒体却不由自主地陷入了一种垄断即限制新闻自由的怪圈;再比如,尽管中国的土壤本质上并非产生调查性报道的沃土,然而,这种发端于美国的新闻报道形式却在新世纪之交的中国发展得势头迅猛。新闻中的异化是作为一个值得注意的历史趋势进入本书视野的。

简单的比附是本书力求摆脱的。中西新闻学之间虽有极大的区别,但其中的联系却也是千丝万缕。本书主要聚焦中西新闻学的主流观点,并将它们作为分析、实证的样本,但同时也注意到双方一些非主流的、具有批判性的观点。比如,一般来说,当代西方报业主流否认新闻的阶级性、推崇报道的客观性,但一些西方媒体批评家特别是马克思主义学派的左翼批评家却一直试图揭示新闻的阶级性、质疑新闻的客观性。一般来说,西方新闻学中的客观性是遭到中国主流媒体贬斥的,但自20世纪90年代以来,一些新生代学者却不断诠释客观性,为其申辩,将其当作新闻专业主义(Professional Journalism)的一个明显标志。这种复杂的非单一性的情况在本书中得到了关注。

本书力图将迟滞的比较新闻学推进到一个新境界,即跨文化研究的境界。所谓的"新"也大抵是构建在这个意义上的。

本书在方法论上强调原典性研究,即展示 Original Evidence。这种在西方学术研究中普遍采用的方法,其基础之一就是在分析、证明时要援引原始材料,而尽量不使用二手资料;引用时避免断章取义、曲解和各取所需的情况发生。北京大学比较文学学者严绍璗教授是原典性研究的热心提倡者。他提出了原典性研究的五个层次,其中首先强调"确证相互关系的材料的原典性"原则。该原则包括两个层面:一是指"作为研究的材料,对研究的客体(对象)来说必须具有'原典性'。一是指作为'研究的材料'必须是本国或本民族的材料,即作为论证中具有主体意识的材料必须是母语文本材料"。[①]

将比较新闻学当作一门科学来研究是本书的追求。但由于种种原因,书中的分析还远未到位,这倒是作者事先就预测到的。一个人的思想和表达往往难以突破时代与社会的框框。报人范敬宜推崇京剧艺术家盖叫天的功夫,说他到了晚年,仍然可以在一张八仙桌下打完一套猴拳而不碰桌子腿,可谓是炉火纯青。[②] 那就让我们从盖叫天身上多汲取一

[①] 严绍璗:《"原典性的实证研究"的方法论问题》,见北京大学比较文学与比较文化研究所编:《多边文化研究》,64~65页,北京,新世界出版社,2001。

[②] 刘鉴强:《如果有来世,还是做记者——范敬宜当新闻记者的修养》,载《新闻记者》,2002(6)。

些营养吧。我们毕竟处在一个前进的时代。本书中的一些遗憾当有后来者弥补。

写作本书的契机和致谢

本书的写作契机可以追溯到 1986 年,当时,作者作为英语新闻周刊《北京周报》的一名记者,正在新华社"汤姆森基金会——国际英语新闻写作中心"接受训练。执教的老师多为英国路透社的资深记者。我的一些不成熟的稿子曾经得到过老师的好评,那些作为范例的英语新闻使我着迷,并激发起我对新闻理论的探究。若干年后,我得以在澳大利亚悉尼理工大学攻读新闻学,由于我的中国背景,我的主任导师(Principal Supervisor)、澳大利亚著名新闻史专家科萨斯(Professor Ann Curthoys)教授鼓励我做比较新闻学研究,我就这样走上了比较新闻学之路。我先后有两部比较新闻学的英文著作问世,其中一部是博士论文,反响还不错,于是,当我回国之后,我就试图撰写一部中文的比较新闻学著作。所以,我首先要感谢的就是我当年的主任导师、曾任澳大利亚国立大学(ANU)传媒与历史研究系主任的科萨斯教授。

我的第二导师、国际著名汉学家、悉尼大学文学院副院长梅葆•砾教授(Professor Mabel Lee)也是我要感谢的一位学者,她是我攻读比较文学硕士学位时期的主任导师,也是我开始研究西方社会科学的首位领路人。她的严格要求使我一踏上治学之路就站在了一个相当的高度。我对她的教诲至今不敢忘却,是她强有力的推荐使我能够在众多竞争者中获取奖学金,从而使我的博士研究成为可能。我的第三导师汉缪顿教授(Professor Paula Hamilton)对我在西方传播理论和澳大利亚报刊史方面的指导也使我受益终生,我对她抱有同样的感激。

15 年前,当我的博士论文付梓时,我在扉页上写道:"此书献给我的儿子 Yi,因为这本书,父亲不得不丢下儿子,在大洋彼岸苦读",我离开 Yi 时,他才两岁,我对儿子深表歉意;5 年后,当此书初版时,儿子已经长大了,但我还是要对他深表歉意,因为我们相处的时间并不多。看来,一名学者,一旦踏上了"贼船"是很难回头的。此外的启示是,一名西方学者很少会陷入我辈这种境地,多年浪迹天涯的实践表明,一名中国学者哪怕是想做出一点微小的探索都要付出太多的艰辛,有时甚至是牺牲亲情,也许,当我们还没有动手做中西文化比较时,比较就已经开始了。

但我欣喜地看到,在 21 世纪,东风已在与西风融合与较量中越来越强劲。

张　威

2002 年 9 月初稿于南京大学
2013 年 7 月修订于山东大学(威海)

目录

自序　I

引言　比较与交流：中国的两次革命　1

　　一、东西方文化交流的不平衡 …………………………………… 1
　　二、文化比较：中国的第一次革命(1840—1920) …………… 12
　　三、文化比较：中国的第二次革命(1978—　) ……………… 15

上篇　比较新闻学的宏观视野——方法、难题及其他因素

第一章　比较新闻学的界定、依据和研究方法　23

　　一、关于界定 ……………………………………………………… 23
　　二、比较新闻学学科产生的条件 ………………………………… 26
　　三、比较新闻学的可比性问题 …………………………………… 29
　　四、比什么？怎么比？——比较新闻学的内容和一般方法 … 34
　　五、比较新闻学学者应具备的素质 ……………………………… 42

第二章　比较新闻学的历史、现状与难题　46

　　一、中西百年比较新闻学发展回顾 ……………………………… 46
　　二、比较的难题之一：意识形态阴影下的学术领域 …………… 50
　　三、比较的难题之二：简单化倾向 ……………………………… 54
　　四、比较的难题之三：西方中心论与妖魔化中国 ……………… 59
　　本章小结 …………………………………………………………… 63

第三章 比较新闻学与文化误读　64

　　一、误读是文化交流中的普遍现象 …………………………………… 64
　　二、两种误读方式 …………………………………………………… 67
　　三、中美记者眼中的新闻理念 ……………………………………… 75
　　本章小结 ……………………………………………………………… 80

第四章 比较新闻学的社会因素　81

　　一、政治因素在比较新闻学中的意义 ……………………………… 81
　　二、文化传统在比较新闻学中的意义 ……………………………… 91
　　本章小结 ……………………………………………………………… 102

下篇　比较新闻学的聚像关注——中西新闻理论和实践的趋同与悖逆

第五章 "新闻"作为一种概念　107

　　一、划分世界传媒体系 ……………………………………………… 107
　　二、"新闻"是什么 …………………………………………………… 111
　　三、"新闻价值"：理论同一与实践悖谬 …………………………… 117
　　四、新闻的社会功能 ………………………………………………… 121
　　本章小结 ……………………………………………………………… 128

第六章 信息流动：怎样面对挑战　129

　　一、为信息自由流动而斗争的实践 ………………………………… 129
　　二、"完全信息"和"全面告知" ……………………………………… 131
　　三、对"全面告知"的挑战 …………………………………………… 133
　　四、影响信息流动的因素之一：权力 ……………………………… 134
　　五、影响信息流动的因素之二：媒体决策者 ……………………… 147
　　六、影响信息流动的因素之三：自我审查 ………………………… 155
　　本章小结 ……………………………………………………………… 160

第七章 媒介威权与引导舆论　161

一、谁在设置议程 …………………………………………………… 161
二、舆论监督与"守望犬"(Watch Dog) …………………………… 164
三、关于中国舆论监督的定义 ……………………………………… 167
四、引导舆论与说服(Persuasion) ………………………………… 171
五、公开引导和潜在引导 …………………………………………… 175
六、个案研究 ………………………………………………………… 182
本章小结 ……………………………………………………………… 185

第八章 客观性、阶级性和宣传　187

一、客观性与阶级性的相互缠绕 …………………………………… 187
二、多重理解 ………………………………………………………… 190
三、客观报道与中国 ………………………………………………… 195
四、仅仅是一个"不死的神" ………………………………………… 197
五、客观性与国家利益 ……………………………………………… 200
六、宣传：褒还是贬 ………………………………………………… 202
本章小结 ……………………………………………………………… 204

第九章 硬新闻与软新闻的界定及其依据　205

一、硬新闻与软新闻的区分 ………………………………………… 205
二、理论误区 ………………………………………………………… 207
三、误区探源 ………………………………………………………… 209
四、硬新闻和软新闻的界定及其依据 ……………………………… 212
本章小结 ……………………………………………………………… 221

第十章 正面报道和负面报道　222

一、正面报道和负面报道的特点 …………………………………… 222
二、负面报道的普世性 ……………………………………………… 225
三、一般报道 ………………………………………………………… 225

四、负面报道的理论依据和实践 …………………………………… 226
　　五、负面报道的中国脉络 …………………………………………… 233
　　六、正面报道的理论依据和实践 …………………………………… 235
　　七、社会问题：中国报道的新视点 ………………………………… 242
　　本章小结 ……………………………………………………………… 244

第十一章　典型报道：中国当代新闻业的独特景观　246

　　一、文献研究 ………………………………………………………… 246
　　二、渊源和苏联的实践 ……………………………………………… 248
　　三、中国的典型报道：源起和膨胀 ………………………………… 251
　　四、典型报道的实质 ………………………………………………… 255
　　五、典型报道的特征 ………………………………………………… 258
　　六、典型报道产生的土壤 …………………………………………… 263
　　七、典型报道的式微和某些新趋势 ………………………………… 265
　　本章小结 ……………………………………………………………… 269

第十二章　调查性报道的沉浮　270

　　一、黑幕揭发运动——调查性报道的先声 ………………………… 271
　　二、调查性报道异峰突起 …………………………………………… 273
　　三、调查性报道的狭义和广义 ……………………………………… 283
　　四、中国：艰难的起步 ……………………………………………… 286
　　五、调查性报道的软着陆 …………………………………………… 288
　　六、中国调查性报道的杰出实践者 ………………………………… 291
　　七、挑战与机遇 ……………………………………………………… 301
　　本章小结 ……………………………………………………………… 316

结论 ………………………………………………………………………… 321

后记 ………………………………………………………………………… 323

主要参考文献 ……………………………………………………………… 325

比较与交流：中国的两次革命

世界到了全球化的今天，我们可以肯定地说，一个民族的发展是和比较、交流紧密相连的，或者更严格地说，当人类进入诸文明并存的时代，一个民族的发展离不开对他民族的比较与交流——这是因为，比较乃一切认知的基础，而文化交流则是推动人类社会前进的主要动力之一。

比较新闻学首先是一种跨文化研究，考察中西文化交流的历史趋势对于全面了解比较新闻学具有直接的借鉴意义。一代宗师季羡林在解析比较文学时说：

> 文学是文化的一种表现形式。讲比较文学而不讲比较文化，无论如何也是十分困难的。我个人甚至认为，离开了对中西文化异同的探讨，而侈谈比较文学，必然搔不到痒处，必不能探骊得珠，甚至必然会南辕而北辙。不管你用的话语多么摩登，不管你引用了多少外国流行的主义，都无济于事的。也决不会促使比较文学这个学科前进。①

季先生认为，文学是文化的一种表现形式，据此观点延伸观察，会发现新闻学亦乃文化的一种表现形式，离开了文化侈谈比较新闻学，对许多问题也同样解释不清。所以，我们的比较新闻学要从比较文化开始，从中西文化交流的源与流谈起。

综观中西交流的历史，我们首先会发现一种巨大的失重。

一、东西方文化交流的不平衡

在东西方文化之间，历史上早就有过互相探奇、互通有无的举动。汉代（公元前138年），张骞有西域之旅；东晋（公元339年）法显曾游学西土；唐

---

① 季羡林："序"，见乐黛云等：《比较文学原理新编》，3页，北京，北京大学出版社，1999。

代(公元 629 年)玄奘开赴西天取经;公元 753 年鉴真东渡日本传经……不过,上述中国人所到之处均未超出今亚洲地域,所谓西域、西土、西天不过是今日中国的近邻而已。在大唐文明中前往都城长安的外国人也大都来自亚洲圈内的日本、新罗、大食、波斯、天竺、狮子国。实际上,最终鼓起勇气、率先越过洲际文化界标的,是那些因海洋环境而铸造出探险性格的欧洲人。当然,在此之前的公元 9 世纪,中国的近邻阿拉伯人已凭借地理之便,捷足先登,在饱览了中国人文世俗之后就进行了简单的比较:

> ……中国的城市是用木材和藤条建造房屋,这种藤条可以编制用具,正如我们用破开的芦苇编造东西一样。房屋建成后,还要涂上灰泥和油料。这种蓖麻籽榨成的油剂,一涂到墙上,就像乳汁一样,闪着洁白而晶莹的光泽,实在令人叹服……

> 中国人房屋的墙壁是木头的。印度人盖房用石头、石灰、砖头和泥土。在中国有时也用这些东西盖房……

> 中国皇帝和各主要都市总督及官宦的文书,是由驿站的骡子来传递的。这种骡子同我们的骡子一样,截短了尾巴,在驿站规定的路线上奔驰着。这里有许多驮兽,但没有阿拉伯马,而是别种的马,毛驴和双峰驼也很多。①

也许阿拉伯距离中国太近,以至它对异国习俗只是作些皮毛比较、徒然兴叹而已。很长时间以后,意大利的马可·波罗(1254—1324)迈出了更坚实的步伐。他于 13 世纪来到中国,逗留了 17 年。《马可·波罗游记》不仅对中国和西方做了更多、更深刻的比较,而且表现出一种更深邃、更殷切的东西方文化交流情怀。他拿古代中国和欧洲中世纪文明相比,显示出当时的中国文化和社会在世界上已占有领先地位。他对中国都城的大道、巍峨的宫殿、四通八达的驿站叹为观止,并情不自禁地进行了平行对比:

> ……他国皇帝、王公,皆无此财力,以辨是也。合全国驿站计之,备马有三十万匹,专为钦使所用,驿站大房屋,有一万余所,皆设备艳丽,其华靡情景,诗人难以笔述也。②

马可·波罗讲述了中国皇宫的雄奇宏大,称其为"世界之最"。在描绘了大都的宏伟之后,他慨叹道,欧洲的都市缺乏统一规划而任其发展,街道之宽窄曲折均无规律,中国的都城是专制帝王以其威力营造,强迫人民迁徙,为四海观瞻,所以建得宏伟壮观,为欧洲人所不能。

马可·波罗的探险直接影响了哥伦布、达·迦马等欧洲人对东方的向往。据说,哥伦

---

① 穆根来等译:《中国印度见闻录》,15、17、23、120 页,北京,中华书局,1983。
② 《马可·波罗游记》,卷二,76 章,转引自吕超:《外国人的中国观》,28 页,沈阳,辽宁教育出版社,1995。

布的遗物中就有一部《马可·波罗游记》，上面写满了这位冒险家的批注。①

意大利旅行家鄂多立克是继马可·波罗之后来华探奇的又一名欧洲人。他于1312年从西印度由海道经南海诸国抵达中国的广州，然后漫游了泉州、福州、杭州、南京等地，后达元大都，居3年，又经今内蒙、青藏地区，取陆路经中亚、波斯返回意大利。他的游记《东游录》也以一种文化比较的眼光来描绘中国的异国风情。其中谈到，广州的帆船之多，超过了意大利船只的总和；广州的鹅、鸡、鸭一类也比其他地方的大，而且便宜。他介绍了广东人如何吃蛇、钱塘江渔民如何以一种奇异的方法捕鱼、杭州如何是"全世界最大的城市"、南京的石桥如何比"全世界的都要好"。② 元朝后期，中国的旅行家汪大渊曾乘船远游，足迹到达东非等地，但他在《岛夷志略》中对异域的描写，尤其是异文化的对比，远不及马可·波罗和鄂多立克那样详细。

在1405年至1433年之间，郑和曾率船队七下"西洋"，前后经历了亚、非30多个国家。不过，郑和的远行是为了扩大明王朝的影响，而并非侧重各民族之间的文化比较交流。此外，他没有涉足西方的疆界，看来，当时的中国人对西洋尚无太多兴趣，文化比较也还没有提上日程。

稍后的1585年，西班牙人门多萨（Pedro de Mendoza，1487—1537）应罗马教皇的要求，写下了《大中华帝国史》。他对中国的认识，多来自第二渠道——那些在中国的外交家们。明朝时，西方的外交家们曾试图敲开中国的大门，但屡遭厄运。明万历皇帝对西方的反应极为冷淡。一些外国水手在中国沿海落难时，被中国人抓起来长年监禁，后来他们逃回国内，带去了有关中国的消息，一些人写了有关中国的书，其中的一些描绘，都呈现出比较文化的色彩。

真正理性地使用比较来研究中西文化的西方人是利玛窦（Mathtw Ricci，1552—1610）。这个意大利传教士在中国生活了23年，他给中国带来了西方的知识，也使世界了解了中国。西方的数学、几何、天文历法、地理机械等科学知识很多都是这位传教士向中国引进的。中国当时以自己为中心，认为自己是天下第一，当利玛窦将《万国图志》及其地图册献给朝廷时，官员们都惊呆了，利玛窦这样描述了当时的情景：

> 中国人认为天圆地方，而中国则位于这块平原的中央。由于有这个想法，所以当他们第一次看到我们的地图时，发现他们的帝国并不在地图的中央而在最东的边缘，不禁有点迷惑不解。③

利玛窦当时惟恐地图所标出的狭小的中国位置会开罪皇帝。所幸此事并未发生。利

---

① 马可·波罗究竟是否来过中国？此问题在学术界仍有较大争议。
② 曾振宇：《世界渴望了解中国》，见《中华魂丛书开放卷》，101~102页，济南，山东人民出版社，1992。
③ ［意］利玛窦、［比］金尼阁：《利玛窦中国札记》，6页，北京，中华书局，1983。

玛窦的世界地图使中国第一次看到了自己在世界的位置,看到了整个地球,从而有了一种世界比较的视野。

利玛窦还将中国的"四书"、"五经"介绍给了西方。他是这样评价中国的文化、科学技术和政治的:

> 中国人不仅在道德哲学上,而且在天文学上和很多数学分支方面取得很大的进步……他们大部分机械工艺都很发达,他们的按脉方法和我们的一样,治病也相当成功……在这样一个几乎具有无数人口和无限幅员的国家,而各种物产又极为丰富,虽然他们有装备精良的陆军和海军,很容易征服邻近的国家,他们的皇上和人民却从未想过要发动侵略战争,他们很满足自己已有的东西,没有征服的野心。在这方面,他们与欧洲人很不相同。欧洲人常常不满自己的政府,并贪求他人的东西。①

在礼貌方面,他认为,中国人的孝敬长辈和尊敬师长要超过欧洲人:

> 如果要看一看孝道的表现,那么下述情况一定可以见证世界上没有别的民族可以和中国人相比。孩子们在长辈面前必须侧坐,椅子要靠后;学生在老师面前也是如此。孩子们总是被教导说话要恭敬。即使非常穷的人也要努力工作来供养父母直到送终。
>
> 中国人比我们更尊敬老师,一个人受教哪怕是一天,他也会终生都称老师的。②

在做对比时,利玛窦自然也看到了中国人的缺点——他们"因为不知道地球的大小而又夜郎自大,所以中国人认为所有各国中只有中国值得称羡。就国家的伟大、政治制度和学术的名气而论,他们不仅把别的民族都看成是野蛮人,而且看成是没有理性的动物,在他们看来,世界上没有其他地方的国王、朝代或者文明是值得夸耀的;这种无知使他们越骄傲,一旦真相大白他们就越自卑"。

难能可贵的是,利玛窦在比较时,还试图将基督教与儒学互补——"补儒"、"合儒"。虽然他的尝试失败了,但其中对待异文化的朴素、平等态度却是值得肯定的。1668年,清廷起用比利时传教士南怀仁(Ferdinand Verbiest,1623—1688)参与编制历法。南怀仁发现钦天监监正杨光先等人编制的康熙八年历有误,即上疏,遭杨光先一干人压制,斥为"西洋之学左道","宁可使中国无好历法,不可使中国有西洋人"。但实验结果证明真理在南怀仁一边,康熙遂将杨革职,南怀仁接任钦天监一职。康熙通过对比,认识到西学科学的

---

① [意]利玛窦、[比]金尼阁:《利玛窦中国札记》,6页,北京,中华书局,1983。
② [意]利玛窦、[比]金尼阁:《利玛窦中国札记》,6页,北京,中华书局,1983。

一面,于是招聘了许多洋人入宫充当教师,讲授天文、历法、数学、医药学、化学、生物学、物理学、机械制造等自然科学。宫廷洋教师包括葡萄牙人徐日升、意大利人闵完我、法国人白晋和张诚、比利时人安多等。康熙由此被认为是中国罕见的具有开放思想的皇帝。①

回过头来细看,在利玛窦前后,对中国进行探奇的西人实际上形成了两个方面军。

第一部分人主要是神游中国,他们大部分是文学家、诗人或哲学家,他们凭借一些有限的资讯,以本民族为坐标来对中国进行描绘、猜测、比较、评判。比如:法国小说家拉伯雷(Francois Rabelais,1495—1553),其《巨人传》中就有许多篇章是关于中国的描写;英国剧作家马洛(Christopher Marlowe,1564—1593)的名作《帖木儿》因披露了亚洲观念而在伦敦名噪一时;意大利作家阿利瓦本尼(Arrivabene)从中国古代神话演绎出来的《伟大的尧》;萨缪·波切斯的《旅行者》中包含着中国的许多信息……但如果与德国哲学家莱布尼茨(Gottfried Wilhelm Leibniz,1646—1716)相比,上述这些人就是小巫见大巫了。莱布尼茨是近代欧洲最重要的中国文化评估者,通过《易经》中八卦的排列方式与他的"二元算术"对比,他发现,在科学领域中,当时的中西两种文化处于平行的轨道上。② 当然,由于时代的局限,在两种文化的比较中,莱布尼茨不可避免地出现了误读,比如他对古代的中国政治制度就有这样的溢美之词:

> 我们从前谁也不曾想到,在这世界上还有比我们的伦理更完善,立身处世之道更为进步的民族存在。但事实上,我们却发现了中华民族,它竟使我们觉醒了。
>
> ……谁人过去想到,地球上还存在着这么一个民族,它比我们这个自以为在所有方面都教养有素的民族更加具有道德修养?自从我们认识中国人之后,便在他们身上发现了这点。③

德国"启蒙运动"的开拓者之一、莱布尼茨的弟子、哲学家沃尔夫(C. Wolff,1679—1754)继承了老师的衣钵,他的《关于中国人道德学的演讲》"仔细观察了中国人的智慧,从无人敢于涉足的深度中悟出处世治国的隐深莫测的哲学基础"。④ 他用中国的教育、道德、文化精神来启发德国的"启蒙运动"。

德国诗人歌德(Johann Wolfgang Von Goethe,1749—1832)曾认真研究过中国哲学

---

① 中华魂丛书编委会:《面向西方求知识》,见《中华魂丛书开放卷》,135~136页,济南,山东人民出版社,1992。
② [美]史景迁:《文化类同与文化利用》,23页,北京,北京大学出版社,1990。
③ [德]莱布尼茨:《中国文化论》,转引自严绍璗:"欧洲中国学的形成与早期理性主义中国观",载《北京大学学报》,1990(5),35。
④ 夏瑞春编:《德国思想家论中国》,31页,南京,江苏人民出版社,1989。

和文学,他的大量日记、书信、谈话录和笔记都有对中国的描写。他不仅改编过元杂剧,他甚至还写过14首充满中国风情的诗歌《中德四季晨昏杂咏》。① 歌德对东方文化兴趣甚浓,他大力提倡东西方文化的汇合与交融,这是因为他在文化比较中看到了二者之间的许多契合点。

法国18世纪的伟大思想家、"启蒙运动"代表孟德斯鸠(Montesquieu,1689—1755)也像歌德一样关注中国,但其看法就冷静多了。孟德斯鸠依靠当时有限的资讯写了大量有关中国的书籍,其代表作《论法的精神》对中国的思想、风物、地理、政治做了详尽的介绍和分析,并激烈地批判了中国的专制制度。在比较了人类的三种政治制度(共和政体、君主政体和专制政体)之后,他对中国采取了否定的态度。不过,法国"启蒙运动"的另一位巨匠、思想家伏尔泰(Voltaire,1694—1778)却非常推崇中国文化,在他众多有影响的著作中,中国始终是一个积极正面的形象。他的《世界史》是从中国开始的,暗含着中国是世界开端的意蕴。他的《诸民族风俗论》是早期比较文化的重要里程碑,他在其中对各民族文化进行了对比。在他的笔下,中华文化是具有超越性的。他甚至认为法国应当借鉴开明的中国文化来反对强权的君主专制。毫无疑问,伏尔泰将中国文化和社会制度理想化了。

德国哲学家康德(Immanuel Kant,1724—1804)也对中国兴味十足,他撰写过一篇专文《中国》,其中说,中国的长城和运河都是世界上独一无二的。② 另一位哲学家赫尔德(Johann Gottfried von Herder,1744—1803)在其《人类历史哲学大纲》中有着对中国这样的评价:

> 拿欧洲人的标准来衡量,这个民族在科学上建树甚微,几千年来,他们始终停滞不前……他们的天文学、音乐、诗歌、兵法、绘画和建筑如同千百年前一样,仍旧是他们永恒的法令和千古不变的幼稚可笑的政体的孩子……这个帝国是一具木乃伊……它对一切外来事物都采取隔绝、窥测、阻挠的态度。它对外部世界既不了解也不喜爱,终日沉浸在自我比较的自负之中……③

马克思、恩格斯都曾将中国革命与欧洲革命联系起来做过比较研究,前者著名的篇什包括《中国革命和欧洲革命》,其中指出:"……清王朝的声威一遇到不列颠的枪炮就扫地以尽,天朝帝国万世长存的迷信受到了致命的打击,野蛮的、闭关自守的、与文明世界隔绝

---

① 吕超:《外国人的中国观》,65页,沈阳,辽宁教育出版社,1995。
② 夏瑞春编:《德国思想家论中国》,61～62页,南京,江苏人民出版社,1989。
③ 夏瑞春编:《德国思想家论中国》,89页,南京,江苏人民出版社,1989。

的状态被打破了……"①

在这第一部分人中,我们最后来观察一下19世纪的大哲学家黑格尔。黑格尔也是一个比较文化大师,他在《历史哲学》中将世界进程分为三个主要阶段:希腊文明、封建世界和欧洲世界。然而,中国却没有被这个哲学体系中的历史涵盖进去。黑格尔认为,中国是一个极古老而专制的国家,它在自身的发展道路上陷于困境,与世界日益隔离,黑格尔说:

中国人转过身去背对着海洋。②

黑格尔以哲学家特有的冷静认为,中国只有在他人的逼迫下,经过筛选之后,才能被带入历史进程中。③ 换句话说,黑格尔哲学将中国排除在人类理性发展进程之外。历史被黑格尔言中了。

以上的这些人都没有去过中国,他们确实是在神游。几百年过去了,他们对中国解释的真伪对错现在大都浮出水面了。

我们来看第二部分人——那些对中国进行诠释的学者、文人和思想家,也就是那些既在精神上痴迷中国且能身体力行者。他们跋涉到中国来,以中国为家,用几年甚至几十年的光阴来研究中国,或经商,或传教,或从事外交,他们中的多数人都给中国留下了文字记录,其中闪耀着绚烂的文化比较之光。

如果说明清时期来华的传教士利玛窦、汤若望(Schall Vor Beu Jean Adam,1591—1666)和南怀仁主旨在于向中国输入宗教和科学,那么英国传教士理雅格(James Legge,1815—1892)、德国的东方学者斯坦因(Mark Aurel Stein,1862—1943)的目的则在于从中国攫取文化宝藏。在人文科学方面,理雅格是第一个系统地在中国淘金的西方学者。1843年,理雅格以传教士的身份来到中国,很快就投入了对孔子的研究。他在中国淘了30年的金。1873年,理雅格离开中国时,已是著作等身,他将"四书"、"五经"等中国典籍全部译出,共计28卷。这位前传教士后来成为英国牛津大学的首位汉学教授。他的多卷本《中国经典》、《法显行传》、《离骚及其作者》、《中国古代文明》、《基督教与儒教之比较》和《中国编年史》等著作在西方汉学界占有重要地位。④

如果说理雅格涉猎汉学事出偶然,那么斯坦因则是蓄谋已久。1883年,他在德国示宾根大学主攻东方学,后获哲学博士学位。不久,他又赴英国伦敦大学、牛津大学和剑桥大学从事东方语言和考古学的博士后研究。其后,他担任了印度拉哈尔东方学院的院长。

---

① 中共中央马克思、恩格斯、列宁、斯大林著作编译局编选:《马克思恩格斯选集》,第2卷,2页,北京,人民出版社,1972。
② [美]史景迁:《文化类同与文化利用》,65页,北京,北京大学出版社,1990。
③ [美]史景迁:《文化类同与文化利用》,65页,北京,北京大学出版社,1990。
④ 张健行编:《影响中国历史的五十个洋人》,119~124页,台北,添翼出版社,1994。

从20世纪初开始,野心勃勃的斯坦因多次对包括中国新疆、甘肃等地在内的中亚地区进行考察,其学术著作《古代和田》、《契丹沙漠废墟》、《亚洲腹地》等成为国际东方学名著,从而奠定了斯坦因的东方学者地位。在对中国文化的淘金方面,斯坦因不像理雅格那样温文尔雅。他凭借西方的强权和经济实力,恩威并施,巧取豪夺,弄走了上千种古代文物、经书和绘画,显示出帝国主义强权和贪婪的一面。①

在西方对东方的淘金中,理雅格和斯坦因代表了不同的风格——温文尔雅和凶悍霸道。但结果都是一样的,东方文化使他们一举成名。

在19世纪到中国淘金的洋人中,著名的例子还有很多,比如美国传教士卫三畏(Samuel Wells Williams,1812—1884),他1833年来华,1877年返美,在中国待了44年,后任耶鲁大学汉学教授。他的著作包括《简易汉语教程》、《中国地理》、《中国总论》、《我们同中华帝国的关系》、《中国历史》、《汉英拼音辞典》,真是硕果累累。② 另一个美国人丁韪良(William Alexander Parsons Martin,1827—1916)1850年来华传教,曾任京师大学堂总教习,1916年客死北京,丁氏在华66年,其著作全是研究中国的,其中包括《中国人:他们的教育、哲学和文学》、《北京被困:中国对抗世界》、《中国知识》和《中国的觉醒》等。③ 英国人德庇时(John Francis Davis,1795—1890),1832年来华,1848年回国。在中国任外交官16年的生涯中,除翻译了大量的中国戏剧小说外,他的著述还包括《中国诗歌论》、《中国见闻录》、《中国杂记》、《交战时期及讲和以来的中国》、《中国人:中华帝国及其居民概述》。④ 英国人威妥玛(Themas Francis Wade,1818—1895)在华40多年,不仅著述繁多,还创造了汉字的罗马拼音法,为世界通用。1888年,他成为剑桥大学的首任汉学教授。⑤

美国公理会教士明恩浦(1845—1942)1872年来中国传教,在中国北方居住了12年,著述了10余本研究中国的著作。其中《中国人的素质》是直接比较中国人与欧美人性格特性的研究著作。其中有关中国人性格中劣根性的描写直接影响了鲁迅对"国民性"的思索。

进入现代以来,欧洲人对中国文化的开掘和以前一样执着,这种现象引起了中国人的钦佩和思索。

1974年,当李约瑟博士(Joseph Needham,1900—1995)的《中国科学技术发展史》铸成之日,中外学界对这位英国剑桥学者表现出由衷的敬佩。在伦敦举行的著作首发式上,

---

① 张健行编:《影响中国历史的五十个洋人》,199~204页,台北,添翼出版社,1994。
② 肖黎等编:《影响中国历史的一百个洋人》,122~125页,广州,广东人民出版社,1992。
③ 张健行编:《影响中国历史的五十个洋人》,142~147页,台北,添翼出版社,1994。
④ 于语和、庾振良编:《近代中西文化交流史》,136页,太原,山西教育出版社,1997。
⑤ 张健行编:《影响中国历史的五十个洋人》,119~124页,台北,添翼出版社,1994。

一位童颜鹤发的华裔绅士在向李约瑟献花的同时说出这样发人深省的话:"假如这本书是中国学者写就,我将会表现出双倍的热忱和激动,尽管我知道科学没有国界。"①

1977年,作家沈从文正在"牛棚"受苦,然而在大洋彼岸的美国学者金介甫(Jeffrey C. Kinkley,1948—)却早已写出了《沈从文笔下的中国》。他的另一部著作《沈从文传记》于1985年出版,开沈从文学术研究之先河。② 而当时,这位后来被诺贝尔评奖委员会看好的作家正在自己的家园受着冷落。

20世纪80年代中期,美国资深记者索尔兹伯里(Harrison Evans Salisbury,1908—1999)的《长征,前所未闻的故事》全面系统地描绘了举世闻名的长征,披露了许多鲜为人知的历史盲点,在赞誉之后,跟着就是一片嘘吁:为什么中国人自己没有写下这样一部"长征"?

1989年,笔者在悉尼大学研究比较文学,在检索东亚系"中国研究"的博士论文题目时大为震惊,澳大利亚的汉学家已将触角伸到中国文化的各个领域:从杨万里的诗到瞿秋白的杂文;从徐霞客到卞之琳;从孔子到"延安文艺座谈会";从殷鼎到莫言……有些博士论文的选题,中国人还未涉及,比如《穆木天和他的诗》。穆木天在中国诗坛地位平平,但在西方汉学中居然占有一席之地。洋人染指中国如此之细,令人不可思议。这里只是远在南大陆的澳洲悉尼,如果是剑桥牛津,如果是哈佛耶鲁又当如何?想想李约瑟数十年如一日地钻研古代汉语,索尔兹伯里以七旬老身纵横雪山草地,金介甫为和沈从文对话十余次在美、中之间穿梭往返……中国如此令人着迷,它是一座未经开发的金矿,那些洋人就是淘金者,他们把金子淘出来,成就了自己的功名,同时,在客观上又传播了中国文化。

洋人在中国淘金,中国人在西方的作为又如何?接下来的问题是,古往今来,那些中国人文学者们在大洋彼岸急匆匆的脚步是否像在中国淘金的洋人一样坚实有力?

最早去西方探奇的中国人(这里的西方仅指欧洲,不包括我们前面提到的西域、西土、西天一类)应当包括广东人郑惟信。据记载,郑于1645年(顺治二年)13岁时,被法国在华传教士陆德带到意大利、罗马深造。他曾在罗马公学研习修辞学、哲学和物理学,毕业后在当地的学校教授拉丁文、希腊文学,后成为神父,1666年回国。1707年,山西人樊守义随传教士艾若瑟一行赴欧洲游学,先后到过葡萄牙、意大利、奥地利,在异国停留了10年。1861年,南京人沈福宗随比利时来华传教士柏应理赴欧洲留学,先后在葡萄牙里斯本、法国、英国、意大利罗马等地学习,1864年归国。在上述3名中国学人中,只有樊守义写有一部介绍欧洲的游记《身见录》,而此书的影响十分微弱。③

---

① 文香:《海外学人随笔》,144页,香港,天明出版社,1989。
② 此书为Jeffrey C. Kinkley,Odyssey of Shen Congwen,Stanford:Stanford University Press,1987。
③ 方豪:《中国天主教史人物传》,中册,192页,北京,中华书局,1998。

多少年来,中国学者对西方文化的研究在很大程度上驻足于译介方面。较早如明徐光启译出的《几何原本》,较迟如严复、林纾对西方哲学、文学作品的翻译。像西人那样去异国直接开采金矿者在中国人中并不多见,即便那些少数采矿者,也是身处异国,心在故乡。中国早期的留学生容闳(1828—1912)留美 7 年,除一本散文集《西学东渐记》外,别无他著。改良家王韬(1828—1897)曾赴英、法、俄多国游历,除一部《漫游随录》外,亦未留下有关上述国家的任何学术研究专著,尽管他曾帮助英国人理雅格翻译了大量中国古籍。那个有着 12 个博士学位、通晓 9 种语言、浪迹天下的怪杰才子辜鸿铭(1857—1928)曾在英国大学盘桓了 15 年,但他对英国的研究记录是零,他的最大贡献表现在对中国典籍的英译方面。辜鸿铭在骨子里有一种蔑视西洋文明、惟中华封建文明是从的孤傲。① 鲁迅赴日学医不名,惟杂文天才滋生;郭沫若留日 8 年,娶东洋女为妻,研究的却是中国的甲骨文和中国古代史。不过,这两位文坛巨擘从日本的确带回了对传统文化的叛逆精神。

　　在早年留洋的文化精英中,除了留学德国哥廷根大学的季羡林(博士论文:《〈大事〉偈颂的动词变格》)、②留学美国哥伦比亚大学的马寅初(博士论文:《论纽约市的财政》)③等少数人之外,都是"身在曹营心在汉"。且看:留美康奈尔大学的胡适,其博士论文是《中国古代哲学方法之进化史》;哥伦比亚大学的冯友兰,其博士论文为探讨中国古典哲学的《天人损益论》;威尔斯利大学的冰心,其硕士论文主题是《李清照》;留学伦敦大学的费孝通,其博士论文为《开弦弓,一个中国农村的经济生活》;留学法国巴黎大学的王力,其博士论文为分析广西方言的《博白方音实验录》;④留学英国牛津大学的钱钟书到底进了一步,其学士论文为"17、18 世纪英国文学中的中国"⑤——却还是离不开中国。

　　早年中国出洋的社会学者几乎没有留下什么对洋文化直接而精彩的科学研究。也许可以这样说,早年留洋的中国社会学者,镀金者为多。当然,镀金对中国也是十分必要的。镀金为中国人提供了西方科学研究的先进方法。用西方科学研究方法分析中国事物、研究中国文化当然没有问题,但是,为什么留洋者鲜有直接以西方文化为研究对象的呢?

　　当然,我们也可以推出几个以西方文化为直接研究对象又取得卓越成就的中国学者,

---

① 严光辉:《辜鸿铭传》,海口,海南出版社,1996。
② 季羡林 1935 年赴德入哥廷根大学,学习梵文、巴利文和吐火罗文。1941 年获博士学位。他的博士论文是研究古代印度语研究的。参见时间编:《精神的乐园"东方之子"学人访谈录》,2~3 页,北京,华夏出版社,1996。
③ 有关马寅初、胡适、冯友兰、冰心、费孝通论文的情况,分别见姚公骞等编:《中国百年留学精英传》,(1),55、306、149、167、318 页,南昌,百花洲文艺出版社,1997。
④ 夏阳:《王力的留法生涯》,载《神州学人》,1998(5),20。
⑤ 姚公骞等编:《中国百年留学精英传》,(4),119 页,南昌,百花洲文艺出版社,1997。

比如戈宝权、王佐良、杨周翰等。① 但与西方汉学家那些排山倒海、汗牛充栋般的中国研究相比，这实在是九牛一毛。

学者季羡林在哥廷根大学研究印度文化时，先师从德国人瓦尔德施密特教授学习梵文、巴利文和印度古代俗语，后又从德国学者西克教授钻研中亚地区的古印度语吐火罗语——西克先生竟以几十年的光阴读通了这种语言！②

费了这么多纸墨，无非是为了彰显中西交流史上的两个基本事实：首先，无论出于何种动机，西方人确实对中国文化着迷，他们首先迈出了靠近东方的步伐；其次，欧洲人对中国文化大都只是停留在欣赏、研究和把玩的层面上，或仅作为一个认识自身的参照数，并不想付诸实行什么。欧洲人没有真正拿走中国的文化。实际上，中国的思想、文化对西方社会几乎没有产生过黄钟大吕般的社会影响。

后面的这一条还引发出一个滑稽现象：今天，普通的中国人对西方世界和西方文化的了解远远超过西方人对中国文化的了解，中国的大学生对柏拉图、亚里士多德、康德、黑格尔等古代先哲几乎都耳熟能详，但西方的大学生除专业者外，很少有人关心庄子、孟子、孔子、屈原、李白、关汉卿、吴承恩、曹雪芹和鲁迅的。可以说，西方人对东方以及中国文明几乎一无所知。学者王宁称这种现象为中外文化交流的"逆差"。③

从另一个角度细看中西文化交流史，立即可以见到一种不平衡，即：西人对中国文化的开掘采取的姿态基本上是主动积极的、执着的、开放的，而中国人对西洋文化采取的姿态基本上是被动消极的、不经意和封闭的；洋人对中国文化宝藏的挖掘既深且广，而中国学者对西洋文化的开采则浅显而薄弱；西方对中国的影响巨大、凌厉、直接和毋庸置疑，中国对西方的影响微弱、疲软、间接并缺乏穿透力。理论家戴旭认为，"中国试图输出中国传统文化却没有动摇他国的文化，而他国对中国的文化侵略却将中国文化砸得体无完肤"。④

一个显而易见的事实是，近代以来，西方文化对中国文化产生了无比巨大的冲击。冲击的结果是，维系中国几千年的社会制度坍塌了，中国人的观念和生活方式起了翻天覆地的变化，换句话说，中国的传统文化中有很多构件已被西方文化置换。

西方拿走了中国文化的细节，中国拿走了西方文化的方法。

---

① 早年在莫斯科任《大公报》驻苏记者的戈宝权对苏联文学有深湛的研究。他著有《苏联文学讲话》并有对普希金、高尔基、奥斯特洛夫斯基、马雅可夫斯基、谢甫琴柯等诗人小说家、戏剧家的专项研究和大量译著。同在20世纪40年代赴牛津大学攻读英国文学的杨周翰和王佐良后来在同一领域双双取得了成果：前者有《欧洲文学史》(主编)、《莎士比亚评论》(编著)等著述；后者则有《英国文学史》(主编)、《英国诗史》(编著)等。

② 季羡林：《季羡林散文集》，106~107页，北京，北京大学出版社，1986。

③ 王宁等：《中国文化对欧洲的影响》，25页，石家庄，河北人民出版社，1999。近五年来，随着汉学和儒学在世界各国的推广，情况大为改观。2010年前后，世界各国已建成500余所孔子学院和孔子课堂。

④ 见《军方鹰派戴旭最新演讲》，51军事观察室 http://www.51junshi.com/article/201110/43386_4.html。

二、文化比较：中国的第一次革命（1840—1920）

西方文化冲击中国文化,使中国社会产生剧烈震荡和根本转变的因子是科学、民主和自由。在中西文化的碰撞中,中国从西方实实在在地拿来了东西,拿来了使自己民族复兴的火种。

中国人接受西方先进的文化,是通过比较开始的。早在明代徐光启就提出："惟尽用西术,乃能胜之。欲尽其术必造我器尽如彼器,精我法尽如彼法,练我人尽如彼人而后可。"①

近代以来,中国与西方发生了若干次冲突,几乎全以中国惨败而告终,其中包括"鸦片战争"和全军覆没的"甲午海战"。这种情况引起了举国上下有识之士的反思,其中,魏源是第一个用比较眼光看待中西差距的官员。他在著名的《海国图志》中说："西洋长技有三：一曰战舰,二曰火器,三曰养兵、练兵之法。"他提出了"师夷之长技以制夷",主张学习西方的军事技术、工业和民主政治。他期望着这样一种局面："风气日开,智慧日出,方见东海之民犹西海之民。"农民起义领袖洪仁玕也看到了西方的长处,他的《资政新篇》主要内容就是鼓吹向西方资本主义学习,他对比了英、美、法、俄诸国的政治经济情况,总结了亚非一些国家的经验教训,指出它们因闭关锁国、不知变通而导致了贫穷落后。他提出中国只有进行政治改革,发展资本主义工商业,建成一个"新天、新地、新世界",才能与西洋"番国"并雄于世。

1866年,清政府派出官方代表团访问欧洲,于此,中国人出洋看世界拉开了序幕。这类人包括外交使节和技术官员,他们开始用比较的眼光来打量西方。比如徐建寅在《欧游杂录》②中是这样描写电梯的：

　　登楼不必由梯,有小房如亭,人坐其中,用压水机可以缒升上下。欲致某层楼,亭即小驻。跨亭而出,已登四层楼矣。③

刘锡鸿游过英国之后,盛赞其政俗之美：

　　到伦敦两月,细察其政俗,惟父子之亲,男女之别全来之讲,自贵至贱皆然。此外则无闲官,无游民,无上下隔阂之情,无残暴不仁之政,无虚文相应之事。

西方强盛、东方孱弱的现实惊醒了中国的知识分子。他们进一步认识到,中国的贫弱

---

① 徐光启：《西洋神器既见其益尽其用疏》,见《徐光启集》,289页,上海,上海古籍出版社,1984。
② 徐建寅：《欧游杂录》,转引自周宁：《2000年中国看西方》,253页,北京,团结出版社,1999。
③ 刘锡鸿：《英诏私记》,转引自周宁：《2000年中国看西方》,253页,北京,团结出版社,1999。

不仅在物质,而且还在于社会制度上和文化上的弊病。梁启超在分析洋务派失败的原因时进行了比较,他反思道:

> 日人之游欧洲者,讨论学业,讲求官制,归而行之;中人之游欧洲者,询某厂船炮之利,某厂价值之廉,购而用之,强弱之原,其在此乎?①

维新派都提倡西学的主要内容就是要学习西方的社会政治学说和自然科学。康有为在衡量中西政治制度上的差别时精辟地指出:

> 西人自希腊昔贤即讲穷理,积至近世愈益昌明,究其致用有两大端:一曰定宪法以出政治,二曰明格致以兴艺学。②

在近代中国知识分子中,严复是最早系统地介绍西方社会的经济、政治和其他学术思想的先贤。他翻译的《天演论》、《原富》、《群学肆言》、《法意》等西方著名著作直接冲击了中国的封建文化传统。严复在19世纪70年代留学英国时,特别关注西方的政治制度,他认为英国的民制使人民有参政的权利,于是"上下一心"、"和同为治"。中国的专制制度,人民只能听命,无法参政,故中国人为苦力,英国人乃爱国者,造成了中西一强一弱。他在《天演论》中推崇达尔文的进化论,鼓吹"物竞天择,适者生存",呼吁中国必须向西方学习,否则就会被淘汰。严译《天演论》影响很大,一时间全国"物竞"、"天择"成了人们的口头禅,从一个细节可以看出来。胡适的名"适"和字"适之"即是此时起的。严复在比较中学和西学的利弊时指出:

> 中国最重三纲,而西人首明平等;中国亲亲,而西人尚贤;中国以孝治天下,而西人与公治天下;中国尊主,而西人隆民。③

严复将西方天赋人权、自由、平等、博爱的思想带给了中国,并将它们与中国的政治相比:"夫自由一言,真中国历古圣贤之所深畏,而从未尝立以为教也。彼西人之言曰:唯天生民,各具赋,得自由者,乃为全受,故人人各得自由,国国各得自由……而其刑禁章条,要皆为此设耳。"④

严复的论述充满了中西文化对比精神,他的观点得到当时大多数知识分子的认同。梁启超认为中国旧思想与欧洲新思想的差异在于:前者是"国家及人民,皆为君主而立者也。故君主为国家之主体。……国与人民全然分离,国家者死物也,私物也,可以一人独有之。其得之也,以强权,以优先权。故人民之盛衰,与国家之盛衰无关。而欧洲却

---

① 梁启超:《论变法不知本原之害》,见梁启超:《饮冰室合集 文集》,卷1,10页,上海,中华书局,1936。
② 康有为:《万木草堂小学学记》,见康有为:《万木草堂遗稿》,96页,台北,成文出版社,1978。
③ 任继愈:《中国哲学史》,4册,205页,北京,人民出版社,1979。
④ 严复:《论世变之亟》,3页,沈阳,辽宁人民出版社,1994。

是……国家为人民而立者也,君主为国家只之一支体,其为人民而立,更不埃论。故人民为国家之主体。而国家于人民一体,国家者活物也,公物也,故无一人能据有之者。人民之盛衰,如影随形"。①

在先贤们的倡导下,近代中国掀起了一场引进西学的运动。这场运动远比西方人到中国稳健地探奇要迅猛得多了。兴西学而废八股,建大学而废科举。中学为体,西学为用,在尔后的"新文化运动"(1915—1919)中,激进的知识分子们高举科学和民主的大旗,鼓吹"全盘西化",宣判了传统中国文化的死刑。正是在与西方文化的对比中,鲁迅发现,中国的历史就是封建统治者"吃人的历史",胡适甚至说:我们必须承认我们自己百事不如人,不但物质机械上不如人,不但政治制度不如人,并且道德不如人,知识不如人,文学不如人,音乐不如人,艺术不如人,身体不如人。② 胡适攻击中国文化的动机却是对其期望甚殷,他认为中国的文化并不丰富,与古希腊罗马相比,只有自惭形秽,早已落后了。中国文化只有在反省的基础上才能占世界之一席之地。③

激进文人当时都自觉地运用比较的方法来衡量中西文化的得失,鼓吹中国向先进的西方学习。陈独秀在《法兰西人与近世文明》中,对世界文明进行了对比和划分:

> 近世文明东西洋绝别为二:代表东洋文明者,曰印度,曰中国,此二种文明虽不无相异之点,而大体相同,其质量举未能脱古代文明之窠臼,名为"近世",其实犹古之遗也。可称曰近世文明者,乃欧罗巴人之所独有,即西洋文明也,亦谓之欧罗巴文明。④

陈独秀指出,人权说、生物进化论和社会主义乃近世文明之特征。他认为西方文明远在中国固有文明之上,所以中国要强大,就要取法西方文化。⑤ 他的"东西民族根本思想之差异"全面对比了东西的社会、思想、道德体系,是早期比较文化的名篇。

陈独秀认为,"自西洋文明输入吾国,最初促吾人觉悟者为学术,相形见绌,举国所知矣;其次为政治,年来政像所证明,已有不克守却抱残之势……"⑥

蔡元培疾呼:"一种民族不能不吸收他族之文化,犹之一人之身不能不吸收外界之空

---

① 梁启超:《梁启超选集》,192～193页,上海,上海人民出版社,1984。
② 胡适:《介绍我自己的思想》(《胡适文选》自序),见《胡适论学近著》,第1集,503页,济南,山东人民出版社,1998。
③ 胡适:《介绍我自己的思想》(《胡适文选》自序),见《胡适论学近著》,第1集,503页,济南,山东人民出版社,1998。
④ 陈独秀:《法兰西人与近世文明》,见《独秀文存》,10～13页,合肥,安徽人民出版社,1987。
⑤ 陈崧编:《五四前后东西文化问题论战文选》,4页,北京,中国社会科学出版社,1989。
⑥ 陈独秀:《吾人最后之觉悟》,见陈崧编:《五四前后东西文化问题论战文选》,21～22页,北京,中国社会科学出版社,1985。

气及饮食,否则不能长进也。"①

　　当时有大量的论争是比较中西方文化优劣的。其中有全盘西化的激进派,有主张调和东西方文明的折中派,还有死守中国传统的保守派。有两种观点成为主潮,第一种观点(以大儒梁漱溟为旗手,其代表作为《东西文化及其哲学》)认为,世界文明有各种不同路径,中国、印度、西方代表了三种不同的发展路径,当今是西方文明之天下,其后便是中国文明的复兴。第二种观点(代表是梁启超)认为,西方文明是物质文明,是征服自然界的文明,东方文明是精神文明。第一次世界大战后的情况表明,欧洲的物质文明已腐败,东方的精神文明将取而代之。② 但总的来说,通过比较人们都能看到中国的出路就是要对传统进行彻底革命。西方的科学和民主就这样在中国奠定了基础。陈独秀指出:

　　　　西洋人因为拥护德、赛两位先生,闹了多少事,流了多少血,德、赛两位先生才渐渐从黑暗中把他们救出,引到光明世界。我们现在认定,只有这两位先生,可以救治中国政治上、道德上、学术上、思想上一切的黑暗。若因为拥护这两位先生,一切政府的压迫,社会的攻击笑骂,就是断头流血,都不推辞。③

　　自"鸦片战争"至"五四运动"的80年,是中国人向西方探求真理、以西方之长补自己之短、寻求中国民族再生之路的80年。中国人在东西比较之中,不仅引进了西方的坚船利炮,也引进了自由、民主、人权、科学;他们在庞杂的西方思想中——尼采哲学、易卜生主义、无政府主义、新村主义、合作主义、基尔特社会主义、议会主义、实用主义、马克思主义——进行遴选、消化和分析,最终选择了马克思的社会主义,而其他的西方理论逐渐丧失了影响。正如毛泽东所说:"走俄国人的路,这就是结论。"

　　马克思主义也是一种西方文化,中国人选择了它作为振兴中华民族的精神武器完全是认知比较的结果。比较作为中国走向现代化的重要杠杆,在中国历史上实现了它的第一次飞跃。

三、文化比较:中国的第二次革命(1978—　)

　　1949年到1978年之间,由于"冷战"的原因,中国再次关上了自己的大门,比较的杠杆没有发挥应有的作用。在最初的年月里,中国与西方还是有个比较坐标的——知道自己经济落后,便要"赶美、超英",然而,阶级仇恨和革命豪情冲昏了人们的头脑,"大跃进"使比较的杠杆失去了重心。"文化大革命"断绝了中国与西方的交流,否认了一切西方文

---

① 蔡元培:《说俭学会》,见蔡元培:《蔡元培全集》,三卷,62页,杭州,浙江教育出版社,1996。
② 梁启超:《欧游心影录》,见汤一介:《北大校长与中国文化》,98~99页,北京,北京大学出版社,1998。
③ 陈独秀主编:《新青年》,6卷,第1号,广州,新青年社,1919。

化的意义,比较从此失去了坐标。在20世纪70年代之前,中国一直处于充满敌意的国际环境中,在闭关自守中,不得不奉行一度被奉为神圣的自力更生的原则。在发展中国家里,中国是唯一既无外债又无内债的国家。然而,当70年代中期的一场革命使中国再次打开国门时,人们才惊讶地发现:中国与世界已经拉开了巨大的差距。

最初的差距是从生活水准上发现的:1976年,中国农民的人均年收入为63元,全民所有制职工平均年工资为605元,[①]而近为邻邦的韩国人平均年收入约为1万美元。这中间相差了几十倍。中国的商品奇缺,住房紧张,肉类、蔬菜稀少,还要用粮票和布票。在联合国按财力排列统计的157个国家中,中国为倒数第17位,情况比一些赤贫的非洲国家情况略好。一些甫出国门者自觉不自觉地拿中国和世界进行着对比,他们为西方世界先进的现代文明而震惊。即使是在20世纪八九十年代,即使是一些具有先锋意识的中国作家对此也还是大发感慨,以下一段言论出自先锋作家李陀之手:

说起来,让我惊讶的有些事情其实可笑,我那时真心觉得(美国)高速公路旁边的厕所建得实在好,这使得我在下车的时候使用它们觉得它们是那么温暖、那么高兴。后来我才知道美国西部的这些东西其实还不算怎么太好,东部各州的公路系统比西部造价高,那边的更好。

除了公共厕所以外美国给我的另外惊讶就是美国的富裕。美国真富,我去过欧洲,因此很容易拿欧洲和美国比,一比就比出了欧洲根本不可能跟美国比的结论。在美国待了很多年以后我又多次重返欧洲,这种"不能比"的体会就更深刻了。我曾经到挪威的一个大学教过几个月的课,我喜欢跟学生们一起吃饭,但是我看到那里的学生吃饭质量和美国相比差远了。虽然大学生吃饭都是自己花钱,但学生伙食的丰富程度还是能够显示整个社会富裕的程度。一般来说,美国大学的食堂分好多种,快餐和非快餐都有。而且美国学生食堂提供的食物品种非常丰富,好一点的食堂光是汤就有很多种。

给我印象最深的就是法国和英国人的电梯,和美国的电梯比那些电梯都跟鸽子笼似的,相当数量的电梯进4个人的时候大家就都得立正。除此之外,除了瑞典,整个欧洲在住房方面也不能跟美国相比。

如果再说到大学设施方面,不可比的东西就更多了,美国大学的图书馆之多,别的国家基本上不能同日而语,非但欧洲不可能每个大学都有类似美国那么豪华的图书馆,而且美国的很多大学还不是只有一个两个图书馆。[②]

中国的文人不仅对西方的物质文明吃惊,他们也对西方的精神文明也感到震惊,

[①] 中共中央文献研究室编:《三中全会以来重要文献汇编》,上册,290页,北京,人民出版社,1982。
[②] 陈燕妮:《李陀》,见《美国之后》(下),356页,北京,中国文联出版公司,2000。

1995年,小说家王朔访美归来的感受是非常奇特的:

> 在美国,洛杉矶这个城市真的让我大吃一惊,因为它何止是天堂,简直就是一个共产主义。我觉得我小时候接受的共产主义教育在洛杉矶表现得非常明显。当然我指的主要是道德方面的事情,美国人的道德观念之强让我感到吃惊。
>
> 我过去一直认为中国是一个清教徒国家,但是我发现其实人家那里才是。在洛杉矶,除了一些特别的、专门接待中国人的色情场所之外,那里一到晚上天黑了之后,什么娱乐也没有。有时候我去一些美国内地城市,到了晚上八点多钟进城就找不到地方吃饭了,因为大家都睡觉了。我在美国所见到的很多美国人都很像我们国内朴素的共产党员,尤其是一些教徒。而且美国人非常规矩,社会上非常井井有条,执法也很严。在中国我们都被人骂惯了,觉得人和人之间就应该互相不友好,可是我到美国之后觉得在那里真是好到老得对周围人说"谢谢"了,因为我在美国遇到的很多情况是你去找人办事,人家还对你极为客气。
>
> 所以我觉得中国人对共产主义的理解如果做实了的话也可能就像洛杉矶那样了。①

多年来一直漂泊在海外的画家毛栗子是这样感受的:

> 我发现美国人至少非常关心自己的社区,非常关心周围的环境。而且在日常生活中,他们也很愿意帮助别人。拿最简单的例子来说,他们可以做到在公共场合不随地吐痰、不随地扔东西,因为至少大家都是住在这块土地上的,维持整个社会的环境卫生在他们看来是自己的当然义务。但是回到国内一看,很多人根本不在乎公众场所的卫生品质,出了自己的家门他可以拉屎撒尿什么都干,但是在自己家里他们就不会干这些。
>
> 虽然我仅仅在美国生活了两年零一个月,但是我觉得自己被他们同化了很多,觉得自己的文明程度往上走了。回来以后,我觉得自己的文明程度在倒退,这让我挺难受的……每一次从国外回国,刚回来的时候我都觉得中国真的是一片穷山恶水,人坐在飞机上从空中往下一看,看到的都是一些黑漆漆的小房子,有时候还有一点残雪,显得赖不叽叽的。到北京之后随便一走,各个居民楼的楼道里也被堆得乱七八糟,门把手都是黑的,脏得让人有点恶心。但是,面对这种景象,我不出三天就习惯了,因为我毕竟还是这个地方出来的人。②

更多的人对现代西方的认识表现为一种冷静,比如赴美多年的作家曹桂林就认为:

---

① 陈燕妮:《王朔》,见《美国之后》(上),199页,北京,中国文联出版公司,2000。
② 陈燕妮:《画家毛栗子》,见《美国之后》(下),311、382页,北京,中国文联出版公司,2000。

美国既不是天堂,也不是地狱。"如果你要让一个人上天堂,你就让他去纽约,如果你要让一个人下地狱,你就让他去纽约。"作家王蒙的一首打油诗颇为诙谐:

> 太平洋、大西洋之彼岸兮,高高的鼻梁。有此一金元帝国兮,富丽堂皇,既不那么像地狱兮,也绝非天堂,乱乱哄哄,危机四伏兮却又活泼要强……①

一些留学生开始用比较的方法来细致地对比中西文化,留学美国的甘泉发现尽管"大锅饭"在中国都快绝迹了,但它在西方仍然很稳健:

> 在美国和加拿大,中小学教育是免费的,甚至对外国人的子女也一视同仁,所有的图书馆都不收费,在加拿大,看病住医院都不要钱,是"大锅饭"。在单位使用文具各取所需,在大学师生可以随时免费使用计算机……

甘泉的结论是"大锅饭"是无法被彻底革除的,它是社会的一种必要品。②

留学生宝手根据自己在美国多年的经验对美国的民主做了考量:

> 1776年,世界民主运动发展史的一个著名文献诞生了,它就是美国的《独立宣言》……执笔人是托马斯·杰佛逊,作为美国最高领导的华盛顿一定首肯了《独立宣言》,然而,华盛顿家里明明还使用着奴隶。嘴上说平等,可他和他家里的奴隶平等吗?

宝手感慨地说:

> "人人平等"存在于美国的法律文献已经200多年了,美国社会中人与人之间仍然不很平等。然而进步是巨大的,例如黑奴已经绝迹,对印第安人的杀戮已经停止,妇女已由没有投票权变为有投票权,等等。进步不是一帆风顺的,那位解放了黑奴的林肯就被暗杀了。即使到了近代,也还有黑人领袖马丁·路德·金在反对种族歧视的运动中惨遭毒手。
>
> ……我不明白,为什么这样一个国家也能算民主国家呢?③

引用以上诸公的看法,着眼点并不在于判断其观点、感受的是非曲直,重要的是展示这样一种情况——在东西方交流中,人们是以比较的眼光来衡量现实中的一切的。

通过比较,人们看到了西方的先进、富裕和矛盾,通过比较,人们在思索中国落后的原因。人们普遍认识到,1949年以来,中国的再次闭关锁国、中断了对外交流乃是导致落后的一个重要原因。

---

① 引自周宁编:《2000年中国看西方》(上),260页,北京,团结出版社,1999。
② 甘泉:《"大锅饭"的艺术》,见《留学生随感录》,70~73页,北京,教育科学出版社,1997。
③ 宝手:《闲话民主》,见《留学生随感录》,96页,北京,教育科学出版社,1997。

1989年前后,柏林墙的倒塌,苏联、东欧社会主义国家一个个的垮台使处在十字路口上的中国人再次警醒:为什么社会主义在一夜之间就大厦将倾?社会主义和资本主义,中国选择哪一个?改革和开放面临着严峻的考验。1992年年初,被称为中国改革开放总设计师的邓小平瞻前顾后、比较了社会主义和资本主义的优劣短长,发表了具有战略意义的南方谈话:

> 改革开放迈不开步子,不敢闯,说来说去就是怕资本主义的东西多了,走了资本主义的道路。要害是姓"资"还是姓"社"的问题。判断的标准,应该主要看是否有利于发展社会主义社会的生产力,是否有利于增强社会主义国家的综合国力,是否有利于提高人民的生活水平……
>
> ……社会主义要赢得与资本主义相比较的优势,就必须大胆吸收和借鉴人类社会创造的一切文明成果,吸收和借鉴当今世界各国包括资本主义发达国家的一切反映现代社会化生产规律的先进经营方式、管理方法。①

有鉴于历史教训,经过无数次比较,在新时代中,中国人再一次做出了选择:不走苏联式的社会主义道路,不走美国式的资本主义道路,要走有中国特色的社会主义道路。于是在蓝天红旗下,尼采、韦伯、弗洛伊德、荣格、萨特、卡夫卡、德里达、福柯、巴尔特、利奥塔德、亨廷顿汇合着迪斯科、肯德基、可口可乐、律师、健美操、模特、跨国公司、通用、摩托罗拉、股票、知识产权、WTO、互联网、克隆、纳米……在中国刮起了阵阵旋风,在历史的多种可能性对比之中,中国终于选择了与世界接轨的道路。

效益是明显的:1989年和1990年,国内生产总值分别比上年增长4%;1992年比上年增长了13.2%;1993年中国人均国民生产总值为470美元,居120个国家/地区座次的99位。根据国家统计局的数字,中国1994年的GDP是1978年的4.24倍,16年来几乎翻了两番。在整个20世纪90年代,中国的经济增长速度基本保持在10%左右,GDP指数持续攀高,中国人的平均收入以20%的速度递增。② 中国的谷物、棉花、肉类、煤炭、化纤维、棉纱、服装、布匹、电视机、水泥和钢产量占世界第一位。③ 2010年,中国国内生产总值(GDP)占世界的比重的9.5%,国际排名为第二位。④

在21世纪之交,中国不仅解决了温饱问题,而且向小康发展,中国人明显地富起来了。1978年,全国城市人均住房使用面积为1.02米,截至2000年年末,这个数字上升到

---

① 引自马立诚、凌志军:《当代中国三次思想解放实录》,197页,北京,今日中国出版社,1998。
② 史彼克:《中国大趋势》,2、76页,北京,华龄出版社,1996。
③ 五洲传播中心编:《美国媒体的中国报道》,234页,北京,五洲传播出版社,2001。
④ http://finance.jrj.com.cn/2011/03/2500469558163.shtml。

14.87平方米,①2009年年底,中国城市人均住宅建筑面积约30平方米,农村人均住房面积为33.6平方米。② 洋房、别墅、度假村走近了老百姓,许多家庭开始拥有小轿车,一些公民将子女送到剑桥、哈佛留学,更多的中国公民出境旅游、在世界各地徜徉。在北京、上海、广州、深圳等城市,一些中国白领的工资已经超过了英、美等国的同行……所有这一切,在30年前都是不可想象的。比较告诉了人们,中国和世界的差距正在缩小。

中国变了!中国强大了!中国人挺起了腰杆!世界开始对中国刮目相看。然而,又有多少人会意识到,这辉煌而神奇的转变契机实际上就起步于简单的认知比较呢?

比较使中国看到了自己与世界的差距从而奋起直追;比较使中国看清了自己在世界上的位置从而明确了自己的方向;比较使中国看到了自己与世界的差距正在缩小,从这个意义上可以说,没有比较就没有中国的现代化。

重温中国早期社会学家李景汉先生的论断有助于对比较的理解:

> 中国本来是一个闭关自守的国家。若没有与西洋民族接触,则我们仍然是自成一个世界,也就无从得知自己的短长。自"鸦片战争"以后,门户洞开,节节失败,受着重重外力的压迫,于是我们才觉悟到我们的民族是有病的,也都在寻找治病的药方,求得一条自救的出路……③

我们下面要讨论的比较新闻学,是在强调比较在中国现代化进程中具有显著作用的背景下展开的。显然,文化比较是我们手中一把锋利的解剖刀。

---

① 本报记者:《城建提速改善人居环境,百姓人均住房十平方米》,载《北京青年报》,2001-05-18。
② http://news.qq.com/a/20101230/000249.htm? pgv_ref=aio,2010年12月29日20:08中国新闻网。
③ 明恩溥:《李景汉评〈中国人的素质〉》,见《中国人的素质》,298页,上海,学林出版社,1999。

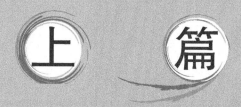

比较新闻学的宏观视野
——方法、难题及其他因素

第一章 比较新闻学的界定、依据和研究方法

一、关于界定

中西比较新闻学是一种跨文化、跨学科的新闻学研究,它对中国和西方的新闻现象进行比较和探究;通过对异质文化之间的互识、互证、互补和对话来促进彼此的沟通和理解;它在展示双方不同规律的同时,寻求人类共同的新闻学规律,进一步确定双方独立的价值;它的目的是推动地球上的多元文化并存,求同存异,而不是一种文化吞并另一种文化。

对以上界定中的一些概念值得做进一步解释。首先,比较新闻学是一种跨文化的研究,这就是说,它不是在同一种文化系统中比较,而是对两种以上的文化进行比较。比如,中国和美国、中国和澳洲、中国与西方等,它是一种特定意义的狭义比较新闻学,而不是泛泛的广义比较新闻学。其次,它又是一种跨学科的研究。新闻学是综合学科的结晶,在展开研究时会涉及一系列学科,比如新闻与政治、新闻与文化、新闻与社会、新闻与伦理、新闻与哲学、新闻与美学、新闻与传播学、新闻与经济学、新闻与现代科技、新闻与历史、新闻与意识形态,等等。这种跨学科研究的特点是由新闻学的性质所决定的。

所谓异质文化是指不同思想体系和不同文化意蕴的人类特定文明系统,比如佛教文明和基督教文明、亚洲文明和欧洲文明、社会主义文明和资本主义文明、中华民族和大和民族等。异质文化之间往往是相互矛盾甚至是对立的,其表现在不同的信仰、不同的意识形态和不同的价值观上。关于文化的含义众说纷纭,学者邓炎昌认为:"文化是指一个社会所具有的独特的信仰、习惯、制度、目标和技术的总模式……指的是一个社会的整个生活

方式。一个民族的全部生活方式。"①学者李慎之概括道:"所谓民族文化,无非是一个民族在其存在过程中发展出来的一种认知世界与改造世界的方式与成果。"②1982年联合国教科文组织的界定是:"从最广义的意义上讲,文化现在可以看成是由一个社会或社会集团的精神、物质、理智和感情等方面显著特点所构成的综合性整体。它不仅包括艺术和文学,也包括生活方式,人类的基本权利,价值体系、传播和信仰。"③历史学家许倬云的定义偏重人类学,他认为文化至少应从三个层面来考虑:"一个文化中成员的思考方式;他们处理人与人关系的方式及形态;他们对自然环境的解释和态度。"④新加坡前总理李光耀将文化概括得更为简约:"文化是人生最深刻、最有决定性的方面。"以下援引的一个界定对本著作中的"文化"概念有着启发意义,根据美国社会学家大卫·布朗(David Brown)的说法:

> 文化是占据特定地理区域的人们共同所有的信念、习惯、生活模式和行为的集合体。他们的文化……对于日常生活提出的各种问题给予答案:例如,吃什么,不吃什么,穿什么衣服,怎样向邻居打招呼,怎样对待敌人,怎样对待工作,怎样玩等等——简而言之,就是在碰到生活中的问题时怎么办。文化帮助我们解释宇宙,说明宇宙的来源,以及由谁来主宰,它说明人与上帝的关系,解释自然的变化并且常常是令人害怕的现象。简言之,文化是群体的多数——假如不是全体的话——所接受的生活的指南。⑤

同质文化中的现象当然可以进行对比,比如中国当代文学中的"荷花淀派"和"山药蛋派",但那不在中西比较新闻学的视野之内。异质文化的比较属于一种狭义的比较,它更多地着眼于社会制度不同的国家、信仰和价值观不同的民族所表现出来的不同的文化气质、意识形态和世界观。

以上定义中还有一个重要问题需要廓清,那就是比较的目的。很长时间以来,东西方之间、社会主义和资本主义之间是互不相容、你死我活的敌对关系。在全球化的今天,比较新闻学以尊重、认识不同文化的各自价值为前提,其目的是互识、互补、沟通和了解;这是21世纪比较新闻学的一个特点。美国的政治学家亨廷顿(Huntington Samuel,1927—2008)预测21世纪文化的冲突将代替政治冲突,虽然这只是一种可能性,但却昭示了各民

---

① 邓炎昌、刘润清:《语言与文化》,147页,北京,外语教学与研究出版社,1989。
② 李慎之、何家栋:《中国的道路》,70页,广州,南方日报出版社,2000。
③ 董云虎等编著:《世界人权约法总览》(续编),1240页,成都,四川人民出版社,1993。
④ 许倬云:《中国文化与世界文化》,177页,贵阳,贵州人民出版社,1991。
⑤ David Brown. Guides and principles for the consultant in cross-cultural assistance. in Gordon Lippit & David Hoopes. Helping Across Cultures,Washington:International Consultants Foundation,1978. 21. 转引自胡文仲:《跨文化交际论》,34页,北京,外语与教研出版社,1999。

族、各文化之间需要通过对话互相了解、和平共处的意义。在跨文化研究中,比较的双方应当采取平等对话的姿态。

罗素(Bertrand Russell,1872—1970)在 1922 年写就的《中西文化比较》中说:"不同文化之间的交流,过去已经多次证明是人类文明发展的里程碑。希腊学习埃及,罗马借鉴希腊,阿拉伯参照罗马帝国,中世纪的欧洲又摹仿阿拉伯,而文艺复兴时期的欧洲则摹仿拜占庭帝国。"①

正是中世纪印度文化的输入,才形成了魏晋之后中国哲学、文学的空前繁荣和光辉灿烂的新局面。在西方中世纪时期,东方(主要为近东)基督教文化传入了欧洲,控制了人们的精神思想,使西欧社会失却了自希腊罗马的蓬勃生机,变得极其落后和萧条,这一时期被彼特拉特克称为西方历史上的"黑暗年代"。②在近代中国,西方的民主与科学思潮猛烈地动摇了封建专制的根基,而中国的文化思想也曾同样给予西方以影响,比如英国文豪王尔德(Oscar Wilde,1854—1900)在领会了庄子"无为而治"的思想后,发展了"为艺术而艺术的思想",波及欧洲和整个西方;18 世纪前后风靡欧洲的中国工艺品(Chinoiserie)形式对欧洲巴洛克艺术之后的洛可可风格产生了深远的影响,中国的建筑使英法各国进入了所谓的"园林时代",直接或间接地推动了西方工业革命;③德国哲学家和科学家莱布尼茨在分析《易经》中的八卦配列方式时,认识到这与他提出的"二元算术"的结构是一致的;当代量子力学大师尼尔斯·波尔(Niels Henrik David Bohr,1885—1962)认为他提出的互补原理来自道家阴阳的思想;耗散结构理论的创始人伊利亚·普里高津(Ilya Prigogine,1917—2003)认为当代物理的发展受中国哲学的影响很深。④ 事实上,至少有六位诺贝尔奖获得者声称自己曾受到《易经》不同程度的影响,除了波尔和普里高津外,还有李政道、杨振宁、汤川秀树、洪森堡。《孙子兵法》至今仍是美国西点军校和日本商人的必读书目。古希腊赫拉克利特有"西方老子"之美名,重农派代表人物弗朗斯瓦·魁奈(Francois Quesnay,1694—1774)则被称为"西方孔子"。

历史证明,各民族文化之间的互识、互补是彼此发展的动力,而这也正是比较新闻学的出发点和目的地。

一些学者认为,西方文明和东方文明目前都存在着各自的危机和严峻的挑战,正因为如此,20 世纪初以来,许多西方人文学者将目光投向东方人和土著人,希望获得一条出路。在现代化进程上落后于西方几百年的东方已在奋起直追。这种西方向东方取经、东

---

① [英]罗素:《中西文化之比较》,8 页,北京,时代文艺出版社,1988。
② 肖锦龙:《中西深层结构和中西文学的思想导向》,6 页,北京,中国社会出版社,1995。
③ 乐黛云:《世界文化总体对话中的中国形象》,见[美]史景迁《文化类同与文化利用》,3 页,北京,北京大学出版社,1990。
④ 张应杭、蔡海榕:《中国传统文化概论》,500 页,上海,上海人民出版社,2000。

方向西方看齐的局面是中西文化交流的历史和现实走向,也是两种文化发展的必然趋势。①

进入 20 世纪 90 年代以来,热衷于包括比较新闻学在内的文化比较研究在中国一浪高过一浪,其中的原因,盖出于国人渴望自己的国家赶上世界发达国家的步伐,自立于世界先进文化之林。欲达此目标,首先就要对中西文化进行系统的评估,而这正是本著作的着眼点之一。

二、比较新闻学学科产生的条件

1. 比较新闻学的内在依据

在人类认识世界的思维活动中,比较、分析、综合、抽象、概括都占有重要地位,但是任何一种认识都是从比较起步的。比较是人类认知的最基本的方法。没有一事物与他事物之间的比较,任何孤立的事物都是不可能被说明或被确定的。白之所以为白色,是因为和黑或灰等颜色的对比而来。18 世纪早期,比较已经成为一种相当成熟的科学认知手段,出现了比较解剖学、比较植物学、比较语言学等。"这些科学正是由于比较和确定了被比较对象之间的差别而获得了巨大的成就,在这些科学中比较具有普遍意义。"②

人们在比较中能确立一事物和他事物之间的不同点与相同点,以达到科学认识的目的。阿基米得在比较各种机械运动的现象中发现了杠杆原理;爱因斯坦在比较的基础上发现了相对论。中国古代科学有机自然观和整体思维方式,形成了中国人特有的比类取象、直观外推的科学方法论,它在观察的基础上,根据事物的现象特质进行综合归纳、分门别类,又将同类事物通过类比建立起有机的联系,以达到对蕴含于对象中的天道的认识。这种方法论的特点就是在一事物和他事物的比较中,达到对事物的理解。③ 中国古代的至理名言和文学描述中也有不少精辟的论述,比如"两害相比,权取其轻"、"难分轩轾"、"比上不足、比下有余"、"瞻前顾后"、"两刃相割,利钝乃知,两论相订,是非乃见"、"横看成岭侧成峰,远近高低各不同"等。

比较是认知活动的一种普遍现象。实际上,当人们讲话时提到某个词时就已经是在比较了。比如:"今天天气真好!",其中"今天"、"天气"、"真好"就都含有比较的意蕴和结果。在新闻学中,当我们提到"消息"、"资产阶级新闻自由"、"客观报道"等概念时,就已经自觉不自觉地进行对比了。比较是无所不在的。

---

① 肖锦龙:《中西深层结构和中西文学的思想导向》,47 页,北京,中国社会科学出版社,1995。
② 中共中央马克思恩格斯列宁斯大林著作编译局编译:《马克思恩格斯选集》,第 3 卷,518 页,北京,人民出版社,1995。
③ 张应杭、蔡海榕:《中国传统文化概论》,495 页,上海,上海人民出版社,2000。

比较可以形成"第三只眼"的效应,从他文化的角度对己文化进行透视,从而确定己文化的地位。人们知道,西方汉学家眼中的中国文化是和中国人眼中的中国文化不一样的,虽然二者都要依据基本的事实。这里有个观察角度问题。苏其康认为:"中西比较文学其中的一种功能,便是在程序上绕道西欧或东洋,用透视的眼光重新鉴赏中国文学,则能肯定中国文学的国际地位。"[①]

总之,比较新闻学是以比较在人类认知活动中的地位为学科自身的内在依据的。举例来说,美国著名的《报业的四种理论》[②]是在比较了人类历史上存在的若干互为联系、互相区别的媒介形态后确定划分标准的;戈公振是在比较了西方和中国的报业之后发出了"中国报业太黑暗"的呼声的;邸报的地位是与同时期外国报纸相较才见其特性;中国新闻的源远流长的宣传教化作用是和西方新闻比较后才得到彰显的。

比较作为认知的一般方法和在新闻学中的特殊运用构成了比较新闻学的内在依据。

2. 比较新闻学产生的外在依据

严格意义上的比较新闻学之所以产生于20世纪初而不是在此之前,是因为这门学科需要一定的生存条件。

首先,比较新闻学依附于新闻学,只有在各国的新闻实践发展到一定的成熟期,比较新闻学才能出现。具体地说,只有当各国的新闻实践发展到一定的阶段,其规律、特点、范畴甚至流派得到了稳定的建立和展示、积累了大量可供比较的实践素材时,才能产生比较新闻学。在报业的稚嫩期,比较新闻学是难以开展的,因为发展着的东西还不能为研究提供一个稳定的模型,充其量只能进行一些浅显的表面的对比,如对电视的比较,最初只能研究这种媒体的人均占有率一类浅显的问题,而对其内容和受众反映一类的深入研究只能产生在电视大规模的普及之后。20世纪初,世界各国的报纸均已走过了漫长的路程,且有相近的经历,积累了大量的个案,比如英国报刊研究者安东尼·史密斯(Anthony Smith)发现,"黄色新闻学"、"煽情主义"、"新新闻主义"是个世界性的现象。[③] 只有在此时,各国的报业才能形成一个比较的平台。比较新闻学的这个物质要求还可以从另一角度得到印证——从传统上看,比较研究的对象集中于报纸也是因为报纸是诸媒体中历史最悠久、发展最成熟的形式。媒体作为比较新闻学研究的对象,其排座次的规律是越新、越年轻的媒体越靠后,次序为报纸、广播、电视、互联网。人们对广播、电视、互联网的研究

---

① 苏其康:《要兼顾历史分期的课题》,见刘介民:《现代中西比较文学研究》,131页,成都,四川人民出版社,1988。

② Fred S. Siebert, Theodore Peterson and Wilbur Schuramm, Four Theories of the Press, Urbana: The University of Illinois,1956.国内一般将此书译为《报刊的四种理论》,但原书名中的 Press 一词内涵实际比"报刊"宽泛,它还具有报刊作为新闻事业的含义,故"报业"比"报刊"更为准确。本著作中涉及此书时一律采用《报业的四种理论》。

③ Anthony Smith. The Newspaper: An International History, London: Thames and Hudson Ltd. 1979.

也必须在拥有这些媒体并具有一定的规模之后。

其次,比较新闻学的产生还有赖于一定的物质条件,它是社会的政治、经济、科技发展到了一定程度的产物,其繁荣程度是和后者的发达程度成正比例关系的。在国与国之间进行比较时,政治、交通、资讯起了决定性的作用。英、美之所以成为比较新闻学活动开展最早的国家之一,是和它在政治、经济上的强大、科学上的先进密不可分的。1840年以后,帝国主义凭强权打开了中国的大门,外国投资者直接在中国办报,这使西方学者得以直接观察中国的报纸。美国的一些报刊研究者如白瑞华(Rosewell S. Britton,1897—1951)、辛普森(Bertram Lenox Simpson,1877—1930)等都曾亲临中国,写下了第一批具有比较新闻学意义的论文和著作——对中国报纸的观察。如果当时没有轮船,没有稳定的航线,没有政治上的特权,美国学者漂洋过海、对遥远的亚洲报纸进行系统的研究是没有可能的。

在同一时代,中国人鲜有机会踏上异国的土地,即使少数踏入大洋彼岸者,也是以学习西方新闻业务为主,几乎无人以异国报纸为理论研究对象写出著述的,这当然是因为那时的中国没有足够的政治经济实力。报人王韬曾在理雅格(James Legge,1815—1897)的帮助下考察过欧洲的报纸(1867—1870),这只能算是一个例外,而且王韬也无系统的新闻理论著作问世,其中的一个原因就是王韬没有独立的经济基础。事实上,当时的中国报业和报人窘迫而潦倒。至少在1854年,《纽约时报》就在上海派驻了记者。1901年,特派记者F.W.哈迪撰写了新闻稿《清国报业见闻》,其中描绘了中国报人的状况——待遇寒酸,"一天一个金币的工资根本无法与外国同行相比","记者除了身上的行囊一无所有","对中国记者来说,租房简直就是浪费钱财",他们吃住都很简陋。①

比较新闻学在中国萌芽是在20世纪20年代之后,但势头一直微弱,戈公振、任白涛曾分别留学美国和日本,他们早期的新闻学著作就是那时的结晶。在相当长的一段历史时期内,中国在国际比较新闻学舞台上没有任何出色的表现。20世纪初至40年代,董显光、梁士纯、马星野、汪英宾、沈剑虹、赵敏恒、吴嘉棠、谢然之、蒋荫恩、王洪钧曾先后留学美国密苏里新闻学院,后来这些人都曾在政界担任较高职务,只有少数人坚持学术道路,除汪英宾外,这些人在新闻学术方面皆无突出建树。②

---

① 郑曦原编:《帝国的回忆:〈纽约时报〉晚清观察记(1854—1911年)》,110~113页,北京,当代中国出版社,2007。
② 张威:《光荣与梦想:一代新闻人的历史终结》,76~101页,北京,清华大学出版社,2012。

20世纪80年代以后,中国始有去海外专门研究西方传媒者,并且陆续呈现了一批成果。① 但总的来说,在国际比较新闻学研究的百年中,东西方之间出现了严重的不平衡,具体表现为西方研究中国的成果异常丰硕,中国研究西方的成果相对贫乏。在比较新闻学方面,中国与西方的差距实质上是政治、经济和科学技术上的差距。

比较新闻学的综合性要求它的发展还要依赖其他学科的发展与支持。政治学、社会学、美学、艺术、宗教学、科技学、商品学、计算机科学等学科都对比较新闻学发展有着直接影响。互联网的比较研究包括数字和计算机知识,对国际广告的研究则需要研究商品经济学的知识。

比较新闻学的发展也需要一定成熟的国际化条件。只有社会主义和资本主义国家在世界范围内建立了稳定的秩序,比较新闻学才有立身的基础;只有社会主义、资本主义理论发展到一定的成熟阶段,比较新闻学的理论才有现实的依据。1957年诞生的《报业的四种理论》充分说明了这个问题。这本书将人类的媒体制度分为四种形式:封建社会的集权主义、资本主义的自由主义、现代资本主义的社会责任论以及苏联共产主义模式。该著作之所以成为比较新闻学走向成熟的一个里程碑,是因为当时的社会主义、资本主义的理论和实践都进入了一个相对成熟的阶段。在20世纪80年代,西方学者将世界媒体分为第一世界、第二世界和第三世界,或者分为东方社会主义、西方资本主义,如此划分,也都以比较对象各自的社会条件作为依据。

比较新闻学发展的最后一个重要条件就是国际诸文化间的宽容和理解。比较新闻学只能健康地生长于政治和意识形态的宽容期,而不能在"冷战"期发育成型。差异巨大的东西方文化、社会主义与资本主义文化之间需要有互相了解的渴望,从而进行平等对话。敌意和不平等无法产生正常的比较新闻学。"冷战"期的东西方比较研究多有偏见,因而是畸形的、非科学的。

三、比较新闻学的可比性问题

所有的事物都可以进行比较,但并不是所有的比较都是有意义的。可以设想一下,将一个衣服架子与帕瓦罗蒂相比有什么意义呢? 关于这种无意义的比较马克思曾有过这样

---

① 如留学加拿大的郭镇之、赵月枝,留日学者郭庆光、崔保国,留学澳大利亚的张威等。以上人士均有一些研究国际传播或比较新闻学方面的著述,比如:Robert A. Hackett, Zhao Yuezhi, Sustaining Democracy? Journalism and the Politics of Objectivity, Toronto: University of Toronto Press, 1997; Zhang Wei, Politics and Freedom of the Press, Sydney: Australian Centre for Independent Journalism, 1997;郭庆光:《传播学教程》,北京,中国人民大学出版社,1999;郭镇之:《北美传播研究》,北京,北京广播学院出版社,1997;崔保国:《媒介变革与社会发展》,南京,南京大学出版社,2000。

的描述：

>倍尔西阿尼之所以是一位无比的歌唱家，正是因为她是一位歌唱家而且人们把她同其他歌唱家相比较；人们根据他们的耳朵的正常组织和音乐修养做了对比，所以他们能够认识倍尔西阿尼的无比性。倍尔西阿尼的歌唱不能与青蛙的鸣叫相比，虽然在这里也可以有比较，但只是人与一般青蛙之间的比较，而不是倍尔西阿尼与某只唯一的青蛙之间的比较。①

黑格尔认为：

>假如一个人能看出当前极显而易见的差别，譬如，能区别一支笔与一头骆驼，我们不会说这人有了不起的聪明。同样，另一方面，一个人能比较两个近似的东西如橡树与槐树，或寺院与教堂，而知其相似，我们也不能说他有很高的比较能力。我们所要求的，是能看出异中之同和同中之异。②

黑格尔、马克思的意见是我们考察比较的重要依据，所谓可比性就是指事物之间有意义的对比。那么，究竟什么是有意义的比较呢？

1. 比较的事物之间需具有共同的属性（Common Ground）和有机的联系

事物之间的"异中之同和同中之异"可以作为比较的一个基础。这就是说事物之间要具备共同的属性才可以比较。天津的洋楼、北京的四合院、哥特式建筑之所以有比较的意义是因为它们之间有"都是房子"这个共同的属性。从洋楼、四合院、哥特式建筑等建筑上可以总结出人类建筑的一般规律，这就看得出比较的价值。资本主义和社会主义的报业不同，但双方都走过了官报—党报—商报的道路，然而，它们各自的轨迹又各有不同，考察其中的意义既能发现人类报业的共同规律，又能发现彼此不同的特殊规律，这就是有价值的比较。

泛比被认为是无显著意义的比较。比较一定要确定一个具体的着眼点，比较的属性只有在这样一个平台上才能确定比较对象之间的联系程度。人与鱼是不同的属性，关系看似太远，但在进化论的平台上，它们就具有了比较的意义；而在这个平台上，人与猿对比，关系就更近了，相比来说，对当代社会的现实意义就更重大些；但如果在人种学的平台上观察，中国人和美国人相比较，其意义就要超过前二者。

美国华裔学者许倬云怀疑两个事物是否能够真正比较，尤其是因为各个文明都有自己较固定的模式，所以不一定所有的文明都沿用相同的模式。许倬云认为，就"科学"的内涵而言，中国传统和欧洲的认识是不一样的，因而李约瑟的《中国科技文明史》在方法论上

---

① 中共中央马克思恩格斯列宁斯大林著作编译局编译：《马克思恩格斯选集》，第3卷，518页，北京，人民出版社，1995。
② ［德］黑格尔：《小逻辑》，253页，北京，商务印书馆，1980。

犯了错误,其书中使用的许多概念,由于中西理解的内涵不一致,出现了不少偏差,比如中国"法"这个词:

> ……先秦最先使用"法"这一字时,是指模仿的意思。法家当然指商鞅、韩非、申不害等人。在英文里惯用的名词叫 legalist,听起来好像法学院的毕业生一样,其实不是,法家的"法"指的是方法的法,是指法式与规范,所以我们没有办法来比较这两个"法"。……中国的道如"天道",或者道家的"道可道,非常道",乃至孔子所说的"朝闻道,夕死可矣!"的儒家之道,都不是一个 Natural law(的意思)……①

由于新闻与政治的紧密联系,关于中西新闻学有没有可比性的问题曾引起过激烈争论。在20世纪80年代的西方,有一种意见强烈地认为社会主义传媒和资本主义传媒之间没有"Common Ground"——也就是说不具可比性。国际比较新闻学发展缓慢、一波三折就在于这个认识问题。许多人认为:东西方之间、社会主义和资本主义之间的新闻比较是不可能或无意义的。西方有人说,这就好像一个梨和一个香蕉相比,有人喜欢梨,有人偏爱香蕉,你如何下结论呢?或者说,你是想说明你那个社会的新闻制度更优越吗?在社会制度上,西方民主制度要求新闻独立自由;共产主义要求党对传媒的领导,二者之间的分歧如此巨大,哪里谈得到共同点?争辩的理论基础在于比较的对象缺乏共同点,由于不同的社会制度、历史、文化背景而难以形成比较的支点。这些的确是比较新闻学面临的难题,也是我们进行比较时要重点考虑的因素。

然而,冷静的科学分析会达到这样一种境界:在辨析这些区别的同时,确实能发现中国和西方在传媒上的共同点,只要承认在任何社会条件下,媒介活动都是人类的一种传播活动,就能看到中西双方的契合点。人类社会的传播活动包括四个要素:当权者、传播载体、传播者、受众。无论是何种社会形态,这四个要素都不可或缺。这就是中西双方比较的共同基础。对这四者之间的关系的研究是没有穷尽的,它们构成了大众传播和比较新闻学的全部内容。

从图1中可以清楚地看出,政府与传播者、传播载体、受众之间横向的不同关系构成了不同国家不同的传播形态,这是传播与社会的外部关系。传播者、传播载体、受众之间的纵向关系是传播内部的内在关系。

2. 注重比较对象之间具有阐发启迪意义的、重要的、本质意义的属性

一般来说,比较对象中的属性越具阐发启迪意义就越重要,越能反映事物本质性联系,比较的价值也就越大。下面来看中西文化交流中比较的两种情况:

---

① 许倬云:《中国文化与世界文化》,69页,贵阳,贵州人民出版社,1991。

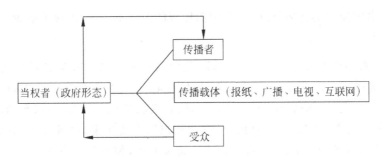

图 1　当权者、传播者、传播载体、受众之间的不同关系

无特定意义的泛比

指那种纯属文化不同而产生的不同行为方式、民族习俗、异国情趣,如西方人吃饭时往往先喝汤,中国人往往后喝汤;西方人不吃狗肉,朝鲜人吃狗肉,印度人吃手抓饭;汉语中的谦辞:鄙人、拙作,英国人大写的"我"(I)……这些表面的特异很难看出高下之分,是一种较低层面的对比。

特定意义的类比

在中西交流中有些比较带来的效果能改变一个民族的文化风貌,推动历史前进,比如西方的民主代替中国的"三纲五常";西方的汽车代替了中国的马车和人力车;计算机代替了算盘……这些东西有较明显的高下之分、先进与落后之分,具有补足和改善的意义,是一种较高层面的对比。

在比较新闻学中,上述两种比较方法都要涉及,但显然必须重视的是深层次的、特定的类比,因为这种类比对我们具有启发的意义。

在文化比较中,平行比较曾经一度被认为是肤浅的比较。一个时期内中国比较文学研究中胡比、滥比泛滥成灾,任意取两个中外作家的两部作品就展开比较,形成了一种"三部曲"的模式,即 x+y:首先证明两个被比较对象的"惊人相似",然后指出其间的"深刻差异",随后便是将上述两种归结为"社会背景"和"民族特性"的同异。这种方法引起了一些人的攻击,斥之为没有意义。有学者甚至认为《诗经》与《荷马史诗》,《西游记》与《巨人传》的比较都不能称为严格意义上的比较文学。①

不过,平行比较是认识论的低级阶段,它常常是不可避免的。中国比较新闻界也出现过简单对比和泛比的倾向。但这是一个由低到高的、由简单到复杂的认识过程。这里的关键问题是,人们不能停留在简单对比的层面上。

举例来说,在比较中西方的新闻报道时,我们发现中国新闻中的正面宣传相对占主要

---

① 刘介民:《现代中西比较文学研究》,32 页,成都,四川人民出版社,1988。

地位,西方新闻中的负面报道相对占主要地位,然而,这只是一个简单对比,对为什么会产生这种现象的综合分析能阐发出深刻的规律,这样,比较就有了它的深层意义。

钱钟书认为:"比较文学的最终目的在于帮助我们认识总体文学乃至人类文化的基本规律,所以中西文学超出实际联系范围的平行研究不仅是可能的,而且是极有价值的。这种比较惟其是在不同文化系统的背景上进行,所以得出的结论具有普遍意义。"①

普遍意义就是事物的本质意义。因此,上述论断完全可以成为比较新闻学的立足点。从中西不同的新闻思想、新闻运作中发现共同的新闻规律,这是异中求同的意义;从中西相同的新闻规律中又发现不同之处,这是同中求异。比如,为什么"典型报道"只在社会主义国家存活,而在资本主义国家的新闻样式中未见生?为什么"调查性报道"的称谓相同,但其内涵在西方和中国的新闻学中却大不相同?这些问题都发人深省。

3. 比较的着眼点是察优见劣,改善不足,他山之石,可以攻玉

文化的比较如果只局限于发现彼此的异同,那还是一个初步的层面,重要的是要察优见劣,以人之长补己之短。曾经有一种理论认为,文化无优劣之分,国家民族无论大小对人类文化宝库各有贡献、一律平等;文化相对主义更是认为"每一种文化都有产生自己的价值体系,人们的行为来自特定的社会文化环境,任何一种行为都只能用它所从属的价值体系来评判,不可能有一个一切社会都承认的、绝对的价值观念和标准"。② 文化相对主义的荒唐在于否认文化中有优劣之分、高下之分、先进与落后之分,进而否认落后文化有向先进文化学习的必要。故步自封、盲目排外、闭关锁国,在这种理论面前,比较新闻学是无所作为的。

事实上,虽然各种文化各有自己的价值,却并不是不可比较、不分优劣的。一位常驻北京的法国青年说,"在中国我可以不吃光所有盘子里的菜,在法国我父母家的餐桌上,我必须吃光所有盘子里的菜,这只是不同地方所必须遵从的不同习惯和文化差别而已,但如果我扶着门不让它打到后面的人,我在公共汽车上为老年人和妇女让座,我不随地吐痰,这也是一种文化,对与这种文化反其道而行之的文化来说,其中的高下之分是明显的"。③ 西方经济、科学的先进是不争的事实,但西方人自己却认为,如果他们墨守拉丁人的记数方法而不接受阿拉伯人的数字符号的话,也许他们的数学就不可能发展到今天的高度。④ 食人部落的文明与现代文明之间,农奴制、封建宗法制与民主制度之间,妻妾成群与一夫一妻制之间,男尊女卑和男女平等之间,君权神授和人人平等之间,特权与平权之间,疯狂

---

① 张隆溪:《钱钟书谈比较文学和"文学比较"》,见《中国笔记比较文学年鉴》(1986),北京,北京大学出版社,1987。
② 葛红兵:《障碍与认同:当代中国文化问题》,上海,学林出版社,2000。
③ 《在中国住久了,还看得惯欧洲吗?》,载《北京青年报》,2001-03-08。
④ 李慎之、何家栋:《中国的道路》,70 页,广州,南方日报出版社,2000。

攫取自然资源与保护环境之间实在有着可怕的距离,这是任何一个正常人都无法回避的事实。如果不承认差距,先进与落后的距离就会拉大。澳大利亚最早的居民土著人4万年前就是当地的主人,但4万年来,他们没有改变原始部落的生活方式,所以让200多年前踏上那片土地的白人击败了,反宾为主。李光耀说,他不承认"All men are created equal"这句话,他说,印第安人本是同他一样的亚洲人,但在美洲的环境下变懒了,不那么优秀了。[①] 中国近、当代的许多学者大都承认中国文化与西方文化的差距,但目前的许多文化研究往往比较笼统,还没有建立一套文化研究的理论支持体系和机制;学者们往往会根据现实需要对中西文化进行时尚性的臧否,有些飘忽不定。

文化的复杂性在于一种系统的文化不可能在方方面面全优或全劣,而往往是优劣互见,优中有劣,劣中有优。比如西方的女权主义反映了妇女地位的大幅度提高,但又有蔑视男权之嫌;个人主义反映了人性的解放,但又对集体主义造成了威胁;新闻自由保障了民主权利,但又可能侵犯个人的隐私权;新闻竞争形成一种活力,但却造成了垄断媒体的新闻寡头。

关键是要有一种科学的心态对待外来文化,学者张鸿雁认为,在把西方文化等同于资本主义文化的认识前提下是不能正确对待西方文化的。"批判的吸收"是在事先否定的前提下进行的,必然会带着某种偏见去认识外来文化,于是,这种文化研究也不可能是在科学认识的指导下的研究,他指出:

> 如果从现代世界范围的文化研究和从真正的文化学的意义上来分析世界上现存的文化,应该首先看其他文化和外来文化的合理性、存在的客观性,并抱着向另一种文化学习的认识观来研究文化,也就是在首先抛弃某种人为的政治文化偏见的条件下来研究文化比较问题,才能真正走向科学研究的轨道。[②]

在比较新闻学中,精细的比较和梳理彼此的短长,找出可以借鉴、完善本体的参照系是十分必要的。中国新闻业对西方的"新闻价值"、"大众传播"、"导语"、"倒金字塔"、"新闻监督"等概念的引进,改变了传统新闻的面貌;而近年来迅速推进互联网等新媒体,就更是一种汇入世界传媒现代化的自觉而切实的行动。

四、比什么? 怎么比?——比较新闻学的内容和一般方法

1. 比较新闻学的内容

比较新闻学的研究对象有核心研究和外延研究之分。划分的依据是将新闻中的那些

---

① 李慎之、何家栋:《中国的道路》,84页,广州,南方日报出版社,2000。
② 张鸿雁:《民族偏见与文化偏见——中西文化比较新论》,7页,沈阳,辽宁教育出版社,1993。

决定的、本原的因素作为核心部分,而拓展延伸的部分则为外延部分。核心部分决定外延部分。核心研究包括三大部分:新闻理论研究、新闻业务研究、新闻史和新闻实践。

其中,新闻理论研究包括:新闻的价值观、自由观、信仰、准则;新闻思潮和流派(如黄色新闻,煽情主义,客观主义等);新闻和大众传播理论。

新闻业务研究:主要是新闻技巧和报道手法的研究。如软新闻与硬新闻的关系等。

新闻史和新闻实践:一切有关新闻活动经历的过程、事件、活动。比如,便士报、新闻信、邸报、苏报案等。

新闻的外延研究是根据新闻学科与其他学科的横向联系划分的,其中包括:新闻法、新闻伦理、新闻教育、新闻与社会、新闻与宣传、新闻与美学、新闻与政治等。

核心研究		外延研究		
基础研究	新闻理论研究 新闻业务研究 新闻史和新闻实践	非基础研究	新闻法 新闻伦理 新闻教育 新闻与社会	新闻与宣传 新闻与美学 新闻与政治

划分的依据为新闻学科的内部关系和新闻学与其他学科的外部关系。过去,一些比较新闻学者常常将上述两个部分混淆在一起,其弊端是无法划清新闻学的基础研究和非基础研究之间的界限。

2. 比较新闻学在方法论方面的借鉴

作为一门年轻的学科,比较新闻学需要借鉴许多成熟学科的成果才能发展。文学与新闻学的密切联系决定了比较新闻学直接借鉴、受影响最多的就是比较文学。

李赋宁教授认为:"比较文学的原理和比较、综合的方法也适用于人文科学和社会科学的其他学科,对人文科学来说,尤其重要。"

首先,文学与新闻学是属种关系,与新闻是嫡亲。过去,我国大学里中文系下设新闻专业的情况非常生动地说明了二者之间的关系。比较文学的原理、规律、原则和方法对比较新闻学具有相同的一般示范意义。

其次,比较文学和比较新闻学的路径和趋势相一致。二者都经历了或正在经历三个必经之路:对西学的翻译、介绍;与西方的解释和对话;整合创建中国学派。

比较文学与比较新闻学之间除了学科不同外,它们之间最大的区别就是文学离政治较远,新闻离政治太近,这也是比较新闻学不如比较文学开展得顺利的重要原因。

比较文学从19世纪末发端到现在已走过了一百多年,其中心从法国移到美国,又移到中国,在一个世纪的时间中建立了较缜密系统的方法论。这些方法已被实践检验且证明是成功的,它们有意无意地影响了比较新闻学。为了更清楚地看到这种影响,这里介绍一下比较文学的发展脉络及其主要的方法。因为篇幅的限制,这里仅介绍一些重点学派。

3. 比较文学学派及其发展脉络

(1) 法国学派

比较文学学科史上最早形成的流派是法国流派。被称为比较文学之父的维尔曼(Abet-Francois Villemain,1790—1870)曾是巴黎大学的文学教授。1829年,他在巴黎开了一个讲座,叫《18世纪法国作家对于外国文学和欧洲思想影响的考察》。维尔曼之后又有一些教授从事比较文学研究,到1840年左右,法国已经出现了比较文学专著,其中包括《西班牙、法国文学比较史》、《比较文学史教材》、《高乃依、莎士比亚、歌德》等。后来,比较文学进一步蓬勃开展起来。其中最著名的代表有梵·第根(Paul Van Tieghem)等人。"法国学派"强调文学渊源和文学作品的直接影响研究,认为比较文学专门研究有直接影响渊源的两国或两国以上的文学。欧洲文学因其来自希腊、罗马以及基督教的传统,故可以相互比较;亚洲文学亦可彼此比较。法国学派是典型的欧洲文化中心主义。它强调文学作品间的影响,强调比较的作品必须有"事实"联系,忽略了文学作品本身的美学价值。

(2) 美国学派

20世纪初,比较文学的中心逐渐向美国转移,针对法国学派的一些偏颇,美国学者在比较文学的定义、方法等方面提出了自己的一套理论,创立了"平行研究"和"科技整合"的新方法。1962年,美国学派的著名代表,印第安纳大学教授雷马克(Henry H. H. Remark)给比较文学下的定义是:"比较文学是一国文学与另一国或多国文学的比较,是文学与人类其他表现领域的比较。"[①]这就否认了法国学派的"比较文学是文学史的分支,不是文学比较的"论断。雷马克批评法国学派影响研究的方法陈旧、范围过窄,提出要重视诸学科的科际研究和边缘学科的研究,将文学置于人类各种知识和各种活动之中去进行比较。

法国学派和美国学派各有千秋、互见短长。法国学派重视实证研究和事实联系,过分囿于局限,美国学派主张拓宽领域,对并无关联的两种以上的民族文学进行对比研究又过于宽泛,不免失之精密。

(3) 中国学派

大部分学者认为,中国比较文学大约发端于清朝之末、民国之初。它始于对西方文化的译介,其中近代史的"改良运动"、"新文化运动"、"五四运动"都是培育中国比较文学的温床。严复、梁启超、林纾、王国维、胡适、鲁迅、茅盾、吴宓、朱光潜等人都是比较文学的主将,然而,中国并没有产生严格意义上的比较文学理论著作。1949年后的相当一段时期

---

① 朱维之等:《中外比较文学》,82页,天津,南开大学出版社,1992。

内,西方文化遭到批判,比较文学一蹶不振,它的复兴时代起于20世纪70年代末。经过20多年的发展,三代人的努力,中国比较文学已经在世界拥有一席之地,它突破了"法国学派"和"美国学派"的樊篱,显示出以中国文化为教养的文化精神、文化观念和方法论特征。① 在过去一个世纪中,比较文学的历史多局限在以希腊、希伯来文化为基础的西方文化体系中,对东方文化多采取征服或蔑视的态度。② 全球化以后,比较文学迅速突破了封闭的西方文化体系,以东西方平等对话的形式开展起来。中国学派就是在这样一个大背景之下建立的。它的主要特征是:打破"西方中心"的观念,倡导在西方文学的平等对话和跨文化的比较文学研究,推行双向阐发法、中西互补异同比较法、探求民族特色及文化根源的"模子寻根法"、促进中西沟通的对话法,旨在追求理论重构的"整合与构建法"。③

4. 比较文学的一般方法

作为一切比较研究的基本方法,分析和综合贯穿于比较文学的研究之中。然而,经过漫长的实践,比较文学亦形成了自身特定的方法,它们主要包括:

(1) 影响研究

影响研究由法国学派建立,其特点是,以法国文学作为欧洲文学的中心和辐射源,来研究各国文学之间的直接和间接相互影响,研究文化与文化接触时,会发生什么状况。比如希腊接受大陆的影响后、罗马世界接受了基督教后、印度世界接受了回教后、中国接受了佛教后发生的变化。影响研究包括誉舆学:对作为放送者的某个作家作品在国外的声誉、经历和影响的研究;渊源学:对某一作家的作品主题、思想、题材、风格以及艺术形式来源的研究;媒介学:关于一国文学对另一国文学、一位作家对另一国作家产生影响的途径和手段的研究,包括翻译、评论等形式。

(2) 平行研究

平行研究由美国学派创立,其特点是以比较的方法研究不同民族文学作品的主题、题材、文体、类型和比较诗学。

具体说,主题学研究同一主题在不同民族文学中的表现;题材学研究同一题材在不同民族文学中的不同形态及其历史演变;文体学研究同一文体在不同民族文学中的不同发展过程;类型学研究不同民族学中同一类型的作家、作品、人物形象和故事情节;比较诗学研究的是不同民族的文学批评观念、文学批评原则及其发展的历史。

---

① 严绍璗:《中国比较文学的现状与未来》,载《中华读书报》,2000-05-10。
② 乐黛云:《迎接比较文学的新纪元》,载《中华读书报》,2000-5-10。
③ 黄维樑、曹顺庆:《中国比较文学学科理论的垦拓》,9、13页,北京,北京大学出版社,1988。

（3）科际研究

科际研究又称跨学科研究、跨类研究，由美国学派创建，属于文学研究中的非本科范围研究。它从文学的外围入手，通过外围领域和对文学关系的研究来研究文学本身。

（4）阐发研究

阐发研究一般指用外来的理论方法去阐明本土的文学创作，即以形成与一种文化系统中的文学理论批判模子去分析处理形成于另一文化系统中的文学现象，有时候也结合本土的理论方法展开双向或者多向的阐发。①

（5）"模子——寻根"法

模子即模式。东西方文化各有自己的思维、语言、文学模子，因此在进行跨文化研究时，必须放弃死守一个模子、尤其是西方模子的固执态度，必须要从两个模子同时进行，寻根探源，然后加以比较，始可得到两者的全貌②。

（6）"文学——文化——对话"法

异文学或异文化之间在平等基础上的相互交流。基础是强调差异，多元文化并存。③

5. 比较新闻学研究的一般方法

显然，比较文学的方法有些已经为比较新闻学所采用。比如，外报对中国报纸的影响就属于影响研究一类；比较中西对"客观主义"的理解就属于平行研究一类；在新闻美学、新闻伦理学的研究中又可以看出学科之间整合方法的运用。

在上述方法论的基础上，比较新闻学逐渐建立了自身稳定的研究范式，其中包括：历史的方法、理论的方法、文化研究的方法、个案的方法、对话和交流、跨文化和多学科的方法。值得指出的是，上述这些方法之间的关系经常是交叉的、互相渗透的，将它们放在静止的平台上只是为了一种分析的方便。

下面将以上几种方法加以分别介绍。

（1）历史的方法

这种研究方法以平行对比的方式对特定时期的各国新闻发展的状况进行观照，以便发现彼此之间的差异和共同性。例如，英国报刊史专家安东尼·史密斯的《报纸：一个世界的发展史》④就是从古代到近代循序渐进地沿着各国历史发展的相同阶段来平行阐述

---

① 乐黛云等：《比较文学原理新编》，152页，北京，北京大学出版社，1999。
② 叶维廉：《东西方比较文学中"模子"的应用》，见李达三、罗钢编：《中外比较文学的里程碑》，44页，北京，人民文学出版社，1997。
③ 乐黛云等：《比较文学原理新编》，79~124页，北京，北京大学出版社，1999；叶维廉：《东西方比较文学中"模子"的应用》，见李达三、罗钢编：《中外比较文学的里程碑》，44页，北京，人民文学出版社，1997。
④ Anthony Smith. The Newspaper: An International History. London: Thames and Hudson Ltd., 1979.

各国报业的情况。张隆栋、傅显明的《外国新闻史》①也基本采用了这种方法。

历史方法是一个综合的概念，它是在历史的框架下运用哲学、统计学、逻辑学、经济学、文化学等多方面的知识对研究对象进行考察。定量分析往往是普遍采用的方法。对一个时期媒体发展情况的统计往往可以使比较对象之间的差别一目了然。

（2）理论的方法

这是一种对各国的新闻现象（包括新闻史、新闻业务、新闻实践）进行系统辨析的研究方法。王炜、梁虹的"中美互访的双边报道比较"分析了中美对同一事件的不同报道风格②，彭家发的《新闻客观性原理》③系统地解释了新闻客观性的沿革以及不同文化理解同一概念的差异。乔治·马登等编著的《媒介制度比较研究》④辨析了社会主义国家与资本主义国家新闻观念的差异。理论的方法要求比较学者能从具体的分析中高度概括研究对象的特点，总结出具有指导性的规律。比如童兵等的《中西新闻比较论纲》将中西对"真实"不同的理解加以分析之后总结道，西方对真实性是严肃的，是努力追求的，真实性是新闻的生命是其新闻体系的基石。中国对真实性的主流观点是不仅要求每篇报道的新闻要素真实准确，还要求新闻宣传整体的真实、客观和全面。⑤ 徐耀魁在《西方新闻理论评析》中对西方新闻自由总结道："新闻自由最早是由西方国家提出来的并为西方国家所广泛宣扬和采用，但新闻自由并不是西方国家的'专利'，更不是资产阶级所独有。"⑥

（3）文化研究的方法

这是一种侧重从民族文化、哲学、社会的角度观照比较对象的研究方法。它强调文化环境对新闻媒体风格的影响。比如，劳伦斯·坎才的《传播理论：一个对东方和西方的观察》⑦，从文化背景和民族哲学的角度出发，更加精确地将世界新闻界分为以美国为代表的西方媒介和以中国、朝鲜、印度为代表的东方媒介，并进行分类研究。樊凡主编的《中西新闻比较论》从文化和哲学的角度来探讨中西不同的新闻现象，它将中西文化哲学设定为这样一个框架——中国受"天人合一，天人和谐，善在人伦"的影响较深；西方受"酒神精神，天人对立、美在个体"的观念影响较深——以此出发来观照中西新闻不同的思维、传播、道德和文体。目前，文化研究的方法越来越受到重视，这是由比较新闻学本质上就是

---

① 张隆栋、傅显明：《外国新闻史》，北京，中国人民大学出版社，1993。
② 王炜、梁虹：《中美首脑互访的双边报道比较》，载《现代传播》，1998(2)：10～16。
③ 彭家发：《新闻客观性原理》，台北，三民书局，1986。
④ L. John Martin & Anju Grover Chaudhary(eds.). Comparative Mass Media Systems, New York: Longman Inc., 1983.
⑤ 童兵等：《中西新闻比较论纲》，316、320页，北京，新华出版社，1999。
⑥ 徐耀魁编：《西方新闻理论评析》，404页，北京，新华出版社，1998。
⑦ D. Laurence Kincaid. Communication Theory: Eastern and Western Perspectives, Santiago: Academic Press, California, 1987.

一种文化研究的性质所决定的。

（4）个案研究的方法

这是一种聚焦于特定的具体新闻现象，深入缜密的研究方法。比如：新华社新闻研究所（编著）的《世妇会中外新闻实录研究》，集中探讨了1994年北京世界妇女代表大会西方记者的报道方式，如李希光等的《中国有多坏？》、《妖魔化中国的背后》、《妖魔化与媒体轰炸》①则聚焦美国媒体对报道中国"妖魔化"方面的研究；美国哈佛大学对1989年北京风波中美国新闻界表现的研究；②斯尊翰对《解放日报》的研究；③奥肯伯格对《人民日报》的研究④等。

有相当的个案研究的对象单纯地集中在一个目标上，并不一定进行两方面比较。然而由于这种研究的目的是为比较研究提供参照物，所以也应划入比较研究的范畴。

个案的方法需要运用大量的事实数据调查考证，它的逻辑实证性很强，要求以具体翔实的材料来构成说服力。由于这种方法具有纪实报道的魅力，自20世纪70年代后，它一直受到比较新闻学者的青睐。

（5）跨学科研究的方法

这是一种研究新闻学与其他学科交叉关系的方法，它从与新闻相关的学科角度来观照新闻学，彰显和解释新闻与其他相关学科的关联、相互影响和相互作用。比如：新闻伦理学、新闻美学、新闻心理学、新闻宣传学、新闻法学、科技新闻学……以新闻伦理学为例，新闻伦理学是研究新闻道德的科学，是一门新兴的学科；它既是伦理学的分支学科，又是伦理学与新闻学之间的交叉科学；新闻伦理学是用伦理学的理论和原理来探讨、研究一切新闻领域的新闻道德意识现象、活动现象和关系现象，并揭示其本质和规律所建立的新闻道德科学的理论体系。⑤跨学科方法的运用正日渐普遍。

（6）对话和交流

这种方法以不同政治、不同意识形态的双方平等交换意见、公平表述思想为基础，旨在沟通与理解。由于双方的立场不一样，对话很容易出现偏颇，所以这种方法正处在发展和实验中，但由于它是20世纪90年代东西方"冷战"结束后出现的化解双方矛盾的一种

---

① 李希光、刘康：《中国有多坏?》，南京，江苏人民出版社，1998；李希光等：《妖魔化中国的背后》，北京，中国社会科学出版社，1997；李希光、刘康：《妖魔化与媒体轰炸》，南京，江苏人民出版社，1999。

② See Turmoil at Tiananmen. A Study of U.S Press Coverage of the Beijing Spring of 1989，John F. Kennedy. School of Government，Harvard University，1992.

③ Patricia Stranahan. Molding the Medium: the Chinese Communist Party and the Liberation Daily，New York: M. E. Sharpe Inc.，Armonk，1990.

④ Michel Okenberg and Gail Henderson. Research Guide to People's Daily Editorials 1947-1975，Ann Arbor. Center for Chinese Studies，University of Michigan，1988.

⑤ 周鸿书：《新闻伦理学论纲》，13页，北京，新华出版社，1998。

行之有效的方法,因而正日益得到各方专家学者的重视。

20世纪70年代,第三世界国家对经济大国的新闻在新闻流通中占据支配地位提出抗议,在发达国家看来,这是对新闻自由的挑战。各国的新闻界对新闻工作者的作用、权利和责任的解释众说纷纭。1980年,联合国教科文组织召集16个国家的委员会成员开会,讨论建立"世界信息和交流新秩序"问题。《多种声音,一个世界》的出版标志着第一世界和第三世界人们在信息交流问题上首次进行平等的对话。

1998年5月,美国美利坚大学传播学院、哈佛大学肯尼迪政府学院和美中关系全国委员会联合主办了一次会议,寻求与中国同行的对话。东道主给新华社高级记者熊蕾的邀请信谈到了召开这个对话会议的动机,由于此信带有一定的典型性,兹将其片段摘录如下:

> 在过去50年里,美中关系波动很大。美国媒介报道的调子也是如此:40年代对一个战时盟国的同情;50年代对朝鲜战争中的敌国和似乎是苏联忠实的朋友的敌对;60年代对"文化大革命"过激行为的反感;70年代对乒乓外交和中美关系走向正常化的激动;80年代对贸易前景的欢欣;90年代对人权、贸易和核扩散等问题的批评。
>
> 和中国的建设性关系对美国的长期利益至关重要,两国在许多领域需要合作。然而,过去几年来,中国人对美国媒介的中国报道不公平的抱怨增多了,说这破坏了中美关系的健康发展。美国方面反应主要是否认对偏见的指责,但是对这个问题的争论很激烈。这些争论主要是基于一些主观的看法。这次会议将把美国和中国的编辑、记者、政策制定者及学术界人士召集到一起从而进一步推进这种讨论;重点将放在媒介有关中国报道的质量和特点,影响报道的因素,中国人和其他人对美国媒介的中国报道的看法,以及美国媒介的中国报道如何影响舆论和外交政策。①

在不同的意识形态之间展开对话是艰难的,有时对话虽然展开了,却往往不能得到即时的效果。像上面提到的1998年美中记者的对话会,结果就令人失望。美中关系全国委员会总结说,在会议结束时,"中国和西方对新闻的指导原则的观点和在会议开始时一样截然不同"。但双方又认为,这次对话还是有价值的——它使人们的距离不断缩小。②

1998年5月22日,北京大学国际关系研究所也组织了一次中美记者的对话,主题是"新闻道德与责任"。③ 其效果同上面的例子大同小异。2000年年末,清华大学国际传媒

---

① 熊蕾:《赞赏与遗憾》,见顾耀铭:《我看美国媒体》,129页,北京,新华出版社,2000。
② 熊蕾:《赞赏与遗憾》,见顾耀铭:《我看美国媒体》,138页,北京,新华出版社,2000。
③ 李希光等:《中国有多坏?》,116~134页,南京,江苏人民出版社,1998。

研究中心再次召开中美主流媒体记者、专家、学者座谈会纪要,结果证明,中美双方在新闻观念方面的距离仍很遥远。①

自20世纪70年代后,东西方对话与交流的著作如雨后春笋。其中,较著名的有美国史缔夫·莫藤森编选的《东方的视角:跨文化传播学》(关世杰等译)。在中国新闻业方面出版的专著主要是对西方传媒的审读和解析,比如集中了中国7位记者和传媒研究者品评美国媒体的《我看美国媒体》,评介美国传媒对中国反映的《中国有多坏?》、《妖魔化中国的背后》、《妖魔化与媒体轰炸》等。虽然,上述著作都是一方面对另一方面的意见,但由于具有对话和沟通的意向,一般也被划入比较新闻学对话的方法中,尽管它们实际上处于对话的初级阶段。高层次的中西双方都参与意见的专著或出版物目前新闻界还不多见,在此方面,比较文学界出版的中西交流的定期刊物《跨文化对话》倒是可以作为借鉴。

在中西比较新闻学中,某些事物之间的联系或区别是显而易见的。比如,在理论上,中西对新闻和新闻价值的认识有较大的趋同性;而对新闻自由、阶级性、真实性、客观性的看法,中西则持截然相反的态度,这一类东西是黑白分明、比较醒目的。比较新闻学不仅要注意到这一层面,还要特别留意那种似是而非的问题,即概念和内涵不一致的问题,有时,中西虽使用同一概念,但内容完全不一样,如新闻自由,虽然中国与欧美各国都承认新闻自由,但彼此都有各自的界定;此外,比较新闻学还要留意在中西某一方遭到缺失的新闻样式,比如:典型报道仅仅是社会主义苏联和中国的新闻样式,在欧美诸国完全不存在,揭示这种缺失背后的奥秘是一个较高层面的任务。比较新闻学还要留意虽然某些新闻现象双方具有交叉或渗透关系,但它们的分布和构成却很不相同,如正面报道和负面报道在中西新闻版块中分布的比例。

这些问题都在本书中得到了特别关注。

五、比较新闻学学者应具备的素质

在探讨了比较新闻学的性质、方法等诸问题后,我们会立即面临一个新情况:比较新闻学学者应当具备什么样的素质?总的来说,比较新闻学学者应当具有一般社会科学研究学者的全部能力,但特别要重视以下几方面的素质培养:

1. 比较新闻研究者应具备多种语言能力

比较新闻研究的对象是两种以上的文化,所以精通两种以上的语言是必要条件。学者要能流利地阅读、研究比较对象的第一手资料。国内许多比较学者,或由于第一手资料难于获得,或由于外语水平所限,引用资料多为二手,有时不免失之毫厘,谬之千里。语言

---

① 肖欣欣、刘乐耕:《世纪末的一场对话》,载《国际新闻界》,2001(6)。

水平越高,文化误读的可能性就越小;语言水平越低,文化误读的可能性就越大。一位具有较高知名度的比较学者在解析《庄子》文中"尝与女登高山,履危石",将文中的"女"解释为"女子","危石"解释为"危险的石头",以致贻笑大方,这就不是一个合格的比较学者。①同样,如果不能鉴别英文中的"as proud as a peacock"的讽刺含义,一个以研究英语国家文化为对象的学者的比较成果也是令人可疑的。

2. 比较新闻研究者应当具有双重或多重文化经验

不具备对所比较之国的直接经验,比较是难以做得深入细致和科学的。比较者应当精通比较对象国的文化,这样作出的比较才是接近事实和科学的。作为一名长期浸淫在某种意识形态中的新闻研究者,如果不冲破原有的文化氛围,不直接到研究对象的文化氛围中去身临其境地体验,就很难达到预期的认识目的。著名新闻人、《财经》杂志前主编胡舒立对此深有体会,她说:

> 在国内时,我觉得自己作为一个从新闻系学出来的人并不是不知道新闻史和新闻学,但我到美国之后才发现,我们的新闻学一直对西方新闻的了解和介绍非常简单,还停留在"无产阶级有自己的报纸,资产阶级也有自己的报纸"这样一种概念上,而美国人的很多办报理念和技巧,中国人是不知道的。②

20世纪末期,张辛欣曾任央视节目主持人,她到了美国后,据自己的体验写成《我知道的美国之音》,③比较准确地反映了美国传媒的情况;顾耀铭编著的《我看美国媒体》汇集了7位中国记者、学者对美国传媒界的切身体会,尽管角度各有不同,但其看法大都是些真知灼见,绝不空洞。④

作为21世纪央视节目著名主持人的董倩,其访谈节目沉着、机智,与西方领导人的对谈应付裕如,妙趣横生,使她直接受益的就是美国的第一手经验。董倩自北大毕业后在电视台工作了十几年,曾去美国耶鲁大学深造,她的主要目的是"去看、去接触这个社会",她说:

> 不管你承认也好,不愿意承认也好,美国就是这个世界上最强大的力量,制度上、文化上、经济上都很强大,为什么?我想知道……⑤

21世纪的其他著名电视主持人如杨澜、芮成钢等,都有在海外的直接体验,全球化的

---

① 严绍璗:《中国比较文学的现状与未来》,载《中华读书报》,2000-05-10。
② 陈燕妮:《美国之后》(上),163页,北京,作家出版社,2000。
③ 张辛欣:《我知道的美国之音》,北京,中国社会出版社,2001年。
④ 顾耀铭编著:《我看美国媒体》,北京,新华出版社,2000年。
⑤ 徐泓:《我所珍惜的——30位北大传媒人访谈录》,272页,北京,人民出版社,2008。

眼光使他们在采访时风度和气质独树一帜，广受中外观众好评。

3. 比较新闻研究者应当具有专才和通才的能力

比较新闻研究者首先应当是新闻学某个领域的专家，同时也应当对某个或某几个领域具有深湛、系统的知识。比如前面提到的美国学者乔治·马登，就是研究媒体制度的专家，英国的学者安东尼·史密斯是研究报业史的专家，澳大利亚的亨利·梅耶教授专门研究澳大利亚报业，温彻特专门从事媒介批评，一度在美国任教的李金铨专事中国传媒的研究，从另一方面来看，上述这些人又面对世界传媒，从事世界各国之间新闻媒介的比较，他们具备了丰富的知识。

比较新闻学的领域十分宽泛，研究者应能为自己划定一个空间和时间的范围。在空间上，可以专门研究某两个国家的关系；在时间上，可以集中研究某一时代、某一时期的新闻现象。

比较新闻学的难题之一在于，它是个宏观的论题，许多问题具有连带性，比如比较新闻的社会功能就不能不涉及新闻自由，比较新闻自由又不能不涉及法律，新闻法涉及社会基础，所有的新闻现象又与特定的文化历史紧密相连，漫无边际地比较容易陷入空泛；而立论和讨论如果太狭窄又不能说明问题。一个世纪以来，中外比较新闻学者都在进行着艰苦的探索。

在中外文化比较方面，钱钟书被认为是一个集专才和通才于一身的大师级人物。他博古通今，学贯中西，是包括比较新闻学学者在内的一切比较文化学者都应当学习的楷模。

钱钟书早在年轻时代就投身于比较文化的研究，他在清华大学读书时就以英文撰写了《中国古代戏剧中的悲剧》，从中外文化的角度考察了中国的悲剧观念，并试图论证中国为什么缺少悲剧的问题。在英国读书期间，他的博士论文为《16、17、18世纪英国文学中的中国》，其中考察了中英文学的姻缘和互动关系。在此后的岁月中，钱钟书的中西比较研究一发而不可收，成果斐然。他的《谈艺录》将大量中外文学现象、理论观点熔于一炉，相互比照，求同见异，其中涉及柏拉图、亚里士多德、西塞罗、荷马、莎士比亚等文学巨匠。钱钟书论证的中外文学中的"通感"现象被称为比较文学上的创造。不过，为他赢来最大声誉的则是1979年在中国出版的、被誉为"比较文学在中国的复兴的标志"的《管锥篇》。此著作体大思精，纵览古今，横贯中西，发微探幽，是中国首部以西方文学和理论为镜，广泛深刻地反照、透视中国文学的著作，它多方位、多角度用西方理论阐发中国文学现象，其中涉及十多种古籍，八百多名外国学者的一千四百多种著作，结合了三千多位古今中外的作家、作品与言论，考证涉及语义学、符号学、风格学、心理学、语言学、文化人类学、教育学、生理学、宗教学等多种学科。钱钟书认为："人文科学的各个现象彼此系连，交互映发,不但跨越国界,衔接时代,而且贯穿不同的学科。"①

钱钟书同时代的学者季羡林、金克木,后继之学乐黛云、曹顺庆等人均为学贯中西的通才,他们的丰富实践和奋斗探索精神感召着中国比较新闻学学者,希望有朝一日能迎头赶上世界比较新闻学的浪潮。

4. 比较新闻学研究者的眼界、胸怀和学术观念

比较新闻学者面对的是一个变化的世界,所以特别需要具有一种国际眼光,需要将世界文化的最新发展动态、潮流、概念、术语尽收眼底。应不断关注国际传媒界的新观点、学术活动、国际出版的重要杂志以及有关社会科学、文化传播的专著。

比较新闻学者还需要具备对话意识,坚持人类文化的多样性,自觉地将自己看作是异文化的沟通者,本文化的传播者。在解释己文化时要承认他文化存在的意义。要认识到研究比较新闻学的目的在于促进文化沟通,改进文化生态和人文环境;避免灾难性的文化冲突以至武装冲突的最佳方式之一就是两种文化间的不断对话。解释和理解是对话的基本态度。文化孤立主义、狭隘民族主义都是不可取的。

中国的比较新闻学要想和世界接轨,就必须熟悉和采用国际通用的学术规范。在方法论上、在注释上、在引用资料上、在评述上、在学术写作和研究范式等方面,中国的比较新闻学者正在加快努力与国际水平同步。

---

① 钱钟书:《诗可以怨》,见张隆溪等编选:《比较文学论文集》,44 页,北京,北京大学出版社,1984。

第二章 比较新闻学的历史、现状与难题

一、中西百年比较新闻学发展回顾

比较新闻学是20世纪初产生的一门新兴学科,显然,它植根于西方。这门学科的确立首先应当归功于三位美国报刊研究学者:韦伯·施拉姆,佛雷德·塞伯特和西奥多·皮特森。其标志就是他们的合作成果——1956年在美国出版的《报业的四种理论》。① 该书从对社会所有制的观察出发,将有史以来人类社会的新闻体制分成四种形态:封建社会的集权主义、资本主义的自由主义、现代资本主义的社会责任论以及苏联共产主义的方式。这使人们对当今世界错综复杂的报业现象及其归属第一次有了全球的观点。说《报业的四种理论》是比较新闻学的奠基石并不过分。事实上,直到目前为止,西方比较新闻界的思维仍然没能跳出这个窠臼,几乎所有的讨论都还是以上述四种理论为基础。

然而,20世纪50年代以前的比较新闻学领域是非常贫瘠的。早期,新闻理论研究的先锋们曾试图对个别特定国家的媒介进行研究,而那时的媒介当然只有报纸。美国学者在20世纪20年代起就开始了对中国报纸的研究,较著名的有帕特森的论文《中国的新闻业》②,Y. P. Wang(汪英宾)的论文《中国本地报纸的崛起》,③庭坡罗的论文《中国新闻业的发端》,④白瑞华

---

① Fred S. Siebert, Theodore Peterson and Wilbur Schuramm. Four Theories of the Press, Urbana: The University of Illinois, 1956.
② Don D. Patterson. "The Journalism of China", The University of Missouri Bulletin, Vol. 23, No. 34 (December 1922).
③ Y. P. Wang. The Rise of the Native Press in China, New York: Columbia University, 1924.
④ H. J. Timperloy. The Beginning of Journalism in China, Peiping, 1930.

的专著《中国的期刊报纸：1800—1911》等。① 这些研究虽然只是一个国家的学者对另一个国家媒介的观察，但已初见比较新闻学的端倪。此后，比较的范围从对某个单一国家的研究扩展到洲际国家的研究（比如对亚洲媒介的研究），然后逐渐产生了对全球媒介的综合透视。从一个国家到几个国家再到全世界，比较新闻学的范围随着交通、资讯、科学的日益现代化而扩大。1928年，意大利帕鲁扎大学政治学院首开比较新闻学课程。1935年，日本学者小山荣三在其著作《新闻学》中专辟章节讨论比较新闻学。另一位日本学者小野秀雄的《国外新闻史》则是比较新闻学方面的专著。

但是，比较新闻学羽翼未丰便很快进入到一个死胡同。这是个生命力先天不足的婴儿。20世纪60年代这个领域是沉寂的。在接下来的70年代，英国报刊史专家安东尼·史密斯的《报纸：世界的发展》②平行地描绘了世界主要国家的报纸的发展进程，在比较新闻学的发展史上涂上了厚重的一笔。遗憾的是，在整个10年中，比较新闻学并无其他力作问世，史密斯的大作不免有些形单影只。

20世纪40年代到70年代前后是国际关系最微妙而严峻的"冷战"时期。"冷战"双方针锋相对，水火不容。意识形态的敌意阻止了科学研究对方的可能性，比较新闻学的步伐沉重而迟缓是完全可以理解的。然而，当国际大变动开始，当东西方的政治关系开始松动时，播种就开始，一个小小的繁荣期就出现了。1981年，吉姆·理查斯坦德和麦克·安德森率先写出一部对第一世界和第三世界信息流动的研究著作《世界性的危机：政策和展望》，③这部书极大地鼓舞了世界各地的传媒研究者特别是比较新闻学者的士气。1983年，一部更为重要的著作——美国学者乔治·马登和安居·格瓦拉编著的《媒介制度比较研究》问世。④ 该书将世界传媒按社会状况分为三个领域：西方、第三世界国家和共产主义国家，并将新闻学中的一些重大概念拿出来比较鉴别，比如：新闻、新闻价值、新闻自由、新闻的功能等。此书可以称为是系统比较东西方新闻观念的丰碑。同年，另一位美国学者约翰·迈瑞尔的著作以一个惊人的标题命名：《环球新闻业：一个对国际传播业的考察》。⑤ 迈瑞尔的研究保持了与马登等研究者同样的风格——不去玄而又玄地死缠理论，而将讨论的焦点集聚在几个特定的重大概念上，比如：哲学、社会制度、新闻自由、新闻理论、对新闻的管制以及一些极具争议的问题。此书自1983年出版后又在1991年和1995年

---

① Rosewell S. Britton. Chinese Periodical Press, 1800—1911, Shanghai: Kelly and Walsh Limited, 1931.
② Anthony Smith. The Newspaper: An International History, London: Thames and Hudson Ltd., 1979.
③ Jim Richstad and Michael H. Anderson (eds.). Crisis in International News: Policies and Prospects, New York: Columbia University Press, 1981.
④ L. John Martin & Anju Grover Chaudhary (eds.). Comparative Mass Media Systems, New York: Longman Inc., 1983.
⑤ John C. Merrill (ed.). Global Journalism: Survey of International Communications, Third Edition, New York: Longman Inc., 1995.

相继再版,可见魅力之大,其 1995 年版本的重要贡献在于提供了一些前共产主义国家如波兰、南斯拉夫、苏联等国家新闻业在历史变革中的最新情况。1987 年,劳伦斯·坎才的《传播理论:一个对东方和西方的观察》,[①]从文化背景和民族哲学的角度更加精确地将世界新闻界分为以美国为代表的西方媒介和以中国、朝鲜、印度为代表的东方媒介进行分类研究。在西方,首次以"比较新闻学"为题的著作恐怕是澳大利亚迪肯大学的艾文森教授和戈丁顿教授撰写的《比较新闻学》。[②] 这本厚达七百多页的著作将世界报业一分为三:西方世界、第三世界和共产主义国家。该书收录了许多重要文章并有大量实例研究。

如果说 20 世纪 80 年代是世界比较新闻学丰收的年代,那么 90 年代这项研究又似乎陷入了新的困惑。社会主义国家与资本主义国家传媒空前密切的交融出现了理论家们没有料到的新情况,这使研究者们需要静心观察一下再做出理论概括。

中国新闻业是在西方影响之下发展起来的。从早年留洋的新闻学者戈公振、徐宝璜等人的著作中都能看到西方新闻思想的影子,尽管那些著作中并没有多少比较新闻学的成分。1931 年,杜超彬的《最近百年中日两国新闻事业之比较观》为中国早期比较新闻学著作之一。1949 年以后,在东西方阶级、国家、政治、哲学的碰撞中,中国大陆新闻学走出了自己的路——以马克思列宁主义、毛泽东思想为纲领的新闻路线。到 1979 年为止,在长达 30 年的时间里,中国大陆的新闻业和国家的其他事业一样,对西方是批判和拒绝借鉴的,至此,源和流被断开了。在这种情况下,比较新闻学当然不可能有所作为。在 20 世纪 50 年代至 70 年代的台湾地区,比较新闻学有所发展。知名专著包括李瞻的《比较新闻学》等,然而由于明显地带有地域和意识形态的局限性,这些著作尚难以进入令人信服的境地。20 世纪 80 年代以后,随着"冷战"的结束,中国大陆恢复了和世界的接触。西方的新闻理论、新闻业务被认为是可以借鉴的,于是,介绍西方国家新闻媒介状况的文章和著作开始陆续问世。

从 20 世纪 90 年代起,中国比较新闻学领域陆续出现了一些成果。中国社会科学院新闻研究所研究员陶涵主编的《比较新闻学》(1994)[③]一书,对西方新闻理论和马克思主义的新闻理论作了较系统的简介,就媒介所有权、管理、世界新闻史、新闻法、新闻自由等问题在若干个国家间做了横向对比;刘夏塘主编的《比较新闻学》(1997)[④]将中外新闻理论、文化、业务三方面的异同加以对照;童兵主编的《中西新闻比较论纲》(1999)[⑤]简要而

---

① D. Laurence Kincaid. Communication Theory: Eastern and Western Perspectives, Santiago: Academic Press, California, 1987.
② John Avieson and Graeme Coddington (eds.). Comparative Journalism, Vic., Geelong: Deakin University, 1988.
③ 陶涵主编:《比较新闻学》,北京,文津出版社,1994。
④ 刘夏塘主编:《比较新闻学》,北京,北京语言文化大学出版社,1997。
⑤ 童兵主编:《中西新闻比较论纲》,北京,新华出版社,1999。

概括地对中西新闻的历史、编辑方针、传媒组织架构、传媒的社会调控、新闻法制、新闻伦理、新闻观念做了比较。从方法上来说,以上著作基本是平行展示、资料编辑整合,具有一定的开拓意义,但共同的弱点是理论辨析稍显不足。相对来说,樊凡主编的《中西新闻比较论》(1994)①则独辟蹊径,该著作从多学科、多侧面交叉研究法出发,从文化和哲学的角度来探讨中西不同的新闻现象,它将中西文化哲学设定为这样一个框架——中国受"天人合一,天人和谐,善在人伦"的影响较深;西方受"酒神精神,天人对立、美在个体"的观念影响较深——以此出发来观照中西新闻的思维、传播、道德和文体。尽管在某些方面还显得有些牵强、还须有力的佐证,但该著作摆脱了那种"河对汉,绿对红"的简单类比,引导人们从更深层次来把握不同社会的新闻现象,这是难能可贵的。

以上专著以及一些论文②都对我国的比较新闻学研究做出了贡献,但问题还是明显的:与国际学术研究的规范标准尚有距离;在资料来源的注释方面不够严谨;引用的西方资讯比较陈旧,且多为间接引用;缺少文献述评及对方法论的介绍;缺乏原创性;等。③此类问题,在21世纪后的第一个10年中得到了很大改进,此时期值得注意的成果包括顾潜的《中西方新闻传播:冲突、交融、共存》(2003),孔正毅等的《比较新闻学导论》(2004),张昆的《中外新闻传播思想史导论》(2006)等。

总的来说,比较新闻学在中国仍然处于艰难的开创阶段。摆在人们面前的艰巨任务是如何从平行展示、资料排列演进到理论的整合与重建,从而创造出系统而科学的比较新闻学。曾在美国大学任教多年的华裔学者李金铨认为,在西方,华裔学者对传媒的研究处于弱势,没有什么发言权,不能得到主流社会的尊重,要改变这种情景,就要"遵守一般的学术纪律……建立高标准的学术社群,拿得出漂亮的东西,人家才不能漠视我们的声音……必须拒绝义和团式的坐井观天……"④

从比较新闻学的世界角度观察,西方对东方媒介的研究既多又细,而东方对西方的媒介研究则少而粗疏。显然,这是一种严重的不平衡。

---

① 樊凡主编:《中西新闻比较论》,武汉,武汉出版社,1994。
② 《国际新闻界》杂志近年来刊登了不少比较新闻学的研究论文,如邓建国:《美国灾害和危机新闻报道中新媒体的应用》,2008(2):88~92;丁世涛:《中日涉案报道中道德差异比较研究》,2009(3):17~37;巴库林、沈昕:《俄罗斯大众传媒上的中国形象——以北京奥运会报道为例》,2008(11):21~26;唐闻佳:《3·14西藏报道中的国际媒体分化现象分析》,2008(5):40~44;张威:《"密苏里新闻帮"与中国》,2008(10):78~82;陈阳:《文化混杂、本土化与电视节目模式的跨国流动》,2009(10):63~67;吴强:《从文化间到跨文化的电视传播:一个比较视野》,2009(10):68~73;刘佳莹:《论〈纽约时报〉中国国庆报道的框架建构》,2009(10):56~62。
③ 有关国内研究者的弱项,参见徐小鸽:《国外有关中国传播的研究:描述与分析》,载《现代传播》,2000(2);孙旭培:《我国传播学研究向何处去》,载《新闻学探讨与争鸣》,1999(冬)。
④ 李金铨:《超越西方霸权》,17~18页,New York:Oxford University Press,2004。

二、比较的难题之一：意识形态阴影下的学术领域

一个需要反复揣摩的问题是：为什么发轫于20世纪初的比较新闻学直到80年代才出现生机？

答案很清楚：是因为东西方之间旷日持久的"冷战"。20世纪40年代到70年代，社会主义和资本主义两个阵营的明显对峙，不仅限制了各国实际的接触，还阻遏了双方思想意识的交流。在西方，共产主义曾被当作洪水猛兽。在"麦卡锡主义"盛行期间，传播共产主义思想的书一律遭到禁止。① 一些曾经报道过中国革命的美国记者在政治压力下甚至无法在本国生存。以《红星照耀中国》闻名的斯诺（Edgar Snow，1905—1972），就不得不客居瑞士；《纽约时报》进步记者爱泼斯坦（Israel Epstein，1915—2005）也在政治压力下回到了中国；②《时代》杂志的白修德（Thoedore H. White，1915—1986）则被多次吊销护照。③ 反过来，在社会主义的中国和苏联情景也是一样：资本主义思想的书刊报纸一度被禁止传播，不允许"偷听敌台"。在这种情形下，东西方之间连思想都无法正常交流，又遑论互相比较呢？

"冷战"以来双方的敌对和隔绝使西方学者无法真正接近中国，从而看清其真面目。前美国驻华记者、明尼苏达大学历史和东亚系教授爱德华•法玛通过自己的亲身经历证明：美国对中国的学术研究历来是混乱不清和充满矛盾的，而"冷战"使本来就混乱不清的图画变得更糟。他指出：

> 我们对中国的了解是从报纸、广播、电视、电影讲座和谈话中了解的。我们本可以通过直接观察来校正自己的看法，但我们却被严重地禁锢着，取得直接经验简直是不可企及的。像中国这样芜杂的事物我们只能寄希望于匆匆一瞥。研究中国的学者要在中国社会和文化的理论中左奔右突。理论、个人经历和媒介的消息组成我们对中国了解的三个来源。我提出以上观点并不仅仅是发出悲叹，我只是想说，我们脑中的中国实在是一个理论假想所接受的信息和看法的混杂物。我们对中国的观察很像一种历史研究。因为我们对真正的中国无法企及

---

① 有关麦卡锡主义对美国新闻界的负面影响，参见张威：《光荣与梦想：一代新闻人的历史终结》，北京，清华大学出版社，2012。实际上，在这次反共浪潮中，许多与红色中国有关的美国人士都受到了袭击。拉铁摩尔63岁离开美国，客居英伦；美国国务院亚洲问题专家谢伟思被撤销政府职务，并被国务院审查了6次。

② 爱泼斯坦与笔者的谈话，2000年6月28日，北京友谊宾馆颐园。

③ Thomas Griffith. "The Dark Age of Joe McCarthy" in his Harry and Teddy, The Turbulent Friendship of Press Lord Henry R. Luce and His Favorite Reporter, Theodore H. White, New York: Random House, 1995, 205～235. David Halberstam, The Powers That Be, London: Chatto and Windus, 1979.

和接近;人们只好用最大限度的信息去虚构中国。中国像个黑匣子。①

美国作家约翰·拜伦指出:

> 随着共产党越来越威胁美国支持的蒋介石政权,许多美国作家在美国大肆宣扬蒋介石的功德。因此,当1949年共产党取得胜利之后,谴责毛泽东和他的新政权的书在美国如潮水般地出现。"文化大革命"又在西方孵出一大批关于中国的著作。一些作家把这场革命描绘成极权主义的疯子时代;另一些作家在毛泽东思想魔力的感召下,从中国旅游回来后,写了大量的所谓解放人类精神的不真实的故事。②

原美国《纽约时报》记者波尼·卡博认为美国新闻界对中国的报道,无论是过去还是现在都没有反映出一个真实的中国,在某种程度上误导了美国公众。他说:"就像今日美国新闻界总是用黑白眼光看中国,尼克松访华那阵,中国一切都好,而今天中国一切都是黑暗的。今天美国新闻界关于中国的画面完全凝固在1989年了。"③

在中国记者的眼中,美国的情况一度也是灰色的。以下是20世纪80年代《人民日报》一名记者关于美国电影的报道:

> 对于电影和电视的老板们来说,竞争的主要标志只有一个:票房价值。什么赚钱就拍什么。于是,美国的电影、电视片子都充斥着色情、凶杀、殴斗、抢劫、犯罪、吸毒之类的镜头,以至引起了为下一代担忧的父母们和教师们的强烈抗议……美国的电影、电视正是美国社会的一面镜子,反映了高度发展的物质文明与极度空虚的精神世界之间的矛盾……带有毒素,对社会起了腐蚀作用……④

然而到了1999年,当北京的观众起劲地为《泰坦尼克号》和《拯救大兵瑞恩》叫好时,各大媒体的主导倾向也是对美国电影的一片赞美。"毒素"和"腐蚀"似乎在一夜间云消雾散了。

美国印第安纳新闻学院教授大卫·亚当斯认为,中美之间存在着长期的"媒体'冷战'",一方面,美国传媒追随了政府的"遏制中国"的政策,在人权问题、台湾问题、西藏问题上给予了过多的关注;另一方面,中国的新闻媒介"抨击美国"、"反美报道"频频见诸报

---

① Edward Farmer. "Frost on the Mirror: An American Understanding of China in the Cold War Era"in Chin-Chuan Lee(ed.)China's Media, Media's China. Boulder: Westview Press 1994,257~259.
② 李希光等:《中国有多坏?》,55页,南京,江苏人民出版社,1998。
③ 李希光:《"错误之内皆兄弟"——记美国新闻界两位老记者》,载《国际新闻界》,1999(8)。
④ 张彦:《美国西行散记》,载《人民日报》,1980年3月11—18日。《80年代环球通讯录》,488页,北京,人民日报出版社,1986。

端。他呼吁,"大洋两岸的中美新闻报道应当改善"。①

长期以来,东西方之间的敌意是根深蒂固的。西方一部分记者认为社会主义国家的传媒都是政府的宣传机器,"不报道新闻而只是党和政府的传声筒"。而社会主义国家的大多记者则认为西方传媒虽标榜客观,却代表着大资产阶级的利益。资产阶级和无产阶级水火不能相容。

客观上,由于西方的强盛,它不仅在经济政治上,就是在新闻传播上也压东方一头。在20世纪80年代中期的一次世界新闻会议上,学者瑞门指出:世界范围内的新闻流动,80%以上是从伦敦、纽约和巴黎的传媒中发布的,而占世界2/3以上的第三世界和其他国家发布的新闻仅占10%～20%。第三世界国家的领袖们曾指责西方的"新闻帝国主义"。他们批评西方新闻媒介在新闻报道中诋毁发展中国家的形象,只报道这些国家如政变、灾害、落后等"负面新闻"。从70年代起,发展中国家便与西方抗衡,力争新闻流通上的平等,强烈要求西方媒介报道的公平。这股潮流被称为"世界新闻和传播的新秩序",这个呼声贯穿了整个70—80年代。② 此间,"发展新闻学"(Development Journalism)也应运而生。这种新闻理论要求正面报道发展中国家,反对西方新闻界传统的寻求冲突、反常、一味渲染负面因素的新闻价值观。一些发展中国家还建立其跨国联合通讯社,试图形成一种国际新闻报道的新格局。发展新闻学认为,国家的经济发展是首要任务,新闻媒体应配合所在国政府来完成发展的任务。

打破东西方(特别是社会主义和资本主义)之间的坚冰始于20世纪70年代。当中国和美国等一系列资本主义国家建交之时,在共产主义在苏联和东欧一些国家解体之后,国际形势的变化让众多东方国家逐渐迈向开放与发展,东西方思想的交流便不可避免地开始了。一个想迫切了解对方的时代已经来临。双方对彼此充满了兴趣。东方会见西方,西方会见东方,双方终于伸出了阔别多年的双手。

1982年,美国报业集团甘尼特公司的前董事长、专栏作家艾伦·纽哈斯率美国报纸代表团访问了《中国日报》,对该报刊登广告表示了巨大的好奇,因为当时媒体广告在中国并不普遍。但1998年,《中国日报》的总编告诉他一个更为惊异的消息,该报70%的版面用于广告,30%的版面刊登新闻。对此,纽哈斯说:

---

① [美]大卫·亚当斯:《改进大洋两岸的中美新闻报道》,载《国际新闻界》,1998(4)。
② Meenakshi Raman. "A News World Information and Communication Order-A Third World Perspective", paper presented at the World Press Convention of the Confederation of Asean Journalists, Kuala Lumpur(18～20 September 1985). 有关东西方之间新闻流动的冲突,参见 Rosemary Fighter. Whose News? Politics, the Press and the Third World, New York: Times Books, 1978; E. L. Sommerlad. The Press in Developing Countries, Sydney: Sydney University Press, 1968; Anthony Smith. The Geopolitics of Information: How Western Culture Dominates the World, London: Faber&Faber, 1980; New International Information and Communication Order, Sourcebook, International Organization of Journalists, Prague 1986。

> 你瞧,《中国日报》从我们那儿学习了一些东西,我们也从《中国日报》那儿学到了一些东西。我们学习了许多中国的文化、价值观和传统习惯,我们理解了为什么背景不同会造成中美两国人民在其他地方的区别。而且,如果我们交换观点和文化,我们相互将会更好地理解。我们不把我们的思想强加给你们,我们相信新闻自由,但是我们相信新闻必须对它的读者负责。世界各国的新闻界必须更好地相互了解和相互理解……一个世界应该有多种制度,这就是现实生活。①

就中国来说,它和西方恢复媒介交流是从 20 世纪 80 年代开始的。1981 年,中国和澳大利亚达成一项文化交流协议,由澳大利亚墨尔本《世纪报》派出一个小组来帮助中国成立第一家全国性的英文日报《中国日报》。这是在 1949 年以后,中国的报纸第一次被注入西方的血液。它的版面设计酷似西方报纸。《中国日报》前任总编辑、曾经留学美国的新闻工作者冯锡良采用西方报纸通用的大幅照片排版,赢来国内新闻界一片叫好。冯锡良因此而荣膺"总编辑慧眼奖"。《中国日报》对中国新闻界的冲击是巨大的。它的成功使人们意识到:西方的东西是可以借鉴的。

同年,中国社会科学院新闻所组成中国新闻代表团访问澳大利亚新闻界。同行们开始了坦率的交流和对话。这是新中国成立以来中国和西方新闻界最密切的接触之一。早在 1978 年,新闻所就请来美国纽约市立大学亨特学院新闻系教授詹姆斯·阿伦森为研究生授课。②不久,新华社邀请国际新闻组织"汤姆森国际新闻培训基金会"为国内培养英语新闻写作人才。此时,西方新闻理论和业务直接进入森严壁垒的中国新闻界。中国记者们如饥似渴地吞噬着"软新闻"、"硬新闻"、"新闻价值"等西方新闻术语……冲击同样是巨大的。近年来,中西新闻学者持续互访,置身国外研究西方媒介的中国学者不断增多。③在交流中,双方更清楚系统地看到了各自的观点,以较坦诚的态度讨论新闻学面临的问题,敌意和偏见在逐渐减少。所有这些都为比较新闻学研究奠定了基础。

当政治上的"冷战"结束后,媒体"冷战"也缓解了。大卫·亚当斯教授的研究发现,最近一些年来:

> 《纽约时报》发表了无数有关中国改革的报道,它告诉读者,在世界历史上,很少哪一个国家像过去 20 年中的中国一样如此迅速地变化和发展。在 19 世纪,美国用了 50 年的时间才把人均收入翻了一番,而 1978 年以来,中国的人均

---

① 李希光、刘康:《中国有多坏?》,109 页,南京,江苏人民出版社,1998。
② 熊蕾:《赞赏与遗憾》,见顾耀铭编:《我看美国媒体》,138~147 页,北京,新华出版社,2000。
③ 近年来中外传媒交流的重要活动包括中国媒体对西方媒体的参观访问和学习。比如新华社曾派记者去美国《华盛顿邮报》学习,派团访问《时代》周刊等活动。1998 年 5 月美国美利坚大学传播学院、哈佛大学肯尼迪政府学院和美中关系全国委员会主办了"美国媒介的中国报道"研讨会,中国某些对外新闻单位的代表曾被邀请参加,1998 年 3 月,美国依阿华大学举行"世界妇女与媒介研讨会",中国亦派代表出席。

国民收入已经翻了两番。①

尽管在新闻实践上，东西方的媒体反应仍然随着政治形势左右动荡，反复无常，然而，双方的确都认识到，无论什么样的社会制度，什么样的国家，人民都需要准确、平衡的媒体信息，为了这个目的，媒体"冷战"应当、也必须结束。

然而情况并不乐观。从现存的比较新闻学著作中可以发现一个共同特点，即双方从"冷战"时期继承过来的敌意和偏见往往会表现在学术讨论中。1995年，著名的美国学者约翰·迈瑞尔在其研究著作《环球新闻学》中提到《人民日报》时武断地说："《人民日报》没有幽默成分，没有文娱消息，也不发表不同的政治见解。"②其中的错误是显而易见的，因为事实表明，体育版和文艺版是《人民日报》多年就有的传统版面；虽然这张党报一直以正面宣传为主，但有时也会发表批评和异见之声。学术大家迈瑞尔的著作出现如此明显的粗疏，这是令人惊异的。

显然，偏见、成见和敌意是铸成错误的重要原因，这只是一个例子。在西方著作中，类似迈瑞尔这种常识性的错误并非少数，更多的偏见被精明的学者们巧妙地掩藏了。在中国，盲目批评西方新闻事业的弊端可能更多。在很多情况下，滥批一通西方，不仅能躲避麻烦而且能令人们拍手称快。这种简单化助长了反科学、不严谨的学风，导致学术伪劣产品充斥书架。

三、比较的难题之二：简单化倾向

简单化是中西新闻比较的一大障碍。它部分是敌意、偏见、成见的结果。西方多将社会主义中国的传媒归于"传声筒"和"宣传机器"，极大地忽视了对方的新闻功能。中国对于西方也同样采取了简单化的态度。在20世纪80年代与西方传媒研究有关的讨论大都以批判为特色。中国社会科学院新闻研究所首批新闻研究生的学术论文可以为例。在论文《美国新闻报道中的丑闻揭露：根源与实质》中，作者的结论是"用充分的事实指明新闻揭丑者们已经成为美国垄断机器的组织成员，他们充其量不过是资产阶级的'一件不动产'"。在《论西方报界的客观报道》中，作者指出了"它的片面性和实践上的虚伪性"；在《美国电视新闻初探》中，作者论证了"美国电视新闻虽然发展很快，技术不断完善，观众日益增多，但仍然是垄断资产阶级控制下的舆论工具……"屈从于货币权利的状况，以及资产阶级的"新闻自由"的虚伪性。在《美国的调查性报道及其实质和作用》中，作者"着重剖

---

① [美]大卫·亚当斯：《改进大洋两岸的中美新闻报道》，载《国际新闻界》，1998(4)。
② John C. Merrill(ed.), Global Journalism: A Survey of International Communications, New York: Longman, 1983, 123.

析了调查性报道为垄断资本所控制,为垄断资本的根本利益服务的阶级实质"。①《西方新闻理论评析》是20世纪90年代中期出版的一部有影响的学术著作,该书在分析资产阶级新闻自由时说:

> 经过调查研究,我们得到的第一印象是:西方国家传播活动表面上确实存在新闻自由,即表达思想的言论自由,创办新闻传播媒介的自由,获取消息的采访自由,报道客观事物的自由,监督、批评政府及其官员的自由等。这只是一种表面现象。……以美国为代表的西方新闻传播媒介的报道自由是有一定限度的,并不是有闻必报。如果记者写的报道与该国的现行制度相悖,与媒介老板的利益相悖,那么他的文章很难见诸报端。媒介对政府的监督和批评也是有限度的,其根本目的在于维护现行制度。所以,我们看到西方新闻媒介有自由一面的同时,还要看到这种自由有其局限性的一面,虚伪的一面。②

说"确实存在",又说只是"一种表面现象",难以自圆其说。现象一定是本质的某种反映,这是起码的哲学原理。说西方传媒报道自由有一定限度这种概括似乎并无理论意义,因为谁都知道任何事情都不可能是无限的、绝对的,这是太过简单的道理。更重要的事实是,西方并未宣称它们的自由是无限的、绝对的,事实上大多数西方传媒仍然在为它们的新闻自由而不断奋争。

将某种东西加以错误的概括,或虚拟一种"错误"观点,不展示批判对方的全貌,曲解之后再加以评驳,这是长期以来学术研究简单化的一个突出表现。这种情况相当广泛地存在着。

先设立一个错误的论点,再去证实其错误,这就犯了"错误论证"的逻辑错误。比如,在一本比较新闻学著作中,作者在评价资本主义新闻自由时说:

> ……可见,在资本主义国家,新闻媒介并没有超脱权利的制约而享受到"绝对自由"。恰恰相反,在当代,新闻媒介正在走向集中,正在受到垄断集团和政府权力的严格控制。③

然而,作者并没告诉读者"绝对自由"的出处。人们会问,究竟哪个西方媒介说它享受到"绝对自由"了呢?

同样的情况出现在作者讨论西方的客观主义时,他说:

---

① 以上分别见《中国社会科学院1981年研究生毕业论文简介》,363、362、367、372页,北京,中国社会科学出版社,1982。
② 徐耀魁编:《西方新闻理论评析》,401页,北京,新华出版社,1998。
③ 刘夏塘:《比较新闻学》,45页,北京,北京语言文化大学出版社,1997。

……比如美国新闻工作者认为,新闻应当不受记者本人观点的约束,而应当主要根据看到的事实撰写新闻。当一条新闻能够被某些原始记载包括演说稿、会议记录、警察的报告、交易的凭证或者重要的统计数字等,那么它就是客观的……①

将一部分美国新闻工作者的观点概括成全部美国新闻工作者的观点,这种以偏概全的方法是无法作为科学研究的凭据的。

在许多敏感的问题上,一些人常常以"阶级性"划一道鸿沟,以"资产阶级的虚伪"的指斥作为尚方宝剑匆匆结束讨论。立场是鲜明的,但问题并没有得到解决。中西新闻的许多关键问题如新闻自由、客观性等多年来悬而未决,仍然是雾中看花、纠缠不清的难题。

简单化的另一个表现是论据和引述没有出处。比如,一位研究者曾引用了如下例子:

……几年前,美籍华人赵浩生到中国访问后,应约写了一篇关于中国风土人情的文章,但报社把这篇文章退给了作者,理由是:"你这篇文章都说中国好,要是能骂中国,我们就可以采用。"谈起这件事,赵浩生颇有感触地说:"美国的新闻自由是有条件的"……②

这段没有出处的引语,很难让人接受它的真实性。此外,作为重要论据的引用应是那些能进入学术视野的分析和论证,而不是被引用者即兴的言谈。

简单化使研究浅薄、没有说服力而最终失去学术性。造成这种情况的一个重要原因也许是中国的"一些研究往往在学术信息不足的情况下进行"。③

在《妖魔化与媒体轰炸》一书中,为了展现美国对中国的妖魔化,作者列举了《纽约时报》中一些"妖魔化"的报道来说明问题,但该报同时期、同一题材的某些比较平实的报道却被略去不提。此外,作者展现的"妖魔化"报道在有些关键地方的翻译上没有忠实反映原文风貌,比如其中一篇报道中的原文是:

Ever since NATO bombs hit the Chinese Embassy in Belgrade last Friday, China's state-run media have dished up a ceaseless stream of banner headlines and jarring photos(*New York Times*, May 14,1999)

作者的译文为

……中国政府操纵的媒体不停地展示鼓动人心的通栏大标题和照片……④

---

① 刘夏塘:《比较新闻学》,55页,北京,北京语言文化大学出版社,1997。
② 刘夏塘:《比较新闻学》,45~55页,北京,北京语言文化大学出版社,1997。
③ 孙旭培:《我国传播学研究向何处去》,载《新闻学探讨与争鸣》,1999(4)。
④ 李希光:《妖魔化与媒体轰炸》,94页,南京,江苏人民出版社,1999。

原文中的"state-run"（国有）本是中性词，但被翻译成中文时译者使用了贬义词"操纵"，于是原本平实的报道就成了"妖魔化"。这种随意性不仅难以服人，也有欠公允。

即使到了 2004 年，学界以简单化的目光衡量西方媒体对华报道仍然较为普遍。一部比较新闻学著作援引下列美国《商业周刊》的报道，来证明美国记者的某种敌意：

> 一些公司正在把生产厂迁往中国。中国是接受外资最多的发展中国家，它在 20 世纪 90 年代末每年得到外资约 400 亿美元。中国加入世贸组织意味着这一数字还将进一步提高。中国正在成为制造业的超级大国，这一发展似乎势不可当，一旦全球经济把中国当成工业生产的生命线，战争、恐怖主义、社会动荡，甚至自然灾害带来的供应中断，都将使世界经济难以承受。（美国《商业周刊》，2002 年 6 月 17 日）

作者说："细读这篇文章，我们就会发现其中的隐含意义：中国正在成为制造业的超级大国，但中国社会极易产生'社会动荡'。中国自然灾害多发，依赖中国这个'世界工厂'随时会出现供应中断的现象，自然也表现中国政府无能了。至于'恐怖主义'、'战争'也许表现出对中国周边安全环境的担忧，也许其中的意味更深长。"

作者最后强调说："这篇带有西方人特别是美国人'偏见'的文章，也正是西方和美国对中国社会、民族、文化看法的具体表现。"①

1981 年，《华尔街日报》著名记者玛丽琳·茶斯(Marilyn Chase)曾写过一篇有关旧金山的报道，她的导语如下：

> 一直以来，旧金山被誉为是世界上最容易喝醉和保持醉态的城市之一。它具备了必要的条件：相对偏激的酒精饮品、温和的气候，以及在经验老到的乞丐面前大量容易上当的游客。现在，在这些诱人的条件之外，又多了一个新条件：一座公园——专门献给酒鬼的公园。

作为美国记者的茶斯，是否在攻击旧金山呢？

《华尔街日报》的另一位记者希尔(G. Christian Hill)在报道圣地亚哥城时使用了这样的导语：

> 圣地亚哥——如果要给老百姓的困窘程度或不幸程度评奖的话，许多城市都可以被列入候选名单：比如"水门事件"发生地华盛顿，危机重重的汽车工业城底特律以及费城。②

---

① 孔正毅等：《比较新闻传播学导论》，99 页，合肥，安徽大学出版社，2004。
② 上述两条报道出自[美]威廉·E.布隆代尔：《〈华尔街日报〉是如何讲故事的》，徐扬译，257、262 页，北京，华夏出版社，2006。

按照某些学者的逻辑，这些都可能是"偏见"，难道是美国记者在妖魔化美国自己？

然而，这不过是美国记者报道的一种风格罢了。

不同的社会制度、不同的文化背景决定了不同的价值取向。东西方任何一方企图迫使对方接受自己的思想逻辑都是不现实的。人们不可能要求美国新闻界去"弘扬社会主义"，正如人们也不指望中国传媒去实行西方式的"新闻自由"一样。

一个严峻的思考是：意识形态的敌对情绪是否一定要渗透到学术中去？东西方相矛盾的某些观念在学术讨论中应当如何"费厄泼赖"？激情、偏颇和脸谱化固然有煽情效应，固然可以令人拍手称快，但它不是科学，只能加深东西方之间的鸿沟。

"文化冲击"(Culture Shock)是跨文化研究经常使用的概念，它的含义是指："由于失去了自己熟悉的社会交往符号，对于对方的社会符号不熟悉，而在心理上产生的深度焦虑症"，其中包括"对自己的价值观受到亵渎的不满"。从事跨文化研究的留美学者陈向明认为，很多学者发现人们在对他文化进行评价时通常使用一些先入为主的"定型观念"(Stereotype)，往往无意识地用自己的文化标准去衡量和评判对方。大多数人对自己熟悉的文化总是有所偏爱，当别人的行为与自己的准则不相符合时，便给予负面的评价。这种以本民族文化模式为基准来评价其他民族文化的心理倾向往往使人们对异文化产生先入为主的成见和偏见。[①] 比较文学学者叶维廉认为，用一种文化批评的模子评价另一种文化的文学，会出现不同程度的歪曲。[②]

显然，在跨文化研究中首先要跨越的就是成见和偏见，而摆平这两者的唯一路径就是公平。在"公平"这个问题上历来争论不休，传统上认为在阶级社会中超阶级的公平根本不存在。不过，学术上的公平并不复杂，它建立在最原始的基础之上，即，尽量准确、均衡、全面地展示对立面的风貌，而尽量避免丑化、曲解、肢解。学术研究所持的就是这样一种简单的方法，然而，简单的东西却并不一定容易做到。

学者汤一介认为，"文化学术发展、研究的目的是追求真理"，而"不应过分意识形态化"，它和政治是有一定距离、有一定的界限，应该是以追求真理为目的的，不应该仅仅是为当前的政策作论证。[③]

历史表明，任何一种社会制度都有其存在的理由，这种现实是不以人们的意志为转移的。今天，重温马克思的论断可能会给我们带来某些启发：

你们赞美大自然悦人心目的千变万化和无穷无尽的丰富宝藏，你们并不要

---

① 陈向明：《旅居者与"外国人"——中国留美学生跨文化人际交往研究》，19页，长沙，湖南教育出版社。

② 叶维廉：《东西方比较文学中"模子"的应用》，见李达三、罗钢编：《中外比较文学的里程碑》，44页，北京，人民文学出版社，1997。

③ 汤一介：《略论中国文化发展的前景》，载《理论月刊》，1987(1)。

求玫瑰花和紫罗兰发出同样的芳香,但你们为什么却要世界上最丰富的东西——精神只能有一种存在形式呢?①

在比较新闻学的讨论中,一个重要的原则就是以一种平静、公平、宽容和试图理解的心态去探索对方。避免成见和偏见是比较的先决条件。双方社会制度是难以改变的,但双方的思想是可以交流的。那种倒洗澡水连孩子一起泼出去的做法已经被历史淘汰了。人们需要的是以事实来求证的科学精神,而不仅仅是做斗士。

一些明智的西方学者看到并承认文化多元的价值。1997年,访问北京大学的哈佛大学校长陆登庭说:"我们只有超越传统学术界限和国界进行合作,才能驾驭一个迅速变换的全球经济,建设一个持久的和平。我们都应该在保持我们最根深蒂固的文化和人文价值的同时,学会与我们有不同价值的民族共同生存,并向他们学习。"②

哈佛大学费正清研究所所长傅高义教授提出与中国共存的主张,而不是用一种文化吃掉另一种文化。③

一些中国学者也有共识。《中国可以说不》的作者宋强、张藏藏、乔边说:"中国说不,不是为了寻求对抗,而是为了更平等的对话。"④李希光说,"……不意味着去制造新的东西文化对立,而是要求各个民族、各个文明共生存,通过交流和对话达到互补、发展和繁荣,而不是消亡"。⑤

美国学者大卫·亚当斯认为,随着世界在电子和科技方面日益紧密地结合在一起,这个星球在记者进行报道时必将变得更容易、更"友善"。在历史、文化和政治理念的差别如此之大的中国和美国比世界上任何一个国家都更需要准确、平衡的信息——其原因就在于它们之间的巨大差别。在中美两国政府都在努力求同存异的同时,两国的媒体"冷战"似乎也在逐渐结束。⑥

四、比较的难题之三:西方中心论与妖魔化中国

近代以来,在西方的强权面前,东方文化始终处于一种受压制的劣势。贯穿19世纪西方知识界的"西方中心论"对中国文化的态度是怀疑、轻视或无视。这种理论认为,西方文化是最优越的,包含最合理的行为模式和思维方式,最应普及全世界。中国的比较文学

---

① 马克思:《评普鲁士最近的书报检查令》,《马克思恩格斯全集》,第1卷,第6页,北京,人民出版社,1995。
② 李希光、刘康:《中国有多坏?》,40页,南京,江苏人民出版社,1998。
③ 李希光、刘康:《中国有多坏?》,12页,南京,江苏人民出版社,1998。
④ 宋强等:《中国可以说不——"冷战"后时代的政治与情感抉择》,北京,中国工商联合出版社,1996。
⑤ 李希光、刘康:《中国有多坏?》,13页,南京,江苏人民出版社,1998。
⑥ [美]大卫·亚当斯:《改进大洋两岸的中美新闻报道》,载《国际新闻界》,1998(4)。

学者乐黛云发现,自从 1880 年英国学者波斯奈特第一次用"比较文学"命名他的专著到 1985 年中国比较文学学会成立,这一百年来比较文学发展的历史几乎就是以泯灭亚、非、拉各民族文化为己任的历史。① 法国的比较文学家洛里哀的观点代表了一批西方中心论者。他说:"西方在智识上、道德上及实业上的势力业已遍及全世界……从此民族间的差别将渐被铲除,文化将继续它的进程,而地方的特色将归消灭。各种特殊的模型,各种特殊的气质必将随文化的进步而终至绝迹……这就是今后文学的趋势。"② 瑞典文学院经常被指责忽略亚洲、非洲和其他偏远地区的文学,诺贝尔文学奖评奖委员马悦然教授(Goran Malmqvist)说:"我怀疑那里是否有那么多值得去发掘的。"③

自 1978 年改革开放以来,中国青年中流行的一种"向往西方"的思潮可以看作是西方中心论在中国的投影。该理论的另一反射出现在 1989 年中至 1991 年的苏联和东欧。在两年半的时间里,社会主义国家发生了多米诺骨牌式的衰落,西方梦寐以求的和平演变终于实现了。用美国学者福山(Francis Fukuyama)的话说,以美国式的自由民主体制作为最后形式的政府取得了世界的胜利,"西方的胜利意味着世界上其他国家将更有可能采用我们的制度"。④ 曾经是共产党和政府喉舌的新闻媒介欣然接受了资本主义的新闻自由,西方新闻价值成了办报的指南。苏联和东欧的风暴给同是社会主义的中国带来了沉重的思考,同时也给比较新闻学者带来了崭新的课题。⑤

西方中心论对中国新闻界的影响相对较小——这是作为意识形态前哨的中国新闻界全力抵御的结果——不过,它还是留下了阴影:在西方现存的有关中国新闻史著作中,几乎都是西方学者之间的旁征博引,但很少有援引中国大陆学者成果的。除了意识形态方面的敌意,除了语言障碍,这里也反映出西方对中国文化的一种漠视和轻慢。在中国新闻界内部,20 世纪 80 年代的知识界曾出现过"自由化"倾向,一些学者试图比照西方的新闻价值观和自由观来对中国传统的新闻模式加以改造。⑥ 近年来,还有学者呼吁新闻学术要和西方接轨的问题,这实际上也表现了一种推崇西方价值的倾向。⑦ 不过,以上思潮都

---

① 乐黛云等:《比较文学原理新编》,6 页,北京,北京大学出版社,1998。
② 洛里哀:《比较文学史》,傅东华译,352 页,上海,上海书店,1989。
③ Goran Malmqvist:《瑞典学院与诺贝尔文学奖》,见《中国文史哲研究通讯》,1997(3)。
④ Francis Fukuyama. The End of History? The National Interest, No. 16, 1989, 4.
⑤ 有关苏联东欧新闻媒介的演变,参照新华社新闻研究所编:《苏联东欧剧变与新闻媒介》,北京,新华出版社,1993。
⑥ 徐小鸽:《国外有关中国传播的研究:描述与分析》,载《现代传播》,2000(2);孙旭培:《我国传播学研究向何处去》,载《新闻学探讨与争鸣》,1999(4)。
⑦ 有关 20 世纪 80 年代中国自由化思潮的讨论,见黎德化:《中国文化的现代化》,呼和浩特,内蒙古人民出版社,1999。有关中国新闻自由的理论著述参见杨育仁:《自由主义在中国的历险》,昆明,云南人民出版社,2002。

远未形成气候。

自 1993 年以来,美国哈佛大学教授亨廷顿(Samuel Huntington)发表了一系列文章探讨有关"文明的冲突",引起了知识界的轩然大波。① 亨廷顿认为,"冷战"之后的非西方文明的崛起,文明或文化的冲突,将取代经济、政治、意识形态的冲突而成为冲突的主要形式;西方文明受到了挑战,它必须学会与非西方文明相处。

一些学者认为,"文明冲突"产生的基础是西方哲学、社会的矛盾和危机,反映了西方中心论的衰落,同时亦反映出一些人想继续维护西方的世界统治地位的幻想。② 在一些中国传媒研究者眼中,看到的则是西方的一种新威胁:

> 亨廷顿和福山的观点代表着西方学术界的一种潮流,这种潮流正在凶猛地冲击着美国的传媒和政界。这是一种试图用犹太—基督教为代表的西方文明取代其他文明的政治口号……(中国)不应成为某些人煽动敌对情绪或制造新的妖魔的由头。③

李希光、刘康确信,西方传媒对中国进行了妖魔化的报道。

在 20 世纪 90 年代中后期,在强烈地反对西方遏制和文化霸权的情绪中,中国出现了一股"非美主义"思潮,其标志就是《中国可以说不》(宋强、张藏藏、乔边,1996)的出版。其后陆续有《中国不仅仅说不》(贾庆国,1997)、《中国有多坏?》(李希光等,1998)、《妖魔化中国的背后》(李希光,1998)、《妖魔化与媒体轰炸》(李希光、刘康等,1999)。这些作品挑战了国际霸权,激励了民族士气,在与世界进行更平等对话的斗争中发出了自己的声音。其中有很多富于启迪的思想,但与此同时,也不可避免地流露出一种情绪化、简单化的倾向。

1996 年,新闻学术刊物《国际新闻界》发表的"妖魔化"理论振聋发聩,在平静的新闻理论界投放了一颗重磅炸弹。它试图证明"美国报人……只是一心一意地要把中国人描写成妖魔"。④ 该文的编者认为,李希光的文章"用学术的标尺也许不尽完善,但它所提炼的'妖魔化'命题,无疑具有一种思想的烛照与洞见,令人在一片嘈嘈切切错杂弹的纷谵之中憬然而悟"。⑤ 另一些学者却认为,李希光文章有失偏颇。传媒学者焦国标指出,"所谓'妖魔化中国是以偏概全',其逻辑'不足以证其实,倒足以证其伪',李希光指责美国专职干'妖魔化中国的事业',但实际情况并非如此"。焦国标援引了《参考消息》上刊登的大量

---

① 亨廷顿:"诸文明的冲突吗?",《外交》(美国),1993 年夏季号。
② 李小兵:《从文明的冲突看西方的没落》,见《我在,我思——世纪之交的文化与哲学》,41~42 页,北京,东方出版社。
③ 李希光、刘康:《中国有多坏?》,10 页,南京,江苏人民出版社,1998。
④ 李希光:《妖魔化中国的背后》,载《国际新闻界》,1996(5)。
⑤ 《编者的话》,载《国际新闻界》,1996(5)。

美国传媒有关中国的客观报道来说明美国传媒并非"一心一意妖魔中国"。① 妖魔化问题也引起了另一个角度的思索,一些学者提出要对美国媒体、美国文化、美国的媒介理论和价值观做进一步研究,否则,就成了"哑巴和聋子的对话"。②

"妖魔化"问题植根于东西方之间、社会主义和资本主义之间的长期对峙中,它是不是在新时期仍会继续尚需时日观察。由于历史原因,"第三世界国家在全球意识形态的传播中处于被动的受者地位,在人权、个人价值、国家与社会的观念方面,西方一直享有稳固的话语霸权,它们围绕这些基本价值理念建立起强大的意识形态传播体系……从而巩固了其在整个国际传播中的主导地位"。简艺认为:

> 只有当一个国家或民族能够与其他国家或民族同等地传播自身观念和价值的时候,它才能真正在国际传播中取得与他人平等的地位……而社会资讯和价值理念能在各国、各民族之间得以自由传播,平等交流,平衡流动恰是一个健全的全球社会应当具备的根本特征……中国正以更为主动的姿态对世界表达自己的观念和信仰……③

要摆脱西方对东方长期以来的敌视和控制,在国际传播中长期以来处于劣势的社会主义中国一定要响亮地发出自己的声音,否则就没有平等对话的地位。从这种观点出发,有时,矫枉过正也许是必要的。

"妖魔化"问题引起了中美双方的共同重视。1996 年 5 月,美国国务卿克里斯妥夫在一次演讲中说:"妖魔化中国跟美化中国同样都会把人引入歧途,这是危险的……我们认识到中国极具复杂性,认识到变革既需要耐心又需要毅力,在维护我方的价值和利益的同时也尊重中国的主权。"④1999 年 12 月,清华大学国际新闻研究中心举行了"21 世纪中国国际形象构建研讨会",中国对外传播的学者们集中讨论了"妖魔化"问题和中国传媒的对策。

作为对美国传媒为首的西方传媒的一种当代解析,"妖魔化"正在被人们慎重地讨论。在肯定它的爱国主义激情、反击霸权、争取平等对话的积极作用的同时,还要注意不要陷入简单化的泥沼;在抨击文化霸权主义的同时,还要慎防狭隘的民族主义。正如在拥抱全球化、推崇和平与进步时要警惕新的西方中心论一样。至少,妖魔化问题的探讨不应成为中西新闻比较的新障碍。

以世界经济渗透、信息与科技高度发展和融合为特点的全球化,为比较新闻学带来了

---

① 焦国标:《值得商榷的妖魔化》,载《国际新闻界》,1997(6)。
② 林戊荪:《媒体上的两个中国》,21 世纪中国国际形象构建研讨会,1999 年 12 月,清华大学。
③ 简艺:《全球环境中的中国对外传播》,载《现代传播》,2000(2)。
④ 引自李希光:《妖魔化中国的背后》,载《国际新闻界》,1996(5)。

宏观的视野。今天,西方记者在接近中国老百姓方面已没有了昔日的桎梏;中国记者甚至可以到当年敌对的美国的新闻机构中去做访问学者。国人可以相对自由地接受西方信息而不必再担心"偷听敌台"的罪名……东西方、社会主义和资本主义的界限被打破是划时代的进步。在平等对话的基础上,双方可以充分占有资料、更近切地研究对方。对于比较新闻学来说,这是一个必备的客观基础,没有这个基础,比较就容易走向偏颇。

全球化创造了机遇,但机遇有待于正确把握。中国加入 WTO 正面临一个新的挑战。① 如何在全球化的机遇和挑战中创造出具有国际水准的新闻学研究,这是摆在比较新闻学学者面前的一个课题。中国大陆的新闻学成果历来被排除在世界大门之外,"很难打入国际新闻界"。② 如果说过去的比较新闻学出现的偏颇主要因为资讯不全和褊狭,那么在全球化和资讯发达的今天,创造出较高水平的研究就具有极大的可能性,而为达到这一目标,学者们既需要全球化的视野,也需要有一种跨国界、跨文化的冷静观察与思索。全球化意识当然可以从多个方面观照,但最重要的则是,要看到"后'冷战'"期各民族的主旋律是"和平与发展"这一趋势。所以一方面既要发展民族文化,又要有全球化意识;另一方面既要反对西方中心论,又要积极与世界对话,为创造比较新闻学的中国学派而努力。

在过去的岁月中,东西方看到的是各自的"异",现在,经过多次的接触和比较,人们发现:尽管社会制度迥然不同,双方在许多方面是存在共同性的。如果说 20 世纪的比较新闻学旨在发现和暴露各国之间的"异端",那么,21 世纪的学者们将会日益发现和证明世界的"共同点"。这也许是比较新闻学发展的新趋势。

本章小结

警戒由于不同意识形态带来的情绪化、偏见和简单化,是中西比较新闻学中须首要解决的问题;学术讨论要尽量避免意识形态化和泛政治化。中西比较新闻学面临的瓶颈在于,在对立的思想意识形态下,却试图用平衡的学术原则去从事研究,以寻求一个公允的结论。破解这道难题,不仅需要包括学界在内的社会各界人士长期、艰苦的努力,也有待于世界和平发展的新契机。

---

① 有关中国加入 WTO 以后新闻业面临挑战后的严峻现实,参照刘小敏、李振连:《WTO 与中国文化》,111~196 页,广州,广东经济出版社,2000。
② 孙旭培:《我国传播学研究向何处去》,《新闻学探讨与争鸣》,1999;有关中国加入 WTO 以后新闻业面临挑战后的严峻现实,参照刘小敏、李振连:《WTO 与中国文化》,111~196 页,广州,广东经济出版社,2000。

比较新闻学与文化误读

误读(Misunderstand),这里指一种文化在解析另一种文化时出现的错误理解和评估。误读可能是有意也可能是无意的;不同的意识形态、相异的文化背景或粗疏都可以是造成误读的原因。误读的后果为远离事物的本来面目,堕入谬误泥沼;误读在大众传播中的消极性是显而易见的——误报、妄加评估、在新闻报道中的偏向以及对事实的歪曲会加深不同文化之间的鸿沟。避免误读是促进两种文化进行正常交流的必要条件,它要求人们有一种富于理解的心态,详尽地占有事实,准确地进行分析。

一、误读是文化交流中的普遍现象

误读在泛泛的意义上是生活中普遍存在的一种认知现象,它有积极和消极的一面。从积极方面来说,人们对认知对象的误读有可能是一个激活想象力、创造灵感的过程。比如,没有误读就没有抽象画的产生,因为抽象画中的形象就是现实世界的变形。①

儒家文化本是维护封建制度的思想体系,但在欧洲启蒙主义者眼中却成了倡导人道主义反对神学和封建专制的武器。法国大思想家伏尔泰因误读中国古代政治是"最有人权的制度"而建构起自由平等的君主立宪制;因误读中国儒学是具有崇高理性的"理性宗教"而批判并重建了"神示宗教"。德国哲学家莱布尼茨也对中国文化作过积极误读,以下片段出自他在17世纪出版的《中国近事》:

---

① 有关讨论,见祖慰:《误读,在抽象画中造就的戏剧性》,见《跨文化对话》,第4期,112~113页,上海,上海文化出版社,2000。

（中国人）服从长上，尊敬老人，无论子女如何长大，其尊敬两亲犹如宗教，从不作粗暴语……在彼等社会，习惯已成自然，无论对于同辈或下级的人，都竭诚以礼。尤其我们惊奇的，中国农夫与婢女之辈，日常谈话或隔日会面之时，彼此非常客气，其殷勤程度胜过欧洲所有贵族。至于中国官吏，更可想而知，彼此非常客气。彼等谈话间，从不侮辱别人，亦不得其愤怒、憎恶、激忿之情现于辞色。①

这种积极误读善则善矣，但毕竟距事实相去甚远。

本章集中讨论误读的消极一面，即上面所说过的，一种文化对另一种文化的曲解而造成的消极后果。在展开探讨之前还要廓清一个问题，即：确定何为误读本身就是主观的过程，比如"情人眼里出西施"是指每个人心中的美感不一样，甲认为不美的女人乙可能会觉得很漂亮，这之间有个误读问题，但要确定谁在误读就一定要有一个比较的坐标(Coordinates)。本章是以假设有一个比较公允的客观标准衡量为前提来考虑误读的。

在异文化之间，有大量的概念是彼此同义的，比如在英文和中文中：table＝桌子，weather＝天气，computer＝计算机。这些概念在互译时一般不会造成歧义。但有些概念，因为特定的内涵，异文化接受者把握得不准确就会产生误读，比如："black tea"是红茶而不能译为"黑茶"，"blue blood"不是"蓝血"而指贵族，"milk"是牛奶，但"milky way"不是"牛奶路"而是"银河"。如果望文生义就大错特错，离题万里了。但这种情况还不是主要的威胁，一旦获悉某个异文化概念的确切含义，沟通是完全可能的。值得注意的是那种貌合神离的现象——概念的内涵和外延不一致，这是引起中西之间文化交流歧义的主要症结，形式上相似而内容的不对应会引起误读。比如 professor 虽然可以译为"教授"，但两者之间的内涵（或含金量）很可能是不同的。英联邦国家的大学，一般一个系只设一个 professor 席位，以保持学术塔尖的权威性；在中国，"教授"的评选并不限量，这样，"professor"和"教授"就有了差距，他们之间往往是不等值的。再如，"作家"在中国是极受推崇的，有较高的社会地位，和"作者"是不同的概念，但在英语国家，"作家"和"作者"经常共用一个概念"writer"，其中并无区别。我们还可以举出更多的例子，比如，西方"作家"并不像中国"作家"那样尽享殊荣，西方的作家甚至经常与"贫穷"的字眼联系在一起，"We have a lot of starving writers!"一位去伦敦攻读社会学的中国学生被当地学者不断警告道。还有，"intellectual"与"知识分子"这两个概念的关系也是不稳定的。美国一些教授都倾向同意法国人对知识分子的定义——"一种持自由的立场、随时对政治、经济、文化、政府提出批评性、否定性意见的学者"才是该词真正的内涵。② 这和中国对"知识分子"的

---

① 严绍璗：《国学的形成与早期理性主义的中国观》，载《北京大学学报》，1990(5)。
② 陈燕妮：《美国之后》（下），365 页，北京，作家出版社，2000。

理解相距甚远。① 再如，汉语中的"自由主义"与 Liberalism 绝不是同一关系，一般来说，前者指无组织、无纪律的行为；后者则指一种符合人性的、开明的政治、哲学态度或历史思潮。

曾在北京外国语学院任教的美国安乃特·鲁宾斯坦博士对中国学生将英文中的 ambitious 理解为"野心勃勃"而困惑不已。她发现，中国学生在理解 ambitious 时将 ambitious and Greedy（有野心和贪婪的）or ambitious and ruthless（有野心和残忍的）连在一起，而不将这个词汇与 poor but ambitious（人穷志不短）or ambitious and hardworking（壮志满怀、勤奋努力）连在一起。在中国人看来，ambitious 是一个贬义词，但在英语中，它常常是褒义的，被认为是"有雄心、有抱负的"。②

对中国人来说，蝙蝠是吉祥、健康、幸福的象征，但在英语中，bat（蝙蝠）则是一个丑陋、恐怖、阴森的象征，常有 As blind as a bat，Crazy as a bat 等之说。dragon（龙）则更是邪恶的象征，它常与凶残、肆虐连在一起，在取材于公元 700 年左右的盎格鲁-萨克逊奥武尔夫叙事诗中，主人公与恶龙搏斗，同归于尽。在中国人眼中，龙是和威猛、雄奇连在一起的，它甚至被看成是中国的象征。有鉴于中西之间理解上的差别，高明的翻译家会将"亚洲四小龙"翻成 Four tigers 而不是 Four dragons。

说到苍蝇，一般人会产生厌恶感，很多民族会说："这家伙像苍蝇一样讨厌！"讨厌苍蝇似乎是全球性的现象，但偏偏就有例外，在澳大利亚，很多人会将苍蝇视为宠物，因为这里的苍蝇与其他国家的不同，它们多以森林为家，以植物汁液为食，不带任何病毒及病菌，躯体翅膀形态柔美，澳洲人对它的评价是：美丽、干净、可爱。苍蝇是澳大利亚的出口商品之一，每年能换回大量外汇。③ 可以想见，如果因澳洲人赞美苍蝇而指摘他们文化低下，就会陷入一种文化误读的泥沼。

英国的法律规定，如果胆敢将活虾生煎，地方法院就要对肇事者施行拘禁或罚款。它们认为，生煎活虾是一种惨不忍睹的不人道的行为。在中国南方一些沿海城市，用酒将活虾活蟹浸泡而啖是一道美食。几乎无人去挑剔其中的人文含义。

西方国家总统的绯闻总是众人关注的焦点，但命运却并不相同，克林顿为与莱温斯基的情事弄得焦头烂额，差点丢了总统的宝座，而法国密特朗总统的情妇却住在爱丽舍宫总统府，密特朗竟能带着私生女在公众场合露面！总统的绯闻在不同的国家一个是丑闻，一

---

① 许纪霖在《中国知识分子死亡了吗？》中有这样一句概括："现代意义的知识分子也就是指那些以独立的身份、借助知识和精神的力量，对社会表现出强烈的公共关怀，体现出一种公共良知、有社会参与意识的一群文化人。"此观点与西方知识分子概念比较接近，但它只是少数中国学者的观点，并非是主流社会的一般观点。详见许纪霖：《中国知识分子死亡了吗？》，见《中国大学学术讲演录》，264～266 页，桂林，广西师范大学出版社，2001。

② 邓炎昌、刘润清：《语言与文化》，167～168 页，北京，外语教学与研究出版社，1989。

③ 李世顺：《澳大利亚纸币上的苍蝇》，摘自《大河报》，见《人民日报海外报》，2000-10-21。

个却为老百姓津津乐道。①

很长时间以来,西方一些学者将中国古代的"礼"字翻译成"Ceremony",汉学家卫三畏(Samuel Wells Williams,1812—1884)认为这是不够全面的,因为"礼"字不但包括外在行为同时也包括所有利益的正确原则。②

学者李慎之认为,中国的封建与西洋的封建具有不同的含义。中国在秦始皇之前是封建的,其意识形态与西洋中世纪、日本"明治维新"以前的相当。将秦始皇之后的社会制度统称为封建主义不妥。他认为,中国两千多年的社会制度的基础是皇帝专制下的官僚制度,应当叫皇权主义(Imperialism)而不是封建主义(Feudalism)。③

中西交流中有相当一部分互译的概念貌合神离、含义相去甚远,比如:Editor(编辑)、Socialism(社会主义)、人道主义(Humanism)等。使用这些概念,如果不小心,就会误入歧途,所以要仔细甄别。

在新闻学中,中西互译的概念许多也是貌合神离的,并非对等的关系,比如:新闻自由(Freedom of the Press)、客观性(Objectivity)、宣传(Propaganda)、调查性报道(Investigative Report)、舆论监督(Watch Dog)等都是些表面相似但内容区别较大的概念,需要进一步梳理。

二、两种误读方式

误读与"一百个观众心中有一百个哈姆莱特",或人们彼此的不同看法之间既有联系也有区别。诠释二者之间的关系不是本书主旨所在。这里谈的误读往往是建立在对事实不当的感受、对认知对象材料不充分地占有或不科学地分析的基础之上的。比如"盲人摸象",就以局部代替了整体,结论注定是错误的。

在很多情况下,误读是由主体对认识对象的曲解造成的。乐黛云认为:"……人们与他种文化接触时,很难摆脱自身的文化传统、思维方式,往往只能按照自己所熟悉的一切来理解别人。……人在理解他文化时,首先按照自己习惯的思维模式来对之加以选择、切割、然后是解读。这就产生了难以避免的文化之间的误读。"④

在大众传播中,两种不同的传播方式和传统经常会引起论争。西方不能理解教化在中国传播中的主宰地位,而中国也难以理解为什么西方报道总是不停地揭露阴暗面,相互

---

① 张锡昌:《我看法国人》,见《读者参考丛书》(37),184页,上海,学林出版社,2001。
② 明恩浦:《中国人的素质》,150页,上海,学林出版社,1999。
③ 李慎之、何家栋:《中国的道路》,231页,广州,南方日报出版社,1999。
④ 乐黛云:《独角兽与龙——在寻找中西普遍性中的误读》,1页,北京,北京大学出版社,1995。

攻讦的情况时有发生。前两年的"妖魔化"之论争为文化误读生动地做了注脚。①

误读往往呈现出两种方式。

第一种是下意识的误读,这主要是因双方文化上的差别造成的,它是零碎的,不系统的,粗疏的,常常是当事人以己方的价值观去衡量他方的行为;以自己的文化为中心,来得出否定或肯定对方的结论。

比如,一些亚洲人吃狗肉会遭到爱狗的西方人的指责,并得出亚洲人"残忍"的结论,亚洲人反唇相讥道:难道吃牛肉就不残忍吗?这时,西方人就会哑口无言。吃狗肉和牛肉本无高下之分,这里的误读是显而易见的。

2000年岁末,巴黎上演了一出以《华人与狗不得入内》为题的话剧,遭到了海外华人的强烈抗议,认为题目是侮辱了华人。原作者佛·齐博不得不道歉并连连喊冤,他使用这个名称是出于幽默而并无恶意。他说:"我了解(中国人的)这段历史,这是一段痛苦的历史,但是,这不是中国人的耻辱,而是法国、英国、德国的耻辱,是它们侵略了中国。我丝毫没有羞辱中国的意思,如果说羞辱,我羞辱的是法国。'华人与狗不得入内'这句话涵盖了一段历史,是一个历史现象。我用这句话做标题,完全是出于一种亲中国的情绪……"

原作小说的中文翻译沈志明说,"这句短语对齐博的刺激是很大的,这种用人狗对比,通过语言所表达的国家之间的不平等使他深受震撼。他要找一些词语、一个突破点来发泄,用反面词汇来表达情感或许是一种方式。说他是文字游戏也好,说是反其道用之也好,总之,他把自己的愤懑、自己的不满都发泄了"。

但是作者和译者的解释并不能使华人谅解,在强烈的抗议下,最后作者还是作了让步。其小说中文版题目改为《去他的戒律》。② 这是一个典型的文化误读案例。

很长时间以来,西方相当一部分人对中国的印象停留在十八九世纪的"三寸金莲"、"妻妾成群"、"封建、落后、愚昧"等概念上。他们往往以这样的印象来解读当代中国。他们对中国的现代化关注较少,而《大红灯笼高高挂》、《霸王别姬》、《红高粱》等影片却会引起他们较高程度的共鸣。英国华人张戎写就的《鸿:中国三代女性的故事》之所以在西方引起轰动,部分原因也是该书讲述了一个古老的中国故事——那些洋读者心目中的中国故事。以当年的印象来解析现代中国,个中当然也有误读的成分。

法国比较文学学者阿兰·雷认为,文化传统的不同形成了思维方式的不同,由此产生了阅读的困难。因为信息生产者的社会语言学编码和读者、听者的编码系统不同,所以出现了译码的困难。他说:"就是一位现代的中国读者对孔学原著的阅读,或是现代的一位英国人、一位美国人和一位澳大利亚人对莎剧的观看都会提出无数的问题,出现了许多信

---

① 有关"妖魔化之争"的情况见张大卫(张威):《比较新闻学:历史、现状和难题》,载《国际新闻界》,2000(6)。
② 有关详情见郑园园:《〈禁止华人与狗……〉作者为自己辩解:这是大误会!》,载《环球时报》,2000-11-24。

息的缺失和大量的曲解。"①

　　有时即使同一文化背景的人观察同一外来文化,由于认识主体的差异,也可以出现截然对立的看法。西方人对中国文化的认识也是千差万别的,比如对中国礼仪的认识,古伯察(Regis-Evariste)认为:"中国人拘泥于无意义的礼节和烦琐的作派,中国人喜欢像机器人那样行事,一举一动都要符合规定的作派。礼节是中国国民性的明显特征。"库克(George Wingrove Cooke)则认为:"在公共场合,再没有比中国人更缺乏礼节的了。中国的百姓一点也不讲礼让,他们不理会行人,也不让路。"②

　　有许多广为流传的文化误读的故事,比如,在美国的课堂上,有的老师曾问学生这样一个问题:一家人坐的船沉了,船上有母亲、妻子和孩子,男人应当先救谁?结果亚裔学生大都选择母亲,而美国学生没有一个选择母亲,他们首选的是救妻子或救孩子。

　　另一个故事说的是一个姑娘要过河去看望她那病重的恋人,但由于突发的洪水使她无法越过。有个年轻的船夫说他可以帮助她过河,但条件是姑娘必须以身相许。姑娘理所应当地拒绝了。过了几天,洪水越发大了起来,看看无望,为恋人计,姑娘屈从了。船夫信守诺言,将姑娘送过河去,两个恋人重逢了。不久,姑娘冷静地告诉了恋人事情的经过,恋人却将姑娘一通暴打。美国老师问中国学生,这三个人中谁最该诅咒?亚洲学生多选择诅咒船夫,因为他乘人之危,不道德;再次就是姑娘,因为她没有保住贞操。但美国学生却认为,最该诅咒的是姑娘的恋人,因为他既无能又缺乏宽容,而姑娘所为简直就是英雄壮举,应当赞美。来自不同国度的学生们没有激烈地争辩其中的高下之分,他们似乎理解这种不同的文化造成的不同看法。

　　粗疏也可以造成误读,比如一位一流的西方史学家就曾将中国的四个现代化误译为:"新思想、新文化、新风俗、新习惯。"③

　　1926年,英国报刊研究者威尔(Putnam Weale)评论说:"在整个中国,只有不到三人能写出一篇值得一读的社论……粗陋不堪成为主要特征。"④当受到别人质疑时,威尔坦白地说,我的研究是粗疏的。⑤

　　1971年,毛泽东在接见美国著名记者埃德加·斯诺(Edgar Snow,1905—1972)时说:"你们有点迷信,还有一点恐惧,怕说错了话;我不怕说错话,我是无(发)法无天,叫'和尚打伞,无(发)法无天',没有头发没有天。"然而,对中国并不陌生的斯诺在他的大作《漫长

---

①　阿兰·雷:《文化沟通的障碍》,见《跨文化对话》,第1期,149页,上海,上海文艺出版社。
②　沙莲香主编:《中国民族性》,3、9页,北京,中国人民大学出版社,1989。
③　See Eric Rolls. Citizens, St Lucia: University of Queensland Press, 1996, 532.
④　Putnam Weale. "The Mirror of the Chinese Press" in his Why China Sees Red, London: Dodd, Mead And Company, 1926.
⑤　Zhang Wei. Politics and Freedom of the Press, Chapter 1. Australian Centre for Independent Journalism, 1996.

的革命中》将毛泽东的话做了另一种解释：

> 当他(指毛泽东,作者注)亲切地送我到门口时,他说他不是一个复杂的人,而实在是很简单的。他说,他不过是一个带着把破伞云游世间的孤僧罢了。

毛泽东引用的中国成语"和尚打伞,无法无天"意指自己无所畏惧,但斯诺却领会、演绎成"一个带着把破伞云游世间的孤僧"。

1990年8月15日,《人民日报》刊登了大型纪录片《世纪行》的解说词,该解说词循着斯诺文章的轨迹,越走越远：

> 1970年,毛泽东再一次见到老朋友斯诺,三十多年前在陕北窑洞前,他就是戴上斯诺递过来的红军帽才拍了一张最好的照片。三十多年后北京天安门上,毛泽东已被人们尊崇为神,就在千百万人流着泪、淌着汗向他山呼万岁的时候,毛泽东突然对斯诺说：我就像一个手执雨伞云游四方的孤僧……①

毛泽东如果健在,他会向斯诺解释吗？

我们已经提到过,文化差别造成的误读是下意识的,它零碎而无系统,粗疏而不稳定。然而,一旦当事人通过交流、对话,与对象达到沟通,较全面地掌握了对象的信息,改进误读是完全可能的。

比如,西方式的男女接吻曾经让中国人肉麻甚至认为带有黄色的意味,但随着对西方文化的了解和熟悉,这一方式被认为是健康的并被中国当代社会欣然接受。

再如,著名的英国科学家李约瑟曾经认为中国古代没有科学,这种误读是建立在他对中国古代科学的偏见基础之上的,后经他的中国学生鲁桂珍长时间地影响和介绍,李约瑟将毕生精力投入了中国古代科学的研究,最后竟写出了《中国古代科技史》。②

1995年是中国的"猪年",但中央电视台的春节联欢晚会上并没有使用猪年生肖的吉祥物,因为中国还有一千七百多万穆斯林。此前不久,中央电视台曾播放了一个电视剧,讲到炎黄与蚩尤大战,剧中的蚩尤是一个邪恶的形象,这引起了苗族人的抗议,因为他们认为蚩尤是自己的祖先。中央台只好停播并道歉。这两个例子可以看作是有意识避免消极误读的范例。③

第二种情况是有意识的误读(这里说的误读是指一种主体对客体宏观认识效果的误差),它与下意识的误读迥异。有意识的误读有系统、有理性,是一种较深的文化沉淀。往往与政治、意识形态相连(或是出于某种实际需要),往往囿于成见。此种误读一般比较稳

---

① 详见熊向晖：《我的情报与外交生涯》,216～217页,北京,中共党史出版社,1999。
② 有关李约瑟的情况,见张威：《跨国婚恋：悲剧、喜剧、正剧》,54～57页,北京,世界知识出版社,2000。
③ 周星：《从族际角度理解多民族的中国社会与文化》,载《中国社会文化心理》,2000(1)。

定,难于与认知对象沟通和对话,也不易在短期内改进。这是人们要特别小心的一种误读。

美国传媒在报道中称中国人1950年"侵略"了西藏,日本教科书将1937年日军对中国的侵略称为"进入",在某种意义上,这些都是一种误读——一种建立在漠视历史和事实的基础上的误读。在很多历史场合中,美国和日本都会站在上述立场上来说明和解释问题。到目前为止,尚无迹象表明它们想通过与中国对话来消解这种误读,其原因显然是政治的、意识形态的。

在1949年至1978年之间,中国流传着一种家喻户晓的描绘:"世界上有三分之二的人民处于水深火热之中",这种对世界形势的有意识的历史误读,完全建立在意识形态的敌对基础上,有着鲜明的功利性和目的性,是为政治服务的。

由于历史的原因,中文"宣传"与英文的"Propaganda"被对等地彼此互译,从而引起了相当程度上的紊乱。在英语中,"Propaganda"包含着宣传、推行,但同时也是一个含有"推行某种观念"的贬义词。中文"宣传"则是一个中性词,在相当多的情况下,它泛指传播,既可指传播信息,也可指传播观念。在相当长的一段时期内,西方将中国的传媒活动不加区分地一概称为"Propaganda",这种误读是建立在对中国传媒系统的认识之上的,虽然它并不精确。

有时以上两种形式的误读会交叉在一起,很难区分开来。

澳大利亚新闻记者对中国曾有严重的误读。在整个20世纪50年代中,澳大利亚的媒介充斥中国将要入侵其他国家的耸人听闻的描写——从西藏到朝鲜到东南亚地区。报上不断发表各种传闻——从大屠杀到反政府运动,毛泽东被谋杀的消息至少每年被重复一次。到了60年代,澳大利亚的媒介走得更远,它告诉人们,中国必须对朝鲜战争负责,对亚洲不稳定的局势负责,为"强奸"西藏负责。1962年,印度在中印边界问题上挑起了冲突,但澳大利亚传媒却力图使读者相信是中国侵略好战。《悉尼晨锋报》称中国是"红祸泛滥"、"野蛮的敌人"、"中国是企图控制和征服全亚洲的侵略者",报纸还登载了将中国人描绘成怪兽的漫画。

后来的事实证明,澳大利亚的报纸为它的读者提供了虚假的信息,是一种误读。《悉尼晨锋报》承认了错误。《世纪报》则公开向读者道歉,它发表声明说:"从1962年9月到12月,本报报道中国无端地侵略了印度,事实证明,我们错了。事实上是印度侵略了中国。"①

1980年5月20日,美国《纽约时报》刊登了一则关于中国计划生育的报道,题目叫"生一个最好"("One is Best")。它在首段提到官方通讯社新华社发布的一个人口估计:

---

① Zhang Wei. Politics and Freedom of the Press, Australian Centre for Independent Journalism,1996. 75～78.

如果从1980年开始每个育龄妇女生3个孩子,那么到21世纪初,中国人口将达到14亿。在接下来的一段中,记者是这样写的:

为了避免这种灾难,政府强化了生育控制……
(To avert such a disaster, the Government has intensified the birth control program, which combines social and party pressure, propaganda, and freely available contraceptives…)①

一位黎姓报刊评论家批评该报道不客观、"另有用意"、心怀叵测。② 指责的契机盖出于对一个词的理解——Disaster(灾难、不幸)。黎指出:

……作者把中国人口的增长现象看作是一种灾祸,并且告诉中国政府之所以厉行计划生育,就是为了避免人口到2000年增加到14亿,100年后增加到43亿"这样的灾祸"。

黎接着评论道,"中国人口按目前的增长率发展下去是福是祸,要看我们现代化的进展速度来定。现在片面认为是灾祸是不科学的,是主观的,甚至是另有用意的"。③

从字面上看这篇报道,Disaster在这里并无恶意,但有人却看出了"包藏祸心",这种误读既是文化差异使然,同时也有意识形态方面的原因。

同年,《泰晤士报》记者巴恩斯在"北京随笔"的一篇特写中描绘了美国波士顿芭蕾舞团访华演出的情景,其中提到中国文艺界在"十年浩劫"中凋零的情况、观众对文艺复苏的渴望以及电视实况转播芭蕾舞团演出时观众争相观看的盛况,随后作者继续道:

这是一个文化饥饿的中国,人们渴望表演艺术。在所谓的"文化大革命"中,中国的传统艺术横遭浩劫……(This is a China hungry for culture, avid for the performing acts. During the so called Cultural Revolution terrible things happened to the traditional Chinese arts…)④

以上报道平实地反映了当时的现实,"文化饥饿"在语境中并无褒贬,甚至也是当时中国传媒自己承认的事实,但竟被有些读者看出了歹意。一位评论家说:

"'这是一个文化贫乏的中国',巴恩斯是这样总结他对中国文化的看法的。文化贫乏。我们的祖国是否真正文化贫乏?"

---

① 全文见"One is Best", The New York Times, March 20, 1980。
② 黎秀石编:《英美报刊选读》,332~334页,长沙,湖南教育出版社,1985。
③ 黎秀石编:《英美报刊选读》,332~334页,长沙,湖南教育出版社,1985。
④ 全文见 Clive Barnes, "Dancing Off to China", Times, June 28, 1980。

他最后提醒读者:"看外论要独立思考。"他认为巴恩斯是"别有用心"的。①
看来,因为双方的编码系统不同,所以在信息的发出者和接受者之间出现了分歧。
在比较中美首脑1997年互访的双边报道中,王炜、梁虹使用了两个例子来说明西方对中国的敌意。其中之一如下:

> ABC记者Bruce Moor在威廉斯堡的现场报道中说威廉斯堡历史上是一个争取自由民主的城市,因此江泽民的来访将是"滑稽的一刻"(a humorous moment)。紧接此话,电视画面上便出现了江泽民一行抵达威廉斯堡的镜头。对比之间,记者讽刺、挖苦的险恶用意不言而喻。②

然而,企盼一个西方媒体使用社会主义传媒的口吻报道新闻,这是不现实的。
被认为是攻击的第二个例子是从这样的角度来衡量的:

> 《新闻周刊》在1997年11月10日的一篇题为《江泽民耳中的噪声》的报道中,对中国新闻界进行了攻击:"中国中央电视台播放了未做任何删节的长达20分钟的白宫报道,但是乐观的评论并未指出两国领导人曾就人权问题作过争辩。主持人只是说中国向来遵守国际人权公约,既未说及(反华)抗议也未提到江泽民的套话使得那些曾经最为卖力的为江访美游说的中国的美国友人感到沮丧。"③

这难道真是一种"攻击"吗?
因《大红灯笼高高挂》、《霸王别姬》、《红高粱》等影片深得西方赞誉的一些"第五代导演"仍乐此不疲地拍摄那种反映旧中国文化的电影,他们会不会是在刻意迎合某些西方人士误读中国文化的心理呢?换句话说,他们是不是在寻求信息的发出者和接受者之间的某种特定的解码呢?
误读在某些情况下是非常容易"故意"的。当需要证明自己的理论时,人们常常会削足适履,牵强附会。
一位比较新闻学研究者在做中西新闻对比时首先设定了这样一种理论:

> 资产阶级一向标榜新闻工作是自由职业,新闻记者是不受任何政治倾向影响的,是无党无派的,事实上,在资本主义这个商品社会里,对金钱的依附使新闻记者根本做不到不偏不倚……④

随后作者又援引马克思的话——"资产阶级使一切令人尊敬的职业都成为雇佣劳动

---

① 黎秀石编:《英美报刊选读》,344页,长沙,湖南教育出版社,1985。
② 王炜、梁虹:《中美首脑互访的双边报道之比较》,载《现代传播》,1998(4)。
③ 王炜、梁虹:《中美首脑互访的双边报道之比较》,载《现代传播》,1998(4)。
④ 刘夏塘:《比较新闻学》,136页,北京,北京语言大学出版社,1997。

者"——来证明在资本主义社会中没有自由。其中的误读是明显的,因为基本的事实是:西方资本主义媒体一直在争论新闻要避免政治影响、避免不客观的报道。至于不偏不倚,西方记者以此自我标榜的并不多见,多数人将客观报道作为报道的最高准则,这是在西方新闻理论著述中反复强调的主题。然而,上述作者却对此视而不见。这种偏见的形成,除未能系统地对西方传媒做过研究之外,有意贬低对方也是一个原因。

开展批评是很正常的,尤其是在具有意识形态敌意的国家之间。但有效而令人信服的批评应当建立在对批评对象的全面了解上。一些学者很容易以自己的文化来衡量他文化,这样就导致了误读。比如"舆论引导"在中国是一种常见的现象,它是媒体按照政府的期望来报道新闻的准则,是政府和媒体的一种政治上的理性的联合行动。然而,"舆论引导"在西方却往往是媒体报道新闻的自然结果,而并非媒体的一种政治行为。以中国媒体的运作原理来看西方媒体,得出的结论就很容易走偏。比如一篇论述西方媒体在中国加入WTO问题上如何引导舆论的文章说:

> ……中国加入世贸组织是一件大事,对世界政治、经济和国际关系将产生很大的影响,对中国自身的影响也不可小视。西方媒体抓住这个机会进行了报道,希望对国际舆论产生一定的引导作用……它们通过对报道主题的精心设计、关键词的仔细选择和新闻来源的认真组织,希望把舆论引到它们指定的方向——中国是个封闭、混乱的国家,加入WTO以后,开放和法治带来的是社会主义和共产党领导的衰亡,发展成为自由民主的先进国家,而这一切都是美国为了中国人民的利益,宁可牺牲自己的利益而一手促成的。①

洞悉西方媒体运作的学者恐怕很难同意上述描述——至少是太简单化了。上述文章的作者还引用了美国《金融时报》上的一篇题为《北京的赌博》的报道片段,从而走得更远:

> 在共产党夺取(Seize)政权半个世纪以后,这个国家迈出了一大步去拥抱资本主义原则,重新加入国际社会。②

作者指出,这里的"共产党"和"资本主义原则"都充满了意识形态意味,作者并认为"在西方国家中,它们从不称自己为'资本主义'国家",并且"Seize"这个词也有某种暗示(当然是负面的)。

此间有几个问题有必要进一步廓清,首先,西方国家是称自己为"资本主义"国家的。(多看一些有关报纸特别是政治经济评论文章此问题就可以迎刃而解);其次,英语"Seize"是个中性词也是没有疑义的(可向英文专家求教),此句不一定隐含什么恶意。至

---

① 陈虹:《西方媒体在中国加入WTO问题上如何引导舆论》,载《国际新闻界》,2000(1)。
② 陈虹:《西方媒体在中国加入WTO问题上如何引导舆论》,载《国际新闻界》,2000(1)。

于说"共产党"和"资本主义原则"这些字眼充满了意识形态意味,大概没有什么疑问,因为不同社会制度下的人,不可能用同一术语来表述。要求资本主义社会的人使用共产主义社会的语言和思维似乎不大现实。问题是有没有恶意诽谤?语言具有时代的语境。我们现在说"他是西方人"可能多是地理意义上的,但在20世纪50年代,我们说"他是西方人"就可能含有深邃的政治意义,甚至暗含着某种敌意。

文化理解是一个时代演变的漫长过程。随着时代的前进,双方的沟通,误读当会进一步减少,但首先,人们需要一种渴望理解的平和心境。

三、中美记者眼中的新闻理念

1998年5月22日,北京大学国际关系研究所主持了一次中美记者有关道德和责任的对话。主讲人包括新华社高级记者李希光、美国《时代》周刊驻北京首席记者吉米(Jaime Flor Cruz)、《华盛顿邮报》驻北京首席记者马棣文(Steven Mufson)、美国有线电视公司CNN驻北京首席记者麦白柯(Rebecca Mac Kinnon)以及日本报纸资深记者千可子。对话人因文化背景不同而产生了重大分歧,他们之间的讨论对我们解析比较新闻学的误读具有启发意义。

首先开场的是美国记者吉米,他介绍了自己的身份,然后谈到在中国当记者的困惑:

> 我在中国遇到的另外一个问题是新闻观的不同。新闻到底是什么?记者的职责是什么?许多中国人把我们这些外国记者看成为我们国家的政府,或我们国家新闻机构的代表或代言人。这是因为很多中国记者被视为政府的发言人,如《人民日报》被描绘成"党的喉舌"。一些中国记者认为他们自己是代表或者是为了中国的利益而写作。而外国记者不为我们的政府工作,我们相信"政教分开"、新闻编辑与新闻机构分开的原则。作为记者,我们与我们的新闻机构的商业保持一定的距离。

时任新华社高级记者的李希光发言说,在报道中国问题上,美国记者和中国记者都有各自的框框。在谈到记者的责任时,他说:

> 大部分中国记者在报道中国问题时,有一个道义上的责任,就是要帮助中国人说话,要让自己的新闻作品有助于中国人民过上幸福的生活和国家的富强……

随后,《华盛顿邮报》驻北京首席记者马棣文发表了他的看法:

> ……中美两国记者在报道中国问题上的不同,部分原因是因为我们的立场

不同。自从1949年以来,中国记者就一直是党和政府的宣传工具,他们有道义上的责任为中国的繁荣富强服务。美国记者没有为这个国家的利益服务的道德责任感,我们的目的就是揭开事实的真相,让人们自己做出正确的选择。所以两国记者在新闻观上完全不同。我认为,今天越来越多的中国记者在新闻观上越来越认同美国记者的新闻观,即揭露阴暗面。如果我今天在外交学院讲课,有人问我:"你为增进美中友谊做了些什么?"我回答:"那是你的问题,因为你是外交官,而我是记者。记者的使命是揭露美中关系中出现的问题,而这些问题将由你们去解决。"

CNN驻北京首席记者麦白柯对此也发表了意见:

……人们认为中国在西方媒体上没有得到公正的报道,比如在西藏报道中。我认为出现这种不平衡的报道是由于你们政府的政策造成的。西藏问题是一个触及这个世界上许多人神经的问题。你们面临着达赖喇嘛和一个在世界各地非常活跃的一个藏独社团。这些人非常乐意上电视镜头,发表他们那一方对问题的看法。当中国领导人访问西方国家的某个城市时,他们在新德里举行绝食示威,有的人快饿死了,西方媒体对此做了广泛的报道,几乎所有的西方电视台和报纸都做了详细的报道。特别是电视画面很能打动人心,这些画面会令观众情绪激昂,他们自然会对达赖表示支持。这是问题的一面。我们认为,我们的工作应该是提供一个平衡的报道,我们非常渴望去西藏采访,到那里自由旅行。我个人以为,西藏的情形非常复杂,并不是好人或坏蛋这样黑白分明。但是,CNN连续5年被禁止去西藏采访,我们在西藏问题上也没有机会采访到权威的中国官员。结果,由于我们去不了西藏,就无法拍摄西藏今天到底是什么样的情形的画面,这种画面也许描绘的是一种复杂的画面,而不是像西方媒体所描绘的那样简单。西方传媒很容易获取故事的另一方的意见,但没有自由去西藏的机会,去问问普通藏民:"你要求西藏从中国独立出去吗?或者你希望西藏是中国的一部分?中国人在西藏改善了你的生活吗?你们的生活比几十年前有改善吗?"我们没有机会自由地向西藏人提这些问题,我们无法向我们的观众提供一个答案。当我们最终获取去西藏采访,我们的采访活动受到了西藏外办的严格控制,没有外办人在场,我们无法采访任何人,这是令人恐怖的。在结束了这样的采访后,你还是不知道从被采访者那里获得的回答是否与他们私下里的回答一样。我对西藏的印象是,西藏肯定有它的问题,西藏人民并不像中国的媒体描绘的那样幸福,但是,在另一方面,西藏的部分人中间也许有人并不一定非要独立。所以,西藏状况非常复杂。但是,我们无法令人信服地把西藏的真实画面呈现给我们的观众。我们的采访活动受到了严格的限制,我们只能采访外办批准的人。我们不能对我们的观众说,这些被采访对象讲的话是真实的想法。我们无法保证这就是他们的真实观点。

上面举的例子可能是个极端的例子,当然还有不太极端的例子。我相信,如果外国记者被允许去西藏不受限制地自由采访,世界对西藏状况的了解将会大大地加深一步。人们将会发现西藏的情形非常非常复杂。不幸的是,由于我们没有一个人能客观地去西藏采访报道,西方传媒没有任何选择,只好发布位于伦敦的达赖喇嘛的信息网提供的消息。

日本报界人士千可子说:

根据我给日本报纸当过十年的记者经历,我认为,李先生谈的观点非常有意思,他说中国记者应该为人民的生活水平提高和国家的繁荣昌盛具备一个道德上的义务,这是一个中国记者义不容辞的正义事业。但是,从美国记者的角度来看,这种观点是非常不正常的。美国甚至日本记者都不会为这种正义的事业工作。我认为,一般来看,一个记者所要做的工作是报道正在发生的事件。我认为,我们大家在报道新闻时都受到先入为主的价值观念或者我们的新闻价值观的限制。我们大家都在以各自的价值观报道自以为重要的东西。听了刚才的讨论,当我们受到新闻来源的限制时,将会出现这种危险,即记者的一些假想就会被当成事实报道出来,尽管这种假想没有得到证实。一些中国人认为不真实的报道可能就是这样出来的(马棣文称,美国记者不是为政府工作)。我们必须认识到记者的工作是个性化非常强的工作,他们不为任何人工作。更多的是为自己的好奇心工作,因为我们想知道到底发生了什么。所以,我相信,无论美国媒体、西方媒体、日本媒体或中国媒体,考虑的首要问题是我们的读者对象是谁,谁是我们的读者,尽管我们大家都追求客观和尽量减少偏见,我们大家的报道都或多或少地被我们的读者的偏见所左右。我认为,报纸的编辑们比在前方采访的记者更强烈地被读者的偏见所摆布。比如,我在采访中发现了一件很有新闻价值的东西,我打电话给编辑,说这是一个新鲜事物,要报道它。可是编辑会认为这不是新闻,他根据读者的需求,认为不应该报道。所以,记者和编辑之间有一个小小的鸿沟。我要问你们的问题是,我注意到,当我读欧洲报纸、英国报纸、日本报纸、美国报纸,我确实发现各国在报道中国新闻上有差异。我想知道,美国的国内政治争斗对美国传媒的中国报道有何影响。比如,当克林顿遇到麻烦时,如关于"政治捐款"的争吵等,这种美国国内的事件对在北京的美国记者的中国新闻报道会有什么影响?美国有许多人认为美国的媒体正在为中国人做好事,认为中国人肯定在等待美国人来解放他们。通过对中国政府的批评,美国媒体和日本媒体实际上是在帮助中国人民拥有更多的权益。

吉米又谈到了有关负面报道的问题:

……我认为中美两国在对待负面报道上存在观念上的差异。在中国有家丑不可外扬的传统,中国人不愿意在公共场合洗内裤。当我们写批评报道的时候,我们被指责采写阴暗面,伤害了12亿中国人的感情。另外一点是"内部"问题。在中国有这样一个观念,信息分公开和内部两种,这一点与西方记者的观念不同。内部信息的观念与我们记者的责任有冲突,因为我们记者的天然职责就是发掘事情的真相。因此我们要想尽办法发掘尽可能多的信息。在中国,我们因为遇到的是内部信息而使采访受到阻碍。在近几个月,甚至在过去的一年里,我注意到,中国的记者正在出现种种令人鼓舞的变化迹象,他们正像真正的记者那样工作,中国记者正在以记者的责任感去工作……

由于意识形态和文化方面的差别,后来双方开始了激烈的论争,甚至争吵,主持人不得不多次出来圆场。但她认为这次讨论很让人开阔思路,了解了美国记者与中国记者的差异,虽然这只是"冰山的一角"。①

2000年12月12日,清华大学国际传播研究中心举办了一次"美国媒体与中美关系"的座谈会。该中心主任李希光教授在解释了"妖魔化"的含义之后,说"媒体批评可以是建设性的,也可以是破坏性的。我希望媒体对中国的批评更多的是建设性的"。

《纽约时报》北京分社社长康锐(Erik Eckholm)说:

……有人经常指责我们的报道总是负面的,他们问"你们就不能做点儿正面报道吗?"通常很多的中国读者,包括一些专家,并没有全面地看待我们驻华记者对中国的报道。一篇关于外交政策或批评政府、批评人权状况的文章就会被传来传去,外交部会有所反应。而我们那些关于中国婚礼习俗、胡同里的日常生活、老年人在公园组织合唱团这些很正面,富有人情味的报道却被忽略了。很多中国人以及专家们都没有意识到,其实我们对中国的报道是多角度的。我希望你们在做分析的时候,注意到报纸的各个部分,经济、文化、科技等,我们的报道主题包括很多方面。我反对单纯用"正面"或"负面"来考虑问题,也反对仅仅以"中国的朋友"或者"中国的敌人"来判断一个记者。关键是这篇报道公正不公正,是否公正地描述事实、解释原因、体现出中国老百姓和官员的观点。这篇报道可能是关于比较消极的主题,但我们有责任把事实报道出来。

---

① 上述引证全文见李希光:《中国有多坏?》,116~139页,南京,江苏人民出版社,1998。

新华社记者黄燕说,她有个问题一直很困惑:"我认识很多美国人,我发现,当他们作为普通人的时候,对中国人非常友好。但是当大家回到自己的工作岗位上时,我们立刻成了对立的一样。"黄燕说,她一直在学习美国人的优点,比如她跟美国人学会了对陌生人微笑;还从美国人写的文章中学到了乐观地对待生活的态度。"也许中国人的苦日子过得太久了,中国的电视剧中的人物全是哭,美国的电视剧里面的人物全在笑。但这并不能成为我们彼此沟通的障碍",她说,她从美联社的老师那儿学来了新闻写作的平衡,但后来发现他们的稿件中也有偏见。比如,新华社的一篇稿子讲到故宫里面有个星巴克咖啡店,其中谈到,如果麦当劳、肯德基都进了故宫,故宫会怎么样?结果在美联社的稿子里就成了中国阻止一个美国来的咖啡店在故宫里开张。

美联社北京分社社长韩村乐(Charles Hutzler)说,他无法回应黄燕,因为那篇稿子他没看过,但是他强调说,美国的报道遵循客观性原则,尽管大家知道绝对的客观是不可能达到的,但要尽量接近。他说他在北京会经常碰到一些超出客观公正范畴的情形:

> 上星期,一个北京朋友,他在北京搞了一个项目,他要美联社给他写一篇稿子。他找我,因为他觉得我比较友好。我说友好不友好你不应该考虑,你应该考虑公正不公正。但不光是这个朋友这样跟我说,我采访时常常听到人们说,你们对中国友好、或者不友好。这些是他们的价值判断,但我在工作中必须完全避免这些价值判断。

2000年5月,美国CBS《60分钟》栏目主持人华莱士对江泽民主席进行了采访,提出了许多富于挑战性的问题,比如:"在我看来,你好像是一个独裁者,集权者"、"为什么美国人可以选举他们国家的领导,但你显然不相信由中国人民选出你们国家的领导?"、"为什么中国是一党制国家?"、"中国政府是否迫害基督徒?"等。

新华社记者熊蕾认为华莱士的提问"有亏职业道德"。① 但是《纽约时报》北京分社社长康锐的解释是:

> 即使是美国人也并非个个都喜欢华莱士的风格……我印象中中国政府对这次采访还是挺满意的。一个像华莱士这样的人尖锐地质问:"你是不是个妖怪?"这在我们美国新闻学中叫做"垒球",是比较容易打中的软式棒球。这等于给了江泽民一个难得的机会来向美国人民阐释中国人的观点。实际上,每次江泽民访问美国时都会举行记者会,记者们什么都可以问,这种机会在中国很罕见。而江泽民很懂得如何应付这种场面。美国人惊讶于他的活跃和机智,发现他并非想象中的乏味。其实,很多美国总统都没他做得好。他们见记者前都得

---

① 熊蕾:《从两家美国媒体对江泽民的采访看两种新闻观》,载《国际新闻界》,2001(1):14。

先把答案背好,否则便不知该如何应付。

《时代》周刊北京分社社长傅睦友(Matthew Forney)也认为那个节目做得很成功:"优秀的政治家是欢迎尖锐的提问的。克林顿总统访问北京大学时,学生们问了他很多颇有敌意的问题,而他表现得很出色。"然而新华社记者熊蕾指出:"我认为挑战性和有敌意是不一样的,北大的学生不过是问了些具有挑战性的问题。"

中国国际广播电台主持人林少文说:"……越是挑衅的问题,越是能使回答问题的人体现个人的才智,回答好了会使提问的人而不是被提问的人看到尴尬。但是,有些矛盾是由误会引起的。"[①]

中国和美国对待新闻的不同看法还将存在下去。

本章小结

误读直接引向误导(Mislead),它歪曲认知对象,加深中西文化彼此之间的鸿沟。比如上面提到,澳大利亚传媒对中国一系列误读的报道,曾影响了澳洲政府与新中国建立外交关系的决心。中国和西方的媒体在"冷战"中逐步升级的互相误读,曾导致彼此的关系更加紧张。如前所述,误读是不可避免的。但我们在鼓励人们对认知对象做大胆解析的同时,要避免远离真理的误读,其间的探索、反复必不可少,艰辛也是可以想见的,中西文化的沟通和理解需要无数的误读和反误读来完成,唯其如此才能达到双方的相互理解和互补。

就中西比较新闻学来说,目前亟须梳理中西之间一些似是而非的概念,要力求全面地掌握对方的信息再加以判断。那种以偏概全、一叶障目、贴标签、打棍子的时代应当彻底结束了。

[①] 全文见肖欣欣、刘乐耕:《世纪末的一场对话》,载《国际新闻界》,2001(1)。

比较新闻学的社会因素

"假、大、空"
　　　　　　　　　——某些读者对中国传媒的评价
"妖魔化中国,虚伪的客观主义和新闻自由……"
　　　　　　　　　——某些读者对美国报纸的评价

本章中的社会因素是指比较新闻学中的政治和文化因素。

在中西新闻比较时,如果简单地将两种新闻现象放在一起衡量,得出结论,就可能会误入歧途;离开了政治制度和文化传统的基础去侈谈新闻价值、客观性、新闻自由、真实性、舆论监督等概念就无异于求无本之木、无源之水。

一定社会制度下的政治和文化决定一定新闻的观念、样式、内容和风貌,对政治、文化的因素进行鉴别在比较新闻学中具有提纲挈领的作用。

政治和文化原本是一个庞大而复杂的题目,本章的讨论不在于求全,而在于提供一些可资参照的视角。本章中的政治因素是指政治制度赋予新闻形式的某种规定性;本章中的文化因素是指文化传统对某种新闻形式的渗透性和影响。严格地说,文化既是一种政治,政治亦是一种文化,它们之间是紧密相关的,常常难以剥离。不过,为了叙述和论证的便利,我们权将二者区分开来讨论。

一、政治因素在比较新闻学中的意义

政治因素对新闻的风貌具有直接的决定性影响,它集中表现为政治体制对传媒的某种规定性。

我们先来看一个实例,这个例子曾被学者们广泛引用,因而具有普遍意义。

1979年12月,日本大平首相夫人访华,路透社和新华社各发了一则消息,以下为路透社消息:

(**路透社北京17日电**)"啊,新娘子,让我来看看你的脸蛋吧!"正在中国访问的大平首相夫人大平志华子,7日下午访问北京动物园,看望赠给日本的熊猫欢欢……

……

陪同参观的邓小平副总理的夫人卓琳笑容满面地说:"欢欢还害羞呢!"……首相夫人非常高兴,说:"多么可爱啊!"并且眯着眼睛说:"今后务必生个小熊猫。"

新华社消息:

(**新华社北京12月17日电**)大平首相的夫人大平志华子,今天下午由邓小平副总理的夫人卓琳陪同,到北京动物园观赏中国人民的礼物——大熊猫欢欢……

……

首相夫人说:"希望欢欢在日本传播友谊的种子。"

从时间上看,这两条消息发出是同一天,从报道内容看,两条消息基本一致。但路透社的消息写得活泼生动。而新华社的消息,相比之下显得呆板,缺乏立体感和新鲜感。樊凡等学者认为,由于不同的文化使记者的思维发生分化,于是在事实的选择、角度的切入、表达的方式等新闻思维过程中,中国记者偏向于新闻教化功能,表达一种共有的情感;西方记者偏向于新闻的信息功能,表达一种个体精神极强的情感。①

然而,从消息写作的时间背景来看,我们会发现,政治因素实际上起了更重要的甚至是决定性的作用。1979年,中国正值改革开放伊始,新闻业仍然保持着旧有的条条框框,新闻服从政治是记者的严格戒律。恰恰是政治要求使得中国记者对待一条重大的外交事件时要严肃庄重,不得不采用上述那种刻板的写作方式。如果一名官方记者写出了像路透社那样生动活泼的新闻稿,在当时的条件下是会被"枪毙"的。

若干年后,在改革走向成熟的时代,政治相对宽松,于是出现了《南方周末》、《北京青年报》上那种社会性强、形式比较活泼的新闻,当然,这些报纸有意无意淡化党报的政治色彩也起了重要作用。新华社也在报道上做了大胆改革,以下一则新闻稿取材于1998年美国总统克林顿访华事件,在风格上很接近西方的特写:

---

① 樊凡主编:《中西新闻比较论》,22页,武汉,武汉出版社,1994。

第四章 比较新闻学的社会因素

"你是登上长城的美国好汉"

新华社北京 6 月 28 日电：当美国总统克林顿第一眼看到中国的万里长城时，他连声说道："真美，太壮观了，简直令人惊叹。"

"我很难想象长城历史如此久远，城砖都有四百多年的历史。"克林顿星期天站在长城上对记者说。克林顿在星期六跟中国领导人几轮繁忙的会晤后，今天换上了墨绿色短袖上装，米色西裤，看上去更像一个游客。①

一般来说，由于中国实行正面宣传的原则，新闻界对一些阴暗面、敏感的话题是实行控制的。在 20 世纪 80 年代前，飞机失事、叛逃事件、重大自然灾害的内幕是不准见报的，唯恐引起"负面效应"。近些年来由于政治改革，新闻虽可以报道这些社会的"消极面"，但仍然以控制或抑制为特色。《光明日报》是一家以知识界、教育界为主要读者对象的全国性报纸，2001 年 2 月 24 日，它的头版内容基本都是关于国家的时事性新闻，一条有关四川雅江发生 6 级地震、受灾人数超过 2 万人的消息则被放在了第 3 版的夹缝中；同年 3 月 16 日的石家庄恶性爆炸案的消息也被置于第 3 版同样的地位。形成鲜明对比的是，在西方，灾难性报道一向是最抢眼的新闻。

学者李楠将西方重视负面、灾难性的报道归于文化的原因，认为这是一种"天人分裂"的反映，表现为西方对个体生命的"沉酣、放纵，突出个人的存在，富于非理性、情感意味，追求狂热、神秘、刺激"。李楠指出，美国记者面对灾难、悲剧往往赤裸裸地表现灾难对人的摧残，强烈而直接地表现出人的痛苦、悲惨境地以及被毁灭的命运。但新华社记者却习惯于"哀而不伤"，着眼点在反映灾难中的人的精神，用人的战天斗地去消解事件的悲剧性质，实现一种"精神的乐的转换"。所谓"大灾出大英雄，小灾出小英雄"……

李楠以美联社记者采写的《美国大兵比卡尼可和他的妻子成了住房短缺的牺牲品》为例，说明新华社记者在写作中不会去突出那种"毁灭感"，而"将会突出遭受打击的比卡尼可夫妇如何得到安慰帮助，从而弘扬一种道德风尚"；又用新华社记者以云南的一场 56 人蒙难的森林火灾为背景采写的《在烈火的考验面前》为例，说明记者突出一种"英雄主义"而"不是恐怖的感觉"：

这就是我们的人民，他们在烈火中用信念、勇气、忠诚谱写的壮美的歌，永远回荡在云南高原的大地上……

李楠评论道：

读到这里，读者们的情感也上升到了一种壮美的境界，产生对英雄的崇敬和一种愉悦感、激励感。

---

① 李希光等：《中国有多坏？》，208 页，南京，江苏人民出版社，1998。

李楠说,新华社的这种对灾难事件的报道方式是民族文化心理的一种映射。"我们的民族善感乐生,崇尚圆满,习惯于以超然的、了悟一切的、历史的态度看待痛苦,信奉痛苦终将过去,一切都不过是一个过程。我们强调的'正面宣传为主'正是对民族传统心理的一种暗合。"①

但是,上述"文化暗合"却很难得到证明,而多年来媒体对大量灾难事故的淡化甚至隐匿的事实反倒能证实这样一种情况:正是政治的要求形成了中国新闻以正面报道为主、歌颂为主、报喜不报忧的风貌(关于这一点的详细讨论,读者可以参考本书的"正面报道和负面报道"一章)。文化的因素在新闻风貌中固然起着作用,但它归根结底是由政治决定的。

在研究中国政治对新闻风貌影响的有限的文献中,陈作平的《新闻报道新思路》一书对政治是如何影响中国传媒的情况作了理论和实例两方面的探索。他认为,(中国的)政策因素规定了(传媒)必须报道哪些内容和不能涉及哪些内容:

> 一些重大的灾害性报道,常常出于稳定民心和战胜灾害的需要,在选择角度时,多以正面鼓舞士气为主,而对灾害的损失和受灾群众所面临的困难不做过多渲染。1999年11月24日,山东烟台一家轮渡公司所属的"大舜"号客轮在海上遇难,有近300人丧生。面对特大海难,新华社除了报道打捞和善后处理工作进展以外,重点采写了《怒海狂涛显真情》、《海难无情人有情》、《一人有难 八方支援》、《人间真情》等一批从正面角度反映救助工作的报道。

陈作平指出,在1998年长江流域特大洪灾时,新闻媒体没有过多报道洪灾的损失,没有过分渲染他们所面临的困难处境,因而体现出很高的政策水平和社会责任感。

陈作平认为,一些重要的政治事件和外事活动报道角度相对固定,像中央召开的重要会议、领导人视察、重要领导人的丧事活动,以及外事报道,为了维护其严肃性,只发新华社通稿,其他媒介只能转载。各家媒体在报道时,要求角度和口径相对统一,以免出现混乱和相左的观点。②

显然,在凝重刻板的官方新闻之后,可以看到一种政治制约力。

在新闻价值中,时效性得到中西新闻学一致认同,但西方的一些传媒研究者发现,中国和第三世界国家的新闻实际上不大讲究时效性。比如,1976年唐山大地震的死亡数字直到10年后才被完整披露;1978年,抓捕"四人帮"的消息是英国《每日电讯报》最先捅出来的,而不是新华社和《人民日报》;作家沈从文逝世的消息28天后才见报。

显然,时间的延误并不完全是记者手懒或科学技术不发达,而应该归于政治因素的影

---

① 李楠:《历史的追寻,文化的沉思——新华社与美联社新闻写作比较》,载《现代传播》,1996(6)。
② 陈作平:《新闻报道新思路》,99~100页,北京,中国广播电视出版社,2000。

响。1997年10月底11月初，国家主席江泽民对美国进行了国事访问，学者王炜、梁虹曾追踪新闻动向，对中美两国的新闻报道风貌进行对比。他们发现，中方的报道"充满喜悦与自豪，美方的报道充满了妥协后的无奈和一贯的敌意"。换句话说，中方的报道是正面的，美方的报道则是负面的。

两位学者总结道，"中方媒体十分重视、强调访问的政治意义，突出访问的正面影响。增进合作、谋求共识始终是中方报道的主题"。新华社和各大报纸异口同声地对本次访问的赞誉之辞是最显著的特色，这点从下列媒体的新闻标题中可以反映出来：

1. "克林顿总统举行隆重仪式欢迎江泽民主席访问美国——两国领导人先后致辞强调和推动中美关系发展"（《人民日报》，1997年10月30日）
2. "两个伟大民族的握手"（《人民日报》，1997年10月30日）
3. "威廉斯堡迎嘉宾"（《人民日报》，1997年10月29日）
4. "中美共同关注和平"（《中国日报》，1997年10月29日）
5. "美国报纸高度评价美中最高会谈"（新华社英文电讯，1997年10月30日）

不难看出，以上媒体的角度反映了当时中国官方对美国的政策。对同一事件的报道"圆满、成功、富于成果"是中方的主题词，但是美国媒体的声音却是围绕抗议、示威和人权方面发出的。

两位学者还注意到两国报道风貌上的另一些区别：

中方报道的重头主要是消息类新闻，多为迎来送往，宴会致辞等，电视镜头也多集中于双方领导人的握手、举杯、微笑上，对于访问过程的把握多流于形式，人们只能看到传达胜利的画面，却看不到背后的讨价还价和针锋相对。美方则试图深入展示此次活动的全景。与美国同行相比，中方报道强调政治意义却缺乏灵活性。比如江泽民在哈佛大学演讲时碰到了示威的场面，江泽民对记者说："这是美国的民主方式。而我所能做的就是让我的声音更响，压过外面的噪声。"

但是，这条消息当时却没有播出，直到1998年6月、在事件发生了半年之后中央台才做了报道，这时其新闻价值已经流失。

在此事件的两国电视报道中，中方以录播为主，美方以直播为主，以实效、真实感来衡量，二者之间的长短是不言而喻的。实际上，录播和直播这种形式上的不同也反映出不同政治的不同要求。两位学者认为，直播不仅是一个新闻的效率问题，还有一个信心问题。

到了1998年6、7月间，中央台首次直播克林顿在北大的演讲。美联社报道说"对共产党领导人来说，打破惯例让克林顿总统与中国的电波及人民直接接触是一个小小的赌博，但这个赌博总的来说是赢了"。王炜、梁虹认为，此次直播对中国新闻宣传界带来的影响是巨大的。

然而，无论录播还是直播，都不是中国记者自己所能决定的。

在进入 21 世纪时，清华大学国际传媒研究中心的学生仍然这样看待中国的正统权威媒体：

> 我最不愿意看的就是传统的大报，尤其是它们的第一版。一般来说我是从来不会花超出 30 秒以上时间的……一些号称正统的新闻学教程……造就了现在的中国新闻界。现在，是变一变的时候了，不然我们无法在与西方竞争中立足。新闻也是一种产品，它要符合客观规律。西方的经验是几百年来总结出来的，备受我们批判的"人咬狗"其实正是简单形象地揭示出新闻的一般规律……在披着种种冠冕堂皇的外衣下，实际我们一直在不自觉地违背新闻规律。比如唐山大地震，某些人有足够的理由制止媒体报道确切的死亡人数，但实际的后果是我们的做法成了西方新闻史上一个生动的"中国没有新闻自由的"案例……①

另外一位同学说：

> 中国的新闻报道方式是有很多特色，其中最突出的是把新闻当成一种宣传手段，千孔一面、众口一音，造成了广大受众对媒体的危机。这就不难理解为什么我们的某些媒体在国内是权威，而在国际上与国外媒体竞争不在一个档次上。②

对中国新闻风貌有这样评价的人一定不止这两个人，但真正能对个中原因作犀利分析者并不多见。近年来，一些学者曾试图从各种角度来解释中西新闻风貌不同的背后原因。

在《媒介是如何反映暴力现象的？》一文中，孙纬、刘荣忠以 2000 年 3 月的《人民日报》和《纽约时报》为样本，对两报的暴力新闻报道进行了比较，结果发现，在总量、篇幅、版面重要度方面，《纽约时报》远远超过了《人民日报》。作者认为，这种现象集中反映了两国新闻价值观的差异："暴力事件属于坏事情，以西方价值观而言，坏事情等于好事情。媒介的首要功能在于监视环境，所以那些导致社会冲突的现象最应被报道。而在中国，新闻价值则有不同，因为在发展中国家，媒介承担了维护国家稳定、促进国家发展的责任，更鉴于社会相对脆弱的承受能力，在报道社会阴暗面时就必然有所节制。"③

李楠对新华社与美联社新闻写作风格做了比较，从历史上发掘了形成二者报道风貌

---

① 李希光编：《网络媒体》，146 页，北京，中国三峡出版社，2000。
② 李希光编：《网络媒体》，154 页，北京，中国三峡出版社，2000。
③ 孙纬、刘荣忠：《媒介是如何反映暴力现象的？》，载《新闻大学》，2000(秋)。

不同的原因。他认为,作为国家新闻宣传机构的新华社诞生于半封建、半殖民地的旧中国的红色根据地,历经《土地革命》、《抗日战争》、《解放战争》,民族斗争、阶级斗争激烈而复杂,由此决定了它一经诞生就主要是作为阶级斗争的工具而出现和存在的,其新闻写作必然带有强烈的政治宣传色彩。

成立于1892年的美联社是在激烈的新闻竞争中应运而生的一个合作性质的通讯社,它在经济上自负盈亏,不接受政府资助,是一个以传递信息为主的相对独立的实体。出于商业的本能,为了吸引受众,它必须不断改革报道方式与传播手段,适应受众的口味和兴趣,所以其报道在体裁上不拘一格;内容上新鲜有趣;语言上含蓄幽默,力避宣传色彩。①

李楠的分析表明,中国新闻有一种政治控制的传统,而美国新闻则有一种独立的市场化传统。西方社会的新闻传统使记者较少受到束缚,他们的新闻观念是市场化,怎么吸引读者怎么发挥。美联社北京分社社长韩村乐说:"媒体是商业行为,这一点很重要。尽管我们必须忠实地报道新闻,但是编辑们要把新闻编辑成读者爱看的报纸,发行商要把报纸卖出去,就是这么回事。"②

一般来说,西方的民主制度、新闻自由和市场机制决定了它的新闻风貌——冲突、反常、批评等负面报道占据着新闻的主要地位。

以下一个实例出自美国记者鲍勃·伍德沃德的回忆,通过阅读,我们可以深刻地体会到政治的因素对新闻风貌的影响:

> 1977年2月,仅在卡特宣誓就任总统的几个星期之后,我从一个可靠的消息来源那里了解到,中央情报局为约旦侯赛因国王提供了用于搜集情报的秘密经费,并为国王提供了种种好处——女人、金钱以及保护他本人的保镖和为他在美国上学的孩子们提供保护……

伍德沃德感到这会是个很大的新闻,于是给白宫打了电话。卡特同意接见他和《华盛顿邮报》的总编辑布拉德里。在白宫,布拉德里对总统说,此消息将要见报。总统说:"这种情况持续了20多年了,这不符合我的政策……但是,我无法改变过去或是对过去负什么责任。"他还说,侯赛因是中东和平进程中的关键人物,美国需要侯赛因。

卡特说他刚刚知道这件事,他已经下令停止支付经费。伍德沃德和布拉德里都不相信:新总统居然没有被告知约旦国王的名字是列在美国政府的工资单上的!

卡特说,国务卿万斯两天后就要赴约旦与侯赛因国王会谈,希望不要在这个敏感的时刻见报。他强调说,"这是你们的国家,也是我的国家。"

卡特还说,万斯并不知道美国给侯赛因付款的事。如果此事一定要见报,那么他希望

---

① 李楠:《历史的追寻,文化的沉思——新华社与美联社新闻写作比较》,载《现代传播》,1996(6)。
② 肖欣欣、刘乐耕:《世纪末的一场对话——中美主流记者、专家、学者座谈纪要》,载《国际新闻界》,2001(1)。

在见报的24小时前得到通报。而且最好不要出现侯赛因的名字。布拉德里说这是不可能的。总统强调,今后有事可以随时来找他。布拉德里表示,他不会滥用这一邀请。

2月18日,《华盛顿邮报》头版发表了一条惊人的消息,揭发了这场政府操纵的黑幕:

> 本报了解到,在过去的20年内,中央情报局一直在向约旦国王侯赛因支付现金,数额达数百万美金。……①

一个记者为一则新闻报道可以约见总统,可以对国家元首说"No",这在中国是不可想象的,但却在美国成为现实。

另一件著名事件发生在20世纪60年代的"越南战争"期间。1963年,当时28岁的《纽约时报》记者大卫·哈伯斯坦(David Halberstam)从前线发回了许多真实的战争报道,表明美军陷进了战争的泥潭。这与当时美国官方的政策多有不符。同年8月22日,哈伯斯坦发回了一则令人震惊的消息:南越军方经美国中央情报局认可,在许多重要城市突袭佛教寺院,射杀捕捉了几千名僧侣。美国国务院对此大加否认和谴责。总统肯尼迪曾要求美国驻西贡的记者给予最大的合作,不要把"越战"的坏新闻暴露给美国人民。哈伯斯坦的作为引起了肯尼迪的不快,后者气愤地说:"我们不能让28岁的人来决定我们的外交政策!"1963年10月,肯尼迪在白宫接见《纽约时报》发行人索尔兹伯格,对他说:"我真希望您能将哈伯斯坦调离越南。"并说他的手下对哈伯斯坦的报道进行了研究,觉得那些报道都"很悲观"。索尔兹伯格当即否认了总统对哈伯斯坦的指责。当《纽约时报》总编辑雷斯顿知道总统对报纸的干预后,大声说:"我们不吃他这一套!"表示不屈服政府的压力。总统肯尼迪后来对国防部部长麦克纳马拉说,看来,对付新闻界唯一的办法就是在越南大打胜仗了。②

传统上认为,西方媒体是第四权力,是制约和监督政府的。媒体是向政府挑战的社会力量之一。媒体的基本功能是保证信息的自由流通,而政府为了维持其统治,总是力图操纵信息。媒体的监督会促使政府官员尽心尽职,改变错误的决定。以美国为例,媒体报道使政府改变政策的不在少数。最突出的例证是20世纪60年代的"越南战争"。政府鼓吹战争的必要,但人们的反战情绪随着目睹大批美军尸袋而迅速上升。总统和军方认为媒体报道战况会使人心涣散,对国家政策造成损害。但媒体却毫不退让,持续报道战争的真相,引起大规模的反"越战"游行示威,促使"越战"最后结束。

在美国,媒体与政府除了对立关系之外,它们之间也有相当程度的合作关系。一些批评家认为,一个多世纪以来,不管对内、对外,媒体在新闻报道中始终把美国的扩张及商业利益放在首位,与政府保持着伙伴关系。比如在20世纪二三十年代美国政治经济紧张时

---

① [美]鲍勃·伍德沃德:《阴影——在丑闻政治中挣扎的美国总统们》,54~67页,北京,中国工人出版社,2001。
② 李子坚:《纽约时报的风格》,318~322页,长春,长春出版社,1999。

期,工人罢工、政治游行、种族暴动、私自处死黑人和移民主流媒体都对这些消息进行了封锁。1989 年布什总统进攻巴拿马、1990 年进攻伊拉克,媒体都与政府采取了合作态度。在 1980 年至 1988 年的"两伊战争"中,布什曾帮助侯赛因建立了军事武装,五角大楼还为伊拉克提供了军事情报……所有这些事实,大多数媒体都没有报道。[①] 学者张战国的研究表明,在从 1950 年到 1984 年的 35 年间,美国报刊在中国报道方面紧随政府的对华政策,报道中的词汇和官方的一致,它们主动或被迫地作了外交政策决定者的发言人,而没有成为中美关系中不同观点的独立代言人。[②]

另一些人将媒体和政府的关系比作夫妻关系,即:有蜜月,也有冲突;有时吵架,有时和解。

但总的来说,美国的政治体制决定了新闻媒体是作为脱离政府的独立机构出现的,媒体是舆论监督的"第四产业"。政府与媒体不是上级对下级或领导被领导的关系,在政治关系上,它们是平等的。所以,媒体的报道不必一定要等到政府的批准;调查性报道、揭露社会丑恶特别是官员腐化的报道就特别活跃。

在中国的政治体制中,媒体是隶属于政府的,媒体要听命于政府,新闻要为政治服务。在同是揭露政府官员腐败的新闻中,西方媒体的报道可以不经政府批准,但中国媒体就没有这个自由。在北京市市长陈希同,海南东方市市长戚火贵等一些腐化的党的高级官员的报道上,媒体都要事先经过政府的批准。因此中西新闻的时效性和报道风貌是显著不同的。

中国新闻界抱怨自己的新闻死板的历史已经很悠久了,但刻板的新闻仍然大行其道。舆论研究学者喻国明将中国当代传媒形式概括为"一元化报道模式"、具有高度的"集权性"和"单一性",他总结了这种"一元化报道模式"的特征:

1. 在信息流动方面表现出强烈的自上而下的单向灌输性;
2. 在内容的筛选和评价方面表现出强烈的唯政治利害性;
3. 在报道角度和报道观点方面表现出强烈的工作业务性;
4. 在发表言论和表达意见方面表现出强烈的一元化与"高纯度";
5. 在新闻工作的价值取向方面,表现出强烈的"宣传—引证"性。

---

① Robinson, C. J. "Mass Media and the U. S. Presidency." in Dowening, J Mohammadi, A. and Sreberny-Mohammadi A. (eds), Questioning the Media: A Critical Introduction. 2nd. Ed, Thousand Oaks: CA Sage Publications Ltd. ,94~111;转引自俞燕敏、鄢利群:《无冕之王与金钱:美国媒体与美国社会》,68 页,北京,中国社会科学出版社,2000。

② Chang, T. K. The Press and China Policy: The Illusion of Sino-American Relations 1950-1984. Norwood, NJ: Ablex Publishing Corporation,1993. 转引自俞燕敏、鄢利群:《无冕之王与金钱:美国媒体与美国社会》,95 页,北京,中国社会科学出版社,2000。

喻国明希望,在新的形势下,媒体要形成"多种声音,一个方向"的多元舆论表达机制。① 然而,愿望要成为现实又谈何容易?! 中国的政治性要求新闻要为政治服务,要求记者讲党性,要求媒体要从政治上育人,讴歌社会主义英雄,弘扬主旋律,记者们都在自觉、整齐划一地执行着一种写作规范,在新闻的样式和风貌上自然也打上了这种颂扬的精神印记。

新华社前社长朱穆之说:"我们的记者应以天下为己任,以党的事业为己任……要像一个实际工作部门的负责人一样,像一个党委书记一样。"②老新闻工作者吴冷西说:"毫无疑问,新闻写作应服从政治利益,首先讲究政治内容。"③名记者穆青说:"我要写得美一些……一开头就要有诗意","我们的新闻工作者实际上每天都在写我们党的自画像,国家的自画像,人民的自画像。这是一件非常豪迈的工作,是我们的光荣职责……我希望,我们的记者能用更多的先进人物展示社会发展的趋势,勾画历史前进的轮廓。"④《光明日报》记者窦云芳说:"记者是时代的歌手,那时代主旋律中一个个深沉的音符,那汹涌浪潮中一朵朵闪光的浪花,就是记者呕心沥血地去追逐、去捕捉和去再现的目标。"⑤原新华社记者李希光认为,"大部分中国记者在报道中国问题时,有一个道义上的责任,就是要帮助中国人说话,要让自己的新闻作品有助于中国人民过上富裕的生活和国家的富强"。⑥

在新闻伦理上,西方记者与中国记者的看法大相径庭。《华盛顿邮报》驻北京记者马棣文(Steven Mufson)说:"中国记者一直是党和政府的宣传工具,他们道义上的责任是为中国的繁荣富强服务。(然而)美国记者没有为这个国家利益服务的道德责任感。我们的目的就是揭开事实的真相,让人们自己做出正确的选择。"美国《时代》周刊记者吉米(Jaime Flor Cruz)也认为,中美新闻观是不同的,他说:"许多中国人把我们这些外国记者看成是我们国家的政府,或我们国家新闻机构的代表或发言人。这是因为很多中国记者被视为政府的发言人,如《人民日报》被描绘为'党的喉舌'。一些中国记者认为他们自己是代表或者是为了中国的利益写作。而外国记者不为我们的政府工作,我们相信'政教分开'、新闻编辑与新闻机构分开的原则……"⑦《纽约时报》北京分社社长康锐说:

在美国,新闻不仅是总统或者官员发表的讲话,记者在新闻写作中也会自己

---

① 喻国明:《中国新闻业透视——中国新闻改革的现实动因和未来走向》,56~77 页,郑州,河南人民出版社,1993。
② 朱穆之:《如何当好记者》,见蓝鸿文等:《中外记者经验谈》,55 页,北京,中国人民大学出版社,1983。
③ 吴冷西:《对新闻写作的八条要求》,见蓝鸿文等:《中外记者经验谈》,120 页,北京,中国人民大学出版社,1983。
④ 穆青:《新闻散论》,463~464 页,北京,新华出版社,1996。
⑤ 樊凡主编:《中西新闻比较论》,27 页,武汉,武汉出版社,1994。
⑥ 李希光等:《中国有多坏?》,120 页,南京,江苏人民出版社,1998。
⑦ 李希光等:《中国有多坏?》,118 页,南京,江苏人民出版社,1998。

判断,因此报纸才各不相同。假如总统说了一句"天空很蓝",我们不会发一篇报道说"总统今天说天空很蓝"。我们更多地关注社会,关注人民生活的变化,变好还是变坏,为什么会有这样的变化等。即使在中国,西方记者也是如此,因此中国政府对我们不是很满意。我们一般不会每个星期二、星期四都去参加外交部新闻发言人的记者会,因为从那里往往得不到什么新闻。我们更关注河南省的非法血液交易,我们必须在这件事引起广泛注意前,把报道写出来。①

二、文化传统在比较新闻学中的意义

文化传统在比较新闻学中的意义是指一定民族的文化影响制约着新闻的风貌。文化传统渗透到新闻的方方面面,它对传播的方式、新闻的样式、新闻价值的取向、受众习惯等发生极大的影响;它对鉴别、确定一种新闻的特质更有显著的作用。

一个民族在一种特殊的生存环境中形成了某种应对环境的方式,并在此基础上构成了对自然和社会的独特看法,对人生的价值取向,这种文化体系被用来创造生活和解释世界,由此形成了特定的文化风貌。

以文学艺术为例,在古代中国,小说被斥为小道,在西方,小说则被视为文学正宗;西方绘画讲远近透视,中国画不求形似,而重神似;西方古代注重摹仿现实,将文艺视为反映现实的镜子,中国却将文艺视为"抒情言志"和"载道"的工具;西方文艺趋于创新,中华文艺趋于保守;西方热衷于爱情,中华文艺偏于道德和气节。②中国古代传说中的诸神多舍己为人、克己奉公,如大禹、尧舜,但希腊神话中多个人至上、张扬人之本能,如普罗米修斯、赫拉克勒斯、宙斯等。不同的文化传统使文化呈多元形态是人所共知的普遍道理。

在新闻学中也可以体现出这种由于文化传统各异而带来的不同风貌。举例来说,在中国轰动一时的先进典型报道,很难引起西方人的共鸣,这是因为双方的文化传统不同。在有关公共汽车售票员李素丽的报道中出现过这样的细节:一个年轻人上车吐痰,李素丽提醒他注意,不想此人又吐了一口,李素丽没有再说话,她走过去,掏出纸来把地板上的痰迹擦干净。在全车人的注视下,小伙子脸红了,下车时连连道歉:"刚才全是我不对,请大姐原谅。"③

这段新闻报道对普通中国人来说是很感人的,但一个西方人来读,可能就会不知所云。因为此种情景在西方公共场合中很少发生,就是有,李素丽也不会去擦痰而可能是去

---

① 肖欣欣、刘乐耕:《世纪末的一场对话》,载《国际新闻界》,2001(1)。
② 曹顺庆:《中西比较诗学》,2页,北京,北京出版社,1988。
③ 丁柏铨:《新闻理论新探》,159页,北京,新华出版社,1999。

叫警察。

同样，通讯《领导干部的楷模——孔繁森》中写道：当组织上决定派遣他第二次进藏时，问他有什么困难，他说："我是党的干部，服从组织安排。"孔家有许多困难，当孔繁森对妻子说出真相时，妻子大哭……但是，孔繁森还是义无反顾地走了。对中国读者来说，以上也是很感人的细节，但对崇尚个人自由的美国人来说就觉得不可思议。

反过来看，美国新闻报道中强烈的负面性、冲突性、揭露性也不为习惯于歌颂和正面宣传的中国受众理解。比如2001年，在北京举行的一次中美记者对谈中，中国记者就质询为什么美国记者总是"攻击"中国的阴暗面？中国国际广播电台主持人林少文说：

> 当美国媒体选择对中国的报道时，我们指责他们有选择性……我们报道中国的进步，他们也报道却很少；而中国坏的方面正是他们的所谓有争议的刺激性的新闻，这些新闻能提高报纸的销量……我们不是很理解美国媒体的选择标准……你们不断地去迎合热衷于中国的负面报道的读者……①

美联社北京分社社长韩村乐解释说：

> ……我们采访政治、经济、商业以及社会新闻，并且遵循着客观、公正、准确的原则。在这个过程中，我不觉得中国相对其他国家受到了任何不公平的对待。你们不妨考察一下美国媒体与自己政府间的矛盾，考察一下克林顿总统行为不端被媒体曝光的情形。不知道各位专家在研究美国媒体对中国的报道时有没有顺带对比我们对其他国家的报道，看看有什么区别。
>
> 作为一名通讯社的记者，我不能决定我的报道会在哪里出现。但是有争议的新闻的确有助于提高报纸的销量，同样，那些不引起争议的报道很快被人们遗忘。当我对重大事件进行报道，比如中国使馆被轰炸后北京爆发的示威游行，我写的有关报道发表在美国各大报纸的头版。假如我写了一篇关于中国出版业的报道，当然也会被发表在美国报纸上，但是没有很多人会注意它。②

另外一位美国记者、《时代》周刊北京分社社长傅睦友说：

> ……中国的媒体是政府或者说共产党的宣传工具，记者必须首先考虑国家利益。而我们的理念不是这样的，虽然从个人的角度出发我也希望美中关系保持良好的态势，但是我们并不是为了美中友好而进行报道的。你们常常谈论媒体对政府官员的监督作用，我们感到难以理解，媒体怎么可能在受政府官员领导

---

① 肖欣欣、刘乐耕：《世纪末的一场对话》，载《国际新闻界》，2001(1)。
② 肖欣欣、刘乐耕：《世纪末的一场对话》，载《国际新闻界》，2001(1)。

的情况下再去监督他们呢？美国人关于媒体的功能的看法是完全不一样的。①

中国和西方的新闻报道为什么会形成不同的格局？为什么会有如此不同的见解？除了政治的因素之外，从文化传统方面来发掘也可以发现某些合理的解释。在本书中，我们不可能全面地深入探讨文化传统这个问题，我们只是设定一些目前广为大众接受的、较稳定的中西文化传统的基本概念，沿着它们的轨迹去探寻文化与新闻之间的联系，去树立一些视点。在这些基本概念中，比较的对象也许是交叉关系，但为了形成一个讨论的平台，我们有必要确定它们的位置。

1. 关于中国的文化传统

中国的文化传统究竟是什么？关于这个问题的说法实在是众说纷纭。陈寅恪说，"吾中国文化之定义，具于白虎通三纲六纪之说"；②鲁迅说，"中国几千年来只有做稳了奴隶与连奴隶都做不稳两种状态"；还有学者说，"儒、释、道是构成中国传统文化的要素"；③美国汉学家明恩浦认为："中国人的问题永远不是一个事实问题，而是一个格式问题，不是事实的对不对而是格式的合不合。"④

有些人曾作出这样的概括：⑤

中国文化	西方文化
人的文化	物的文化
内省文化	外求文化
重情文化	重智文化
伦常本位文化	个人本位文化
重人文精神	重科学精神
重伦理精神	重宗教精神
重统一性	重差别性
重知觉体悟	重逻辑分析

关于中国文化传统，我们还可以举出更多的说法和诠释，但是下列这些决定性的因素不仅在中外学者中得到了较高频率的认同，同时也与我们讨论的比较新闻学具有密切联系，它们是：

天人合一，宗法人伦，维护正统，政教合一，重视集体，个人为轻，民主和自由的缺失。

---

① 肖欣欣、刘乐耕：《世纪末的一场对话》，载《国际新闻界》，2001(1)。
② 李慎之、何家栋：《中国的道路》，378页，广州，南方日报出版社，2000。
③ 李振刚：《三教文化与现代生活》，见孔令宏：《中国道教史话》，4页，保定，河北大学出版社，1999。
④ 明恩浦：《中国人的素质》，310页，上海，学林出版社，1999。
⑤ 邵汉明：《中国文化精神》，3页，北京，商务印书馆，2000。

许多研究中国文化的著作都将这些因素看作是中国文化中具有本质意义的东西。那么这些因素究竟对中国的传媒发生了什么样的影响呢?

所谓天人合一,就是讲人与自然的和谐统一。中国古代思想家一般都反对天人割裂、天人对立,而是竭力主张天人协调,天人合一。天与人、天道与人道、天理与人性是相类相通的,因而可以达到天人和谐统一的境界。① 学者杨适认为,中国文化中的天人合一与宗法人伦关系有深刻联系,宗法人伦关系是中国传统文化中天人合一的真实根源。他说,"所谓天人合一并不是抽象的天和抽象的人之间的抽象的合一,其实质和秘密在宗法人伦中。宗法是人为的,人伦是自然的,宗法人伦就是天人合为一体……这样的天或天道就是宗法人伦化的天道天理"。②

在中国的传统文化中,宗法是指一种被规定的统治者与被统治者之间的服从与被服从的等级关系;人伦是指家族、民族、国家这类整体,以及在这种人伦之网中被分别规定下来的一切个人,即人与人之间的道理、次序。孔子的"君君臣臣父父子子",孟子的"五伦",秦汉以降的"三纲五常"都是所规定的人的关系。从西周到清末,中国历史上实际存在人伦实际上是宗法人伦,这是中国传统文化的真实基础。③ 从维护其长治久安出发的儒家思想文化,就成为它的正统。

中国传统上的"礼"实质上是官方思想约束人民行为、伦理的一种规范。因为是官方的就被认为是正统的,就尊崇执行、唯马首是瞻也是中国文化的一种长久的传统。对于这一点,美国汉学家卫三畏概括得十分深刻:

"礼"是中国人一切心理的缩影;在我看来,《礼记》是中国人能为其他民族提供的关于他们本民族的最确切、最完整的专论。中国人的情感,如果有的话,是靠"礼"来满足;中国人的责任,也靠"礼"来完成;中国人的美德和不足,也是参照"礼"而得出;人与人之间的自然关系基本靠"礼"来维系——一言以蔽之,对中国人来说,"礼"是道德、政治和宗教的化身,同家庭、社会和宗教有着多种多样的联系。④

天人合一这种传统极大地影响了中国新闻的风貌和精神。一般来说,在中国新闻中占有较高地位的统一、平衡、正面报道、宣传教化色彩都与上述传统有关,而反常、冲突、暴露、批评、负面报道等因素是经常受到控制的,正如樊凡指出的:

"天人合一"曾赋予中国新闻思维以整体性,使得新闻报道完善而和谐,但过

---

① 张应杭、蔡海榕主编:《中国文化传统概论》,18 页,上海,上海人民出版社,2000。
② 杨适:《中西人论的冲突》,85~95 页,北京,中国人民大学出版社,1991。
③ 杨适:《中西人论的冲突》,18、19、24 页,北京,中国人民大学出版社,1991。
④ 明恩浦:《中国人的素质》,149~159 页,上海,学林出版社,1999。

于追求人的大同与伦理评判,又给中国新闻思维以负面影响,因强调教化功能而注重新闻传播中的灌输,因忽视整体性而导致千人一面。①

在从文化角度探讨中西新闻的异同方面,樊凡主编的《中西新闻比较论》作出了有益的探索。该书以"天人合一与天人分裂"、"唯礼是从和唯利是图"、"调节和沟通",来概括中西新闻传播之不同,从而在扑朔迷离的中西新闻现象中找到了一条认识路径。

樊凡的研究发现,"感时忧国、文以载道的精神传统突现了政治观念对中国记者新闻思维的影响,使他们既痴情又吃重地负荷新闻的政治教化功能",西方新闻的政治教化在新闻思维中的地位相对来说要低一些,传播信息、消遣娱乐的成分颇重,而且在感情形态方面趋于多元化……而中国记者常常只能借助溶进了宣传色彩和主观色彩的议论。②

实际上,"礼"的推行和应用是和追求一种和谐有序的理想社会即太平盛世联系起来的,教化则是实现理想的手段。在当代,一种以宣传某种信念,以影响人的精神状态从而改造社会的社会主义新闻形式典型报道应运而生(关于典型报道的详细讨论,本书辟有专门论述)。

宗法人伦的核心是等级制和对威权的崇拜(比如官本位的思想从古到今生生不息),反映在中国媒体的发展上,我们看到,官报的传统延续千年以上,至今方兴未艾;进入近代以来,报业很快就走上了中央—地方的等级模式。在国民党时代,以《中央日报》为首、各地党报为辅的国民党报系;在共产党时代,也形成以《人民日报》为轴心、各地报纸遥相呼应的报系。"文化大革命"中广泛流传的"小报看大报,大报看梁效"就是一个生动的例证。人伦反映在媒体上的主要表现为媒体服从官方单一的观念和规范。"非礼勿视,非礼勿听,非礼勿言,非礼勿动",不符合官方意志的就不能说。到目前为止,官方色彩仍是中国传媒的主要色彩。

在中国漫长的历史中,自由和民主精神始终处于一种缺失状态,二者都是近代中国从西方引进的,也就是说它们在中国的文化传统中基础是薄弱的。1858年,咸丰皇帝御览美国总统的国书时,因对方以平等的口吻相称而不悦,批道:夜郎自大,不觉可笑。③ 孟德斯鸠在《论法的精神》中考察了大量有关中国的材料,他的结论是:中国虽然有很多法律,但都不是从保障人民的权益出发而是为维护最高统治者而强加于人民的约束。中国的法律规定,任何人对皇帝不敬就要处死刑,因为法律没有明确规定什么叫不敬,所以任何事情都可以拿来做借口去剥夺任何人的生命,去灭绝任何家族。他还提到邸报的两个报人

---

① 樊凡主编:《中西新闻比较论》,66~67页,武汉,武汉出版社,1994。
② 樊凡主编:《中西新闻比较论》,23页,武汉,武汉出版社,1994。
③ 吕超:《外国人的中国观》,253页,沈阳,辽宁教育出版社,1993。

因报道失实被朝廷处死的情景。① 马克思进一步发展了孟德斯鸠的思想,指出,由于中国各个王朝的固有本性,中国统治者总是喜欢把人民的思想禁锢在尽可能小的领域里,他们允许百姓了解的不过是日常生活的必要知识。② 一些学者认为"中国根本没有自由的传统"。③ "只有自由的萌芽",④学者刘军宁曾引用德国诗人海涅的一个比喻:

> ……英国人爱自由,如同自己合法的结发妻子。即使他没有特别温柔地对待她,他却知道在紧急关头像一个男子汉一样地去保护她。法国人爱自由,如同爱他选择的新娘,他拜倒在她的脚下,信誓旦旦。他为争夺她而拼死拼活,他为她干了很多蠢事。德国人爱自由,如同爱他的祖母,她的事实不被认为是灾难,而是作为一种自然过程来接受。中国人爱自由就像爱珠宝一样,在必要的时候毫不犹豫地把它送当铺当掉。⑤

(1) 自由和民主纠缠不清

李慎之认为,中国的自由是有希望的,尽管中国的古老传统中有许多东西是阻碍自由主义的,但在像儒家这样的主流文化中仍然可以找到与自由主义相容的传统。⑥ 中国当前的经济市场化、进入全球化的循环也将会导致将自由和自由主义看成是全球性的价值。⑦

在当代中国,自由和民主是个纠缠不清的问题。⑧ 明智的方法一般是将自由和民主作西方化或东方化处理,即将它们分开来研究。然而从这个基础出发,就否认了自由和民主具有普世性。本书不准备对这些问题进行考证,只想树立这样一个视点:自由和民主是中国人从西方引进的;它们与科学一道创造了新中国和中国的现代化。所以,从本质上来讲,自由和民主说的就是西方的文明,我们的着眼点要首先放在这个层面上。

---

① [法]孟德斯鸠:《论法的精神》(上册),130页,北京,商务印书馆,1961。
② [美]史景迁(J. Spence):《文化类同与文化利用》,73~74页,北京:北京大学出版社,1990。
③ 刘军宁:《自由与保守之间——保守主义答问》,见文池主编:《思想的声音》,57页,北京,中国城市出版社,1999。
④ 文池主编:《思想的声音》,58页,北京,中国城市出版社,1999。
⑤ 刘军宁:《自由与保守之间——保守主义答问》,见文池主编:《思想的声音》,66页,北京,中国城市出版社,1999。
⑥ 中国接受西方自由主义影响曾有两件逸事,据美国前总统克林顿说,在白宫华盛顿纪念碑旁有一块石头,上写:"美国不建立贵族和皇室封号,也不要世袭制度。国家事务概由人民投票公决。"这块石头是福建总督在1853年时送给美国的礼物。中国近代思想家、学者胡适曾经说:"现在有人对我说,为了国家的自由,你必须牺牲个人自由。我的回答是,争取个人的自由就是争取国家的自由,解放个性就是解放民族。"详见克林顿《访华期间在北大的演讲》,见文池主编:《思想的声音》,293~295页,北京,中国城市出版社,1999。
⑦ 李慎之、何家栋:《中国的道路》,246页,广州,南方日报出版社,2000。
⑧ 亨廷顿认为:"东亚传统的价值观与西方的完全不同。按照西方的标准,它们是不利于民主发展的。"见Samuel P. Huntington: American Democracy in Relation to Asia,38。

确定了这个基点,我们就可以看到,由于中国缺乏西方式的自由和民主,专制和封建传统根深蒂固,其传媒也打上了深深的印记。

(2) 集体主义

学者张小平认为:在中国传统文化中居于主导地位的是一种集体主义的价值观,虽然中国近现代民主思想否定了与君王政治结合在一起的君主制,在价值观上仍然是以集体主义的民本思想为基础的。西方的民主是以个人自由为基础,而在中国,如何达成社会整体利益与个人自由的和谐,是中国民主面临的问题。①

根据这个观点,中国的民本思想与西方的近代民主不同,前者强调个人对封建社会应尽的义务,很少或没有尊重个人权利的传统。② 民本并不等于民主。民本主义思想的基本含义是以人民利益为重。主要是相对于君主专制政体而言,对君主专制并不构成威胁。民主的资本含义是民治。人民直接参政,与法制密不可分,与君主专制根本冲突。③ 中国的封建理论从来都是劝教人们如何维持一种社会秩序,很少提到个人自由,虽然庄子有"逍遥游",但他推崇的自由是逃避现实的精神自由……④

汤一介指出,中国传统思想文化中的人本主义与西方不同……中国文化强调人的历史使命和社会责任,把人限定在"五伦"关系中。人只有在限定的范围内才有主动性和自觉性。实际上是被动的,没有独立的人格。这种人本主义是不利于民主思想发展的。⑤

中国的人伦关系创造出一种个人为轻、国家为重的社会关系。忠君,报国,先天下之忧而忧,后天下之乐而乐,修身、齐家、治国、平天下始终是中国历史上一脉相承的精神。新加坡名噪一时的亚洲价值核心包括五点:(1)社会、国家比个人更重要;(2)国之本在家;(3)国家和社会要尊重个人;(4)和谐比冲突更能维持社会秩序;(5)宗教与宗教之间不仅应和平相处,而且应互补。如果要凝练地概括李光耀的亚洲价值,那就是社会第一,个人第二。中国的人伦和亚洲价值都对中国新闻的风貌产生了巨大的影响。

亨廷顿分析亚洲文化时说:儒家文化及其变种强调集体高于个人,权威高于自由,责任高于权利。实际上在东亚不存在反对国家人权传统,虽然在一定程度上个人权利被承认,但它被看作是国家创造的。它推崇和谐与合作,反对不同意见和竞争。维持秩序和尊重官僚机构被看作是核心的观念。⑥

西方的民主、自由与中国是否兼容一直是个辩论的话题,有学者认为,中国需要的是

---

① 张小平:《中国之民主精神》,164 页,成都,四川人民出版社,2000。
② 张小平:《中国之民主精神》,164 页,成都,四川人民出版社,2000。
③ 邵汉明:《中国文化精神》,312 页,北京,商务印书馆,2000。
④ 杨适:《中西人论的冲突》,64 页,北京,中国人民大学出版社,1991。
⑤ 汤一介:《略论中国文化发展的前景》,载《理论月刊》,1987(1)。
⑥ Samuel P. Huntington. "American Democracy in Relation to Asia" in R. Bartley, Chan Heng Chee, S. P.. Huntington and S. Ogata edited: Democracy & Capitalism: Asian and American Perspective, Singapore: ISEAS, 1993. 38.

一种权威主义："这里需要的不是自由的市场经济,而是统制的计划经济;不是分权的民主政治,而是极权的权威政治;不是散漫的多元文化,而是统一的一元文化。"①

王山认为:"在中国目前的条件下,什么能稳定,什么就是最合理的,我极端地强调中国的稳定性","中国走到今天,最需要的是秩序,礼、义、廉、耻,国之四维,四维不张,国将不国"。②李泽厚也认为,"社会稳定至关重要,为了12亿人要吃饭,为了经济发展,不论是何种名义,都不能再革命了"。③

英国学者汤因比十分欣赏中国的大一统方式,他说:"就中国人来说,数千年来,她比世界任何民族都成功地把几亿民众从政治、文化上团结起来。他们向世界显示了这种政治、文化的统一的本领,具有无与伦比的成功经验……"④汤因比对"天人和谐"和"天人合一"颇多溢美之词,甚至断言:人类未来的文明如果不以此作为范式的话,人类的前途将是可悲的。⑤

无论有什么样的观点,总的来说,中国需要西方的民主和自由是肯定的,但需要多少?到什么火候却还是个悬而未决的问题。正是对民主自由的不同理念和实践,才造成了中西不同的新闻概念和新闻风貌,不弄清它们之间的辩证关系,就无法解开比较新闻学这个结。

西方式民主和自由的缺失,反映在中国传媒上的最大的特点就是它一直不能像西方那样成为一种多元交流的独立的媒体,而长期以来扮演着官方宣传工具的角色。中国报业在任何一个历史阶段都没有实现过西方式的新闻自由。

20世纪以来,西方国家普遍废除了新闻出版检查制度,使新闻出版的权利有了保障。新闻界在当代西方被誉为制约立法、行政、司法三种权力甚至凌驾于它们之上的第四种权力,西方有这样一种理念,传媒不是为政府而是为公众服务的,新闻界对立法、行政、司法政府官员具有积极的监督作用。《纽约时报》的一位编辑指出:美国总统没有权利保守私人秘密。他们的生活、他们的个性、他们的财政情况,家眷亲朋和价值观念,无一不是新闻报道的对象。⑥西方民主自由的某些特点也许永远不属于中国,它们的缺失使中国媒体呈现出与西方迥然不同的风貌和运作样式,比如:媒体是国家机器的一部分;它是政府的声音;它经常是舆论一律的,"罢黜百家、独尊儒术"有规律地袭扰着中国传媒;新闻完全处于政府控制之下。

---

① 黄德昌等:《中国之自由精神》,34页,成都,四川人民出版社,2000。
② 刘智锋:《解释中国——"第三只眼睛看中国批判"》,315~332页,北京,经济日报出版社,1998。
③ 李泽厚、刘再复:《告别革命——回望20世纪中国》,322~325页,香港,天地图书有限公司,1977。
④ 原载《历史研究》,转引自村由节:《东西方文明沉思录》,13页,北京,中国国际广播出版社,2000。
⑤ 张应杭、蔡海榕主编:《中国文化传统概论》,19页,上海,上海人民出版社,2000。
⑥ 张小平:《中国之民主精神》,99~100页,成都,四川人民出版社,2000。

狭义的中国文化传统——中国文学对中国的新闻风貌也具有极大的影响。比如中国没有严格意义的悲剧,"除喜剧和滑稽剧外一般的正剧都属于传奇剧,赏善惩恶通常是这类剧的主题"。① 大团圆是中国文学作品中的普遍结局,而中国古典诗歌重抒情轻叙事,汉赋以来的铺陈渲染等,所有这些都可以在当代中国新闻的风貌上找到投影,比如歌颂和暴露的比例问题,正面报道和负面报道问题等。樊凡等甚至认为,中国的新闻思维无法摆脱古老艺术传统诗学、戏剧文化的影响,中国古典诗学的意境审美化诱发了中国记者抒发主体情感的自觉,因此在中国新闻史上出现了一批类似梁启超、范长江、穆青等一批追求诗意的新闻思维的记者,并形成了散文式的新闻。受这种诗学文化的影响,中国记者注重主观抒情,中国戏剧脸谱化又导致了新闻思维在人物透视中的单一化和公式化。②

然而,相对本节前面提到的那些本质性的素质(政治与文化)来说,文学传统对新闻形式的影响还只是一种比较外在和比较肤浅的影响。换句话说,在比较新闻学中,政治与文化占有更重要的地位。

2. 关于西方文化传统

几乎所有的学者都认为,研究西方文化要从崇尚自由和重视个体开始,西方的这种特殊文化传统的精髓被一些人以"天人相分"来概括,它含有这样几个意思:人与自然的分离,个人与集体的分离……中国近代先贤严复认为:中国与西方的根本差异在于"自由不自由异耳",他说:

> 列举中西差异:中国最重三纲,西人首明平等;中国以孝治天下,西人以公治天下;中国重一道同风,西人重各抒己见;中国重忌讳,西人多讥评。③

又说:

> 西洋之言治者曰:国者,斯民之公产也,王侯将相者,通国之公仆隶也;而中国之尊王者曰:天子富有四海,臣妾亿兆。臣妾者,其文之故训犹奴虏也。夫如是则西洋之民,其尊且贵也,过于王侯将相;而我中国之民,其卑且贱也,皆奴隶子也。设有战斗之争,彼其民为公产公利自为斗也,而中国则奴为其主斗耳,夫驱奴虏以斗贵人,固何所往而不败?④

人伦和自由这对范畴是中西人文差别的根本点,其问题的实质是如何看待群体和个

---

① 钱钟书:《中国古典戏曲中的悲剧》,见李达三、罗钢编:《中外比较文学的里程碑》,359页,北京,人民文学出版社,1998。
② 樊凡主编:《中西新闻比较论》,58页,武汉,武汉出版社,1994。
③ 严复:《论世变之亟》,《严复集》第一册,36页,上海,中华书局,1986。
④ 严复:《论世变之亟》,《严复集》第一册,36页,上海,中华书局,1986。

人的关系问题。中国的人伦指的就是人的伦常关系即一种约束，而自由乃是对个人权利的承认和尊重，它与中国的集体主义和国家精神是大不相同的。

如前所说，中国的自由和民主都是从西方引进的产物。构成西方文明重要来源之一的古希腊文明最早提出自由这个字眼，那是公元前几百年的事情，而自由传到中国只是在19世纪初，其间的漫漫几千年造成了两种文化的巨大差距，以致到了现在还不能弥合。

古希腊骄傲地将自己称为自由人，西方人称自己的国家和社会为自由世界。在他们看来，人之为人最本质的东西就在于人有自由，独立自主，不受奴役。不自由，毋宁死。当然这并非说西方没有奴役和专制，相反，西方的自由正是从与奴役和专制不懈的斗争中才显现其精神的。

在古希腊、古罗马时代，集权主义思想曾一度占主导地位，比如苏格拉底强烈地主张建立对艺术作品的检查制度，对诗人进行监督；亚里士多德、西塞罗（Marcus Tullius Cicero，公元前106—43)曾强调用强硬的政治手段钳制言论。但与此同时，希罗多德（Herodotus，公元前484—前425）、塔西佗（Publius Cornelius Tacitus，55—120）等人却鼓吹自由，而且这种自由的精神很快便蔓延开来，到了十六七世纪，西方的新闻自由思想已经如火如荼。其中重要的代表人物包括：英国哲学家霍布斯（Thoma Hobbes，1588—1679），他的契约思想提出应允许人们议政，人们可以向主权者提出建议，不受惩罚；英国思想家约翰·弥尔顿（John Milton）的《论出版自由》提出，言论和出版自由是天赋人权的首要部分。他说："杀人只是杀死了一个理性的动物……而禁书则是扼杀了理性本身。"英国哲学家约翰·洛克（John Locke，1632—1704）在《人类理解论中》中提道"一个人如果有一种能力，可以按照自己内心的选择和知道去思考或不思考，行动或不行动，那么他便可以说是自由的"；法国思想家孟德斯鸠认为，人民应通过代议机关表达他们的舆论，应保障公民权利特别是言论和思想的权利。他还批判了中国的法律制度——谁对皇帝不敬就要被处死，他认为，思想、言论、文字本身不构成罪体。公民可以说出或写出法律中没有明文禁言或禁写的一切东西；另一名法国思想家卢梭（Jean-Jacques Rousseau，1712—1778）进一步提出了民意、公意、众意等概念，从舆论的角度阐发了自由主义思想内容；法国大革命派雅各宾派领袖罗伯斯庇尔（1758—1794）更是主张为新闻自由立法。①

在西方文化的发展中，自由思想发展的两个重要里程碑都矗立于1789年，其一是法国《人权与公民权利宣言》，其中说："无拘束的交流思想和意见是人类最宝贵的权利之一。每个公民都有言论、著述和出版的自由，只要他对滥用法律规定情况下的这种自由负责。"其二是美国国会通过的《美国宪法第一修正案》，其中规定了人民具有言论和出版的

---

① 关于西方自由主义理论的发展，此处主要援引了季燕京先生的研究成果，详见季燕京：《自由主义理论》，见徐耀魁编：《西方新闻理论评析》，153～189页，北京，新华出版社，1998。

自由。有意思的是,在同一年,这两个远隔千里之外的不同语言文化的国家大法竟然在自由问题上如出一辙,可见西方民主制国家相互之间具有很强的趋同性。

自由当然更包括人在社会上的平等独立,雅典的城邦民主制开创了西方民主制度的先例。在这种制度下,公民们有充分的从事各种实际活动和思想活动的自由,可以在各种场合发表意见,自由辩论,批评指摘,并实行了投票制度。人们相信主权在民的观念。

当商品交换进入氏族内部时,人们之间的关系开始由公有变成了私有,人们彼此分离成私有者个人。由于商品交换要按价值法则办事,交换者必须尊重双方商品中的劳动,于是就衍生了承认彼此独立平等的地位、观念和各自独立的意志,形成了社会契约关系。人们从经济关系的平等进而要求政治上、思想上的平等,民主就应运而生了。从这种经济和与之相应的政治等活动所产生的个人,从原来整体中分离出来,取得独立与自由,这就是所谓"天人之别"。这里的"天"实际就是与个人对立的集体。这时的"人",已经不能再回到原始的那种集体的关系中去,而逐渐形成一种以个人为基点的新型的人际关系了。[1]

尽管中西均有一个商品经济的过程,但西方发展得快而顺利,中国发展得慢而迟滞。

从个人主义、自由主义衍生的民主学说中的一个重要核心是资产阶级的国家学说,它集中反映了个人与集体的关系,在资产阶级反封建和建立近代国家的革命时期,西方的国家学说经霍布斯、洛克、斯宾诺莎、卢梭等人的发展已渐趋完备,其主要精神为:个人为保障自己的自然权利而将其交给君主或一些人的会议,于是产生了国家,由国家来保障大家的安全与和平。既然国家是通过社会契约由人民的自然权利产生的,国家权利来自人民,而且是为了保障所有个人的人身安全和财产而设置的,那么人民就不应建立了国家后就使自己处于完全无权的地位。正确的国家学说应当始终以人的自由权利为基础,一旦社会公约受到破坏,国家违背人民的意志转而压迫人民时,人民就有权利来反对它、推翻它、重建它、定期选举来改进它和维护它,保证它始终是人民的即每个个人实现其自由的工具。[2] 克林顿这样概括美国传统:"二百多年前,美国赖以立国的核心思想是个人生存、自由、追求幸福的权利、不受政府干预的言论自由和选择自由。"[3]

西方国家学说的基础划分了个人与集体的关系,它将个人的权利放在首位,认为个人不是为国家而存在,而是国家为个人而存在。这种思想影响了它的媒体。自由主义的新闻认为,报纸应代表人民,有权监督政府。媒体是第四权利。美国总统杰斐逊(Thomas

---

[1] 杨适:《中西人论的冲突》,113 页,北京,中国人民大学出版社,1991。
[2] 杨适:《中西人论的冲突》,130~131 页,北京,中国人民大学出版社,1991。
[3] 克林顿:《访华期间在北大的演讲》,见文池主编:《思想的声音》,303 页,北京,中国城市出版社,1999。

Jefferson)认为:一个正派的政府不会被言论出版自由所打倒,它不能限制新闻自由。①在19—20世纪的岁月中,西方的思想家如密尔(John Stuart Mill,1806—1873)、罗素进一步发挥了言论自由的理论,尤其是美国记者库帕(Kent Cooper)更是提出了"获知权"理论——人民有权了解政府工作的法定权利,以便公民行使自由民主的权利。正是在自由、民主、个人权利的基础上,西方构建了自己的新闻方式:媒体是作为政府的对立面出现的;它的重要职责是监督政府;它是向全社会提供信息的工具。从这一点出发,我们就不难理解为什么揭丑、暴露、批评在西方传媒中占如此重要的地位。

本章小结

在探讨文化在比较新闻学中的意义时,我们要特别注意一个事实,即中西文化历程的不同轨迹以及由这种不同轨迹带来的不同趋势,在这一点上,学者张法的看法是值得一提的:"在世界的诸文化中,只有西方文化从一开始起就产生了民主制度,并以大起大落、重心不断转移的旋律突飞猛进,成为人类前进的火车头;只有中国文化数千年来,成功地应付了各种内部和外部的挑战,毫无间断地延续下来,而且是在一个不变的宇宙观、不变的政治制度、不变的伦理信条、不变的人生理想中毫无间断地延续下来的。"②

中西之间的文化差别是因最初的生存状况差异造成的。中华民族的生存环境初始便很险恶,而西方文化的发源地希腊在初始时却是风调雨顺,较为富庶。处在险恶环境中的大陆型民族的中华民族的生产方式主要是统一的合作式的农业生产,这种方式形成了人们的统一、求同、依存、顺序,人们必须靠集团结伙来抗衡自然,维持生存;而古希腊是海洋型民族,多靠海产为生,海上作业的特点是分散的个体化,这种生产方式促进了西方人的个性、独立性的文化传统。中西在各自不同的生存环境中形成的不同的文化心态,通过个人和社会的传承方式沉淀为民族文化的基石。③

在中西文化传统中,的确有相当一部分素质是兼容的、彼此共通的,但我们必须承认,也有相当一部分素质是不兼容的、彼此相斥的。正如英国诗人吉仆林(Rudyard Kipling,1865—1936)在诗中所唱:"啊,东便是东,西便是西,这两者永不会相遇……"④

---

① 季燕京:《自由主义理论》,见徐耀魁编:《西方新闻理论评析》,181页,北京,新华出版社,1998。
② 张法:《中西美学与文化精神》,10页,北京,北京大学出版社,1994。
③ 肖锦龙:《中西文化深层结构和中西文学的思想导向》,13~14页,北京,中国社会科学出版社,1995。
④ 原诗如下:Oh, East is East and West is West/and never the Twain shall meet/ Till Earth and sky stand presently at God's great judgment seat/But there is neither East nor West,Bord, nor Breed nor Birth/When two strong men stand face to face Tho' they come from the end of the Earth,李大钊:《东西文明之根本之异点》,见忻剑飞等编:《中国现代哲学原著选》,23页,上海,复旦大学出版社,1989。

美国比较文学专家韦斯坦因(Uirich Weissstein)对将文学现象的平行研究扩大到两个不同的文明之间仍然迟疑不决,他认为:"只有在一个单一的文明范围内,才能在思想、感情、想象力中发现有意识或无意识地维系传统的共同因素——企图在西方和中东或远东的诗歌之间发现相似的宝石则较难言之成理。"①

中国驻德国前大使卢秋田曾回忆起这样一件事:他的西方客人看了使馆招待的电影《梁山伯与祝英台》后说,十八里相送,祝英台对梁山伯的暗示我们听来很累,用那么多的暗示来表达爱情,为什么不直接说一句"I love you"呢?客人们说,故事的年代、情节同《傲慢与偏见》一样,但伊丽莎白和达西可不是这种表达方式。大使说,中国人表达感情细腻,我们认为这是美。然而,大使的客人们说他们简直无法理解。②

这个例子还只是生活小事,与政治相关的情况也许要严峻得多,就拿人权问题来说,中国传统一般认为"人权原则应当服从国家主权原则,而不能凌驾于国家主权原则之上"。③但西方却认为,"人权首先要考虑的是个人的基本权利"。像这样一类的尖锐的思想对立已经在中西文化史上存在了几个世纪,而且还将存在下去。美国政治学家亨廷顿指出,"……西方的观念从根本上是和其他文明的观念不同的。西方的个人主义、自由主义、宪法主义、人权、平等、自由、法治、民主制、自由市场、政教分离等观念在诸如伊斯兰、儒教、日本、印度、佛教或东正教文化中没有多少反响……认为可能会有一种普遍可行的文明这种概念本身就是一个西方想法,它直接和多数亚洲社会认为各有各的特点这个概念相对立……"④

这种情况带给我们的启示就是:其实,比较新闻学中有许多东西很可能是没有解法的,讨论也许是根本没有结局的。因此,我们的目标首先是梳理和廓清历史的脉络,而不是简单而匆忙地审视中西彼此的高下优劣。

当然,人们并不会为此而倍感沮丧:就像克林顿在1997年访问北京大学时所形容的那样:"我们的制度、文化、选择永远不可能完全一致,而这正是生命让人意味盎然的原因之一。"⑤

---

① [美]韦斯坦因:《文学理论与比较文学》,5~6页,沈阳,辽宁人民出版社,1987。
② 卢秋田:《一个大使亲历的东西方思维方式的冲突》,见读者参考丛书编委:《读者参考》丛书(33),144页,上海,学林出版社,2000。
③ 张小平:《中国之民主精神》,206页,成都,四川人民出版社,2000。
④ Samuel P. Huntington. "The Clash of Civilizations?". Foreign Affairs, Summer, 1993, Vol. 72. 转引自罗艳华:《东方国家人权观透视》,126页,北京,新华出版社,1998。
⑤ [美]克林顿:《访华期间在北大的演讲》,见文池主编:《思想的声音》,303页,北京,中国城市出版社,1999。

附表：

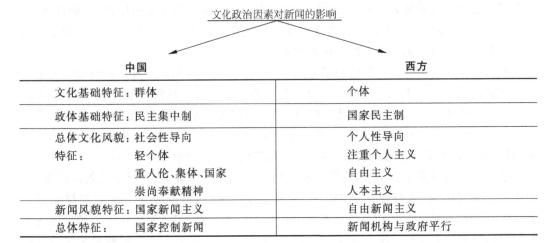

中国	西方
文化基础特征：群体	个体
政体基础特征：民主集中制	国家民主制
总体文化风貌 社会性导向	个人性导向
特征： 轻个体	注重个人主义
重人伦、集体、国家	自由主义
崇尚奉献精神	人本主义
新闻风貌特征：国家新闻主义	自由新闻主义
总体特征： 国家控制新闻	新闻机构与政府平行

比较新闻学的聚像关注

——中西新闻理论和实践的趋同与悖逆

"新闻"作为一种概念

一、划分世界传媒体系

多年来,为进一步解析不同社会条件下的新闻功能,传媒研究学者一直试图科学地划分媒介的社会系统。20世纪50年代,三位美国学者塞伯特(Fred S. Siebert)、皮特森(Theodore Peterson)和施拉姆(Wilbur Schramm)提出的"报业的四种理论"是迄今为止最具有影响力的分析。这三位学者把世界上存在的媒介体系划分为四种类型:集权式的、自由式的、社会责任式的和苏联共产主义式的。①

根据"四种理论",集权制新闻业普遍存在于16世纪和17世纪中的欧洲。它是在印刷术发明后、文艺复兴晚期的集权主义背景下的产物。在这种制度下,媒介是政府的公仆。"真理不是人民大众所创造,而是掌握在几名处于指导地位的智者手中……当时的统治者运用媒介把他们认为人们所应当知道的事情和所应当支持的政策报道给人们"、"私营报业老板的所有权随时可能被当局取消"。②集权制新闻业为世界大多数国家的媒体系统建立了最初的模式。无论西方还是东方,无论是诸如英国、美国和澳大利亚一类的民主国家,还是如苏联、朝鲜和中国等社会主义国家,都经历过或仍旧处于这一阶段。

从17世纪末到19世纪,由于政治民主和个人自由的飞速发展,自由主义新闻业基本取代了集权制,为一些先进的民主国家如英、美及欧洲一些国

---

① Fred S. Siebert,Theodore Peterson and Wilbur Schramm. Four Theories of the Press, Urbana:The University of Illinois,1956.

② Fred S. Siebert,Theodore Peterson and Wilbur Schramm. Four Theories of the Press. Urbana:The University of Illinois,1956. 2~3.

家所采用。"四种理论"认为：在自由主义新闻业中，媒体并非政府的工具，而是独立于政府控制和影响的"第四等级"，这是为大多西方民主国家所追求的目标。

到20世纪初叶，两种社会制度——资本主义和共产主义——在世界范围内建立起来。在自由主义哲学和集权主义哲学的基础上生发出两种不同的媒介模式：社会责任模式和苏联共产主义模式。随着报业逐渐落入少数垄断寡头手中，媒介的内容和利润也被少数人所控制，此时，社会责任论模式作为"自由主义在20世纪产下的婴儿"，[①]就在西方民主国家产生了。该模式强调媒介在自由发挥娱乐和广告作用的同时，也要承担社会责任。[②] 许多澳大利亚学者认为其媒体应被划入社会责任制范畴。[③] 1991年，新闻学者萨里·A. 怀特在一本教科书中解释说，澳大利亚媒体"把更多的重点放在暴露腐败、犯罪、劣迹、贪污受贿等一类严肃的职能方面"。[④]

到了1917年，集权制模式有所更改：由于"十月革命"、马列主义和共产党的繁衍，苏联共产主义模式得到了发展。该模式的特征是媒体被作为一种统治权力的工具来运营：它服务于党，为党讲话。[⑤]

在过去的半个多世纪里，"报业的四种理论"一直在发展与改进中。1983年，学者奥斯姆·A. 威奥（Osmo A. Wiio）教授将"四种模式"的特征进一步分析如下：

1. 集权主义模式：信息发布权属于个人，但接收权归属于社会。社会只允许媒介发布一定种类的信息。该模式为许多专制或独裁政府所运用，如纳粹德国、佛朗哥、西班牙。

2. 自由主义模式：个人拥有信息发布和接收的双重权利，而社会只是出于保护其他个体的权利才对这些权利加以限制。美国采用的就是这种模式。

3. 社会责任模式：个人拥有信息接收权，而社会拥有发布权。社会还对个人所接收的信息进行一些控制。行使这种权力的目的主要是为了保护社会成员免受"有害"传播的影响，如过于泛滥的暴力、性暴露、虐待儿童或不适宜的广告。西方大多数民主国家都采

[①] Sally A. White. Reporting in Australia, South Melbourne: The Macmillan Company of Australia Pty Ltd., 1991.8.

[②] Fred S. Siebert. Theodore Peterson and Wilbur Schramm. Four Theories of the Press, Urbana: The University of Illinois, 1956. 73~103.

[③] E. G. Whitlam. "The Responsibilities of Journalism in an Advances, Democratic Society" in The Role of the Specialist in Journalism, The Third Summer School of Professional Journalism, Canberra, February, 1968. 5~12. Maximilian Walsh. "The Social Responsibility of the Press" in The Six Summer School of Professional Journalism, Canberra: February 1970. 42~61.

[④] Sally A. White. Reporting in Australia, South Melbourne: The Macmillan Company of Australia Pty Ltd., 1991.9.

[⑤] Fred S. Siebert. Theodore Peterson and Wilbur Schramm. Four Theories of the Press, 105~146. Also see Paul Lendvai. The Bureaucracy of the Truth: How Communist Governments Manage the News, London: Burnett Books Limited, 1981.

用此种模式。

　　4. 共产主义模式：社会既控制信息发布权，又控制信息接收权。社会可在特定条件下把这些权力下放给个人，但在个人权力与社会利益发生冲突时，社会又有绝对权力将它们一并收回。这种模式存在于共产主义国家中。①

　　"报业的四种理论"在意识形态上的倾向性是明显的。它的最大贡献在于将世界媒介划分为两个基本阵营：自由主义和集权主义。尽管对其中的不足有着种种争论，但这种划分已被国际新闻界广为接受。自20世纪50年代始，"报业的四种理论"的概念不断出现在各国的书刊中，近年来，研究者又聚焦于国际间不同社会政治体系下的媒介角色比较。20世纪80年代初，一批国际传媒学者把世界媒介体系划分为三个部分：西方世界、第三世界和共产主义世界。三个世界之间的差别提供了比较新闻学的平台。

　　不同世界的新闻业持有不同的理论系统。处在同一世界中的理论体系往往表现出一种共同倾向。比如美国著名报人卡斯柏·约斯特（代表作《新闻学原理》）、休曼（代表作《实用新闻学》）与西方大众传播理论代表之一的丹尼斯·麦奎尔（代表作《大众传播理论》），他们研究的侧重点虽各有不同，但其自由新闻主义的倾向是相通的。无论欧洲、日本还是澳大利亚，在新闻的概念、新闻价值或新闻职业道德等理论方面，主要精神是一脉相承的。这种精神在澳大利亚新闻学代表作中表现得尤为显著，如亨瑞·梅耶的《澳大利亚报刊》(1964)、哈姆普瑞·麦克奎恩的《澳大利亚媒介垄断》(1977)、J.艾维森的《澳洲应用新闻学》(1980)、J.S.韦斯特的《澳洲大众媒介》(1983)、凯思·温楚特的《媒介，澳大利亚的报纸、电视、广播和广告的新分析》(1988)、伦·格拉纳托的《新闻报道及写作》(1991)、萨利·A.怀特的《报道澳大利亚》(1991)、约翰·赫斯特和萨利·A.怀特合写的《伦理和澳大利亚新闻媒介》(1994)②以及朱莉安·舒尔兹编写的《不仅仅是一种商业：新闻记者、公民和媒介》(1994)等。③

　　中国早期新闻学基本上是步西方后尘的，这从以下四部中国新闻学主要著作中可以彰显出来：徐宝璜的《新闻学》(1919)、任白涛的《应用新闻学》(1922)、戈公振的《中国报学史》(1927)以及林语堂的《中国报业舆论史》(1936)。1949年以后，中国新闻业开始沿着马列主义、毛泽东思想的轨迹发展。新闻理论的构建主要产生于三个基地：中国人民大学新闻系、复旦大学新闻系、中国社会科学研究院新闻研究所。较有代表性的新闻学著

---

　　① See Osmo A. Wiio,"The Mass Media Role in the Western World" in L. John Martin and Anju Grover Chaudhary(eds.),Comparative Mass Media Systems. New York：Longman Inc.,1983.90～91.

　　② See John Hurst & Sally A. White. Ethics and the Australian News Media, South Melbourne：Macmillan Education Australia Pty Ltd.,1994.

　　③ Julianne Shultz(ed.). Not Just Another Business：Journalists, Citizens and the Media, Sydney：Pluto Press Australia Limited,1994.

作包括：甘惜分的《新闻理论基础》(1981)、戴邦、钱辛波和卢惠民的《新闻学基本知识讲座》(1983)、复旦大学新闻系的《新闻学概论》(1985)。①上述基地虽然有南北之分，但其产生的著作却具有高度趋同性和系统性。20世纪90年代中后期，清华大学成为中国另一个新闻理论衍生基地，并逐渐形成了"国家新闻主义流派"，其代表作有李希光的《中国有多坏?》(1998)、《妖魔化中国的背后》(1998)、《妖魔化与媒体轰炸》(李希光、刘康等，1999)、《新闻学核心》(2002)，这个流派的理论基础和前面提到的三大基地基本一致，但又有一些新见解。

研究者沈莉博士考察了1979—1997年中国出版的30部新闻理论专著，认为新时期(1978—　)中国新闻学科的理论体系建构经历了"党报本位"、"新闻事业本位"、"新闻本位"三个阶段。

"党报本位"的代表作是甘惜分的《新闻理论基础》(1982)。这个学派有两个鲜明特征：(1)以党报为研究对象；(2)着重寻求党报的发展规律。以政党学说话语代替新闻学学术话语，把党报的特殊规律当作新闻事业的一般规律。"党报"新闻学观点的确立和澄清不是靠学术探讨，而是靠思想教育和思想运动来完成，在理论的建构方式上，它以政党学说为前提，以党报实践为基础。党报的话语体系包括党性、阶级性、群众性、战斗性、指导性，重要的命题包括"报纸是阶级斗争的工具"、"报纸不仅是集体的宣传员和集体的鼓动员，而且是集体的组织者"等，它具有无产阶级政党的意识形态性，是在政党学说的范畴中成长起来的政治话语系统。

"新闻事业本位"的代表作包括张宗厚、陈祖声的《简明新闻学》(1983)、戴邦、钱辛波和卢惠民的《新闻学基本知识讲座》(1983)等。这一流派的学者有感于"研究新闻学不能不从新闻开始"，着重研究新闻传播活动和新闻事业，所探讨的已不止是党的新闻事业规律，而是新闻事业的共同规律，突破了传统的党报理论研究视野而积极探索新闻自身的特性、作用和功能并积极借鉴西方新闻学。他们的研究侧重点包括新闻、新闻事业和新闻工作三个框架。

"新闻本位"的代表作包括黄旦的《新闻传播学》(1994)等。这些学者以新闻为研究对象，主要探讨新闻活动的一般规律。西方学术思想——信息论和传播学被大量引入，出现了一种整合和构建新理论的含义，"新闻本位"彻底回归，在研究中既是起点也是终点。

沈莉总结说，在中国，纯粹的新闻学理论体系尚未建成，传统的新闻研究没有为新闻本位论建构准备好足够的基础；而借鉴西方的理论模式又往往陷入逻辑演绎……然而，经过学者们的不断探索，新闻的深刻本质正在凸现出来。②

---

① 复旦大学新闻系：《新闻学引论》，福州，福建人民出版社，1985。
② 上述讨论详见沈莉：《中国新闻学原理建构的宏观考察》，载《新闻与传播研究》，1998(1)。

自由的新闻还是控制的新闻？这是西方与中国、资本主义与社会主义在新闻理论上的分水岭。西方媒体理论以自由主义为基础，对苏联的新闻理论和新闻体制提出批评，它们不能理解"新闻媒介的工具化"，不能理解"报纸的宣传和鼓动"，不能理解"党性与阶级性"。①就这些概念来讲，双方似乎是不可融合的。但是在新闻的某些基本概念方面，中西双方的共同点又是明显的。

　　本章考察中西新闻在新闻定义、新闻价值、新闻职能和信息流通阻碍方面的基本情况，试图发现这些重要概念在两种不同体制下的区别与联系。在考察中，著者更多关注两种新闻体系中的主流概念，而不是对现存的每一种理论做详细考证。占据支流地位的新闻理论当然会有所涉及，但较主流而言，其重要程度自然要相对降低。比如，20世纪80年代早期，自由主义新闻学在中国兴起，并对中国传统的新闻事业构成挑战，极大地震撼了中国新闻界，然而，共产主义媒介系统并未发生根本改变，媒介依然整体上在社会主义模式下运行。同样，近年来，尽管西方新闻业出现了许多批评性意见和激烈争论，②甚至有人疾呼："传统新闻业处于危机之中"，③并试图重新定义和修正现有的新闻概念，但自由新闻理论仍然是其主要的方向。伦·格拉纳托相信，在包括澳大利亚在内的英语主流国家中，新闻学基本理论具有相当的一致性。④他在一部教科书中鲜明地提出了"英—美—澳新闻学体系"的概念。⑤

二、"新闻"是什么

　　传统的西方新闻学把"新闻"（News）定义为"一种事实的叙述"、⑥一些"确实发生过"的事情、⑦"对社会世界的真实完整的叙述"，⑧或"一种出于服务读者、听众或观众的目的

---

① 徐耀魁编：《西方新闻理论》，193～195页，北京，新华出版社，1998。

② For critical viewpoints see the following books and articles, Humphrey McQueen, Australia's Media Monopolies, Sydney: Widescope International Publishers, 1977; Keith Windschuttle, The Media, A News Analysis of the Press. Television, Radio and Advertising in Australia, 1988; Van Dijk, News an Discourse, 1988. 119～124; Bill Bonney and Helen Wilson Australia's Commercial Media. 300～301; Rodney Tiffen, News as Power, Sydney: Allen and Unwen, 1989 and Julianne Schultz(ed.), Not Just Another Business: Journalism, Citizen and the Media.

③ See Kathe Bochringer, Bill Bonney, Tim Rowse and Helen Wilson. Media in Crisis, Proceedings of the Third Communication Technology and Control Conference, NSW Institute of Technology, August 22～25, 1980.

④ Len Granato. Reporting & Writing News. Sydney: Prentice Hall. 1991. 31.

⑤ Len Granato. Reporting & Writing News. Sydney: Prentice Hall. 1991. 157.

⑥ Lawrence R. Campbell and Roland E. Wolseley. How to Report and Write the News, Prentice-Hall: Englewood Cliffs, N. J., 1961.

⑦ Julian Harris, Leiter Kelly, and Johnson Stanley. The Complete Reporter, New York: Macmillan, 1981. 27.

⑧ David L Altheide. Creating Reality: How TV News Distorts Events, Beverly Hills: Sage, 1976. 196.

准确搜集和写出来的消息"。①《牛津英语词典》这样为"新闻"定义："消息；新近发生事件,事实的报道或叙述,作为一种新信息传达给受众;作为报道或谈话主题的新闻事件。"美国媒介研究者慕尼尔·K.纳瑟认为,尽管没有普遍的新闻定义,但在西方新闻学中可找到一个共同特征,即：新闻乃是一种准确、公正、平衡和客观的报道,必须具有一定的新闻价值,新闻价值的标准建立在这样一些因素的基础上：影响力、重要性、接近性、时效性、人情味、冲突以及奇特性等。②美国《太阳报》编辑约翰·博加特认为："狗咬人不是新闻,人咬狗才是新闻。"而《纽约时报》的斯坦利·瓦利克尔更是生动地总结道,新闻就是"三个 W：Women（女人）、Wampum（金钱）、Wrong doing（坏事）"。

"新闻"包括三个基本要素：事件、读者以及具有时限要求的新闻报道。澳大利亚新闻学教授伦·格拉纳托 1991 年的"新闻"定义具有一定的典型意义：

> 新闻是关于预期或意料之外事件的向受众所做的新闻报道；它具有公众兴趣；报道可能会影响人们和社会并使之变化。③

格拉纳托强调了三个方面：事件、新闻报道及受众共同构成"新闻"。他进一步解释道："新闻是对一种事件的报道,而不是事件本身。"④另外,记者报道的事件应具有"真正的公众兴趣"。⑤他举例说,《悉尼晨锋报》不会关心一名普通人的晚餐内容,但它会对今晚在希尔顿饭店举行的全澳年度厨师冠军赛晚餐抱有兴趣。⑥

以下是一则关于 2002 年 1 月美国总统布什吃饼干被噎的消息,事发后几乎所有的媒体都进行了报道。一名普通人肯定不会引起媒体如此普遍的关注。

美国总统布什吃饼干被噎晕倒

美国东部时间 13 日晚（北京时间 14 日上午）,美国总统布什在白宫家中观看电视转播橄榄球比赛时突然晕倒并从沙发上跌落。据布什总统的保健医生称：经过检查表明布什健康状况良好。

布什总统的保健医生、空军上校理查德-图波称布什曾抱怨过近日他感觉不是很舒服,此外他在吃甜饼干时吞咽食物不当,出现心跳过缓,导致最终晕倒。

图波说布什在昏倒后头撞到地板上,造成左颧骨擦伤,下嘴唇也有一处挫

---

① Phillip H Ault and Emery Edwin. Reporting the News, New York: Dodd, Mead, 1965. 16.
② Munir K. Nasser. "News Values Versus Ideology: A Third World Perspective", in L. John Martin and Anju Grover Chaudhary, Comparative Mass Media Systems, New York: Longman Inc. , 1983. 46.
③ Len Granato. Reporting & Writing News, Sydney: Prentice Hall, 1991. 6.
④ Len Granato. Reporting & Writing News, Sydney: Prentice Hall, 1991. 29.
⑤ Len Granato. Reporting & Writing News, Sydney: Prentice Hall, 1991. 28.
⑥ Len Granato. Reporting & Writing News, Sydney: Prentice Hall, 1991. 28.

伤。他仅仅是昏厥了数秒钟。(据《华声报》)

若干年前,在讨论有关"新闻"定义时,亨利·梅耶曾援引过《简明牛津词典》中的定义即"消息,新的信息,报道的新鲜事件"。但他随即提出疑问:"在成千上万的新鲜事实中哪个应予报道呢?"他指出,新闻是人造产品,总带有人为的痕迹。梅耶没有贸然给"新闻"下定义。①

1980年,在一项对新闻从业人员的调查中,研究者贝克(Lan Baker)得出结论说,澳大利亚新闻记者看来"普遍不能合乎逻辑地讨论或说明"新闻的概念。②以下摘录于这些新闻界人士的回答:

> 新闻是已发生或正在发生的事情,是能够看到、感觉到或正在影响到他人生活的事情……
>
> ——堪培拉一位资深的政治记者

> 我认为新闻可以定义为超出人们一般经历而引起人们兴趣的事件。
>
> ——一位 ABC 的新闻助理编辑

> 新闻即读者先前所未知的事情;它能使读者感到惊异并从中获取信息,感到愉悦。它是人们以前并不了解的事情或是一种关于生活或未知生活领域的意见。
>
> ——一家星期日报纸的总编

> 新闻是一些新的、重要的、相关的事情……新闻当然是人们会感兴趣的东西……
>
> ——堪培拉一位《每日晨报》的专栏作家

> 对记者而言新闻是那些不同的、不寻常的、奇怪的或戏剧性的东西……对读者来说,可能是同样的。
>
> ——ABC 广播公司新闻总编

---

① For details, see Henry Mayer. "The Nature of News" in his The Press in Australia, Melbourne: Lansdowne. 1964,88~98.

② Lan Baker. "The Gatekeeper Chain: A Two-step Analysis of How Journalists Acquire and Apply Organizational News Priorities" in Patricia Edgar(ed.)The News in Focus, South Melbourne: The Macmillan Company of Australia Pty Ltd.,1980.138.

新闻是人们决定在报纸上发表的东西。

——堪培拉一位资深的政治记者

噢,我认为,编辑所思所想就是新闻。

——某新闻周刊的职业记者[1]

贝克认为这些定义是"普遍不精确、没有条理、含糊其词"的。[2]

另一位澳洲传媒研究学者萨利·A.怀特(Sally A. White)在定义新闻性质时显得更为谨慎。怀特认为与新闻相关的几个概念很难鉴别,如:人们发布新闻作何用途?新闻媒介的功能是什么?新闻的特征是什么?什么使事件或意见具有新闻价值?进一步说,谁决定什么是新闻?[3]

凯思·温楚特也认为,新闻记者在给新闻定义和表明新闻价值时普遍存在着困难。他把现时有关新闻的理论划分为五种范畴:自由市场型、操纵控制型、官僚型、统一思想型及唯物论型。[4]其中,前两种范畴与澳大利亚新闻业密切相关。

自由市场型是指报纸只是致力于满足人们对新闻的需求;选择新闻的主要标准是公共兴趣;记者应该客观地报道事实。[5]斯坦利·科恩(Stanley Cohen)等认为新闻属自然发生事件的范畴,必须尽可能客观地进行报道,"负责的记者选择那些具有公众兴趣的事件,然后以特定媒介所要求的方式客观地再现事实"。[6]

操纵控制型模式是最具批判性的,被认为是"左翼的新闻分析"。[7]麦克奎恩在《澳大利亚媒介垄断》一书中列出了该理论的关键,他提出,澳大利亚报纸上发表的新闻直接与报纸老板的切身利益相关。[8]从大量证据可以发现,新闻内容受到澳大利亚媒介大亨垄断

---

① For these journalists' statements see Patricia Edgar(ed.). The News in Focus, South Melbourne: The Macmillan Company of Australia Pty Ltd.,1980. 138~139.

② Patricia Edgar(ed.). The News in Focus, South Melbourne: The Macmillan Company of Australia Pty Ltd.,1980. 140.

③ Sally A. White. Reporting in Australia, South Melbourne: Macmillan Education Australia, 1996. 5.

④ Keith Windschuttle. The Media, A News Analysis of the Press, Television, Radio and Advertising in Australia, Sydney: Penguin Books, 1988. 261.

⑤ Keith Windschuttle. The Media, A News Analysis of the Press, Television, Radio and Advertising in Australia, Sydney: Penguin Books, 1988. 261~262.

⑥ Stanley Cohen and Jock Young(eds.). The Manufacture of News: Social Problems, Deviance and the Mass Media, revised edition, Beverly Hills: SAGE Publications, California, 1982. 17.

⑦ Stanley Cohen and Jock Young(eds.). The Manufacture of News: Social Problems, Deviance and the Mass Media, revised edition, Beverly Hills: SAGE Publications, California, 1982. 264.

⑧ For details, see Humphrey McQueen. Australia's Media Monopolies, Sydney: Widescope International Publishers. 40~41.

的严重影响,这些大亨包括凯思·默多克、弗兰克·帕克、鲁珀特·默多克以及沃威克·费尔凡克斯爵士。①

比尔·伯尼(Bill Bonney)等认为"新闻是选择出来的原始信息",②当然,并非所有的信息和事实材料都被算作新闻,如有关天气、船运、股市及体育运动成绩的信息。她指出,"新闻不仅仅是信息,新闻是具有所谓'新闻价值'的信息"。③

穆瑞·玛斯特顿认为,"新闻是发表了的信息,它吸引人们,会在当前或将来影响人们的日常生活"。④他总结说:信息本身不是新闻,必须经过发表才称其为新闻;它必须为多数人感兴趣,对多数人有重要意义;如果丝毫没有趣味性,就必须新鲜,或者至少及时;新闻必须为公众所读懂、听懂或看懂。⑤

哥伦比亚大学教授曼切尔认为,"新闻是事件正常发生过程中出现的突变信息……"⑥

综观西方有关新闻的定义,人们会发现有几个要素强调的频率最高:被报道的事实、新闻价值(如时新性、重要性、关注力)、对社会的影响力。

就"新闻"本身的概念而言,中国新闻业的看法与西方在许多方面非常近似。19世纪80年代初,西方传教士报刊给中国带来了西方新闻思想,但直到新文化运动(1915—1919)时,西方新闻理论才被系统地介绍到中国新闻事业中。西方化了的中国学者,如毕业于密歇根大学的徐宝璜(1894—1930)和毕业于早稻田大学的任白涛在引进西方新闻思想中,起了先锋作用,他们的代表作被认为是中国第一批新闻学作品。

1919年,徐宝璜指出:"新闻者,乃多数阅者所注意之最近事实也。"⑦几乎在同时,共产党的领袖和理论家李大钊这样表述:"新闻是现在新的、活的、社会状况的写真。"⑧1943年,即第一份中共日报《解放日报》创刊两周年后,党的理论家陆定一作了如下陈述:

---

① See Michael Symons. "Who Really Rules the Media?" in New Journalist (March-April 1976). It is cited in Keith Windschuttle. Fixing the News. North Ryde, NSW: Cassell Australia Limited, 1981. 6~19.
② Bill Bonney and Helen Wilson. Australia's Commercial Media, South Melbourne: The Macmillan Co. of Australia Ltd., 1983. 286. 上述人物都是媒介大亨。
③ Bill Bonney and Helen Wilson. Australia's Commercial Media, South Melbourne: The Macmillan Co. of Australia Ltd., 1983. 286~287.
④ Murray Masterton, "What Makes News-and Do the World's Journalists Agree?", Australian Journalism Review, Vol. 7, Nos. 1&2(January-December, 1985). 96.
⑤ Murray Masterton, "What Makes News-and Do the World's Journalists Agree?", Australian Journalism Review, Vol. 7, Nos. 1&2(January-December, 1985). 96.
⑥ 徐耀魁主编:《西方新闻理论评析》,135页,北京,新华出版社,1998。
⑦ 徐宝璜:《新闻学》,35页,北京,中国人民大学出版社,1994。
⑧ 戴邦等:《新闻学基本知识讲座》,133页,北京,人民日报出版社,1984。

>新闻是新近发生的事实的报道。①

陆定一的定义被描述为"对中国新闻事业的杰出贡献",被广泛用于共产主义新闻事业,但在1981年,这一定义受到了新闻学教授甘惜分的挑战。他认为,新闻不仅只是事实的报道,同时还包括出版者对事实的意见;新闻不会聚焦于全体事物,只会聚焦于吸引大多数人的那些重要事件。此外,新闻还有政治目的,它是影响舆论的特殊手段。甘惜分的新闻定义如下:

>新闻是报道或评述最新的重要事实以影响舆论的一种特殊手段。②

陆云帆也批评陆定一的定义"不完全",他解释说,"新近发生对新闻而言并不是必要条件,过去事实在某些情况下也能成为新闻",而且"经过报道的新闻是新闻,但在群众中传播的消息也应被视为新闻"。陆云帆的新闻定义是:

>新闻是新近发生或新近发现的事实的传播。③

20世纪90年代的中国新闻理论界基本沿袭了陆定一的新闻定义。中国人民大学的《新闻学教程》(成美、童兵著,1993)认为新闻定义中的"事实、新意、时效"是最重要的因素。北京广播学院雷跃捷的《新闻理论》(1997)认为陆定一的新闻定义具有"科学、准确、普遍、合乎逻辑"的特点。

李良荣的《新闻学导论》认为,在新闻工作和日常生活中存在着两种并行不悖的新闻定义:

(1)新闻是新近发生的事实的报道;
(2)新闻是新近发生的信息。

李良荣认为,上述两种定义的共同点是概括和反映了新闻的真和新,但二者在不同的场合各有不同的内涵和功能。④

随着信息观念引入中国,新闻与信息的关系成为揭示"新闻"定义的一个新亮点。一些人继续主张"新闻"是某种报道;另一些人则坚持"'新闻'是一种信息"。但直到现在,中国仍未形成"具有完整而深刻的理论解释力的新闻定义"。⑤

---

① 陆定一:《我们对于新闻学的基本看法》,《解放日报》,1943-09-01。
② 甘惜分:《新闻理论基础》,50~51页,北京,中国人民大学出版社,1982。
③ 陆云帆:《新闻采访学》,22页,长春,吉林人民出版社,1983。
④ 李良荣:《新闻学导论》,14页,北京,高等教育出版社,1999。
⑤ 廖圣清、张国良:《什么是新闻:对中国新闻媒介的内容分析》,第二届中国传播论坛论文,上海复旦大学,2002年6月。

三、"新闻价值"：理论同一与实践悖谬

1892年，美国学者朱莉安·拉弗(Julian Ralph)首次运用"新闻价值"这一术语，[1]此后成为与新闻相关的导致激烈争论的另一问题。从西方的观点考量，新闻价值——帮助记者判断一条新闻价值的标准，并且衡量报道是被重点突出，还是降格或被忽略掉——一般包括以下因素：影响力、重要性、接近性、时效性、人情味、冲突及奇特性。[2]

澳大利亚新闻业在解释上述因素时侧重点略有不同。亨利·梅耶1962年确定了新闻价值的两条标准：重要性和趣味性。[3]约翰·何宁汉(John Henningham)1988年在一次有关新闻价值的讨论中建议考虑以下因素：接近性、时效性、影响力、名人、冲突、情感。[4]

1991年，萨利·A.怀特把新闻价值概括为以下方面：影响力、时效性、接近性、显著性、冲突和反常。[5]同年，伦·格拉纳托这样描绘新闻价值：冲突、灾难、后果或影响、显著、时效、接近、新奇、人情，此外，他又加上了以下几条：性、毒品和酗酒、动物、金钱以及老人。[6]

尽管西方关于新闻价值的标准近20年来发生了不少变化，但其基本内核具有相当的稳定性。

应当说，传统的西方新闻价值原理曾一度为中国新闻界所普遍接受，尽管后来，这一概念曾在实践中被忽视。1919年，徐宝璜在他的《新闻学》——第一部中国新闻学著作中这样写道：

> 新闻之价值者，即注意人数多寡与注意程度深浅之问题也。重要之最近事实，自能引起较多人数与较深程度之注意，故为价值较高之新闻。次要之最近事实，仅能引起较少人数与较浅程度之注意，故为价值较低之新闻。[7]

1947年，恽逸群也提到新闻价值决定报纸上新闻条目的安排问题。[8]1949年新中国

---

[1] Sally A. White. Reporting in Australia, South Melbourne：The Macmillan Company of Australia Pty Ltd., 1991.10.

[2] Munir K. Nasser. "News Values Versus Ideology：A Third World Perspective", in L. John Martin and Anju Grover Chaudhary, Comparative Mass Media Systems. New York：Longman Inc., 1983.46.

[3] Henry Mayer. The Press in Australia, The Press in Australia, Melbourne：Lansdowne. 1964. 88~98.

[4] John Henningham. Looking at Television News. Melbourne：Longman Cheshire, 1988. 166.

[5] Sally A. White. Reporting in Australia, South Melbourne：The Macmillan Company of Australia Pty Ltd., 1991.10~20.

[6] For Granato's description, see his Reporting & Writing News, Sydney：Prentice Hall. 1991. 31~35.

[7] 徐宝璜：《新闻学》，57页，北京，北京大学新闻学研究会，1919。

[8] 恽逸群：《新闻学讲话》，35页，河北，冀中新华书店，1947。

成立后，新闻价值作为"资产阶级的观念"成为禁区。①报纸成为党的宣传工具，而非一种信息媒介。1978年后，中国实行了改革开放政策，西方的新闻价值得到更多的关注，现已成为选择新闻的重要标准。1981年，张宗厚对新闻价值做了如下定义：

> 新闻价值是指足以构成新闻的事实和材料能够满足社会对新闻需要的各种素质的总和，新闻工作者依据对这些素质的认识和判断，作为选择和衡量事实和材料能否构成新闻及能构成何种新闻的标准。②

张宗厚总结了新闻价值的四项基本要素：(1)重要性、(2)新鲜性、(3)接近性、(4)人情味。这与西方新闻价值的定义极为相似。

复旦大学新闻系编写的一部新闻学著作《新闻学引论》，观点与张宗厚的相似，只是在对新闻价值要素的排序方面略有不同：

> (1)时效和新鲜、(2)重要性、(3)接近性、(4)显著性、(5)人情味。③

作者写道，一件具有时宜和新鲜性的事件加上另外几种因素中的任何一种，就成为新闻。事实包含的这些要素越多，新闻价值就越大。④

1999年，李良荣在《新闻学导论》中对新闻的价值要素的排位是：(1)时新性、(2)重要性、(3)接近性、(4)显著性、(5)趣味性。⑤

有些学者认为："中国（大陆）关于'什么是新闻'的研究，历来以思辨方法为主，对新闻活动进行抽象，寻找它的本质。由此归纳出新闻的许多特性，例如真实性、时新性、重要性等，并通常用'新闻价值'概念来概括这些特性……"⑥

但实际上，通过回溯历史可以发现，中国新闻学中的一些理论，特别是对新闻和新闻价值的认识很大程度上是西方新闻学的倒影，而并非自己的创造。西方新闻学是源，中国的新闻学是流。这个关系显然是不能混淆的。

近40年来，中国新闻事业并不拒绝西方影响，在新闻和新闻价值的理论方面甚至接受了西方的某些观点。西方新闻学的主要研究成果也屡被引用，其中许多名著被译成中文，比如伏瑞德·S.塞伯特等人的《报刊的四种理论》、韦伯·施拉姆等人的《传播学概论》、沃特·李普曼的《舆论学》、林德赛·瑞威尔和科林·罗德瑞克合写的《记者生涯：现

---

① 戴邦等：《新闻学基本知识讲座》，139页，北京，人民日报出版社，1984。
② 张宗厚：《新闻价值》，见戴邦等：《新闻学基本知识讲座》，139页，北京，人民日报出版社，1984。
③ 详细讨论参见复旦大学新闻系编：《新闻学引论》，246～260页，福州，福建人民出版社，1985。
④ 复旦大学新闻系编：《新闻学引论》，251页，福州，福建人民出版社，1985。
⑤ 李良荣：《新闻学导论》，170～171页，北京，高等教育出版社，1999。
⑥ 廖圣清、张国良：《什么是新闻：对中国新闻媒介的内容分析》，第二届中国传播论坛论文，上海复旦大学，2002年6月。

代实践指南》、贝尔纳·瓦耶纳的《当代新闻学》、埃默里的《美国新闻史》、密苏里大学新闻学院的《新闻写作教程》、麦克卢汉的《理解媒介》等。然而,共产主义新闻理论家坚称中国的新闻事业及其无产阶级新闻事业完全不同于西方的新闻事业。陆云帆说:

> 作为一个新闻学概念,新闻价值最早出现于西方新闻理论中。革命后出版的一些(中国)新闻学著作也强调新闻价值。然而在1957年的"反右"运动中,这一概念被作为资产阶级新闻学受到了抨击。尽管该原理依然存在,但此后无人再敢提起这一概念。而现在,无产阶级新闻事业同样地也须采用新闻价值,对此人们已不再怀疑。问题在于,就新闻价值而言,无产阶级新闻业与西方理论有相同的理解,奉行同样的准则吗?二者之间的不同是什么?西方新闻学中关于新闻价值中哪一部分可为中国所用?

陆云帆指出,西方新闻学提出的构成新闻价值的所有要素,如时效、新鲜、接近、重要、人情味,都应采用。①许多国内新闻学者持有类似观点。张宗厚的见解是:"西方新闻学中的新闻价值原理经改正和修改后,应被我们采用。"②

成美、童兵认为,资产阶级新闻价值观在某些方面反映了新闻工作的一般规律,同时也包含着特定的资产阶级内容。对于它反映的新闻工作的一般规律,我们可以采用"拿来主义",它所包含的资产阶级思想内容必须摈弃,应用社会主义的内容去代替它。③

可以看出,20世纪80—90年代后,中国新闻理论越来越多地吸纳了西方新闻理论。"新闻定义"和"新闻价值"等概念被广泛运用,至少在理论层面上,中西之间没有出现太深的鸿沟。曼切尔指出:

> 撇开政策考虑作为新闻品评判的决定因素不谈,所有的报纸和其他传播媒介无论有何差异,它们在每天从千百万发生的事件中作出选择时,都有确定潜在新闻价值的大体一致的标准——它们受到年复一年的经验考验,并且在一批数目不容忽视的新闻编辑部内盛行……④

休梅克认为,前人研究的诸多新闻价值都可概括为"反常性"和"重要性",这两个因素是文化的,因而能得到全球的认同。

廖圣清、张国良的研究发现,休梅克考察"重要性"的四个指标——政治的、经济的、文化的和公众利益——被中国传媒日益接受,比如中国一贯强调政治重要性;1979年以来,

---

① 陆云帆:《新闻采访学》,106~107页,长春,吉林人民出版社,1983。
② 张宗厚:《关于新闻价值》,见戴邦等:《新闻学基本知识讲座》,142页,北京,人民日报出版社,1984。
③ 成美、童兵:《新闻理论教程》,55页,北京,中国人民大学出版社,1993。
④ 徐耀魁主编:《西方新闻理论评析》,136页,北京,新华出版社,1998。

中央的工作重点转移到经济建设上来,新闻的经济重要性得到重视和加强;媒介更加重视受众的需求和公众利益。①

不过,理论上的接近并不意味着事实的相同。从报纸的版面或媒体的实际运作上可以显现出中西真正的差别。调查发现,在美国日报上最受欢迎的主题是事故、灾难、自然现象、政府事务、税收和犯罪。②在澳大利亚,"冲突"被视为最重要的新闻价值。伦·格拉纳托将新闻价值各要素排列如下:暴力、死伤及财产损失、战争、犯罪,尤其是绑架、抢劫、重击和谋杀,骚乱、审判、示威、游行、工业竞争、运动结果、议会辩论、选举、破产。③

美国传媒研究者 L.约翰·马丁和 A.G.查德哈瑞的研究表明,在国际所有的媒介体系中,接近性都是新闻选择的标准。但是,在非民主媒介体系中,被高度要求的时效性在受控体系中却成为相对不重要的因素,因为处于受控体系中的媒体必须经过政府审查,从而导致媒体在报道新闻事件时的迟缓。④《悉尼晨锋报》前驻北京记者普瑞斯顿(Yvonne Preston)颇为吃惊地发现:1978 年"四人帮"倒台这一对中国人民极其重要的事件居然首先被英国《每日电讯报》发表,而中国媒体在几天之内毫无反应。⑤

冲突、灾难等负面因素在西方媒体上占据着重要位置。审视中国主流媒体时会发现,以上两种要素的新闻价值都极低。1979 年进行的一项报纸调查显示,中国报纸上宣传党的政策、革命理论以及国家管理的报道约占 70% 的比例。⑥在 1995 年到 1998 年近 4 年中,中央人民广播电台名牌节目《新闻纵横》中有 60%～70% 为正面报道,⑦尽管在 20 世纪末,中国传媒有了很大变革,但上述因素在新闻价值诸要素中仍然处于次要地位。2001 年 2 月 24 日《光明日报》的头版 12 条消息分别为:落实党的有关政策、官员会见、申报奥运会和一般性的消息,而在西方新闻价值中占极高地位的灾难性报道却被漠视——一条四川雅江发生 6 级地震,受灾人数超过 2 万人的消息被埋没在第 3 版的数条消息中。

根据一般考察,20 世纪 80 年代之后,在新闻价值的理论层面(对"反常"因素的认识是个例外),中国和西方基本达成了共识。但在实际运作中,矛盾和反差仍然是很大的。

---

① 廖圣清、张国良:《什么是新闻:对中国新闻媒介的内容分析》,第二届中国传播论坛论文,上海复旦大学,2002 年 6 月。

② ANPA,News and Editorial Content and Readership of the Daily Newspaper. Reston:Ametican Newspaper Publishers Association Research Center,1973. It is cited in L. John martin and Anju Grover Chaudhary(eds.). Comparative Mass Media Systems,New York:Longman Inc. ,1983. 45.

③ Len Granato. Reporting & Writing News,Sydney:Prentice Hall,1991. 31.

④ L. John Martin and Anju Grover Chaudhary. "Goals and Roles of Media Systems",in their(eds.). Comparative Mass Media Systems,New York:Longman Inc. ,1983. 3～5.

⑤ Yvonne Preston. "Resident Correspondent",in Stephen Fitzgerald and others(eds.)China in the Seventies,Canberra:Contemporary China Centre,Australian National University,1980. 4.

⑥ 《新闻战线》,1980(1)。

⑦ 蔡小林:《选题与节目宗旨》,载《新闻纵横精粹》,8 页,北京,中国人民大学出版社,1998。

鉴于理论常与实践不一致,概念的外延与内涵不一致,将比较新闻学仅停留在理论的层面上将是危险的。把理论倡导与同媒体实践区分开来研究是非常重要的。一个普遍认同的概念可能会产生种种解释。如,作为新闻价值最重要因素之一的"重要性"和"即时性"为中西新闻界所共同接受,但大量事实表明,理论的、抽象的"重要性"和"即时性"常常被给予不同的观照。

20世纪90年代末期出版的《西方新闻理论评析》一书中有一段值得注意的论述:

> 在社会主义国家,新闻也讲实效性,但我们的实效性是以不牺牲真实性为前提的,没有真实性的新闻还有什么实效性可言呢?!我们传播新闻还要顾及社会效果。某一条新闻如果可能会对社会产生不良影响、造成社会不稳定,那么我们宁可放弃这一条新闻而将社会责任放在首位。①

什么决定新闻选择?相似事件处理起来为何如此不同,有时甚至会出现完全相反的结局?社会责任在新闻中占据什么地位?看来,对这些问题的解析需要更深入、更精微的观察和把握。

四、新闻的社会功能

在考察过新闻的定义和新闻价值之后,再来看中西对新闻社会功能的不同认识。②

长期以来,新闻的功能问题一直处于激烈的争论之中。一些学者认为这种争论不仅"无休无止",而且通常"没有结果"。③然而,这个问题又是不能回避的。本节的意图并不在于整理出一个标准的定义,而是要通过横向比较来纵深透视两种不同类型的新闻业。

1. 西方

1949年,英国皇家报业委员会提出了新闻的6个"基本职能":④

① 报道时事并向读者做出解释;

② 对公益事件进行评论以引导公众;

③ 告知、教育、娱乐、启迪读者;

④ 提供意见表达和交流的论坛;

---

① 徐耀魁主编:《西方新闻理论评析》,143页,北京,新华出版社,1998。

② 此处的新闻社会功能是指新闻媒体在社会中的作用和影响,这种作用和影响是通过认识主体来解释的。此外,本章中"报纸的功能"与"新闻的功能"是同位关系。

③ Adrian Deamer. "Journalists: Self-censorship", in New Journalist(5 November-December 1972). It is quoted in Keith and Elizabeth Windschuttle, Fixing the News. NSW: Cassell Australia Limited. 41~47.

④ Royal Commission on the Press,1947-1949. Report. 25~26.

⑤ 发表自己的看法；
⑥ 发表读者感兴趣的新闻。

政治学家哈罗德·拉斯韦尔(Harold Lasswell)是最早试图对媒介主要职能进行概括的西方学者之一。①也是在1949年，在一篇题为《社会传播的结构和功能》文章中，拉斯韦尔总结了媒介的基本功能，即：监视环境；与社会各部门相协调并对环境作出反应；传承文化遗产。②

随后，拉斯韦尔的观点被社会学家查尔斯·R.瑞特(Charles R. Wright)进一步发展，瑞特描述了媒介效果原理，并增加了"娱乐"作为媒介的第四项社会功能。③1987年，以上思想又被丹尼斯·麦奎尔(Denis McQuail)做了进一步扩充，在这本名为《大众传播理论》的书中，他将媒介功能总结为以下五点：

① 信息功能(Information)——提供有关世界上的事件和社会情况的信息；
② 协调功能(Correlation)——解释、说明和评论事件及信息的含义；
③ 传承功能(Continuity)——表现主流文化，接受亚文化和新文化的发展，锻造和保持价值观；
④ 娱乐功能(Entertainment)——提供娱乐、消遣以及休闲方式，减轻社会压力；
⑤ 动员作用(Mobilization)——为实现某种社会目的而进行的社会动员，比如：政治、战争、经济发展、建设，有时这种动员也出现在宗教领域。

麦奎尔强调，人们不可能对上述因素进行一般性的等级排列，这些因素的发生频率也无一定之规……④

西方世界普遍认为，告知(Informing)、说服(persuading)、发表意见(Opinion making)和娱乐(entertaining)是媒介的四项基本职能。⑤美国学者约翰·马丁(John Martin)和安居·卓德哈瑞(Anju Grover Chaudhary)指出："人们购买报纸杂志、收听广

---

① Denis McQuail. Mass Communication Theory: An Introduction. New York: Sage Publications, 1994. 70.
② See H. Lasswell. "The Structure and Function of Communication in Society" in L. Bryson (ed.). The Communication of Ideas, New York: Harper, 1948. 43.
③ C. R. Wright. "Functional Analysis and Mass Communication", Public Opinion Quarterly, No. 24 (1960). 606~620. Also see Wright. "Functional Analysis and Mass Communication Revisited" in J. G. Blumler and E. Kats. The Uses of Mass Communications, Beverly Hills and London: Sage Publications, 1974. 197~212.
④ Denis McQuail. Mass Communication Theory: An Introduction. New York: Sage Publications, 1994. 71.
⑤ L. John Martin and Anju Grover Chaudhary (eds.). Comparative Mass Media Systems, New York: Longman Inc., 1983. 12~17. 欧洲传媒研究者对传媒社会功能的看法略有差异，比如，法国的贝尔纳·瓦耶纳指出新闻事业的三大功能是报道、辩论和娱乐(见其《当代新闻学》，25~29页，北京，新华出版社，1986)；德国资深记者赫尔曼·麦恩认为新闻事业的功能是沟通信息、参与舆论形成过程、监督和批评、娱乐与教育(见其《联邦德国德大众传播媒介》，4页，北京，德国大使馆，1997)。

播、看电视或者看电影是因为他们想由此获得消息，得到劝诫并娱乐自身。"①当然，这是个一般性的分析，根据不同的社会条件，媒介的社会功能会各有侧重。

自20世纪30年代以来，澳大利亚新闻记者就媒体的职能问题做了多种探讨。早年，《每日邮报》的创始人之一肯尼迪·琼斯(Kennedy Jones)评论说，"日报只不过是早餐桌上的东西——仅仅是一段香肠而已"。这种说法被媒体研究者亨利·梅耶(Henry Mayer)在其著作《澳大利亚报业史》中加以引用，不过是作为几乎得不到媒介老板和新闻记者认同的反例而使用的。琼斯这种认为媒体无足轻重的意见反映出一些人将媒体仅仅视为是一种私有商业。这种过时的观点，"今天已很少有支持者"。②梅耶列出的另外两条主要观点是：媒介应被看成是一种公共事业，其特征是"一种国家的或政治的媒介"；③媒介是一种商业和公共事业的混合物。

在考察报纸的功能时，梅耶只是将其简单地归为两类：社会的和商业的。然而，他的结论是含混不清的。用他自己的话来说，"谈论媒介功能和责任很难取得成果"。④他接着说：

> 媒介职能的所有概念中存在着的混乱是根深蒂固的，问题是社会期望报纸到底具有怎样的功能。只要生活方式是充满矛盾的，对媒介功能就会有不同的解释。⑤

1991年，澳大利亚学者伦·格拉纳托(Len Granato)教授参照拉斯韦尔和怀特的研究，总结出媒介的五项功能：①监视环境——新闻功能；②协调社会各部门以适应环境——编辑或评论功能；③传承文化和社会遗产——教育功能；④提供日常的精神调剂——娱乐功能；⑤支持经济体系——广告功能。⑥格拉纳托尤其强调，这五项功能适用于"一个民主的资本主义社会，比如澳大利亚"。⑦不过，格拉纳托并未做出进一步的详尽分析。

至此，西方有关新闻媒体功能的主要观点集中在以下几点：①信息(Information)；②评论(Comment)；③娱乐(Entertainment)；④教育(Education)；⑤动员、说服或提倡(Mobilization, persuasion, or advocating)；⑥广告(Advertisement)。虽然一些概念用词

---

① L. John Martin and Anju Grover Chaudhary(eds.). Comparative Mass Media Systems, New York：Longman Inc.，1983.12.
② For this viewpoint, see Henry Mayer. The Press in Australia, Melbourne：Lansdowne. 1964. 46～48.
③ Henry Mayer. The Press in Australia, Melbourne：Lansdowne. 1964. 52.
④ Henry Mayer. The Press in Australia, Melbourne：Lansdowne. 1964. 53.
⑤ Henry Mayer. The Press in Australia, Melbourne：Lansdowne. 1964. 54.
⑥ Len Granato. Reporting & Writing News, Sydney：Prentice Hall, 1991. 21.
⑦ Len Granato. Reporting & Writing News, Sydney：Prentice Hall, 1991. 21.

不同,但实质是一样的,例如,对动员、说服、提倡三个概念的解释就几乎是对等的。

2. 中国

在 20 世纪下半叶,西方新闻界对新闻媒体的社会功能问题基本达成了共识。相对而言,中国的情况则要曲折、复杂得多。在中国历史上,几乎所有的统治阶级都把报纸视为一种政治工具。具有革命思想的洪仁玕在他的名著《资政新篇》的"新闻篇"一节中认为报纸的功能是"上下情通,中无壅塞弄弊者","民心公议,以泄奸谋",报道"各省物价,事势常变","商农览之德,以通有无","昭法律、别善恶、励廉耻、表忠孝","上览之得以资治术,士览之得以识变通"。洪仁玕心目中报纸的功能,首先是做统治者和被统治者之间的桥梁,其次才是信息流通。近代报业的开拓者之一的梁启超是"工具论"的集大成者。他认为:"报馆者,国家之耳目也,喉舌也,人群之镜也,文坛之王也,将来之灯也,现在之粮也。"①根据张昆的研究,梁启超认为新闻有 5 种功能:

①造舆论;②开民智;③兴民权;④合民力;⑤陶民德。

张昆指出:梁启超的政治色彩非常明显。因为"制造舆论乃为维新改革制造舆论,开民智、兴民权、陶民德乃维新的目标,而合民力又是维新的手段。至于在近代社会为其他国家报人所普遍看中的娱乐功能、经济功能,则明显地被忽略掉了,或至少没有引起足够的重视"。②

梁启超时代的报人重视言论时评,轻视新闻本位,注重舆论对社会的影响,其"政治工具论"的报刊思想更是影响了中国一代代报人,包括中国共产党党报,直到现在,这种精神仍然发生着作用。陆晔和潘忠党的研究发现:在中国近现代史上,无论是著名的报刊还是著名的记者,其社会影响和贡献首先是传播新思想新文化的思想启蒙,其次是针砭时弊、自由议政的舆论监督,而作为最基本的新闻职业的功能——报道新闻、传递信息则在最次。③

但是,在 20 世纪 20 年代末,一些受过西方思想浸润的学者,作为第一代中国现代新闻理论家,提出了一些观点,而这些观点正是当时西方新闻思想的翻版。④在他们的眼中,报纸的首要功能就是传递信息。例如,戈公振将报纸功能定义为"向一般读者报道新闻,发表评论"。他说:"报纸之元素,新闻而已。"徐宝璜归纳出与此相似的几条:①供给新闻;②评论时事;③有益于商业;④有助于教育。⑤也是将信息的功能放在首位。戈公振和徐宝璜的理论当时影响很大,他们扭转了革命者的新闻法则,提出报纸应当以新闻为本

---

① 梁启超:《本馆第一百册祝辞并论报馆之责任及本馆经历》,7 页,见《新闻学刊》,1985 年创刊号。
② 张昆:"梁启超新闻思想体系",《传播观念的历史考察》,89~91 页,武汉,武汉大学出版社,1997。
③ 陆晔、潘忠党:《成名的想象——中国社会转型过程中新闻从业者的专业主义》,载《新闻学研究》,2002(71)。
④ 这些可参考戈公振和徐宝璜的著作。
⑤ 徐宝璜:《新闻学》,27 页,北京,中国人民大学出版社,1994。

位,应当以新闻报道为主,新闻与言论分开。但到了 20 世纪 40 年代共产党党报强劲崛起时,这些理论就无可置疑地被取代了。毛泽东将报纸的作用重新定义为:"为了组织群众,宣传党的章程、路线和方针。"①他的其他重要论述包括"报纸应掌握在全体党员和人民群众手中","报纸包括五项主要功能:组织,鼓励,激励,批评和促进"。②所有这些都激励了党的新闻事业的发展。仔细观察会发现,毛泽东的报纸五项功能说与梁启超的新闻 5 种功能说极为相似。

毛泽东确信新闻媒体应该是中国共产党的宣传工具,报纸的首要任务是宣传党的路线、方针、政策,他也身体力行地实践着这些理念。毛泽东写就的十几篇新闻稿都有自己鲜明的写作风格,在事实叙述中夹杂着个人评论与革命激情。他在 1942 年 2 月 8 日的《反对党八股》的讲话中说:"新闻记者是宣传家","一个人只要他对别人讲话,他就是在做宣传工作。"《毛泽东新闻工作文选》中包括几十篇关于新闻工作的文章,但没有一篇提到过新闻媒体的传递信息、传播文化、提供娱乐的功能。③

共产党新闻理论的中心特征被概括为"喉舌论"。1985 年,在一次题为"共产党的新闻事业"的讲话中,时任中共中央总书记的胡耀邦这样阐述:

> 我们党的新闻事业的重要性可用一句话来概括:它是党的喉舌,自然也是政府的喉舌,同时也是人民的喉舌。④

20 世纪 80 年代末期,中国共产党总书记江泽民对此作了更清晰的阐述,他说"我国的报纸、广播和电视是党、政府和人民的喉舌",这个论点"可以解释媒体在党和国家工作中的性质、地位和作用"。他接着说:

> 为什么我们的媒体有如此重要的地位和作用呢?这是由于作为现代传播方法的媒介,能够向公众传播党的路线、指导原则和政策,影响公众并使之以最迅速和最广泛的方式采取行动;它能够广泛地反映群众意见、呼声、要求和愿望;它能够迅捷地向国内外传递信息;影响公众的思想、行为、政治方向,指导、鼓舞、动员和组织群众获取知识,满足其自身利益要求。⑤

"喉舌论"意味着媒体的主要作用就是向公众传递党的方针政策。在共产党的眼中,报纸是一种政治工具,也就是党的工具。

"喉舌论"始于马列主义。在 19 世纪 40 年代,马克思和恩格斯编辑党报时创造了"党

---

① 中共中央编译局编:《毛泽东选集》第四卷,241 页,北京,外文出版社,1977。
② 中共中央编译局编:《毛泽东选集》第四卷,541 页,北京,外文出版社,1977。
③ 张君会:《中西方新闻客观性原理的比较研究》,24 页,未发表的硕士学位论文,保定河北大学,2002。
④ 胡耀邦:《关于党的新闻事业》,载《新闻战线》,1986(2)。
⑤ 江泽民:《关于党的新闻事业的几个问题》,载《求是》,1990(5)。

报"的概念,明确党报的任务是"了解、讨论、表达以及保护党的需要,批评反对党的思想意识"。①他们还把报纸视为"无产阶级革命的器官"。②列宁1902年宣布"报纸不仅是集体的宣传员和集体鼓动员,还是集体的组织者"。③1905年,在一次题为"党的组织和党的出版物"的演讲中,列宁明确指出"报纸应该成为每一级党组织的代言人"。④实际上,毛泽东的理论是对马克思、列宁主义的延伸。

由于毛泽东的绝对领导地位,他对有关中国新闻事业的论断具有绝对的权威性,是不容置疑的。在1978年以前,西方自由主义新闻思想每一抬头,就会被迅速压制下去。

黄旦、丁未两位学者认为中国新闻史上有三种比较成型的报刊角色观:19世纪下半叶到20世纪前20年,是中国新闻学的启蒙时期,梁启超、孙中山等将报纸的角色看成是"政治变革的舆论喉舌",传播的目的就是造成"一国健全之舆论";"五四"时期直至整个20年代,以徐宝璜、戈公振为代表的受西方影响的新一代新闻学者,以新闻为本位,认为"供给新闻"是报纸的"本"和"原质",而报纸为"发表意见的舆论机关"的观点是由此派生出来的,他们还认为,报社的社会角色是传播新闻的职业组织,具有公共性和营业性;兴起于20年代,成熟于40年代的共产党党报思想,其核心就是将新闻事业的功能看成是党的指导机关——对革命运动的指导是党报的首要功能。⑤

在漫长的一个世纪中,中国新闻的社会功能观在剧烈地变动着。从梁启超的"报馆有益于国事"、孙中山的把"非常革命之学说,其理想灌输于人心而化为常识"到毛泽东的报纸是"党的指导机关"理论,我们看到了一个一脉相承的历史流向,这个流向在20世纪20年代时,稍微在"新闻基本的社会功能是传递信息"面前犹豫了一下,又大步返回中国传统新闻的"器"、"术"和"工具"的方向前行,在一段时期内,"阶级斗争是新闻的基本功能"成为中国社会主义新闻学的主潮。总的来说,中国对新闻的社会功能的论争焦点在于:新闻的基本功能是为公众传递信息还是一种政治的宣传工具?应当说,在20年代80年代前,后一种情况占有决定优势。

后毛泽东时代(1976—)的中国新闻事业出现了戏剧性的变化。一般而言,直到1976年毛泽东去世时,"喉舌论"在中国新闻事业中都占有绝对统治地位。此后,中国在思想意识形态的许多方面有了很多改变,新闻业自然是首当其冲。20世纪80年代,伴随着其他重大变化,中国新闻事业与传统的理论发生裂变,逐渐与世界新闻业主流融合,这其中的

---

① 陈力丹编:《马列主义新闻学经典著作》,41页,北京,人民日报出版社,1987。
② 陈力丹编:《马列主义新闻学经典著作》,239页,北京,人民日报出版社,1987。
③ VladimirI lych Lenin. "What is to be Done" in Lenin, Collected Works, New York: International Publishers, 1927.
④ See VladimirI lych Linin. The Collection of Lenin(Russian), fifthedition, Vol. 12, 99~105.
⑤ 黄旦、丁未:《中国报刊思想中的三种报刊角色观》,载《新闻传播论坛》,1998(4)。

裂变也包括对新闻功能的重新定义。在一些代表性的文献中可看到这种变化,比如:甘惜分的《新闻学基础》(1982);戴邦、钱辛波等的《新闻学基础知识》(1983);张宗厚、陈祖生的《简明新闻学》(1983)以及复旦大学新闻系的《新闻学引论》(1985)[1]等。中国社会科学院新闻研究所的戴邦和钱辛波提出:

> 报纸的一般功能有四个方面:报道消息;引导公共舆论;反映经济;传播文化知识。[2]

这个看法已经与西方的论点十分接近,在后毛泽东时代,这种观点可以在众多的出版物中找到回音。例如,复旦大学新闻系编写的一部新闻学教科书这样总结报纸的功能:(1)提供信息;(2)宣传、反映、影响以及引导公共舆论;(3)传播知识、提供娱乐;(4)作为商业企业获取某种利润。[3]

1999年,李良荣的《新闻学导论》将新闻事业的一般功能归纳为:

① 沟通情况提供信息;
② 进行宣传整合社会;
③ 实施舆论监督;
④ 传播知识、提供娱乐;
⑤ 作为企业,赢得利润。[4]

除了第二条中的"宣传",其他都与格兰纳托教授1991年的定义类似,仅在用词方面有些许差别。从字面上观察,中西对新闻功能定义的共同特征可以总结如下:[5]

功能1:提供信息;
功能2:制造舆论(格兰纳托的语言是:编辑或评论,中国的语言是:宣传);
功能3:教育(传播知识);
功能4:娱乐;
功能5:经济(广告及赢利)。

似乎可以这样说,到了20世纪90年代,中国和西方的新闻功能观在理论上非常接近。

---

① 尽管如此,喉舌论在当前中国新闻业中依然占据不可动摇的主导地位。1999年,时任新华社社长的郭超人发表《喉舌论》,再次强调社会主义事业的新闻功能。
② 戴邦等:《新闻学基本知识讲座》,109页,北京,人民日报出版社,1984。
③ 复旦大学新闻系:《新闻学引论》,139～143页,福州,福建人民出版社,1985。戴邦的"反映经济"以及复旦大学的"获取某种效益"的提法反映了中国1978年以来日益增长的经济要求。
④ 李良荣:《新闻学导论》,101～103页,北京,高等教育出版社,1999。
⑤ 甘惜分:《新闻学基础》,74页,北京,中国人民大学出版社,1984。

不过，上述这些对媒介功能的概括是从中西双方的理论中总结出来的，在具体实践中当然会有巨大差别。例如，虽然中国近年来一直在引进西方的新闻学和大众传播学，但"喉舌论"依然强势并起着决定作用；另外，西方的许多新闻实践也不一定与格兰纳托教授的理论概括相一致。尽管如此，上述基本框架至少提供了中西新闻功能观的理论契合点。最重要的是，20世纪90年代以后，中国或西方在新闻理论层面上都同意将提供信息（Inform）作为新闻社会功能中的头等重要功能。

仔细诠释新闻的全部社会功能不是本书的任务，下面一章将集中分析新闻诸功能中最重要的功能——告知（Inform）功能。

本章小结

在一个世纪的洗礼中，中西新闻理论经过了无数次碰撞。到了20世纪90年代，中西在一些基本的新闻概念方面显示出很大的趋同性。从"源"和"流"的关系来看，西方新闻学在先，中国新闻学在后，诠释这些基本概念的冲突、融合与变异是比较新闻学研究的任务之一。

信息流动：怎样面对挑战

提供信息虽然是新闻最重要的社会功能，但信息流动——媒体采集信息、传递信息、受众接受信息却不是一路畅通的。新闻传播学中最基本的问题就是信息流动。它决定了其他一些派生问题的方向：比如新闻价值、真实性、客观性、阶级性、舆论监督、新闻专业主义等。

在信息流动中有四个重要因素：

1. 媒体
2. 受众
3. 权力
4. 传播渠道

媒体怎样采集到信息、将信息作为一种有效的方式传达到受众中，不仅仅是一个技术层面的问题。因为信息在传达中经常会受到一些权力因素的干扰，由此影响到信息的命运——是被阻碍、被部分放行，还是自由流通？"把关人"(Gate Keeper)理论专门探讨了这一类问题。

受众本身的知识构成当然会影响信息的接受，但此问题不在本章的视野之内。这里着重考察信息流动中的权力因素。

所谓权力因素是指政权机构、媒体所有人、媒体工作者自身和媒体的商业环境对信息流动的影响。信息流动要受这四大因素的干扰，而其中每个环节都能对信息流通造成重大影响。

研究这四者之间的关系，是我们考察新闻信息功能的重点。

一、为信息自由流动而斗争的实践

历代统治者都试图阻止信息的正常流通，人类的传播史实际上是一部人民为自由地获取信息而斗争的历史。多年来，西方和中国为实现新闻流动都作出了不懈的努力：

1529年,英国颁布"非经国家许可,出版不得开业"的特许令。1547年,英国国王亨利八世发布有关新闻出版的法令,正式建立出版物的审查制度,以控制宣传宗教改革和带政治论战性的出版物的发行。1557年,英国成立皇家特许公司,管理出版事业。同年实行总逮捕状制度,凡被认为在出版物中诽谤国王、王室和政府官员的人均可被逮捕。1596年,教皇庇护五世在罗马红衣主教会议上攻击手书报纸,支持宗教改革。数日后,记者佛郎科被处以绞刑。1570年英国皇家出版法庭决定:凡被认为煽动叛国和诽谤宫廷案件,可处以罚款、戴枷示众、斩手足和坐牢。1572年,罗马教皇发布谕旨,禁止手书新闻,违者以及知情不报者要被判刑或处死。1587年,意大利手书记者团领袖加贝洛被捕后被割去舌头和一只手,在罗马街头绞首示众。1644年,英国作家约翰·弥尔顿发表《论出版自由》,抨击检查制度。1649年,英国克伦威尔政府逮捕了批判政府的平等派领袖约翰·李尔本,10万名群众签名要求释放,法院宣判李尔本无罪。1690年哈里斯《国内外公共事件》在北美波士顿创刊,由于批评当局,该报只出版了一期就被迫停刊。1721年,普鲁士国王菲特烈·威廉一世下令禁止出版报纸,全国只准出版一种官报——《柏林特权报》。

1726年,中国报人何遇恩、邵南山在小报上发表皇帝游圆明园的消息,被雍正皇帝以"捏造小钞,刊刻散布"的罪名处死,铸成中国新闻史上最早的"文字狱"。1752年,英国书商威廉·欧文因出售批评议会的书刊,以诽谤罪受审,陪审团拒绝伦敦首席法官的法令,欧文被无罪释放。1796年,俄国女皇凯塞琳二世命令建立报刊的出版前检查制度。1799年,印度第一个《新闻法》颁布,内容是英国驻印总督发布的法令,要求各报在版面上印上印刷者、出版者和编辑的姓名,并将稿件事先送政府审查。1823年该项预检制度被取消。1800年1月2日,法国拿破仑执政府颁布法令,取缔60家报纸,严禁创办新报刊,并重新颁发出版许可证制度。该法令宣布,对刊登"违背社会公约、触犯人民权利和军队荣誉,或者抨击共和国盟国及其政府的文章"的报纸一律予以取缔。1804年,俄国政府公布第一个《书报检查法》,规定报刊所有文章都要由书报检查官预审。1868年5月10日,法兰西第二共和国明令废除新闻预审制度,并允许创办新报纸。一年间,巴黎约有140家报纸创刊,其中以资产阶级共和派报纸居多。1875年,日本政府颁布《报纸条例》,第一次规定对报纸的处罚条文。日本政府公布《谗谤律》,这部日本历史上第一部《损害名誉法》规定,禁止"诽谤"天皇、皇族和官吏。

沈荩(1872—1903)是近代中国第一位以身殉职的记者。1903年7月,沈荩将《中俄密约》草稿送日本《朝日新闻》发表被慈禧太后下令杖死。同年8月,列宁在《给俄国社会民主工党中央委员会》中提出,"党的报刊无条件服从党"的原则。当年6月底,中国清政府授意上海租界工部逮捕猛烈抨击清王朝的《苏报》主编章太炎和撰稿人邹容,法庭判处章、邹两人永远监禁。1906年,中国清朝政府公布《大清印刷物专律》,规定凡印刷物中有怨恨、侮谩皇帝、皇族和政府,或煽动"愚民"违背典章国制者,处10年以下徒刑或课以

5000元以下的罚款。同年,中国清朝政府公布《大清报律》,共45条。规定稿件在出版前送审,凡刊载"诋毁宫廷"、"淆乱政体"、"扰害公安"的文章要遭惩罚……①

世界各国不断涌现出为信息流通而奋争的勇士,从20世纪的报人邵飘萍、黄远生、史量才、张季鸾、储安平到21世纪的阿内特(Peter Arnett)、阿桑奇(Julian Paul Assange)……为了一个崇高的目标,一代代报人和记者前赴后继。②

以这么多的笔墨来勾勒,无非想让读者充分理解一个事实:中国和西方都有一个为争取信息自由流动而共同奋争的历史。

二、"完全信息"和"全面告知"

"告知"作为报纸最重要的特征,得到了中国新闻业的高度认可,在20世纪90年代后出版的许多教科书中,告知功能都占有显而易见的关键位置。然而,在实践中,情景却是复杂的:信息通往社会,达到何种程度才算合乎标准呢?在观念上,西方新闻界强烈坚持社会应该拥有"最大量的"(maximum)或"完全的"(full)信息,人们应被"全面告知"。即使是在报纸初建年代,仍能听到这种原则的回声。1803年,澳大利亚最早的报纸《悉尼公报》创刊号即宣布"提供信息"是其"唯一目的"。③西方新闻学相信,人民应拥有不受约束的知情权,媒介的作用包含着监视政府政策以履行其"舆论监督"之功能。媒介批评家凯思·温楚特(Keith Windschuttle)声称,人们"有权了解所有事实和观点,这样人们就能够对影响其生活的政治、社会和个人问题做出明智的判断"。④

报纸必须满足读者对信息渴求的观点为西方新闻界普遍认同。在民主社会中,"人民拥有知情权和被告知权"的观点得到广泛坚持。⑤美国著名记者肯特·库柏在20世纪40年代中期提出知晓权的概念,认为受众享有通过新闻媒体了解政府工作的法定权利。20世纪60年代后,"知晓权"被解释为是一种广泛的社会权利和个人权利。穆尼·K.纳瑟(Munir K. Nasser)断言"能自由获知的公众,对保证一个开放、民主社会的有效运作是必要的"。人们尤其应被清楚地告知他们的政府正在做些什么,新闻必须向他们提供必要的事实以使之对公共问题形成合理意见。媒体负有监视政府政策的责任,应成为"守望

---

① 详见唐惠虎:《舆论监督论》,226~237页,武汉,湖北教育出版社,1999。

② 有关中国报人为信息流通奋争的历史,见张育仁:《自由的历险——中国自由主义新闻思想史》,昆明,云南人民出版社,2002。

③ Sydney Gazette(5 March 1803).

④ KeithWindschuttle. The Media, A News Analysis of the Press. Television, Radio and Advertising in Australia, 1988. 15. See also Granato. Reporting & Writing News. 22.

⑤ For more information see Everette E. Dennis and John C. Merrill. Media Debates: Issues in Mass Communication. New York: Longman, 1991. 46.

犬"以及人民权利的卫士。①澳大利亚政治家、前总理 E. G. 惠特拉姆（E. G. Whitlam）宣称："除非社会拥有最大的信息量，否则它不可能有效地做出决定和判断"，尽管"在公众知情权与当权者的政治需要之间总是存在矛盾"。惠特拉姆坚持认为，媒介是使人民被有效告知的有效方式。②

1951年，芬兰颁布《政府文件公开法》；1966年，美国国会通过《信息自由法》，要求政府公开所有的信息材料，还规定了"保密权"的限定条件。20世纪70年代以来，德国、英国、日本等国也都开始制定相应的法规，比如日本的《信息公开权利宣言》。各发达国家都充分意识到，信息自由流通是新闻媒体最重要的功能。

从实践观察，向公众提供全面信息的理论诉求在中国非常微弱。事实上，中国的信息功能一直面临着挑战。纵览中国历史，社会对信息或意识形态的控制一直都是极为严厉的。古代圣贤孔子向统治阶级进言"民可由之，不可使知之"，"防民之口，甚于防川"等说法为世代统治者所沿袭。中国现代报业的开拓者梁启超的"去塞求通"强调的是统治者与被统治者（主要是官吏和士阶层）之间的沟通，而非指社会上全面流动的信息。当西方各国报业形成自由、独立的社会力量时，中国的报业却越来越牢固地控制在政府手中。在20世纪90年代前出版的《汉语词典》中，要想找到"看门狗"或"舆论监督"的短语是很困难的。在中国，媒介的信息功能没有得到充分体现。"最大限度地提供信息"意味着既提供好消息，也提供坏消息。但长期以来，灾难、犯罪、性、社会阴暗面以及批评政府的意见均属于中国媒体的禁区。也就是说，把关人在允许一些信息抵达公众的同时，另外一些信息受到了阻碍。

穆尼尔·K.纳瑟在概括第三世界国家的新闻特征时说："他们的主要关注点在于积极报道政府的目标，有助于国家发展。因此，这是他们认为公众所需要的信息。"

由于信息受到阻碍，在对新闻媒介的信任问题上频频出现危机。1981年北京新闻协会做了一项民意测验，调查者从1873个样本中发现，73.8%的人不信任报纸。1983年，北京新闻协会和中国社会科学研究院新闻研究所组织了一次包括1532人的民意测验，结果表明，只有22.7%的人完全信任报纸。1988年，中国人民大学的舆论研究所对200位著名的政治家和知识分子做了民意调查。结果是，62%的人对媒介表现强烈不满；77%的人相信中国的媒体只会宣传党和国家的政策，从不表示批评和作出判断；91.5%的人认为媒体在反映舆论方面的作用并不尽如人意。

信息流动不畅通和人们对新闻功能的认识紧密相连。中国新闻界历来把媒介当作宣

---

① Munir K. Nasser. "News Values Versus Ideology: A Third World Perspective" in L. JohnMartin and Anju Grover Chaudhary(eds.). Comparative Mass Media Systems, New York: Longman Inc., 1983. 47.

② E. G. Whitlam. "The Responsibilities of Journalism in an Advanced, Democratic Society" in The Role of The Specialist in Journalism. Canberra: Third Summer School of Professional Journalism, 1968. 28.

传工具,认为新闻机构就是党和政府的宣传机构,新闻媒介必须承担政治宣传和新闻报道的双重功能,而其中宣传又是第一位的。20世纪90年代,中国社会主义市场经济体制的大政方针确立后,人们开始用一种理性的眼光审视新闻媒介的功能,一种意见认为:就生产带有强烈的意识形态性质的精神产品来说,新闻媒介属于上层建筑领域;而就为全社会提供经济活动和人们生活必不可少的信息、知识和娱乐来说,新闻媒介属于第三产业即信息产业。

新闻是一种信息的观念一经确立,导致新闻媒介功能的重新定位,从而引发新闻媒介的巨大变化。人们认识到,新闻媒介不但要从事宣传,还必须(具有)提供信息、介绍知识、提供娱乐等多种功能。[①]

三、对"全面告知"的挑战

尽管西方新闻界强烈坚持社会应该拥有"最大程度的"(Maximum)或"完全的"(Full)信息,人们应被"全面告知",但这种愿望是难以实现的。事实上,信息在传输和流动中会很自然地遭到各种阻碍,打各种折扣,受众所接受的信息并不是"最大量的"或"全面的",人们只能向着这个美好的目标一步步迈进。怀特(D. M. White)的"把关人"理论清楚地说明了这一点。怀特在研究美国一家非都市报纸时发现,电讯编辑在一周内收到了11910条(英寸)电讯稿,但最后发出的稿件只有1297条(英寸),经过筛选和过滤,被怀特选用的信息只有接收总量1/10。[②]

被认为具有高度新闻自由的美国在信息流通方面也存在着种种困扰。美国"禁发新闻项目"是由索诺马州立大学基金会资助的非营利项目组织,成立于1976年,其宗旨是倡导并保护《美国宪法第一修正案》(简称《第一修正案》)的权利和信息自由。这个项目的研究成员每年都要从世界各地发行量很小的媒体上获取一些样品,研究为什么这些信息没有被主流媒体报道。他们挑选禁发新闻的标准是:

1. 该新闻应包括美国公众有权并有需要了解的信息,但它的流动却受到了限制;
2. 它应当是及时的、正在发生的,并对一定数量的美国人具有影响;
3. 该新闻应该有明显的思想,并受到有力的、可靠的资料的支持;
4. 该新闻须公开发表;
5. 它与每个美国人有着直接的联系,并包括有关美国国内公民参与的事件。

[①] 廖圣清、张国良:《什么是新闻:对中国新闻媒介的内容分析》,第二届中国传播论坛论文,上海复旦大学,2002年6月。

[②] 李彬:《主要理论评析》,见徐耀魁:《西方新闻理论评析》,285页,北京,新华出版社,1998。另见张国良编:《新闻媒介与社会》,76页,上海,上海人民出版社,2001。

1998年"禁发新闻项目"发现,当年有24条被禁发的新闻,其中包括:秘密国际贸易协定损害国家主权;化学公司利用乳腺癌获利;美国:纳税人的美元支持着恰帕斯的敢死队;扩建私人监狱成了大买卖;美国媒体对波黑的的报道有失公正等。这些消息不是因为不真实才被主流媒体摒弃,而是因为它们太真实了。

美国华裔传播研究学者余燕敏、鄢利群认为,媒体机构所有权、广告、消息来源、媒体批评和意识形态是影响美国媒体的5种"过滤器"。①

国内一些学者认为,中西新闻传媒彼此都存在着社会调控问题,国家、政党和各种压力集团都对新闻传播行为进行强制的管理和有效的引导。而各国对新闻传媒实施社会调控的途径大致相仿,它们是:

(1)法律调控;(2)政党调控;(3)行政调控;(4)集团调控;(5)行业调控;(6)资源调控;(7)税收调控;(8)市场调控。②

所谓调控实质就是对信息流动的一种限制。以下主要考察一下影响中西信息流动的三个重要因素:权力的因素、媒体所有者的因素、媒体工作者的因素。

四、影响信息流动的因素之一:权力

在本节中,权力的因素主要指国家权力对信息流动的影响。因为某种政治需要,国家政权力量能直接干预信息流动。本节主要通过一些实例来验证这种情况。

从理论上讲,西方的政府机关和媒体是分开的独立的实体,政府没有权力控制媒体,在和平时期更是如此。在法律上,美国有1789年制定的《第一修正案》,其中的"国会不得制定任何剥夺人民言论和出版自由"等条款,奠定了媒体自由报道的基础。1960年《纽约时报》与警察局长沙力文是一个典型的例子。

1960年3月29日,《纽约时报》刊登了一整页政治广告,其中对阿拉巴马州蒙哥马利市警察处理民权运动示威分子的行为有所指责。刊登广告者为四位黑人民权牧师。广告中并未指明任何政府官员的名字,但该市四位官员和市长认为他们的名誉受到广告的诽谤。警察局长沙力文将《纽约时报》和广告刊登者一并告上法庭。地方法庭认为被告触犯《诽谤法》,判赔偿诉方50万美元。《纽约时报》不服,将案件告到联邦最高法庭,并引据《第一修正案》中对新闻自由保障的有关条款。最高法院于1964年3月9日判决《纽约时报》和四位登广告的民权律师胜诉。这个判决被称为美国新闻上最重要的里程碑判决,其中认定,政府公务官员,对执行公务所受的批评,不能要求诽谤赔偿,除非政府官员能提出

---

① 俞燕敏、鄢利群:《无冕之王与金钱:美国媒体与美国社会》,79~80页,北京,中国社会科学出版社,2000。
② 见童兵主编:《中西新闻比较论纲》,175~176页,北京,新华出版社,1999。

证据,证明此种批评是深具恶意的。其中的三名法官主张新闻界应有绝对的权利来批评政府公务员,即使有"恶意",也应该给予保障。①

以上是西方民主社会为求信息流动的一个极端的例子。

1. 战争与国家利益

在美国,政府干扰信息流动的情况大多数发生在新闻与"国家利益"发生冲突和"战争期间"。

在第一次世界大战爆发后,美国通过了《间谍法案》,威尔逊总统发表公告,宣称凡是发表"有助于敌人的新闻,均以叛乱罪处"。在第二次世界大战期间,美国成立了保密局,对战争期间进出美国的所有电讯进行检查,颁发了《战时新闻法》和限制广播的特别法规。1991年"海湾战争"期间,美国国防部对战地新闻报道下发了十多个条款的限制。

1961年4月,肯尼迪对媒体发表演说,呼吁报业在"冷战"期间要考虑新闻报道的"自我检查",肯尼迪是针对"古巴导弹危机"的。《纽约时报》发行人应总统的请求,对"进攻古巴"的消息进行了封锁。在20世纪60年代初,在政府的压力下,《纽约时报》多次扣发U-2间谍飞机秘密飞行、苏联在古巴部署导弹的报道。美国中央情报局曾于70年代在东南亚使用神经毒气对付逃兵,CNN准备报道这一消息,但在纽约首席检察官艾布拉姆斯的反对下,该报道被撤销。②

由于国家利益和战争期间的特殊情况,新闻媒体一般都与政府合作,自觉地接受政府的有关限制,但有些试图冲破政府限制的记者就遭受了惩罚(比如撒切尔夫人对卷入"马岛战争"英国媒体的惩罚)。信息流动的程度,人民对政府政策的知情权以及何谓泄露国家机密,西方各国政府的标准和判断并不完全一致。1971年,《纽约时报》泄露"五角大楼"文件,政府将该报告上法庭,但联邦法院判《纽约时报》无罪,驳回了政府的指控。然而在1976年,日本《每日新闻》记者西山太吉却在报道中由于泄露了"外务省机密文件"而被治罪。

现在来观察一下当代争取信息自由流动的两个经典案例。

在美国新闻史上,"五角大楼越战机密文件披露案"占有光辉的一席之地,也是我们研究美国政府与媒体之间关系的一个重要参照事件。

1965—1966年,美国在越战争日渐升级,政府发言人称"越战"形势大好,但战况实际是在日趋恶化,民众与新闻界对政府的怀疑与日俱增。

1967年,国防部部长麦克纳马拉聘请了由学者、国防部和国务院组成的36位专家组成一个专案委员会,研究美国究竟是如何卷入"越战"的。委员会历时18个月,写成47卷

---

① 李子坚:《纽约时报的风格》,299页,长春,长春出版社,1999。
② 彼得·菲利普斯、禁发新闻项目组:《美国禁发新闻》,2页,北京,光明日报出版社,2000。

报告,后来有 45 卷共 7000 页落入《纽约时报》记者席汉(Neil Sheehan)手中。这些文件的提供者是委员会的激烈反战分子、兰德研究所研究员艾斯伯格(Daniel Ellsberg)。《纽约时报》动员了 30 多名编辑,耗时两个半月,将 7000 页约 250 万字的文件,浓缩为 30 万字,于 1971 年 6 月 13 日开始登出。政府立即出面要求停止刊登,理由为事关国家机密。《纽约时报》被迫停刊 15 天。最后,最高法院介入,对"机密文件"的定义进行了衡量,法官认为政府没有充分证据来证明有"事先检查与限制的必要",此外,没有任何国会法律支持政府有事先检查新闻的权力。法官认为,政府对新闻报道设限是不合法的,除非披露这些报道足以对国家和人民造成"立即和无法挽回与弥补的损害"。经司法机关审理,6 月 30 日,最高法院判决《纽约时报》可以继续刊登。

《纽约时报》转载"越战文件"揭露了政府当局隐瞒真相、欺骗民众的种种情况,此后,人们普遍对政府持怀疑态度,总统和政府的威信大大降低。1973 年"水门事件"的爆发与"越战文件"事件有直接的联系。

《纽约时报》总编辑罗森索说:无论后果如何,在美国历史上,这是美国人第一次可以读到美国政府如何卷入"越战"的真相,并作出自己的判断。"我们不能重写越战的历史,但至少这些机密文件发表后,美国人民可以过问,以防止另一个越战!"

新闻界认为,它们的责任不是要刊登政府的声明,而是暴露政府的非法行为。

但是,观察家同时注意到,无论最高法院的判决如何对报纸有利,政府还是在 15 天内成功地禁止了一个媒体发表有关新闻。此前近 300 年来,美国的新闻自由一直不接受事先限制与拘束,这个事件反映出政府仍然可以无视新闻自由和滥用权力。[①]

在 2004 年"伊拉克战争"中,两名美国电视记者因违反战地报道规定,在美国官方的压力下被革职,这个事件,也成为研究西方政府在战争条件下控制媒体的一个典型案例。

美国著名电视记者彼德·阿内特(Peter Arnett)曾因在一线报道"越南战争"和首次"海湾战争"而多次获奖,他在伊拉克国家电视节目中放言,美国的"伊拉克战争计划"已"失败",旋即被美国全国广播公司(NBC)解雇。

美国全国广播网发表声明说,"阿内特先生在伊拉克政府控制的电视台接受访问是错误的,特别是在战争期间,从现在起他不再为全国广播公司和微软全国广播网(MSNBC)工作了"。

与此同时,美国军方发言人还宣布知名电视记者热拉尔多·里韦拉为不受欢迎的人,并被美军从伊拉克驱逐。美国军方指责他在战地报道中太具体,危害了美军部队的安全。美国军方发言人说,目前共有 800 名记者跟随美军和英军在伊拉克地面报道战况进展。

---

① 李子坚:《纽约时报的风格》,307~313 页,长春,长春出版社,1999。

尽管美国媒体对"伊拉克战争"报道的基调色彩纷呈。但如果有媒体试图提出批评意见的话,几乎就立即会被当成卖国者。①

2. 非战争时期

即使是在和平时期,有时候为了特殊的目的,政府也会影响媒体报道和信息流动。英国早在20世纪80年代就发现了"疯牛病",但直到90年代末期这个消息才被公布。个中的原因之一就是政府有关部门担心消息一公布后,英国牛肉的市场份额会受到影响。

1986年,位于基辅附近的切尔诺贝利核电站发生核泄漏,污染了附近大批庄稼和奶制品,并波及东欧和西欧的部分地区。在斯堪的纳维亚以及波兰探测到核辐射的情况下,苏联政府仍然否认发生了任何灾难性事故,并对信息的流通加以严密限制。后来,此事激起公愤,苏联政府不得不承认事故,但仍迟迟不对公众宣布核辐射的污染程度和范围,在西方媒体的压力下,事故发生了几个星期之后,苏联才将细节公之于众,成为一大丑闻。

第三世界国家存在着大量的政府阻碍信息流动的案例。1990年11月,由于《纽约时报》的斯蒂文·厄兰格报道了印尼总理苏哈托子女的商业利益以及他们与政府背后的交易,印尼政府禁止厄兰格进入印度尼西亚,以堵塞政府不愿披露的信息渠道。1994年11月,当东帝汶发生有史以来最大的反政府游行之后,印尼政府宣布禁止外国记者前去采访。②

2006年,美国纪录片女导演劳拉·珀特阿斯拍摄了反映"伊拉克战争"的纪录片《祖国!祖国!》。公映后,由于其中的反战思想,劳拉被视为政治嫌疑犯,几乎在每次入境时都会被美国国土安全部的官员留下进行各种盘问,这意味着她已进入了当局的黑名单。2013年6月"棱镜事件"爆发后,劳拉正式被当局列入调查对象。③

3. "交叉媒介法"和"D-Notice"

在澳大利亚,联邦政府几乎没有具体的立法来规范印刷媒介。④新闻记者在社会的各个方面都拥有较大的报道自由,在报道政治、文化、犯罪、灾难等方面没有特殊障碍。总理部长们随时可能会遭到讽刺和攻击,政府政策频频受到抨击,犯罪和丑闻是媒体上长盛不衰的主题。澳大利亚新闻学者很少担心社会对表达自由的限制,他们更加关注报道中的

---

① 《两名美国记者被禁止战地报道》,《人民网》,2003年4月1日。http://www.people.com.cn/GB/guoji/209/10482/10484/20030401/959608.html。

② 威廉·哈森:《世界多棱镜——变化中的国际传媒》,25~26页,北京,新华出版社,2001。

③ 《FBI对斯诺登展开刑事调查美纪录片导演牵涉"棱镜门"》,http://news.xinmin.cn/world/2013/06/15/20677411.html。

④ See The Parliament of the Commonwealth of Australia. News & Fair Facts: The Australian Print Media Industry, Report from the House of Representatives Select Committee on the Print Media. Australian Government Publishing Service, Canberra: March 1992. 402. Also see Mark Armstrong, Michael Blakeney and Ray Watterson, Media Law in Australia: A Manual, Second Edition. Melbourne: Oxford University Press, 1990. 204~221.

伦理以及如何保护个人隐私权等问题,因为新闻记者被赋予了太多的自由空间。①

然而,这并不是说信息流动就能畅通无阻地到达受众彼岸。在记者报道新闻与政府压制或控制信息之间,仍存在矛盾。1984年,新南威尔士州工党政府试图通过撤走版面上的政府广告以惩罚批评它的Fairfax报业集团。②此前,在1975年的选举运动中,人们普遍认为当时的总理麦尔科姆·费雷泽(Malcolm Fraser)与澳大利亚主要日报的编辑具有非同寻常的关系。③在1977年联邦选举中,这一幕又得以重演,在选举中,费雷泽试图"绕过议题,并控制选举"。④据英国《卫报》观察,在澳大利亚,"总理与媒介所有者保持亲密接触是公开的秘密"。⑤

在澳大利亚,政府对媒介的直接控制主要体现在"交叉媒介法"和"D-Notice"(国家防卫备忘录)制度上。由于媒体日益集中于少数寡头,这种状况将会"限制公众接近多种意见、信息、消息及评论",⑥1987年,澳大利亚实行了《交叉媒介法》。该法规定电视集团在同一市场报业拥有的股份最高不超过15%,而报业只能拥有电视网络市场5%的份额。用当时总理基廷(Paul Keating)的话说就是,你"要么做报业的王子要么做荧屏的皇后",但不能兼而有之。⑦1995年2月至3月,媒介巨子凯瑞·帕克(Kerry Packer)、鲁珀特·默多克(Rupert Murdoch)与政府之间就《交叉媒介法》问题开展了一场激烈争论。⑧

D-Notice制度是一种媒体自律体系,它于1952年由门森斯(Menzies)政府提出。⑨该制度要求报纸避免发表不利于国家的材料。D-Notice制度限制许多信息的发布,如军事基地的位置、秘密协议、雷达装置、监视外国使馆同其本国政府之间的官方联络等。⑩1967年,

---

① Sally White. Reporting in Australia, South Melbourne: The Macmillan Company of Australia Pty Ltd. ,1991.10.

② Padraic P. McGuinness. The Media Crisis in Australia: Ownership of the Media and Democracy. Melbourne: Schwartz & Wilkinson,1990.5.

③ Patricia Edgar. The Politics of the Press. Melbourne: Sun Books,1979.58.

④ The statement was originally published in the Guardian(10 December 1977). It is quoted in Chris Duke. The Impact of Modern Communication Technology in Australia. Centre For Continuing Education. Australian National University, Canberra: 1979.40.

⑤ The Guardian(10 December 1977).

⑥ The Parliament of the Commonwealth of Australia. News & Fair Facts: The Australian Print Media Industry.

⑦ For a discussion of cross-media laws, see Alan Ramsey. "Cross-media Laws Are Still a Joke". The Sydney Morning Herald. 6 May 1995.35.

⑧ For information on this debate see Mark Furness and Steve Lewins. "Packer Goes on the Attack". The Australian Financial Review. 17 February, 1995. 1 and 4; Lenore Taylor. 'Packer Accuses PM of Intimidation'. The Australian. 7 March,1995.1.

⑨ Keithand Elizabeth and Windschuttle. Fixing the News: critical perspectives on the Australian media, North Ryde, N. S. W. : Cassell Australia,1981.44.

⑩ Keithand Elizabeth and Windschuttle. Fixing the News: critical perspectives on the Australian media, North Ryde, N. S. W. : Cassell Australia,1981.44.

《澳大利亚人》的编者按 D-notice 要求放弃了对一条消息的发布,这条消息的主题是:澳大利亚国防部监测到了外国使馆从堪培拉发往其本国政府的秘密电报。①

为了"国家利益",D-notice 被各大媒体广为接受。1995 年,《悉尼晨锋报》将澳洲政府窃听中国驻堪培拉大使馆消息的详情公之于众,联邦政府加紧了控制。政府提议,实行严格的新闻法,监禁泄露官方秘密的官员,并对披露秘密的媒体处以高达 100 万澳元罚款。②

很快,《悉尼晨锋报》予以回击道,政府提议:"一种对公众知情权的威胁",它"给予政府禁止出版的特权,即使具有所谓保护'国家利益'的理由,但也许是错误的"。③

在澳大利亚,除一般法律外,并没有针对媒体的特殊法律限制,④在法庭上,如果法官要求记者披露来源,而记者拒绝的话,法官会以藐视法庭罪对其予以处罚。⑤ 1989 年,《西澳大利亚人》报记者托尼·巴拉斯(Tony Barras)因拒绝披露报道来源而被关进监狱。1992 年 3 月,《布里斯班邮报》记者乔·巴德(Joe Budd)因在一篇"损害名誉权"的报道案件中未能披露消息来源,也被投进监狱。⑥

美国的情况也很相似。1978 年,《纽约时报》记者法尔勃(Myron A. Farber)根据一位妇女的秘密报告,查出新泽西州瑞夫德尔医院的一桩奇特的 5 人死亡案件,与一名医生有关,在报纸上做了披露。此案被诉诸法庭时,法官命令法尔勃交出所有的采访笔记、录音带和电脑资料,被后者拒绝,结果法尔勃以藐视法庭罪入狱。报社支持了自己的记者。总编辑认为,如果记者交出了材料,消息来源将受到威胁,新闻自由也会面临威胁。报社为此付出了 100 万美元的代价。⑦

记者们相信"记者和媒介的职责就是给公众提供信息",保护消息来源"是社会中信息自由流动的必要条件"。⑧根据澳大利亚报业理事会的调查,西方国家中记者受法律保护

---

① Keithand Elizabeth and Windschuttle. Fixing the News: critical perspectives on the Australian media, North Ryde, N. S. W. : Cassell Australia, 1981. 45.

② David Lague. "Media Chiefs Baulk at Crack Cown on Secrets". The Sydney Morning Herald, 14 December, 1995. 3.

③ "Unnecessary Censorship". The Sydney Morning Herald, 14 December, 1995. 12.

④ Mark Armstrong, Michael Blakeney and Ray Watterson. MediaLaw in Australia, second Edition. 204~211.

⑤ See David Flint. "Complaints and Confidentiality" in Journalism and the Law, Seminar Papers, No. 5 (Australian Centre For Independent Journalism, October, 1992). 13~16.

⑥ David Flint. "Complaints and Confidentiality" in Journalism and the Law, Seminar Papers, No. 5 (Australian Centre For Independent Journalism, October, 1992). 18.

⑦ 李子坚:《纽约时报的风格》,341~343 页,长春,长春出版社,1999。

⑧ David Flint. "Complaints and Confidentiality" in Journalism and the Law, Seminar Papers, No. 5 (Australian Centre For Independent Journalism, October, 1992), p. 16.

程度最高的是奥地利；然后依次是瑞典、丹麦、美国、英国；最后才是澳大利亚。①该理事会建议，在澳大利亚引进保护新闻来源的《保护法》(Shield Law)。

4. 信息流动的政策调控

在当代中国，影响信息流动的权力因素是由党和政府共同构成的。党和政府通过一系列政策法规来限制和规范着信息流动。"主要是由中共中央及宣传部通过一系列文件，各种党中央颁布的决议和决定，中央领导人的讲话与指示，对新闻传媒实行统一调控。"②

1980年，一份党的文件指出："党的报刊必须无条件地宣传党的路线、方针、政策和政治观点。"1981年，另一份党的文件强调："报刊、新闻、广播、电视是我们党进行思想政治工作的重要武器"，必须"与中央保持政治上的一致；不允许发表与中央路线、方针和政策相违背的言论。"有些政策是对具体问题的限制，如："党报编辑部无权以报纸与党委会对立"，"不经请示不能擅自在报纸上批评党委会"的指示(1953)就限制了报纸对党的批评。"新闻宣传要考虑内外影响"的文件(1983)则限制了对社会问题的报道，文件中说，一些犯罪问题如杀人、劫机、绑架和抢劫可能会造成社会不稳定的印象，"不宜在公开报道中大肆宣扬。"党的另一项政策(1987)对事故和灾难的报道做了规定，其中明确指示说，重大自然灾害和意义重大的政治问题，只有经由人大及党中央委员会的批准才可报道。总之，示威、抗议和骚乱都不应被报道(1989)。1988年的一项文件规定，"在重要的敏感文章以及国际事件评论发表之前，必须经过相关的权威部门领导的审查"，从而限制了对国际事件的报道。③

由于官方的干预，信息在流动中会出现种种受阻碍的现象。以下是几个例子：

(1) 炮击金门事件(1958)

1958年8月23日中午，福建前线驻军开始炮轰金门、马祖等岛屿。但是这条消息两天之后才由中国的媒体报道出来。根据学者赵振宇的研究：

> 当时中央领导同志正在北戴河召开中央工作会议。毛主席对新华社社长吴冷西说，找你快来就是要你了解这突发事件。你的任务是要新华社迅速、广泛收集国际反应，重大反应要用电话传到北戴河来。报道和评论暂时不搞，观察几天再说，这是纪律。要告诉新华社、《人民日报》和广播电台的编辑部，服从命令听指挥，部队如此，新闻宣传也应如此。当时的新闻背景是，当年7月中旬美军入

---

① David Flint. "Complaints and Confidentiality" in *Journalism and the Law*, Seminar Papers, No. 5 (Australian Centre For Independent Journalism, October, 1992), p. 16.
② 见童兵主编：《中西新闻比较论纲》，176页，北京，新华出版社，1999。
③ 以上文件出处见中共中央宣传部新闻局编：《中国共产党新闻工作文献选编 1938—1989》，46、47、52、29、62、126、147、135 页，北京，人民出版社。

侵黎巴嫩、英军入侵约旦,企图镇压伊拉克人民武装起义。中央考虑在福建前线采取行动,以支持阿拉伯人民的反帝斗争,又打击蒋介石集团在金门、马祖一带经常骚扰我福建沿海的气焰。发起炮轰后观察各方面的反应,特别是美国的反应,再作下一步行动。根据这一要求,新华社收到美联社、路透社、法新社等世界大通讯社发出各国和地区的大量反应,尤其是美国和台湾的反应,都是及时送给中央领导同志参阅,为中央决策提供了服务。对这一突发事件,遵照中央决定,新华社在我军炮击金门、马祖两天之后,即8月25日才发出第一条消息。①

(2)"长征二号"发射失败事件(1992)

1992年3月22日晚6时40分,我国用"长征二号"捆绑式火箭在西昌基地为澳大利亚发射一颗通讯卫星。广播电视媒体进行了实况直播。但火箭升空后不久,突然发出火光,随后爆炸。转播停止了。几分钟后,有关负责人在屏幕上宣布发射失败。4分钟后,外国通讯社作了报道。但中国的新闻传媒却按兵不动,在请示中耽误了5个多小时后,新华社终于发出一条简讯。在接下来的几天中,海外传媒对此次失败进行了大规模的报道,但中国传媒却语焉不详。②传递信息的渠道被堵塞了。即使是现在,大众对此次失败的详情仍然知之甚少。查遍国内网站,有关"长征二号"成功发射的条目很多、很容易找到,但对那次失败的披露却没有任何记录。

(3)千岛湖事件(1994)

1994年3月31日,千岛湖"海瑞"号游船遭劫。船员和游客都被烧死。其中包括24名台湾人。国内传媒对这一震动海峡两岸的恶性事件讳莫如深,直到4月9日遇难者的骨灰运返台湾时,才有所报道。开始宣布为游船失火,到4月17日才宣布为抢劫纵火杀人案。由于对新闻报道的限制和封锁,结果是海外的传媒大肆渲染挑拨,把案件的凶手说成是解放军、武警,我们自己的报道完全丧失了主动权。在局面极其被动的情况下,6月20日才发表了一篇长篇通讯《两岸同悲愤 严法慰亡灵——千岛湖事件始末》,但是这已完全无助于扭转形势了。"千岛湖事件"这种"秘而不宣"、"后发制人"的做法,严重地损害了党和政府及新闻单位的形象,也对两岸关系造成了损害,它的不利影响至今难以消除。③

(4)长江洪水报道事件(1998)

1998年,《中国青年报》记者贺延光对洪水实况的报道提出了一个问题:媒体给社会的信息应达到何种程度?是否应当及时、准确?

---

① 赵振宇:《新闻策划》,193页,武汉,武汉出版社,2000。
② 赵振宇:《新闻策划》,189~190页,武汉,武汉出版社,2000。
③ 赵振宇:《新闻策划》,190页,武汉,武汉出版社,2000。

当年8月7日13时左右,长江九江段四号闸附近决堤,在现场采访的贺延光当即用手机向报社发了一条简讯:"今天13时左右,长江九江段四号闸与五号闸之间决堤30米左右。洪水滔滔,局面一时无法控制。现在,洪水正向九江市蔓延。市区内满街是人,靠近决堤口的市民被迫向楼房转移。"这条消息之后,记者每半小时就向报社编辑部发一条简讯,共发出8条。第二天,《中国青年报》将8条简讯一并发表。但报社很快就接到有关领导的电话,严厉批评他们"违反新闻纪律"。报社领导为此写了检讨。

后来,国务院总理朱镕基亲临九江视察,说"不能向群众隐瞒真情"。《中国青年报》才摆脱了干系。

(5) 天气预报的信息控制(1999)

很长时间以来,北京气象台对40摄氏度以上的气温是不报告的。这个奇怪的现象到1999年7月24日才被纠正过来。对此,《中国青年报》大发感慨:

> 7月24日,北京预报最高气温达40摄氏度。气温的数值当然令人瞩目,但更值得注意的是媒体报告这个40摄氏度时的措辞:发布40摄氏度以上的高温,这在北京气象台预报史上尚属首次。
>
> 尽管年年都有酷暑难耐的日子,但40摄氏度以上的高温却从未得到权威机构的确认,老百姓只能依据身体感受作出揣测。我们看见天不蓝水不绿,却不知道污染源和污染指数;我们感受到高温炙手,却不知道温高几何;进而言之,我们知道存在腐败,却不知道每年有多少贪官污吏受到党纪国法的制裁,不知道国家对违法违纪金额的审计结果,等等,等等。很多关乎国计民生的真实的数字未曾向公众发布,老百姓对生存状态的知情权被忽略甚至剥夺,导致我们在很多事情上无法客观地作出自己的价值判断,无法科学地决定自己趋利避害的选择,直至无法实施有效的监督和维护自己的权益。从这层意义上说,不发布可能成为回避甚至逃避责任的暗箱。
>
> 从根本上说,发布是对公民权益的尊重,是国家向法治化社会迈进过程中重要的一环。

(摘自《中国青年报》1999年7月28日,原文标题"欣闻'发布'四十摄氏度")

(6) 九江市投毒事件(2002)

2002年4月江西省九江市发生了一连串投毒事件,造成多人死亡,全城人心惶惶。在首次投毒发生时,当地的媒体热线电话几乎被打爆,读者强烈要求获悉投毒事件真相,但新闻界人士事后透露道,有关部门给他们打了招呼"不要对此事进行报道"。一家媒体的部主任已经赶到现场,但却被迫中止采访。九江市公安局的解释说,公安部规定,一般情况下没有侦破的案件不能向外界公布。九江市防疫部门的解释是,"这种事情没有必要告诉市民……只告诉经营者就行了"。尽管官方和媒体保持了沉默,但"有人到处投毒"的消息以惊人的速度在九江市民中传播,由于事情得不到确认,市民们的精神更加紧张。在市民的强烈要求下,九江警方不得不在电视上发表讲话,向广大市民报告案情。①

《南方周末》报道了这一事件,同时发表了一篇评论。该评论说,某些敏感事件发生后,政府应当从保护公民知情权的角度出发,成为透明的政府,然而,"知情权"在我国《宪法》中尚无明文规定,并非是公民基本权利之一,如果以此作为论证政府应及时披露危机事件真相的论据,其说服力似乎不甚强。

5. 灾难性报道:逐渐打开的门户

在中国,负面信息的流动是受到控制的(有关负面报道的详细讨论,见本书"正面报道和负面报道"一章)。在人们公认的诸种负面信息的因素中,比较典型的是灾难性信息。

在世界各国,灾难都是不可避免的敏感事件。西方国家都把这类事件的报道视为最具有新闻价值的重要事件之一。在西方世界最著名的新闻奖——美国普利策新闻奖中,灾难报道占了极高的比例。"9·11事件"的消息在美国任何一家媒体上几乎都是头条。然而,中国的灾难报道却一直受到严格控制。1976年7月28日,唐山大地震的报道是一个极端的例子。24万死难者的数字直到10年后才被披露出来,《解放军报》记者钱钢的长篇报告文学《唐山大地震》就是披露其详情的代表作之一。据说,美国某大学新闻系将唐山大地震中媒体的作为,当作中国封锁新闻的典型事例编进了教材。

1988年,中华全国新闻工作者协会评出了全国媒介中的206条新闻为该年度最佳报道,但只有一条与灾难相关。1991年,在152条获奖新闻中,只有3条是关于灾害的。1999年的情况有了变化,在199条获奖作品中,有6条是灾难性新闻。在改革开放的大潮中,中国新闻发生了变化,灾难性新闻报道已经被承认具有新闻价值和社会价值,学者孙发友认为:80年代后的中国灾难性报道从以"人"为本位转向以"事"为本位,追求的是一种信息层面的价值。

改革开放以后,中国媒体被赋予更多自由,社会的阴暗面以及事故都可以报道。1980年7月22日,《人民日报》报道了"渤海石油运输船翻沉、72人死亡事件",并由此开始对事故进行法律调查。结果导致国务院副总理和石油工业部部长被政府解职。一些对此事直接负责党的领导干部被关进监狱。1980年10月22日,《中国青年报》发表批评报道,矛头指向党的高级干部。报道披露商业部部长用公费吃喝。这引起了人们极大的关注,商业部部长被迫辞职。1987年5月中国东北的森林大火的成功报道被批评家誉为"中国新闻业灾难报道的新气象"。全国180名媒体记者不仅迅速发表了翔实而完整的报道,报告死伤人数、财产损失以及起火原因,他们还更进一步探查了事件背后的社会问题。

1949年至1978年间,尽管发生过多起飞机事故,但主流媒体从未有过报道。然而,

---

① 见曹勇:《连锁投毒:九江梦魇24天》,载《南方周末》第1版,2002-05-09。

从 1982 年至 1992 年,大约有十余次飞机事故被公之于世。在事故报道中,死伤人数不再隐瞒,且被放在显著的位置。以下是《人民日报》1988 年 1 月 20 日的一则新闻:

> 坠机——西南航空公司
> 108 名乘客丧生
> 李鹏总理派遣特别调查队奔赴重庆

消息第一段报道了事故发生的时间和地点及被证实的遇难者。第二天该报报道发布了事故原因。

1987 年 3 月 16 日,中国东北哈尔滨市一座亚麻工厂发生爆炸。第二天报纸上就出现了对该事件的报道:

> 哈尔滨亚麻厂昨晨 3∶20 发生强烈爆炸,多人伤亡。工厂设备严重受损。
> 事故发生在工厂主要车间中的三个车间,至今晨止,47 人死亡,179 人受伤。
> 根据最初调查结果来看,事故原因可能是空气中亚麻粉尘数量超出安全标准。进一步调查正在进行中。
> ……

从形式角度看,这些消息已非常接近西方的报道风格。

进入 21 世纪之后,中国的灾难性报道已经进入了自然状态,2002 年 4 月 16 日新华社对国航在韩国飞机失事的报道可以为例:

> 国航在韩坠机百余人遇难
> **新华社汉城 4 月 15 日电** 中国国际航空公司 CA129 北京-釜山客机 15 日上午 11∶40(当地时间)左右在韩国庆尚南道金海市坠毁,机上有 166 人,其中机组人员 11 名,韩国旅客 135 名,中国旅客 19 人,乌兹别克斯坦旅客 1 名。
> 这架编号为 B2552 号的波音 767-200 客机于当天北京时间 8 时 37 分从北京首都机场起飞。
> 据目击者称,这架客机失事时,金海市天气恶劣,有大雾和小雨,能见度低。飞机在第二次试降时,尾部起火冒烟,撞到一座海拔 500 米的山上后爆炸,但没有造成地面人员伤亡。据韩国机场管理局官员说,飞机在 11 时 10 分左右从雷达监测屏上消失。事故原因正在调查中。
> 经过韩国警、军、民联合救援,在韩国金海市池内洞附近的神鱼山坠毁的中国国航客机的幸存者目前已增至 39 名。在这些幸存者中有 11 名中国人。

中国在灾难性报道和敏感性报道上出现的新气象,首先来源于政策上的保证。20 世纪 80 年代末到 90 年代初,在改革开放的大潮中,中央宣传部门和国家有关部

委先后制定了一系列的相关法规来保证社会能够及时获取信息。比如:

中央宣传部、公安部、广播电视部、国家统计局《关于定期公布火灾统计数字加强消防宣传的通知》(1985)指出:

> 对发生的重大火灾,或有典型教育意义的火灾案例,作为社会新闻适时报道。可采用记者现场实地采访或发布新闻等形式,报道起火原因和火灾中暴露出来的问题,使有关部门和广大群众从中吸取教训。各地公安机关和新闻部门之间应加强联系和协作。发生重大火灾,公安机关应邀请记者到火灾现场实地采访以便及时报道。

中央宣传部、中央对外宣传小组、新华通讯社《关于改进新闻报道若干问题的意见》(1987)指出:

> 重大自然灾害(如地震、水灾等)和灾难性事故,应及时作报道。有外籍和港澳乘客的飞机、火车、轮船、汽车失事,应尽可能在事件发生当天对外报道。如有一些情况一时查不清楚,可先作简短的客观报道,然后再作详细报道。

> 突发事件凡外电可能报道或可能在群众中广为流传的,应及时作公开报道,并力争赶在外电、外台之前。

国务院办公厅、中央宣传部《关于改进突发事件报道工作的通知》(1989)指出:

> 为了争取新闻报道的时效,对于不同性质确定在不同范围公开报道的突发事件,可分阶段发稿。新闻发布单位获得中央或地方有关部门提供的或记者自行采访到的确切消息后,应尽快发出快讯,先对最基本的事实作出客观、简明、准确的报道。然后再视情况的发展发出后续报道。

> 要减少快讯送审层次。

> 为保证突发事件发稿时效,省、自治区、直辖市政府和国务院有关负责人对新闻单位送审的稿件,应随到随审,不要拖延,尽快退新闻单位。

《中华人民共和国防汛条例》(1991)指出:

> 电视、广播、新闻单位应当根据人民政府防汛指挥部提供的汛情,及时向公众发布防汛信息。①

不过,在信息流动方面仍然存在许多阻碍。下面一例来自1994年12月10日的《人民日报》,是一篇报道新疆克拉玛依大火的新闻:

---

① 赵振宇:《新闻策划》,188~189页,武汉,武汉出版社,2000。

> 克拉玛依市发生特大火灾
> 300多中小学生不幸遇难
> 党中央国务院极为关切,派员前往妥善处理
> **新华社乌鲁木齐12月9日电** 12月8日下午6时30分左右,新疆克拉玛依市友谊宾馆发生大火,正在馆内观看文艺演出的中小学生,有300多人被烧死或窒息而死,100多人受伤。
> 党中央、国务院对此极为关切,立即派国务院副秘书长徐志坚率有关部门负责同志赶赴克拉玛依市,慰问死难者家属,看望受伤人员,妥善处理善后事宜,调查事故原因。
> 中共新疆维吾尔自治区党委代书记王乐泉、自治区政府主席阿不都热西提已于今天上午赶到克拉玛依市,组织指挥抢救和善后工作。
> 目前,受伤人员已全部送往医院进行抢救。事故原因正在调查,对有关负责人员将依法严肃处理。

死伤人数占据了最重要的位置,从形式上看,这可以说是一篇标准的事件新闻。但是这种形式上的进步之下,问题还是存在的。灾难发生后,许多群众抗议者在市内自发地组织起来,受害者亲属认为官僚们应对此事负责。新华社的一份内部出版物报道说:"死伤者的亲属极端愤怒,他们强烈要求中共领导官员赴现场处理事故。""他们说党和政府应对此事负责,其中一些人甚至鼓动市民和学生罢工、罢课,以示对死者的尊敬。"

这些负面信息不仅没有出现在《人民日报》上,也没有出现在任何中国大陆的媒体上。虽然信息是客观存在的,是被报道了的,但它只能在党和政府官员中传播。该事例既说明中国的信息流动比过去更加自由,但同时,媒体在全面地反映信息方面仍然存在诸多阻碍。

2003年的"非典"(SARS)事件是中国新闻界灾难报道转型的目击者。从当年早春开始,SARS病毒一直肆虐中国,但在某些政府官员的控制下,病毒的真实情况遭到封杀,到了4月中旬媒体仍然"集体失语"。北京一位老军医蒋彦永站了出来,在向央视和境外中资媒体反映前卫生部部长对公众隐瞒疫情的欺骗无果后,他转而投书美国《时代》周刊。这种"出口转内销"震动了包括中国高层领导在内的国人。外媒的披露帮助国人戳穿了一个大骗局。[①]4月20日,国务院新闻办首次就"非典"问题召开记者招待会,该日期也被认为是中国媒体真正全面介入"非典"报道的分界线。此次事件被称为是"跨国界舆论监督"。

2008年5月的汶川地震标志着中国灾难性报道对媒体全面开放。电视首次对灾难现场进行了直播,自从1949年新中国成立后,中国记者第一次和西方记者站在同一平台,

---

① 展江:《对国内外媒体"萨斯"报道的一些看法》,载《南风窗》,2003-06-09。

相对自由地报道了灾难事件。①

五、影响信息流动的因素之二：媒体决策者

媒体决策者包括两类人物：

1. 媒体拥有者。在西方，媒体拥有者大多是私人老板，在当代中国，媒体拥有者多表现为对某个媒体负责的国家干部。

2. 媒体内部把关人。主要为报社的编辑和记者，在这一方面，中国和西方的情况是相类似的。

在西方，对信息的控制、压制或放行，在一般情况下并非缘自政府，因为一般而言，政府没有迫使报纸发表或收回某种信息的直接权力。信息流动的主要威胁来自媒介拥有者的干预以及媒体内部把关人的偏见和自我审查。

媒介批评家凯思·温楚特指出，澳大利亚少数几位媒体巨头决定了澳大利亚人将会看到什么样的事实版本，②也就是说，人们得到的信息已经过了筛选。这位批评家还提到在20世纪70年代发生的几桩媒介业主干预新闻的事件，如：报业老板弗兰克·帕克(Frank Paker)习惯于为他的《每日电讯报》撰写报道，制作标题，撰写社论，并告诉记者向被采访政治家们提何种问题，采取何种路线。③鲁珀特·默多克对他自己的报纸和电视也采用了同样的态度。最著名的例子是1975年他强迫他的报纸《澳洲人报》"全体反对工党"，而且"要使报纸比以往更有偏见"，从而激起了记者的抗议。④他的父亲——凯思·默多克在20世纪50年代经营《墨尔本先驱报》，常常审查"rape"一词，他认为该词冒犯了他的女儿。⑤ 报纸观察家鲍曼(Bowman)指出，报业寡头沃威克·费尔凡克斯严重干预了1972年的联邦大选，他精心编排报道、制作标题和写作社论，以此来反对工党、支持自由党。⑥1975年，沃威克曾对《国家时报》上有关"越南战争"的一系列文章实行严格的政治

---

① Ying Chan. "Journalism Tradition", in David Bandurski and Martin Hala(eds.), Investigative Journalism in China：Eight cases in China's watchdog journalism, Hong Kong：Hong Kong University Press, 2010. 1.

② Windschuttle. Fixing the News：critical perspectives on the Australian media, North Ryde, N. S. W.：Cassell Australia, 1981. p. v.

③ Windschuttle. Fixing the News：Critical Perspectives on the Australian Media, North Ryde, N. S. W.：Cassell Australia, 1981. 3.

④ Windschuttle. "We Cannot be Loyal to a Propaganda Sheet". New Journalist, No. 21(December 1975-January 1976). 5~7. Also see Patricia Edgar. The Politics of the Press. 8.

⑤ Windschuttle. Fixing the News：Critical Perspectives on the Australian Media, North Ryde, N. S. W.：Cassell Australia, 1981. 43.

⑥ J. G. Norris. Report of the Inquiry into the Ownership and Control of Newspapers in Victoria, Melbourne：Premier's Dept.,1981. 219.

审查。①

1.《悉尼晨锋报》主编被解雇

约翰·普瑞格曾是《悉尼晨锋报》的主编,由于他是唯一因为观点与报业老板不同而遭解雇的高级报人,所以在澳大利亚新闻史上占有特殊地位。报业老板沃威克·费尔凡克斯支持自由党,不喜欢普瑞格的社论方针。②于是,普瑞格于1970年被解雇,但早在前一年,事情就出现了苗头,普瑞格的一篇社论提倡澳大利亚共和制,攻击了自由党领袖约翰·乔顿。③事件过去25年后,普瑞格这样描述:

> 媒介主最大的危险在于,如果他深陷政治旋涡或财务利益之中,在任何一种情况下,他都不可能容许其报纸采取不偏不倚的立场。④

不过普瑞格认为媒介主控制媒介是合乎情理的,"假如报纸的发行量急剧下降,最终丧失钱财,媒介主要求改变还过分吗?毕竟,是他的钱正在流失"。⑤

如果普瑞格的社论为沃威克·费尔凡克斯所接受,那么它就能被看做是反映了舆论吗?它就是公允的吗?这些问题也许永远得不出结论。但有一点可以肯定,即媒介老板能够阻止信息和意见的自由流动。迪莫的推论是"所有媒介主都能各行其是",因此,"新闻自由是一种梦想,并且仍将只是梦想"。⑥

2. 默多克对媒体的颠覆

许多批评家认为,媒介老板对新闻流动的干涉是相当厉害的。曾任默多克旗下《澳洲人报》主编的艾德瑞恩·迪莫认为,媒介老板默多克不仅干涉报纸的新闻内容,而且还解雇或调离在某些问题上不执行"正确"路线的记者。⑦默多克曾命令迪莫解雇了3名《澳洲人报》最好的专栏作家,原因是这些人"太离谱"。⑧

在20世纪70年代,默多克购买了《镜报》,他决心使《镜报》的发行量超过竞争对手《太阳报》的发行量。《星期日镜报》追求刺激、轰动和庸俗。它经常刊登耸人听闻的大标

---

① New Journalist, No.18, May 1975. 9~16.
② Evan Williams. "The Persecution of John Pringle". New Journalist, No.12(December1973-February1974),24~26.
③ The Sydney Morning Herald(4 January 1969). 1.
④ John Douglas Pringle. "Newspaper Proprietors Do, and Should, Have a Say", Australian Financial Review 23February,1995. 19.
⑤ John Douglas Pringle. "Newspaper Proprietors Do, and Should, Have a Say", Australian Financial Review 23February,1995. 19.
⑥ Adrian Deamer. "Free Press: A Journalist's Impossible Dream". Australian Financial Review(23 February). 19.
⑦ Adrian Deamer. "Walsh on the Media" in New Journalist, No. 27, October, 1977, 6~7.
⑧ Adrian Deamer. "Free Press: A Journalist's Impossible Dream", Australian Financial Review, 23February, 1995. 19.

题以及妇女袒胸露乳的照片。报纸的导读栏经常是这样的:"鞭打丈夫——妻子动怒";"网球明星使牧师震惊";"13岁少女距家100码遭强奸";"流氓团伙轮奸10岁幼女";"我的儿子为什么是个杀手——母亲自诉";"小偷把一妇女剥得一丝不挂";"遭禁性书为一些人免费提供";"法官判处3名强奸犯笞刑";"公共汽车上的裸体画震惊悉尼";"法官指令——要么做变性手术,要么进监狱";"小偷又行动了——妇女遭袭击"。①

默多克惯于运用手中的报纸来影响当代澳洲政治。报刊评论家麦克思·沃尔什(Max Walsh)在1979年论述道,默多克"这位报业主会心甘情愿地支持那些他认为将最后获胜的政治家们,他没有党派偏见,他的支持既不会少得可怜,也不会慷慨无度"。

1972年,默多克运用手中的报纸来支持工党。据悉尼新闻有限公司后来的总经理门纳迪(John Menadue)透露,默多克的报纸"对获胜的(工党领袖)惠特兰姆(Whitlam)政府的报道,不是一时的被动关注,而是肆意吹捧,全力支持;其中包括社论、具倾向性的新闻报道和免费广告的支持"。②在1975年的选举中,默多克告诉他的高级管理人员,他要使他的报纸倾力出击,反对工党。奥克斯(Laurie Oakes)指出,默多克"使惠特兰姆的政府走向灭亡",他的报纸《澳洲人报》和《每日电讯报》充满了"所谓的新闻、令人震惊的要求和攻击来反对工党"。传媒学者温楚特(Keith Windschuttle)指出,"1975年是报业影响政治的一个标志",报业成功地"开展了一场恶毒的运动,把政府赶下了台",这是"报业影响政治的顶峰"。三名澳大利亚著名新闻记者兼学者霍恩(Donald Horne)、洛德(Clem Lloyd)、威廉姆(Evan William)记录了1975年的事件,他们说报业已经堕落了,报纸对这个民主社会未能尽职尽责。③

默多克无视这些批评,甚至对属下新闻记者反对他过分偏见的抗议也不管不顾,继续推行他的政策,以个人意志来驾驭媒体,影响舆论。默多克旗下的新闻记者曾组织了一次示威游行,反对老板对媒体控制。游行的队伍打出巨大的横幅,上写:"我们不会效忠于一个宣传的报纸!"(We Can't be Loyal to a Propaganda Sheet!),结果,一些记者被老板辞退。④

门纳迪指出,默多克是"一个政治贩子,一个制造分裂的政客"。⑤在1979年南澳大选中,默多克又发起了另一场运动击败了工党。他旗下的阿德雷德《新闻报》被澳大利亚新闻委员会指责为是"误导的"、"情绪化的"和"有偏见的"。在1980年的联邦选举中,默多

---

① 威廉·肖克罗斯著:《默多克传》,樊新志等译,41页,北京,世界知识出版社,2001。
② Peter Bowers. "Murdoch's Role in 1975",The Sydney Morning Herald,1995.
③ Keith Windschuttle. The Media: A News Analasis of the Press, Television, Radio and Advertising in Australia,Sydney: Penguin Books,1985.
④ Deamer, Adrian. "We Can't be Loyal to a Propaganda Sheet," in Keith and Elizabeth Windschuttle. Fixing the News. 1981.
⑤ Peter Bowers. "Murdoch's Role in 1975",The Sydney Morning Herald,1995.

克的报纸同在 1975 年选举中所持的政见相同。默多克承认他的报纸持有一定的观点,并且声称"我们在报道新闻时也表述观点,当我们报道了人们不喜欢的新闻时,他们会说这是带有偏见的,然而不同读者提出不同看法的情况是永远存在的"。① 当默多克为自己辩解时,许多人都很关注这位控制了近 70% 的澳洲日报的国际传媒巨头。门纳迪说"对整个澳洲联邦来说,默多克是个很危险的人物"。②

20 世纪 90 年代以后,随着默多克进军环球报业,他也将触角伸到了英、美等国。1997 年 3 月英国大选前夕,默多克旗下的《太阳报》在头版打出了醒目的标题:"《太阳报》支持布莱尔"。文章露骨地表示:保守党内部的腐败和严重内讧,将使梅杰地位虚弱。英国需要一个能"激发人们创造力,具有远见、决心和胆识的领导人,因此,'我们寄希望于布莱尔'"。

然而,1992 年,《太阳报》曾为保守党领袖梅杰摇旗呐喊。

据说,默多克在 1997 年 2 月就已经通知《太阳报》的总编辑希金斯,他要支持布莱尔。希金斯立即召集各版主编开会,宣布今后《太阳报》将发表支持布莱尔的文章,不再支持梅杰。

《太阳报》的编辑和记者们对老板的变化大为震惊。读者也纷纷致电《太阳报》,表示抗议和不解。新闻界的同行也认为,公开支持布莱尔不符合《太阳报》的一贯立场。③

20 世纪 80 年代,默多克的触角伸到了美国。他利用手中的《纽约邮报》来助选纽约市长,他还全力支持里根在 1980 年竞选总统。

里根竞选成功后,默多克差不多像支持"撒切尔主义"那样支持"里根主义"。从某种意义上来说,默多克成了撒切尔和里根的传声筒。里根投桃报李。1982 年春天他在纽约参观时,让《纽约邮报》对他进行了一次专访。

默多克还让《纽约邮报》热情支持纽约市市长埃德·科克,并于 1982 年敦促这位市长竞选州长。记者们不断抱怨说,他们被编辑后的报道突出了该报支持科克的观点,相反的观点被删掉,还被增加了一些有倾向性的导语。

半个世纪以来,默多克把新闻集团(News Corporation)缔造成了一个当今世界上规模最大的传媒帝国,作为帝国的老板,默多克经常干涉报纸上刊登的内容,追求耸人听闻。收购《华尔街日报》后,他认为该报的文章太长,便对记者说:"别再为赢普利策奖写文章了,写读者喜闻乐见的吧。"他甚至说:"如果《华尔街日报》也刊登三版女郎的照片,我敢肯定它的读者中也会有 MBA。"受商业利益驱使,默多克追求黄色新闻,对出版内容横加干涉,许多人认为他背离了新闻精神。默多克每收购一家报纸,就会有一批记者和编辑提

---

① Patricia Edgar. The Politics of the Press. Melbourne: Sun Books, 1979. 58.
② Peter Bowers. "Murdoch's Role in 1975", The Sydney Morning Herald, 1995.
③ 李英鹏、小林:《报业大王默多克与英国大选》,载《国际新闻界》,1997(3),70~71。

出辞职,《星期日泰晤士报》著名记者、两次获得英国"年度记者"奖的菲利普·奈特利就是其中之一。

默多克的新闻集团之所以能够成为世界最大的跨国媒体集团,不仅依赖其商业战略,还在于他对各地政治的渗透。比如,在美国,总统选举期间各大媒体的时事评论都异常活跃。默多克旗下的《福克斯新闻》在大选期间就增加了很多政治评论,《福克斯新闻》已经成为茶党和保守派的拥护者。在英国,新闻集团发展势力非常惊人,40%的报纸都由其控股,6张报纸日总发行量达到2500万份,因此默多克成为保守党和工党竞相讨好的对象。默多克收购了《太阳报》后,新闻集团公开支持保守党。1997年,默多克又开始转向支持工党,他们对工党的支持影响了布莱尔其后10年的从政。2010年选举期间,新闻集团开始支持保守党的卡梅伦,为其上台助威。①

不仅仅默多克,其他传媒寡头也同样对手中的媒介施加影响。美国的报纸老板如赫斯特、格里利和普利策对旗下的媒体的干涉更加肆无忌惮。②

报业老板对报纸施加个人影响已经危及民主和自由,这种状况引起了读者的日渐不满。20世纪90年代一项澳大利亚民意调查表明,读者中有50%认为《澳洲日报》的政治报道不可靠;51%认为新闻不准确;58%认为报纸在政治问题上有倾向性。③

3. 猪湾事件(Bay of Pigs)

《纽约时报》是美国以坚持新闻自由著称、最有影响的日报,但在1961年4月7日,该报不得不低下高贵的头。当时,《纽约时报》获悉了美国中央情报局进攻古巴"猪湾"的消息,准备在当天发表。总统肯尼迪得到这个消息,立即致电发行人德里福斯(Orvile E. Dryfoos),以国家安全的名义请求暂缓发表消息。德里斯福认为这是一个重要而确实的新闻,不发就有违新闻报道的原则,但为了国家利益,为了保障参与进攻古巴人员的安全,他采取了折中的立场:消息照发,但不透露具体进攻时间,新闻从头版换到一个不显眼的位置上,使用较小的标题。报社内有人抗议这种阻碍信息流通的做法,但德里福斯作为报纸的发行人当然有绝对的权力控制报纸。据说,这是《纽约时报》发行人干预新闻的第一次,也是美国新闻史上报业老板左右报纸的一个著名案例。④

4. 普瑞赛事件

纽豪斯(S. I. Newhouse Jr)是美国最大的媒体统治者之一,他的媒体帝国包括杂志

---

① 《默多克因窃听丑闻沦为全民公敌》,武汉晚报,2011-07-15。http://news.qq.com/a/20110715/000278.htm.
② 威廉·肖克罗斯著:《默多克传》,樊新志等译,119页,北京,世界知识出版社,2001。
③ Julianne Schultz(ed.). Accuracy in Australian Newspapers. Australian Centre for Independent Journalism, Working Paper, No. 1. University of Technology,Sydney:1990.12.
④ 李子坚:《纽约时报的风格》,11页,长春,长春出版社,1999。

《浮华世界》(Vanity Fair)、《纽约客》(The New Yorker)、兰登书屋出版公司(Random House Publishing Company)、三十多家日报、四十多家杂志、有线电台以及其他新闻媒体，个人总资产达到120亿美元。

《克利夫兰平原商报》(Cleveland Plain Dealer)是纽豪斯在俄亥俄州的一家有影响的日报，该报为美国第12大日报。1982年，由于纽豪斯屈从黑社会的压力，干预该报对美国卡车司机全国工会主席普瑞赛(Jackie Presser)的揭露，从而成为美国新闻史上媒体大亨压制新闻自由的重要案例。

1981年，《克利夫兰平原商报》听到时任克利夫兰卡车司机工会主席普瑞赛贪污的谣传，决定派记者去采访这一消息。记者伍奇(Mairy Jayn Woge)和鲍丹尼契(Walt Bogdanich)承担了这一任务。他们很快就证实普瑞赛是联邦调查局的线民，潜伏在卡车司机工会卧底，并涉嫌贪污受贿30万美元。1981年7—8月，他们的系列报道一问世，立即激起强烈反响。其中有关普瑞赛吃回扣的报道促使司法部门开始对其进行刑事调查。

1982年，芝加哥一些黑手党企图将普瑞赛扶上政治舞台，但必须首先澄清《克利夫兰平原商报》有关普瑞赛的报道。于是黑手党找到该报的律师科恩，科恩开始斡旋。结果是《克利夫兰平原商报》必须刊登一篇文章来否认自己的先前报道。

在权衡了各方面的利益之后，纽豪斯示意部下按照这个意思做。报纸发行人和总编辑回答老板说，假如政府能宣布放弃对有关回扣新闻的调查，他们愿意在报纸上发表文章为普瑞赛挽回面子，这符合该报的一贯作风：如果有人在刑事案件上获无罪开释，报纸将用同原来一样的版面，刊登这一新闻。

结果，司法部门放弃了追查。总编辑何克拉特找到记者鲍丹尼契，让他写一篇调查结束的新闻稿，这篇稿子被总编改得像一封道歉信。鲍丹尼契愤怒地质问道："为什么这么干？您明知这是不对的，我有录像带和法庭文件！"

总编辑何克拉特说："我知道您有，但我现在没有兴趣看。"

鲍丹尼契感到自己被出卖了，他一直认为，总编辑和其他同人是正直的新闻工作者，但他们却屈从了老板的淫威。

不久，《克利夫兰平原商报》登出了新闻稿，否认了一年前该报两名记者对普瑞赛涉嫌受贿30万美元的报道，并引用普瑞赛律师的话说："普瑞赛从未当过政府的线民。"

如此颠倒事实的做法激怒了报社员工，大约50名编辑在报社大门口高举示威口号，表达他们对老板的抗议。他们将报社的广告用语"新闻发生，我们将它们整理在一起"(when the news breaks, we put it together)改成"新闻发生，我们道歉"(when the news breaks, we apologize)，将报纸的宣传口号"俄亥俄州最大的报纸"(The State's biggest newspaper)改成"俄亥俄州最大的耻辱"(Ohio's largest shame)。

1983年，由于黑手党、纽豪斯和联邦执法当局的沆瀣一气，普瑞赛终于当上了美国卡车司机总工会主席。1986年,普瑞赛因贪污公款被法办,至此,他的所有罪恶才被揭穿。[①]

5. 媒体为非法集资推波助澜

在中国,由于媒体基本上是政府机构的一部分,媒体拥有者对信息的干预多表现在政府的政策调控方面。在符合国家政策的基础上,各个媒体在报道风格上会有所不同。单个媒体决策人的风格会影响媒体风格,比如《南方周末》和《财经》杂志就以暴露社会问题的批评报道见长。总的来说,媒体经营者的身份既是媒体负责人,又是政府官员,而且二者在方向上是一致的。

在社会主义条件下,因媒体决策人的意见而歪曲信息的情况时有发生。1992年《科技日报》为沈太福非法集资推波助澜就是一例。

1992年,北京市长城机电科技产业公司总裁沈太福非法集资之初,借助舆论进行了一场"密集型、地毯式的新闻轰炸"。从当年6月份开始,全国各主要报刊开始连篇累牍地报道长城公司的情况,其频率之高,版面之显著,观点之鲜明,为近年来所罕见,如以下这些煽情的标题:

"二十天集资二千万。"

"筑起我们新的长城。"

"沈太福大扩张。"

"长城伸向海南。"

在这些报道中,赞扬长城公司的集资活动是"把科技成果转化为生产力的一次创举"。长城公司被说成是"拥有12亿元固定资产、各类专利技术300多项"、"产品订货高达15亿元"。传媒的错误信息误导了受众。在这场误导中,前《科技日报》总编辑兼社长李效时和《科技日报》记者孙树兴起了极大的作用。李效时对长城公司进行非法集资活动作了肯定性的批示。这一批示,被沈太福广为利用,刊登在许多报纸上,加上《科技日报》的误导,致使虚假信息流动,诱惑更多的投资者上当受骗,在社会上产生了恶劣影响。

6. 负面信息的夭折

1999年7月24日,在主流媒体对电影导演冯小刚贺岁片的一片喝彩声中,《科学时报》却对冯小刚唱起了反调,该报《今日生活》第七版"公众视态"发表由该版责任编辑袁始人主持的以《冯小刚"没完没了"》为总题的六篇文章,分别为《何贺之有?》、《霸权与媚霸》、《玩点儿小聪明》、《拿观众开涮》、《中国特色》、《一切向钱看》,对冯小刚拍贺岁片进行了批评,说他的电影粗制滥造,这不啻是对冯小刚的一盆冷水。冯小刚旋即找上门去,说要打官司,要该报道歉。在名导演的压力下,7月28日出版的《科学时报》刊登了一篇题

---

① Thomas Maier. Newhouse, All the Glitter, Power and Glory of America's Richest Media Empire and the Secretive Ma behind it. Stanford: J. Greenburger Associates, Inc., 1996.

为《为冯小刚说几句》的文章,其主题思想与上期"批冯"论调大相径庭,在文章结尾处说:"好在对'贺岁片'市场上拥有近千万观众的冯小刚来说,几碗酸汤倒也没什么大不了的,只不过更显得一些无聊文人的更加无聊而已。因为今天、明天都是属于认认真真做事情的人的,而那些一时过足嘴瘾和笔瘾的写家,一时过后会发现自己屁都不是。"

报社就这样摆平了一场冲突。对冯小刚的批评就此偃旗息鼓。

7. 私企老板的掣肘

媒体对某人或某事件的报道或有保留、或有渲染、或报道或不报道、即时报道或推迟报道都反映出具体的媒体操作人的决策,所有这些都会极大地影响信息流动。在中国,随着独立媒体经营者权力的扩大,特别是一些民办出版物的出现,媒体经营者个人对信息干预的权力也有所膨胀。

2001年,从海外回国的新闻学博士路明曾在北京一家民办时尚体育类杂志任执行主编。在执行编务中,他经常受到私企老板的掣肘。开始,老板称,他绝不干涉编辑部工作,但实际上却每时每刻都在影响杂志,从选题到语言,到采访对象,无所不及。对于那些对杂志有利的人或企业,老板迫不及待地指示编辑部去采访。有一位采访对象和老板关系密切,但在专业上毫无水准,老板指示要为其刊登专访,还要将配图照片做大。此种干扰发生得多了,路明便觉得杂志不像是一个新闻媒体,倒成了老板的私人工具,他觉得自己的位置十分尴尬,遂辞职而去。

随着中国媒体的对外开放,这种独资或合资的媒体日见增多,这样的老板上无政府官员管制,下无行规监督,完全是一手遮天,个人对信息流动控制的权力很大。中国媒体私企老板的崛起有可能会对信息流通造成威胁,这是近年出现的一个值得注意的现象。①

2009年年末,中国国内最具影响力的商业出版物《财经》杂志高层集体辞职,以反对其老板"联办"的打压。从7月中旬开始,《财经》编辑与管理高层与其老板"联办"的摩擦加剧。当月某大国企发生了重大突发事件,《财经》派出3位记者采访,主管单位做出批示,要求调整报道思路。在《财经》高层看来,这本是采编系统的问题,原本不太介入采编业务的"联办"开始经常性审稿,这挑战了《财经》"独立、独家、独到"的新闻专业理念。该采访稿本拟作为8月3日《财经》的封面报道,但"联办"审稿后,将该稿件枪毙,不准刊发。8月17日,《财经》执意刊发了该稿件,并在封面显著位置予以导读。稿件刊发后,双方矛盾进一步加剧,最后导致了集体出走事件。②曾经被认为是中国最具报道魄力的《财经》杂志退出了历史舞台。

---

① 作者对路明博士的采访,北京,2002年6月22日。
② 见:《〈财经〉人事地震原因猜想之一:理念冲突》,载《新文化报》,2009-10-13。http://media.ifeng.com/hotspot/caijingrenshi/pinglun/200910/1014_8335_1387796.shtml。

六、影响信息流动的因素之三：自我审查

如果媒介主对信息流动的干涉只是一种偶然现象，那么编辑的偏见(Bias)和自我审查(Self-censorship)也许就更是司空见惯了。在多数情况下，这两种情况同时发生。批评家发现，澳大利亚媒体中常常存在偏见，这种偏见"不仅表现在报道政党活动上，而且也表现在对待妇女、黑人、商会、同性恋者、移民、罢工和示威上"。[1]在1977年全民选举运动中，英国《卫报》对澳大利亚媒介的表现大为惊讶，评论说，"澳大利亚媒体存在着不容置疑的、令人震惊的偏见"，他还说，"甚至没有一家报纸试图中立……虽然西方国家的媒体都趋于政治保守，而在澳大利亚，缺乏多种声音产生了最基本的民主问题"。[2]

自我审查被报人艾德瑞恩·迪莫形容为一种"很危险的形式"，一种"从上至下渗透到报纸各部门"的活动，"一种难以觉察在不知不觉中发生的活动"。他指出：

> 如果媒介老板恰巧提到反对和平示威是错误的，或者他说总理霍克权力太大，这些态度会极快地传到报纸各个部门。[3]

迪莫相信，采取自我审查主要源于报纸经济方面的压力：

> 大多数报纸发现它们处于竞争中时，你不得不开始经营那些吸引未成年人的重要报道；你会发现调查当天事实是困难的；你必须迎合大多数人的看法，避免与任何人为敌，因此只发表本领域内的新闻。判别的根据在于你所表现出来的良好的新闻辨别力，但你同时也压制了大量的信息；你也压制了社会和漫画中的观点。[4]

据迪莫回忆，1970年，《澳大利亚人》漫画作者布鲁斯·帕蒂画了几张讽刺以色列外交政策的漫画，但被压下，原因是报社董事长担心失去犹太读者的广告。[5]广告主的压力是实行自我审查的另一个主要原因，有关例子不胜枚举。其中最著名的一例发生在南非沙佩维尔枪杀案10周年纪念日前。[6]《澳大利亚人》宣布它将于次日发表有关枪杀案的文

---

[1] Trevor Barr. Reflections of Reality: The Media in Australia. Adelaide: Rigby Limited. 77.

[2] The article was originally published in The Guarkian. It is quoted in Chris Duke. The Impact of Modern Communication Technology in Australia. Center for Continuing Education, Australian National University, Canberra: 1979. 40～41.

[3] "Adrian Deamer on self-censorship" in New Journalist, No. 5(November-December1972). 4.

[4] "Adrian Deamer on self-censorship" in New Journalist, No. 5(November-December1972). 5.

[5] "Adrian Deamer on self-censorship" in New Journalist, No. 5(November-December1972). 5.

[6] 1960年3月21日，南非沙佩维尔镇的非洲人举行大规模的示威游行，反对南非白人当局推行种族歧视的"通行证法"，当局出动大批军警，使用了各种武器镇压示威群众，造成几百人死伤，是为震惊世界的"沙佩维尔惨案"。

章。但由于南非大使对此极为不满,威胁说要撤掉大使馆的广告,经济压力迫使报纸的社论缓和了语气,表现得"相当公允"。①

由于编辑的偏见和个人喜好,也常有自我审查的事情发生。20世纪20年代早期,《悉尼晨锋报》的社论编辑拒绝发表评论丹尼斯·阿特曼的关于同性恋的文章,因为他们认为在他们的报纸上谈论同性恋不是好事情。②

政治压力也是新闻从业人员进行自我审查的一个原因。正如迪莫所指出的:

> 如果记者的报道有可能对政治家造成危害或困扰,策略是让记者发表一篇简略的公报。这能有效降低报道的作用,因为如果据实报道,记者将会被控泄密——带来不可避免的后果。

迪莫接着说:

> 如果报道者逾矩,部长们就会通过压制信息,施加压力迫使其遵守规则,他们有意拒绝向记者透露信息使其陷于无米之炊的困境。总理、部长们常常打电话给编辑,发泄他们对记者报道的不满。结果是办公室的人都感受到了压力,报道者被迫遵守规定,不敢越雷池一步——戴着镣铐跳舞。有关警方和工业的新闻也存在同样的压力。记者不得不顾及对罢工的报道方式。由于组织内部的压力,罢工行为往往不会在报纸上出现。③

自我审查阻止信息到达公众。有过美国媒体从业经验的陈晓薇认为,在美国,某一类新闻记者是不会写的,因为他们认为那并非"我们知道的类型",编辑也不鼓励记者去获得某种报道,因为他们知道老板不喜欢。"假如一个记者从以往的经验出发,或在对其所属媒体运作规律的观察中推知某一类事件。天长日久,这位记者对此类新闻的敏感触角将会渐渐迟钝。……更为可怕的是,读者或观众永远无从知道曾经发生过某一件事情。"④

美国媒体报道中国问题时经常带着框框。据美国广播公司前制片人柳元透露,在1989年美国广播公司报道天安门学生运动时,记者曾向美国总部发回吾尔凯希离开绝食学生、在北京饭店吃饭的镜头。"这两个画面在美国广播公司的老总会议上,令那些老板们暴跳如雷,坚决要砍掉这样的镜头。"柳元还回忆说,他曾去中国云南采访艾滋病,他给美国广播公司报了个选题,遭到总制片人的质疑。下面是他们之间的对话:

总制片人:"中国死了多少艾滋病人?"

---

① "Adrian Deamer on self-censorship" in New Journalist, No. 5(November-December1972). 4.
② "Adrian Deamer on self-censorship" in New Journalist, No. 5(November-December1972). 4.
③ "Adrian Deamer on self-censorship" in New Journalist, No. 5(November-December1972). 4~5.
④ 陈晓薇:《美国新闻自由评析》,见顾耀铭:《我看美国媒体》,117页,北京,新华出版社,2000。

"197个。"

"就死了197个?"

"死了多少人你才干?"

"不,我不是这个意思。"

根据柳元的回忆,事实上,这个总制片人拒绝他的选题就是因为中国艾滋病人死得太少。

后来,柳元又将选题转给了哥伦比亚广播公司。该公司的一个制片人在和他讨论选题时说:"你去云南采访,把那里的病人全都拍下,我再派一个记者去北京采访卫生部部长,让部长说'中国没有艾滋病'。"①

对信息的肆意捏造已经毁灭了向大众提供信息的真实含义。有时媒体的从业人员就是带着一种职业框框来使信息变形的。职业框框是媒体从业人员从自己的职业经验中得来的经验,即什么东西是能讨好的,什么东西是不能讨好甚至很容易被负责人"枪毙"的。普利策新闻奖获得者加里韦布谈到编辑的自我审查时说,他们会有很多办法来躲避那些会引起麻烦的新闻,②自然,他们也有办法弄到讨好的新闻。

看来,即使是在民主社会中,达到为社会所接受的"全面信息"的目的也不过是一种假想。在澳大利亚,媒介经常存在着信任危机问题。1976年,《世纪报》的民意测验表明,澳大利亚人对报纸的评价极为可怜:59%的人说日报的政治新闻和评论不能令人信服;57%的人说媒体的消息通常是不确切的;66%的人说媒体受到太多的影响;58%的人认为在政治事件上,媒体存在偏见。③ 1998年的盖洛普民意测验表明,在所调查的澳大利亚人中,3/4的人认为"报道常常不准确"。④一些读者甚至认为报纸上出现的报道"丝毫不顾及真相,绝对是人为写就的垃圾"。⑤

美国《波士顿环球报》1997年的一项全国性调查表明,美国只有2%的人相信报社记者的话,只有5%的人完全相信电视台的新闻节目,而电台访谈节目主持人获得的信任率仅为1%。⑥

2003年春天"非典"袭击中国初始,中国的主流媒体几乎全部失语。根据《中国青年报》记者李大同的观察,"中国的媒介惯性太大,几乎条件反射般地将原本性质为灾难、反

---

① 李希光等:《中国有多坏?》,96~97页,南京,江苏人民出版社,1998。

② 彼得·菲利普斯、禁发新闻项目组:《美国禁发新闻》,3页,北京,光明日报出版社,2000。

③ The Age, 24 April, 1976.

④ Morgan Gallup Poll May 1988, cited in Julianne Schultz. Accuracy in Australian Newspapers. Australian Centre for Independent Journalism. Working Paper No. 1, University of Technology, Sydney: 1990.5.

⑤ Padriac McGuinness, in Bruce Stannard. "Why our media are on the nose", The Bulletin, 14 November, 1989.

⑥ 转引自刘建明:《对议程设置论的修正》,载《新闻学探讨与争鸣》,1999(冬季号):9。

思性的报道,变脸为对医护人员的英雄颂歌⋯⋯在一窝蜂似的英雄赞歌中,真正需要关注的 SARS 患者们被忽略了"。①

1. "失信"的《焦点访谈》和疲软的揭露"黑哨"

《焦点访谈》是中国中央电视台以暴露和批评为特色的品牌节目。很自然,这种高风险报道意味着记者和编辑的片子经常面临被"枪毙"的命运。记者陈耀文有次拍了一部有关克拉玛依大火灾的片子,他说拍此片"投入了几乎全部的智慧、情感和机智"。此片从技术和业务角度讲也得到北京广播学院教授的高度评价。但送给台领导审查时,片子被"卡"住,因为有些东西太"过火"。陈耀文当即流下了眼泪,但又毫无办法。陈耀文接受了教训,他开始明白什么样的东西是不能报道的。后来上海某化妆品公司驻北京办事处将过期的化妆品投入市场销售,陈耀文闻讯去采访。当节目后期制作时,他突然意识到此片子播出后的效果问题:

> 毕竟更换包装的是几个工作人员的个体行为,与化妆厂无关。但片子播出后,影响所及,将对该厂及其产品的销量形成打击。在编了六七分钟之后,陈耀文毅然停了下来。为了一种社会责任,他决定放弃,尽管这是一个不错的题材。

这条新闻最终被放弃了。中央电视台台长杨伟光在一次座谈会上以陈耀文为例,说这"表明《焦点访谈》的记者在不断成熟"。此事引起《焦点访谈》记者们的思考,他们反复琢磨:记者对社会的责任究竟是什么?一个人敢于批评,并且事实充分、报道真实,是否就一定是个好记者?他们认为,在一些情况下动机与效果是不一致的。批评可能殃及池鱼,引发意想不到的负面效果。不考虑到这一点,就不能算是对社会的真正负责。②

2001 年末的"黑哨事件"是对中国调查性报道的一次很好的检验。在经过了几个月的媒体炒作后,一切忽然归于沉寂。那些吹"黑哨"的黑裁判的黑名单最终没有被公布,尽管中央台《焦点访谈》早就将要披露的消息对观众做了预告。究竟出了什么事?为什么雷声大、雨点小?因披露此事件而闻名的新华社记者杨明的思想历程向人们揭露了其中的奥妙。当时只有新华社记者掌握着黑名单,杨明也多次企图将名单捅出去,但是他最终没敢迈出这一步,他有过激烈的思想斗争,对当时的情景,他回忆道:

> 难道就让几个小丑的官司就把新闻媒体吓倒了?这点小屁威胁能吓倒谁!
> 要是新华社站在正义一边,敢冒风险,敢为公道和正气说话,我认为这会扬中华之正气,灭坏蛋们的威风。
> 我甚至开始认真地想:我个人能不能承担这份风险,把黑名单公布。赔偿

---

① 李大同:《冰点故事》,394 页,桂林,广西师范大学出版社,2005。
② 肖东生主编:《新闻内幕》,159 页,北京,新华出版社,1999。

45万元,这是物质上的损失,也就是说为还债得卖房子、卖车,但是,作为一个人,作为一个代表着社会良心和正义的记者,我难道在揭黑俱乐部和新华社有难的时候,不该站出来吗?中央台的记者已经向杭州检察院正式举报,人家不怕受牵连吗?我在担心什么?怕社里处分?怕打击报复?怕丢了记者的饭碗?我真的不怕!我反倒怕有人说我借此出风头。我要再考虑一下。

最后,杨明倾向于保守,他还试图说服一些激动的网友:

我们每一个人在对待这个问题上,一定要比较冷静、比较理智,不要从一个偏激走向另外一个偏激。我想作为成熟的、有着五千年文明的泱泱大国的子民,我们应该对相关的机构和上级的领导以及我们的媒体有充分的信心。

杨明坦言:"如果我擅自地把我了解的裁判的名单向外透露,最起码第一张黄牌我是违反了我们的纪律,违反了我们作为一个新华社写内部报道的一种保密原则。"①

由于新闻特权,"黑哨"的名单只有新华社记者知道,其他媒体想揭露也难,《法制日报》的一篇文章抨击新华社记者说:"新华社拿到的不是独家新闻猛料,而是沉甸甸的犯罪证据。知情不报,最终要受到司法的追究。"但是,新华社记者出于种种考虑,终于没有发表这条消息。中央电视台《焦点访谈》甚至不惜得罪观众,冒着"失信"的风险将已经预告的节目取消。现在看来,这场揭黑的疲软结局除了某些可以理解的法律因素之外,记者本身的自我审查也起了很大作用。②

2. 新闻教科书上的警戒

2002年,国内出版的一部报纸编辑学教科书这样告诫新闻专业的学生:

在一条新闻未刊播以前,报纸编辑对刊播后的社会效果要作出准确的分析判断,有时是很难做到的。但是这并不是说,没有作出准确的分析判断的依据。那么,作出准确判断的依据是什么呢?那就是党和国家的各项有关政策及法律法规。一条新闻所反映的思想内容符合党和国家的政策或法律法规,它就能进行正确的舆论导向,就符合我们的政治思想标准,就应该选用;反之则不然。比如,一篇报道奥运会金牌得主许海峰成长过程的稿件中说:

"许海峰——在第23届奥运会前还是人们生疏的名字,因为两年多前他还在农村用气枪打鸟呢。他从小就喜欢用弹弓打鸟,后来,花钱买了一杆气枪,闲时就去打鸟,久而久之,竟练出了一手好枪法,举枪射鸟几乎百发百中,大概这

---

① 杨明:《黑哨:足坛扫黑调查手记》,139、143、181页,北京,新华出版社,2002。
② 杨明:《黑哨:足坛扫黑调查手记》,北京,新华出版社,2002。从2003年到2012年,中国足球"黑哨"的内幕被逐渐揭开,一些"黑哨"裁判和足协涉案官员被相继逮捕。在揭黑过程中,央视和其他媒体起到了披露作用。

也算是他在射击上的'启蒙教育'吧。"

作者说,"就这一段文字内容来看,明显不符合我们国家的《野生动物保护法》及枪支管理的有关条例。许海峰夺得奥运会金牌以后,成了青少年心中的偶像。像这样报道许海峰的成长过程,势必使一部分青少年争相效仿,所以,这部分内容就不符合我们的政治思想标准"。[①]

然而,这样教育的结果,会导致记者自觉堵塞丰富的信息,使其笔下的"英雄人物"成为千篇一律的"高大全"。

本章小结

在信息流动方面,西方与中国同样存在着阻碍。西方的社会制度和文化传统决定了政府对媒体的控制相对比较微弱,新闻流动的主要威胁来自媒体老板、媒体决策人及商业压力。在中国,政府和党决定着受众接受信息的量和质及方向,其他影响信息流动的因素居于次要地位。

考察证明,尽管在理论层面上,西方和中国都同意"提供信息"是新闻的最基本的社会功能,但在这条原则的实践中,区别是巨大的,虽然自20世纪90年代以后,这种差别日趋缩小;虽然在个别情况下,中西甚至完全达到了一致。

这种理论和实践的断裂并不一定是负面的,相反,它透露出一种积极的信息:21世纪的中国,媒介理论和实践均处在一个前所未有的转型期,正经历着一场痛苦的、激动人心的历史性转变。

---

① 焦国章:《报纸编辑学通论》,66～67页,呼和浩特,内蒙古人民出版社,2001。

媒介威权与引导舆论

信息采集和信息释放在媒体运作流程中是两个紧密相连的阶段,对这两个阶段的考察可以更精确地透视媒体的社会功能。我们已经考察了媒体在处理信息时如何被某些因素干扰和歪曲,现在来看信息通过媒体发布给受众过程中的情况。在这里,媒介威权(Media Power)是一个非常重要的概念。

一、谁在设置议程

媒介威权首先体现在媒介能对个人和社会产生巨大影响,在形成知识和意见方面更是如此。新闻媒体释放的内容影响人们思考和行动的方式,正如一些英国媒介研究学者所生动描绘的:

> 选举意见、嗜好和狂热、个人行为规范及道德品质、服装、营养、音乐方面的时尚、演讲习惯,所有这些都被认为是神秘的媒介操纵使然。①

科恩(Bernard C. Cohen)这样评价:"在多数情况下,报纸可能不会成功地影响人们怎样考虑问题,但却能有效地决定人们思考什么问题。"②这段话常被媒介研究学者重复,是"议程设置"理论中的核心观点。③阿特休尔对议程设置理论的解释是:"受到某种议程影响的受众成员会按照该媒介

---

① See "Introduction" in James Curran, Anthony Smith and Pauline Wingate(eds.), Impacts and Influences: Essays on Media Power in the Twentieth Century. Routledge,1987. 1.

② Bernard C. Cohen. The Press and Foreign Policy. Princeton University Press,1963. 13. For a different view from Cohen, see M. E. McCombs, "Mass Communication in Political Campaigns: Information Gratification and Persuasion",in F. G. Kline and P. J. Tichenor(eds.). Current Perspective in Mass Communication Research. California: Sage Publications,1972.

③ For an introduction to the agenda—setting theory and its development see Warwick Blood,"Agenda Setting: A Review of the Theory" in Media Information Australia,1982,(26),12.

对这些问题的重视程度调整自己对问题重要性的看法。"①

大量事实证明了媒体对社会的巨大影响,著名的实例包括美国媒介对"越南战场"的报道——报道帮助改变了舆论,最后导致美国军队从越南撤军;《华盛顿邮报》披露的"水门事件"导致美国总统尼克松的辞职。②在澳大利亚和中国也很容易找到相似的例子。1972年,高顿(John Gorton)总理的下台和1992年新南威尔士州州长葛里纳(Nick Greiner)的辞职都与媒介威权紧密相连。③20世纪80年代在澳大利亚有一个轰动的案件,那就是琳登(Lindy Chamberlain)被控谋杀其婴儿案。由于大部分媒体报道倾向于琳登是谋杀者,结果全国的舆论都相信,琳登就是谋杀者,但后来的调查却证明琳登是无辜的。这个案件被认为是澳大利亚新闻史上的耻辱。④在中国,媒体为政治运动推波助澜,制造舆论是很普遍的。特别是在"大跃进"和"文化大革命"中。全国性政治运动如"工业学大庆"、"农业学大寨"、"全国人民学人民解放军"都是靠传媒来推行的。1970年之前,中国当时第二号政治人物林彪,被媒介推崇为"忠实走毛主席革命路线的毛的最亲密的战友",从而引导人民相信林彪将是毛泽东的理想接班人,然而,林彪在1971年突然出逃之后,媒介便开始历数林彪的罪行,林彪随即变成了叛国者,舆论也发生了戏剧性的变化,⑤媒介影响的一个比较近切的例子是中国驻南联盟使馆被炸后美国媒体的表现。1999年5月8日后,中国国内掀起了反对以美国为首的北约的抗议浪潮。爆炸事件发生后,美国主流媒体大多忽略了被炸事件本身,而把注意力集中在中国大学生的游行抗议上。在大量的社论

---

① [美]赫伯特·阿特休尔(J. H. Altschull):《权利的媒介》,344页,北京,华夏出版社,1989。

② Further research on this aspect, particularly the power of the press on individual events can be found in Martin Linsky, Jonathan Moore, Wendy O'Donnell, and David Whitman, How the Press Affects Federal Policymaking. Institute of Politics at Harvard University, W. W. Norton & Company Inc, 1986.

③ For a brief discussion of this event, see Professor L. J. M. Cooray. "Nick Greiner: Victim of the Media" in News Weekly, July 18, 1992. 7.

④ 琳登谋杀案的背景如下:1980年8月17日深夜,旅游者琳登在中部沙漠宿营地自己的帐篷里发现不满1岁的女儿阿扎瑞不见了,事发时,琳登夫妇正在距帐篷20多米以外烤肉,他们听到帐篷里有异样的动静,在黑暗中发现一只野狗从里面窜出来嘴里叼着什么,他们报了案,认为是野狗叼走了阿扎瑞。警方立即出动大批人马,漫山遍野地搜寻小孩的尸体,但一无所获。许多人猜测,凶手不是野狗,可能是小孩的母亲,因为他们"对小孩产生了厌倦心理"。法医也提出了不利于琳登夫妇的证据。最后,琳登被判刑。然而后来的事实证明琳登不是谋杀者。1988年9月15日最高法院宣布琳登夫妇无罪,政府拿出130万澳元作为对受害者的赔偿。在长将近10年中,由于媒体推波助澜,每3个澳洲人中间就有一个人相信是琳登谋杀了自己的女儿。待此事被澄清后,澳洲媒体的公信力大为下降。有关更多的信息可参阅 Norman H. Young. "'Dingo Girl': A Study in Antipodean Intolerance" in Australian and New Zealand Religious History 1788-1988: collection of Papers and Addresses, 11th Joint Conference of the Australian and New Zealand Association of Theological School And Society for Theological Studies. Australian National University, 1988. 120~133.

⑤ For Lin Biao affair see Michael, Y. M. Kau. The Lin Piao Affair: Power Politics and Military Coup. White Plains, N. Y. International Arts and Sciences Press, Inc., 1975.

和评论中,美国媒体回忆20世纪初的"义和团运动",认为中国人在整个20世纪都是反对美国的;美国媒体上大量刊登的有关美国使馆被砸的照片提醒美国读者这是一场野蛮的、冲动的、不文明的运动。中国人的爱国激情被冠以"民族主义"。研究者胡钰认为:这种煽动性的报道和倾向性的研究,带来的效果是显著的——美国人头脑中关于中国的意义发生了变化。6月2日,《时代》周刊与CNN有线电视台公布的民意测验说,美国人认为中国是比伊拉克、南斯拉夫更大的敌人;46%的调查对象把中国看作是个威胁。①

在讨论西方媒介作用时,丹尼斯·麦奎尔划出了20世纪40年代到70年代的三个主要发展阶段,②并总结出媒介影响社会的六种力量。③ 澳大利亚新闻学者格兰纳托教授回顾了20年代以来几位主要理论家如沃特·李普曼、帕克(Robert Park)、科恩(Bernard Cohen)、怀特(Theodore White)及麦克姆斯(M. E. McCombs)对议程设置理论的贡献;巴威(Chris Larre Pavie)则进一步考察了媒介和受众之间的相关情况,他提出了一些富有挑战性的问题:④究竟是谁在设置议程?媒介还是受众?谁影响谁?影响到何种程度?他认为媒介只是提供菜单而不是设置一个议程。⑤ 中国学者刘建明从中国新闻理论的角度观察,认为议程设置不过是"引导舆论的媒体功能",他指出,"大众媒体对人们关注的对象和议论的话题具有决定性引导作用"的结论过于武断。他说:"媒体的议程只有和广大公众切身利益、自主兴趣相吻合,才能转化为公众议程。"⑥

谁在设置议程?媒介还是受众?还是社会权威组织,比如政府或某个执政党?议程设置理论假说的设计者麦克姆斯和唐纳德·箫以及其他学者如科恩等并没有深究这一层面的问题。但恰恰是这一问题才能真正彰显出中西在媒介影响理论方面的差异。

议程设置理论的基本思想是媒介报道什么,受众便注意什么;媒介越重视什么,受众就越关心什么。为了证实这个假设,研究者芬克豪泽在20世纪60年代以"美国面临的最重大问题"为议题进行了一次盖洛普民意测验。将美国《时代》周刊、《新闻周刊》和《美国新闻与世界报道》所报道的各种事件综合在一起调查。研究结果表明:上述媒介的报道

---

① 胡钰:《大众传播的效果》,见李彬主编:《大众传播学》,258~259页,北京,中央广播电视大学出版社,2000。
② Denis McQuail. "The Influence and Effects of Mass Media" in James Curran, Michael Gurevitch and Janet Woollacott(eds.). Mass Communication and Society. The Open University Press,1977.72.
③ Denis McQuail. "The Influence and Effects of Mass Media" in James Curran, Michael Gurevitch and Janet Woollacott(eds.). Mass Communication and Society. The Open University Press,1977.90~91.
④ The core of the traditional agenda-setting theory is that "media set an agenda and generate the agenda". For a discussion, see S. Gadir. "Media Agenda Setting in Australia: the Rise and Fall of Public Issues". Media Information Australia, No. 26,1982. 13~23.
⑤ For details, see Chris Lawe Davies. "Agenda-setting: Abandoning the Audience/Media Nexus". Australian Journalism Review, Vol. 10,1988. 180~188.
⑥ 刘建明:《"对议程设置"论的修正——关于传播学未来走向的个案研究》,载《新闻学探讨与争鸣》,1999(冬)。

频率与公众对事件的关注程度基本成正比。比如，在14个题材中，有关"越战"的文章共发出861篇，公众的关注程度排名第一；人口问题的报道共发36篇，公众的关注程度排名最后。① 从表面上看，这似乎是由于媒体设置了公众议题，但实际上，恰恰是公众的普遍兴趣才促成了媒体的议题偏重"越战"。众所周知，在20世纪60年代中期，"越战"是美国人最关注的事件。媒体实际上积极反映了公众普遍关心的问题。

社会权威组织比如政府或某个执政党也能创造公众议题。在中国，这种情况非常普遍。郭镇之教授倾向于同意议程设置"在中国没有用武之地"之说。她指出，美国学者用了许多繁琐的程序来证实议程设置功能的存在，而在中国，"正确的舆论导向不仅是媒介报道的方针，也是政府对媒介的首选要求。用宣传去影响人的思想和行为，这在中国是不言而喻的事实"。②

郭教授的看法是很容易在实践中找到实例的。比如，典型报道的推广就是一个为公众进行议题设置的过程。这种过程是政府的精神通过媒体进行典型报道，以北京为中心推向全国。近年来，一些理论家甚至积极倡导利用西方的议程设置理论原理为推行党的政策服务。③

在关于媒介影响问题上存在大量争议，一些中心问题包括：媒介如何发挥其影响，媒介影响与其他影响的关系、媒介与舆论之间的关系以及如何精确衡量媒介影响。由此出现了许多不同见解，如"大众传媒通过构造现实的方式成功地维护了社会秩序"，④"媒介影响是一个循环过程，在这个过程中，媒介不仅反映而且也加强了社会规范"。⑤ 多数的争论，正如勃同（Graeme Burton）在1990年的总结那样，"都是不确定的或有赖于特定的条件"。⑥ 不过，有一点倒是清楚的，人们充分意识到了媒介的社会力量。

二、舆论监督与"守望犬"（Watch Dog）

新闻媒体通过反映舆论，对国家事务和社会生活进行监督，这在中西方是共有的现象。西方常把新闻媒体描绘成社会的"第四权力"，这足以显示出媒体的威力。⑦ 斯楚特

---

① ［美］沃纳·赛佛林等：《传播理论：起源、方法与应用》，186页，北京，华夏出版社，2000。
② 郭镇之：《关于大众传播的议程设置功能》，载《国际新闻界》，1997(3)。
③ 廖祥忠：《发挥议程设置功能提高政策宣传效果》，载《现代传播》，2001(4)。
④ See S. Hall, J. Clarke, J. Critcher, T. Jefferson and B. Roberts. Policing the Crisis, London: Macmillan, 1978.
⑤ See John Whale. The Politics of the Media, London: Fontana, 1980.
⑥ Graeme Burton. More Than Meets the Eye. Hodder Arnold, 1997. 173～174.
⑦ For representative theory, see John L. Hulteng and Roy Paul Nelson. The Fourth Estate: An Informal Appraisal of the News and Opinion Media. Harper & Row, Publishers, 1971. For an Australian Version of the Fourth Estate in Julianne Schultz(ed.). Not Just Another Business: Journalists, Citizens and the Media. 15～34.

(Henry F. Schutte)认为媒体的威权是双重的,"它是一种向人民传达信息,提供或增加事实根据的威权;也是一种说服的威权,以达到形成和转变态度的目的"。① 媒体的舆论监督角色尤为重要,正如色博瑞纳(Juan Luis Cebrianr)评价的那样,"报纸的作用就是向权势挑战。报纸本身就是一种权力,它的基本功能一是告知,一是批评"。② 沃特·李普曼也强调说,"离开批评和真实可靠的消息,政府就不能统治国家;因为没有充分的方法使政府能够不断了解公民的思想、行为和期望"。③ 美国第三任总统杰斐逊说:"人民有权监督政府,这种监督通过什么途径和手段来实现呢?最主要、最经常的中介就是报刊。"④

可以说,舆论监督是媒介威权的第二种力量。在西方,舆论监督通常以"守望犬"(Watch Dog)的方式表达出来,媒介犹如一只警觉的狗,社会上有什么风吹草动就狂吠不已,以引起世人的注意。Watch Dog是个有针对性的概念:主要特指新闻媒体作为一种独立的社会力量对政府官员的舆论监督——如果政府部门的官员做了错事,政府做了错误的决定,媒体就要将其曝光。Watch Dog的其他用法都是在上述概念基础上的宽泛运用。2002年4月,在法国总统选举投票前,法国《鸭鸣报》暴露了总统希拉克涉嫌以权谋私的内幕新闻:

> 法国《鸭鸣报》3日援引一份官方调查报告透露,法国现总统希拉克与第一夫人贝尔纳黛特在食品消费方面令人"大开眼界",这对夫妇在希拉克1987年至1995年担任巴黎市市长期间平均每天用在食品方面的钱达到4000法郎(约540美元),其中大部分为现金支付。
>
> 《鸭鸣报》报道说,根据这份由公共检查员提供的调查报告,这对前巴黎市市长夫妇1987年至1995年在食品上的花费达到1400万法郎,其中950万法郎为现金支付。但该报也援引审计员的话指出,这一数字可能包括希拉克夫妇在他们的私人住宅内举行官方招待会所用花费的资金。
>
> 如果这份报告所言不虚,那么就证明希拉克可能存在严重的"财务问题"。这已不是第一次有人对希拉克的"财务问题"提出质疑。去年,希拉克就因涉嫌在1992—1995年间利用公款以现金的方式支付本人、家属及随从的国外豪华旅

---

① Henry F. Schulte. "Mass Media As Vehicles of Education, Persuasion, and Opinion Making: In the Western World", in L. John Martin and Anju Grover Chaudhary (eds.). Comparative Mass Media Systems. New York, Longmen, 1985. 137.

② Henry F. Schulte. "Mass Media As Vehicles of Education, Persuasion, and Opinion Making: In the Western World", in L. John Martin and Anju Grover Chaudhary (eds.). Comparative Mass Media Systems. New York, Longmen, 1985. 137.

③ Walter Lippmann. Public Opinion. New York: Macmillan, 1922. 195.

④ 转引自杨名品:《新闻舆论监督》,11页,北京,中国广播电视出版社,2001。

行费用而被媒体"爆炒"了一段时间,他最后动用了总统豁免权才免于国会的质询。

《鸭鸣报》在距法国总统选举第一轮投票不到20天的特殊时刻抛出这一报告,无疑给了寻求连任的希拉克一记重拳。不知道"食品事件"是否会对希拉克竞选造成重大影响。

报纸的力量也同样引起了共产主义世界的关注。卡尔·马克思曾说过,报纸的最大好处就是它每日都能干预运动。"报刊按其使命来说,是公众的捍卫者,是针对当权者的孜孜不倦的揭露者,无处不在的眼睛。"列宁对报纸作为集体的鼓动员、宣传员和组织者的功能作了更精辟的概括。毛泽东指出,报纸的作用"在于它能使党的纲领、路线、方针政策,工作任务和工作方法,最迅速、最广泛地同群众见面"。①

在中国,"无冕之王"是对媒体威权的一种通俗的说法。不过,在社会主义条件下,报纸并非是一种独立的社会的"第四权力",它只是政府机器的一个组成部分。正如杨名品指出的:

我们的新闻监督是在党和政府的领导下进行的,而不像西方新闻媒体以批评政府为宗旨;我们的新闻监督总是围绕党和政府的中心工作来进行,不能离开甚至干扰党和政府的中心,它讲求建设性的结果,不像西方新闻媒介以揭露别人的丑闻为荣。②

中国的"舆论监督"是国家六大监督体系(党内监督、人大监督和行政监督、司法监督、民主监督、舆论监督)之一。新闻媒介在"代表人民"的名义下,发现、选择、概括出代表性的意见,引导社会舆论向预定方向前进,甚至导致迅速的行政措施和法律制裁。和西方"第四权力"不同,中国的舆论监督强调任何舆论监督的行为都应纳入党和政府的集中统一领导之下,有步骤、讲纪律地进行。媒体不是独立于党和政府之外的不受监控的独立力量,而是作为政府行政工作的一种手段来发挥作用的。这就在本质上与西方"守望犬"理论有了根本区别。

由于政府的控制以及媒体的非独立性,报纸履行批评政府的舆论监督作用时不免疲软。从这个意义上说,西方报纸的威权理论内涵在中国被大大削弱了。舆论监督和Watch Dog并不是处于平等层次的概念。

在中国,媒体一般来说不代表挑战政府的力量,而只是一种与政府配合的舆论力量。所以有些西方记者不能理解:政府的官员怎样监督政府呢?

---

① 毛泽东:《对〈晋绥日报〉编辑人员的谈话》,见《毛泽东选集》(第4卷),1318页,北京,人民出版社,1991。
② 杨名品:《新闻舆论监督》,12~13页,北京,中国广播电视出版社,2001。

三、关于中国舆论监督的定义

中国新闻界关于舆论监督的种种定义大致可以分成两类。一些学者认为舆论监督就是人民通过舆论对政府事务和社会生活进行批评、检举、控告、诘难等,监督基本表现为批评报道。① 近年来另外有一批学者在赋予舆论监督以更为广泛的含义,他们认为舆论监督不仅包含对不正确事物的批评,还应包括对正确事物的表扬。童兵指出:"舆论监督是公众依据法律赋予的权利,并以法律和公共道德为标准对人们,尤其是对政府和公务员行为实行的社会公判,它包括模范行为的褒扬和对不法行为的批评及直接、间接的制约和制裁。"② 郭镇之也认为,舆论监督包括批评和建议,批评是负面的,建议是正面的,批评包括对决策和行为的批评,对行为的批评多一些,建议则往往是对决策的建议,并不一定是批评的内容。③ 彭朝丞对这两种分歧做了评论:

> 多年来,说到舆论监督,许多人都把它同批评、曝光画上等号,把它局限在对具体人具体事的揭露、批评上。无疑,这是一个认识上的误区。新闻批评是其重要的组成部分,最重要的一种形式,但并非就是它的全部。舆论监督还应包括公众对工作和决策的参与,对民主法制建设和两个文明建设提出建议、倡导和要求,以及对社会生活中的各种问题、矛盾进行及时的沟通、疏导、化解等诸多方面的内容,及其与之相适应的多种多样的方法。④

我们在前面已经提到过,Watch Dog 在西方是个有针对性的概念:主要特指新闻媒体作为一种独立的社会力量对政府官员的舆论监督。显然,我们可以看出中西之间的差别。

1987 年,中共"十三大"报告指出:"要通过各种现代化的新闻和宣传工具,增加对政务和党务活动的报道,发挥舆论监督的作用,支持群众批评工作中的缺点和错误,反对官僚主义,同各种不正之风作斗争。"这是党的历史上第一次提出"舆论监督"的概念。此后的"十四大"、"十五大"又都强调要将各级国家机关及其工作人员至于有效的监督之下。1999 年中央领导几次视察中央电视台,对新闻媒体实施舆论监督做出重要指示,这都是

---

① 见戴小华:《漫议舆论监督》,载《新闻学刊》,1988(2);张毅:《试论我国媒介的舆论监督作用》,载《新闻学刊》,1987(5)、(6);贾培信:《关于新闻舆论监督的讨论综述》,载《中国新闻年鉴》1988;孙旭培:《舆论监督的必要性和可行性》,载《人大报刊复印资料》,1999(7);周虹:《新闻监督效力论》,载《新闻与信息传播》,2000 年春季号;艾风:《论我国的新闻监督》。
② 童兵:《传媒监督与执法公正》,载《新闻传播》,1999(4)。
③ 郭镇之:《关于舆论监督与新闻法制问题的访谈》,载《新闻记者》,2000(2)。
④ 彭朝丞:《新时期舆论监督几个理论问题的思考》,载《新闻界》,1997(3)。

中央决心加强社会民主进程的宣言。中国舆论监督工作近年来的蓬勃发展,据统计,在电视栏目中,除了中央电视台舆论监督的名牌栏目《焦点访谈》之外,中央及全国29个省、市、区的电视台共创办了舆论监督的节目60个,如江苏电视台的《大写真》、南京电视台的《新闻观察》等。《人民日报》、《光明日报》、《经济日报》、《工人日报》、《中国青年报》、《中国妇女报》等中央报纸和全国31家省级党报都开辟了有关热点引导和舆论监督的专栏。这些栏目和专栏在舆论监督方面发挥的作用比较明显:批评和揭露性报道大增、监督的范围涉及政治、文化、经济等各个方面,有一些舆论对党的决策产生了影响。比如1998年《中国审计》杂志、《证券市场周刊》、《南方周末》等媒体集中披露的中国粮食系统2140亿元资产漏洞的报道就迫使总理朱镕基点将5万名审计员上阵,8个部委组成国务院检查组分赴各地督察,并在1998年粮食流通体制改革会议上提出有关措施制止资产流失。①此外,新闻界更加关注发展市场经济及处于转型时期社会的各种利益矛盾、权钱交易行为,聚焦于社会公正和司法腐败。中央电视台曾联合几家媒体组织的声势浩大的"中国质量万里行"报道;新华社对北京西客站工程质量低下和对原北京铁十六处北京西客站工程指挥长杨文章行贿、受贿大案进行了披露报道;2000年7月,《南方周末》披露浙江省瑞安市官场掮客陈仕松的买官、卖官行径,由此牵出其后台老板瑞安市市委书记叶会巨和原市长等多名干部的行贿、受贿案件。

在近年来的政治改革中,中国的媒体被赋予前所未有的监督力量,尽管这种监督一般来说是针对基层领导的,但仍反映出中国的巨大进步。1997年《大河报》报道张金柱案就是一例。

1997年8月24日,身为河南某公安分局政委的张金柱在驾车过程中将一名11岁的男孩撞倒,其后疯狂逃逸。在逃逸过程中,男孩的父亲及自行车卡在汽车左边两轮之间,被拖拉1500余米,酿成一起重大交通肇事案件。被撞倒的男孩因抢救无效死亡。

事件发生后,《大河报》记者找到了处理这起交通事故的部门,但是采访被拒绝了。面对可能出现的大人物,《大河报》第二天鼓起勇气发出了第一篇消息,标题为:

　　昨晚郑州发生一起恶性交通事故
　　白色皇冠拖着被撞伤者狂逃　众出租车怀着满腔义愤猛追

在刊登消息的同时,该报还配发了评论,其中指出:

　　……现在,还不知道开车的是何等人物,能坐皇冠,想必有点来头,但不管你有多大来头,如此行径也不能逃脱法律的惩处和舆论的谴责。请记者务必跟踪

---

① 见昝爱宗等:《第四种权利》,21页,北京,民族出版社,1999。

调查一下,将此车此人的"来头"公之于众,让他在太阳底下亮亮相!……

后来,记者冲破重重阻碍,终于查到了肇事者的身份——某公安分局政委张金柱。面对这个权势人物,报社仍然进行连续报道,尽管他们出于种种考虑给公安部门留下了24小时的时间,争取对方主动同意让媒体披露肇事者的名字。26日下午,河南省省委书记李长春得悉这一惊人事件后,立即打电话给郑州市委,作了重要指示。

1997年8月27日,张金柱的名字终于在《大河报》上被公布,全城舆论大哗。

为了引导舆论,说服群众,防止群众过激的言行造成对立情绪,《大河报》立即调整报道方向,适时推出了第二篇至关重要的言论《再呼公安万岁》。该文讴歌了河南公安干警的英雄事迹,并且指出,像张金柱这样的人物,只是公安队伍中的极少数。言论热情赞扬了省委、省政府、公安部门在"8·24事件"中坚定的政治立场和鲜明的态度。

由于《大河报》的报道,张金柱无处逃匿,最后被法院判处死刑。张金柱临死前哀叹:"我是死在记者手里的。"①

"张金柱事件"体现了中国新闻监督的巨大威力,但留下的疑问也是发人深省的:假如河南省省委书记李长春没有批示,《大河报》还敢点名吗?中国新闻监督的一大特点是:媒体在暴露重大事件之前,一定要得到有关权威机构或权威人物的批准。

舆论监督困难重重。1999年珠海市颁布《珠海市新闻舆论监督办法(试行)》,规定"任何被批评对象不得要求审稿",可算是一个重大进步,但这个新规定却不断受到各方面的质疑和指责。如此一来,舆论监督的主要对象是社会经济生活中的经济组织及个人,而这些对象正是国家机关行政管理的对象,因此,舆论监督实质上就成为政府行政工作的一种手段,而不是监督政府的手段。

有学者对《人民日报》1993—1997年间的批评报道作了抽样调查。从5年的1825天的报纸中抽取420天的报纸,共得批评报道1028篇,结果发现在这些批评报道中,58.6%是群众来信版的,而批评报道的对象是以现象为主(不涉及具体的人或单位),占半数以上(53.2%)。针对具体的人或单位的批评比较少,针对集体或单位的,占批评报道总量的17.8%;针对不法分子的占17.1%;而针对各级干部的批评,不到总量的1/10(8.5%);批评报道针对处级以上干部的仅为2.6%,且大多是根据有关部门查处的结果报道的,完全由报纸自己搞出来的很少。②

不过,多数学者认为,从1987年中共"十三大"到2002年中共"十六大","舆论监督"

---

① 详见江华:《把张金柱推上断头台》,见肖东升主编:《新闻内幕》,116~126页,北京,新华出版社,1999。此案也被认为是典型的媒介审判案例。

② 孙旭培:《舆论监督的必要性和可行性》,载《人大报刊复印资料》,1999(7)。

的概念连续四次出现在党的政治报告中。① 这说明这个概念作为一种反对腐化、限制权力、增加政治民主透明度的方式已经得到了党和政府的肯定和支持，得到了人民的认可和欢迎。有研究者认为，从20世纪90年代中后期开始，舆论监督形成了三种话语形态：即以《焦点访谈》为代表的政府话语形态；以《今日说法》类为代表的法律话语形态；以及以《南方周末》为代表的知识话语形态。这三种形态铸就了当代中国的新闻舆论监督的黄金时期。②

一些研究者总结了中国21世纪初舆论监督格局的重要特征：首先，中央媒体监督地方政府，上级媒体监督下级政府，比如央视《焦点访谈》对各地政府的监督。其次，跨地区媒体监督，即"一个地区的新闻媒体对发生在外地的人和事的监督性报道"（孙旭培）形成了特色。如《南方周末》对2001年4月湖北武汉"体育彩票事件"的报道；2001年8月对上海交通大学招生"黑幕事件"的报道等。孙旭培认为，新闻媒介与党和政府合为一体的新闻管理体制是媒体跨地区监督存在的根源。一个地区的党政机关可以控制该地区的媒体，但却不能控制外地的媒体，这使跨地区媒体监督成为可能。

跨地区媒体监督虽然有其局限，但它的积极作用是明显的。2000年湖南嘉禾发生"高考流弊事件"，省内记者却无法在本省媒体上发表对此案的新闻。《长沙晚报》的一篇翔实特写在本省遭"枪毙"，记者因"弱势媒体的悲哀"而慨叹，但不久该报道却在邻省广东出现了生机——《南方周末》将其全文刊出，并产生了强大的震撼作用。跨地区媒体监督将长期成为中国舆论监督的一道独特风景。③

在21世纪的首个10年中，随着新媒体的冲击，网络监督社会的发展势头极为强劲，

---

① 1987年，中共"十三大"政治报告指出："要通过各种现代化的新闻和宣传工具，增强对政务和党务活动的报道，发挥舆论作用，支持群众批评工作中的缺点错误，反对官僚主义，同各种不正之风作斗争。"1992年，中共"十四大"重申："重视舆论媒介的舆论监督，逐步完善监督机制，将各级国家机关及其工作人员置于有效地监督之下。"江泽民总书记在中共"十五大"政治报告中说："我们的权力是人民赋予的，一切干部都是人民的公仆，必须受到人民和法律的监督。……把党内监督、法律监督、群众监督结合起来，发挥舆论监督的作用。"中共"十六大"报告指出："认真推行政务公开制度，加强组织监督和民主监督，发挥舆论监督的作用。"

② 齐爱军对三种舆论监督的话语形态的诠释是：《焦点访谈》是在中央支持下设立的，在选题上，它坚持"领导重视，群众关心，普遍存在"的原则，使用政府话语，但又区别于以往的宣传腔调；以《今日说法》一类为代表的法律话语形态代替了以往传统的道德话语，此类节目的开播，以新闻事件为切入点，让百姓和专家参与讨论，依法治国；以《南方周末》为代表的知识话语形态以规范知识的概念和逻辑来解剖新闻事实，具有一种理性的指向性，并以其反思性形成与政治权力的张力关系。详见齐爱军：《新时期舆论监督的三种话语形态》，第二届21世纪新闻舆论监督研讨会论文，2002年12月，北京，中国青年政治学院。

③ 有关中国当前舆论监督格局的重要特征，参见孙旭培：《如何看待"跨地区监督"——以广东报纸的三篇监督性报道为例》，见展江编：《中国社会转型的守望者——21世纪新闻舆论监督的语境与实践》，北京，中国海关出版社，2002；侯健：《当代中国的舆论监督》，第二届21世纪新闻舆论监督研讨会论文，2002年12月，北京，中国青年政治学院。

从"孙志刚事件"、"周久耕事件"到"郭美美事件"、"陕西房嫂事件",网络已成为社会舆论监督的重要生力军,对其研究也相应地成为学者们探讨的热点。

四、引导舆论与说服(Persuasion)

西方世界一直认为报纸应充当舆论的载体,然而要找出一个普遍为人接受的有关"舆论"的定义并不容易。斯楚特(Henry F. Schutte)认为,舆论是"人们通常通过媒介引起人们对社会及政治问题反应的一种方式"。[①] 西方学者坚信,一个民主的媒介体系必须能代表"社会的重要利益,应能使人们易于参与公共事务,鼓励人们公开辩论,并将辩论纳入公共政策框架中……"[②] 一般而言,西方对"舆论"(Public Opinion)的概念是比较单纯而清晰的。但"舆论"在中国新闻界由于众说纷纭却被时常梳理。一个具有代表性的看法是:阶级社会中的舆论不是一种"抽象的"而是一种"具体的"概念,它具有阶级性。甘惜分的定义是这样的:

> 舆论是社会生活中经济、政治地位基本相近的人们或社会集团对某一事态大体相近的看法。[③]

甘惜分认为,来自不同社会阶层的人对同一事件的感受是不相同的。群众中的舆论是分散的、无组织的。反映群众舆论并使之转化为一种集中的、系统的进步意见是必要的,这样才能成为一种社会力量。甘惜分认为中国新闻业"引导舆论"的理论解释之一在于既然媒介具有影响人们思想的作用,那么它们很自然地就会根据一定的原则自觉或不自觉地引导舆论。[④]

按照这种原则,无产阶级国家中的媒介应该以"正确"方向即社会主义思想来引导舆论。那么,共产党的报纸就应该宣传党的路线、原则和方针,因为党报源于公众,为人民利益服务。[⑤] 报纸自然地可以用这种方法反映舆论,引导人民并达到人民目标。西方理论家克里平格(John Clippinger)说,"共产主义政治意识形态的基础建立在政府和人民是统

---

① Henry F. Schulte. "Mass Media As Vehicles of Education, Persuasion, and Opinion Making: In the Western World". in L. John Martin and Anju Grover Chaudhary(eds). Comparative Mass Media Systems. New York, Longmen, 1985.135.

② James Curran. "Rethinking the Media as a Public Sphere" in P. Dahlgren & C. Sparks(eds.). Communications and Citizenship. London: Routledge, 1991.30.

③ 甘惜分:《新闻理论基础》,52页,北京,中国人民大学出版社,1983。

④ 戴邦等:《新闻知识讲座》,250页,北京,人民日报出版社,1983。

⑤ 戴邦等:《新闻知识讲座》,251页,北京,人民日报出版社,1983。

一的整体的前提之上,也就是说,国家和群众具有一个共同目标,政府是人民唯一的真正代表。"①

中国媒体引导舆论的实例比比皆是。1949年到1978年之间,中国的报纸一直忙于接连不断的政治运动,积极引导人们走社会主义道路,鼓励人们热情而忘我地投身于国家建设。一方面,媒体在帮助政府宣传国家政策如计划生育和环境保护方面取得了巨大的成功;另一方面,报纸也有重大的失误。在"反右"运动(1956—1957)期间,报纸成了政府的有力武器。后来,毛泽东实行"大跃进"政策,试图在一夜之间使中国成为经济先锋。报纸为支持毛泽东的政策,发表了无数夸张的报道和社论,引导人们相信他们在走正确的道路,但"大跃进"造成大饥荒,数百万人死亡,以灾难而告终。报纸作为一种"政治工具"而遭到人们唾弃。②

"引导舆论"的理论基础是"先进阶级和先进政党负有引导舆论正确方向的责任,以推动社会进步。"③这种理论建立在忽视对立意见的基础之上,而只允许一种单一的意识形态占主导地位。该理论的前提基础还有,因为媒体代表人民,因此,它就能够引导读者走正确道路,党代表人民的根本利益,政策和原则符合人民的需要,由此,党就有权引导读者,此外党还负有启迪民众的责任。对大多数的中国媒介学者而言,这种引导是指意识形态上和政治上的指导。然而,在西方评论家的眼中,这是共产党为了"动员民众"而实行的"控制"。④

新闻的"指导性"是中国主流新闻学中反复出现的概念,它是引导舆论的理论基础。所谓的指导性是指:

新闻工作者运用马克思主义的立场、观点、方法,用党的方针、政策来影响、指导受众的思想和行动,帮助受众明白形势,明辨是非,明确利弊,引导人民群众同心同德,共图四化大业。⑤

李良荣认为,新闻对受众的指导性表现在七个方面:鼓舞、示范、论证、启发、解释、预测和警戒。⑥

---

① John H. Clippinger. Who Gains by Communications Development? Program on Intention Resource Policy. Working Paper 76～1. Harvard University Press,1976. 93.
② 详情参见方汉奇、陈业劭主编:《中国当代新闻史(1949—1988)》,98～117页,北京,新华出版社,1999。
③ 甘惜分:《新闻理论基础》,59页,北京,中国人民大学出版社,1983。
④ Charles P. Cell. "Communication in China's Mass Mobilization Campaigns" in Godwin C. Chu and Francis L. K. Hsu(eds.). China's New Social Fabric. Kegan Paul International,1983. 26.
⑤ 李良荣:《新闻学导论》,138页,北京,高等教育出版社,1999。
⑥ 李良荣:《新闻学导论》,138～140页,北京,高等教育出版社,1999。

第七章　媒介威权与引导舆论

"引导舆论"在中国报业史上有着悠久的传统。第一份中文报纸的创办者王韬(1828—1897),著名的报人梁启超(1873—1929)以及革命先行者孙中山(1864—1925)都曾运用过这一原理并成功地影响了舆论。

一般来说,"引导舆论"(Media Direct)并不为西方经典新闻学所认可,也许这是因为"引导"一词基于反对个人主义的原则。① 自由主义新闻学坚持认为一个自由人"必须通过理性生存,而不是被动接受他人的所见、所闻和所感。因此,对社会因素更加留心就一定会激发人的理性,没有这种激发,人是不可能主动去寻求真理的"。② 然而,精细的考察发现,在实践中,作为媒体的一项客观职能,"引导"同样存在于西方媒体中,尤其是在"政党报纸"时期和战争时期。在人所共知的西方"政党报纸"时期,报纸表现出最为明显的政治倾向;而战争时期的媒体宣传更是明目张胆的蛊惑,有时甚至散布谎言。放弃政治倾向,采用客观报道原则始于19世纪末,当时报业主打算通过吸引更广泛的读者以获得更多的利润。20世纪40年代之前,英美报纸中的客观报道方法占据了更重的分量,③随着自由主义论的兴起,报纸不再强调道德责任。《华尔街日报》的汉谬顿(William Peter Hamilton)宣布:"报纸是与公众没有经济瓜葛的私营企业,没有任何特权,因此,也不受公共利益制约。它出卖产品,自己负责……"④这一惊世骇俗的见解招致人们对报纸的强烈批评。于是,在20世纪初,便出现了"社会责任论",它声称民主进程中报纸的"道德角色"远比报纸的经济功能更重要。新闻不仅只是可以买卖的商品,同时也含有其内在的社会价值。应当坚定不移地坚持信息自由流动原则,但媒介也应该承担对社会的道德责任。1947年,英国皇家报业委员会为报纸做了五条规定。其中包括报纸应对每天发生的事件提供真实、全面、富于智慧的报道;此外,报纸还必须担负起提出和阐明目标及社会价值的责任。⑤ 正如皮特森(Peterson)进一步总结的那样:

> 社会责任论是一种学派观点,它视纯粹消极自由为不充分的和不起作用的。

---

① One of few mentions of the words of "media direct" is in Tim O'Sullivan, Brian Dutton and Philip Rayher. They say, "Nevertheless, it seems clear that as an agent of direct social and political influence, the media's power is quite modest." For original text, see their book, Studying the Media: An Introduction. London: Edward Arnold, 1994. 154.

② Fred S. Siebert. Theodore and Wilbur Schramm. Four Theories of the Press, Urbana: The University of Illinois, 1956, 100.

③ Fred S. Siebert. Theodore and Wilbur Schramm. Four Theories of the Press, Urbana: The University of Illinois, 1956, 61~62.

④ Quoted in Theodore Peterson. "The Social Responsibility Theory of the Press" in Fred. S. Siebert, Theodore and Wilbur Schramm. Four Theories of the Press. Urbana: The University of Illinois, 1956, 73.

⑤ For details, see Commission on Freedom of the Press. Toward a Free and Responsible Press. University of Chicago, 1947.

根据这种观点,消极自由是空洞的自由;这就像是告诉一个人他有走路的自由,但事先并未确定他不是跛子一样。为做到真实,自由必须是有效的。仅告诉一个人他有达到他自己目的的自由是不够的;还必须提供给他达到那些目的合适方法。①

"社会责任论"实际上为媒介引导或说服受众(Persuading)提供了合法依据。不过,这种引导显然不是早期报纸党派实践的翻版。它的理论建于"公正"和"平衡"的基础之上。媒介的教育功能赋予媒介"教育公众"的权力。许多著名的新闻记者都指出过媒介有必要引导国民。如,约瑟夫·普利策1961年曾经说过:

> 在我看来,编辑可以通过报道和评论运用个人良知最大限度地为公共福利作出贡献……②

普利策还有更为直接的表白:

> 自由社会必须依靠于编辑和出版者的个人责任标准和意识,而不是依靠像集权报纸那样强加给他们一个硬性的统一要求。③

近年来,人们感到媒介不仅报道,而且也在积极参与舆论的形成。那种将媒介看成是仅仅提供信息或就有关事件发表不同意见的传统观念已不再流行。④ 斯楚特(Henry F. Schulte)举例说明人们对媒介舆论的看法。他说,美国受众高度关注媒体力量,"在总统选举中,媒体或使选举人走向成功,或使他们一败涂地"。斯楚特相信,这种说法反映出大众传媒的影响不仅仅是刊登信息和意见。⑤ 换言之,媒介的力量是积极、活跃甚至带有攻击性的。说服(Persuasion)、激励(Stimulation)、动员(mobilization)和操纵(manipulation)是对媒介威权的一般性描述。媒介对社会的影响日益成为研究者关注的焦点。当人们讨论报纸如何为公众设置议题、如何确定人们谈论和思考的内容时,⑥媒介影响研究——媒介在

---

① Theodore Peterson. "The Social Responsibility Theory of the Press" in Fred. S. Siebet, Theodore Peterson and Wilbur Schramm. Four Theories of the Press. Urbana: The University of Illinois, 1956, 93~94.

② Joseph Pulitzer, Jr. "The Press Lives by Disclosures" in Allen Kirschner and Linda Kirschner (eds.). Journalism Readings in the Mass Media. New York: The Odyssey Press, 1971. 94~95.

③ Joseph Pulitzer, Jr. "The Press Lives by Disclosures" in Allen Kirschner and Linda Kirschner (eds.). Journalism Readings in the Mass Media. New York: The Odyssey Press, 1971. 97.

④ Henry F. Schulte. "Mass Media as Vehicles of Education, Persuasion, and Opinion Making: In the Western World". John Martin and Anju Grover Chaudhary(eds.). Comparative Mass Media Systems. New York, Longmen, 1985. 134.

⑤ Henry F. Schulte. "Mass Media as Vehicles of Education, Persuasion, and Opinion Making: In the Western World". John Martin and Anju Grover Chaudhary(eds.). Comparative Mass Media Systems. New York, Longmen, 1985. 134.

⑥ Len Granato. Reporting & Writing News. Sydney: Prentice Hall, 123.

更广泛的范围内如何影响社会以及达到何种程度也成为热门话题。一般认为,媒介影响可以从三个方面来理解:教育(Education)、说服(Persuasion)和形成舆论(Opinion-making)。①

媒介对人的影响是通过记者报道或评论时表现出的一种建议来完成的,这种建议可能是直接的也可能是间接的。也就是说,媒介影响可以解释为媒介的主观引导,为保险起见,西方媒介学者偏爱"说服"一词,因为使用"引导"(Direct,Guidance)一词会把受众吓跑。② 因此,议程设置或媒介影响的研究都对媒介如何影响舆论给予了极大关注。精细的研究会发现,设置议程就是一种引导,因为构成议程特定话题的要素是由媒介自己整理出来的,它们反映出媒介的兴趣和选择的标准,尽管这种兴趣和标准归根结底是建立在受众需要的基础上的。媒介影响表现为一种过程,在此过程中,受众受到媒体提供并建议的信息(事实及意见)的影响。③ 媒介提供的这些信息都是一种思想意识的指引,不管是有意还是无意,公开还是隐蔽,效果是短期的还是长期的。新闻媒体中广泛存在的偏见证实了记者和编辑受政治或思想意识的引导。

无论如何,"引导"是媒介的天职和客观功能。报纸从事报道和评论时,"引导"通常是一种自然的结果。如读者在阅读对罪犯的惩罚时,无疑会引起对法律的思考。澳大利亚媒介对琳登(Lindy Chamberlain)一案的连续报道,最初的媒介影响令读者怀疑,琳登是谋杀犯,但真相大白之后,人们又转而相信她是无辜的。④ 在这种转变过程中,一些读者看到了澳大利亚法律体系的特点,清楚地认识到流言的力量以及升华出"谣言不可轻信"的理念。不过,也有人并不同意这种看法,认为受众的知识背景、价值观念、经济地位和政治态度等因素会导致不同的接受效果,所以,媒介引导是多样而不平衡的。

五、公开引导和潜在引导

媒介影响可分为公开引导和潜在引导两个层面。公开引导的特征是媒介以公开的方法表明态度、意见、批评;在评论及报道中表现出明显的主观意见,比如《人民日报》社论、

---

① Henry F. Schulte. "Mass Media as Vehicles of Education, Persuasion, and Opinion Making: In the Western World". John Martin and Anju Grover Chaudhary(eds.). Comparative Mass Media Systems. New York, Longmen, 1985. 133~146.

② For example, Sally White states that "… newspapers every day try to persuade readers…" See her book Reporting Australia. p. 11.

③ D. Sless thinks. "The media do not have any agenda. It is the readers of the media who bring such agenda into existence." For his view, see his article "Not My Agenda: Rejoinder", Media Information Australia, No. 42(1986), 33~34.

④ 有关细节,见 Gay Alcorn. "Coroner's Open Verdict Deepens Azaria Mystery". The Sydney Morning Herald (14 December 1885). 1~6; David Nason: "Coroner Rebuffs Chamberlains". The Australian(14 December 1995). 1~4.

《纽约时报》评论员文章等。识别公开引导并非难事。潜在引导间接指明方向,令读者不易察觉。这样的潜在指导通常情况下在报道和编辑过程中完成,有时是被掩盖的偏见、暗示和信息遗漏相互作用的结果。

在形式上,媒介指导或可精心策划,或可无意为之。策划是指媒介有一个系统连贯的报道计划。调查性报道的概念与此完全吻合。1972年,美国《华盛顿邮报》对"水门事件"的报道就是一个媒体精心策划的明证,它的主题是揭露腐败。假如媒体试图通过表达某种意见来说服读者,那么评论一个问题、事件、人物或者批评一项政府政策,也同样属于策划指导。

"无意引导"产生的是潜在效果:它们一般未经报纸编辑的提前策划或控制。例如,在报道"琳登涉嫌杀婴案件"时,报纸自然对读者产生了巨大影响,然而,后来的事实证明琳登无辜,于是有些读者发现了澳大利亚法律体系的不健全,并导致对媒介的失职颇有怨言,这些也许都是媒体报道时始料未及的。总之,"故意引导"更可能是媒介做的主观努力;"无意引导"是潜移默化的效果,并且对于所报道事件的意见的指导也可能是多样的。而这种引导的因素已事先客观存在于事件内部。

显然,受众的不同理解力决定了他们接受媒介引导的程度和范围。然而,如果读者未曾获得某种信息(不管是由于媒介压制还是由读者自己的疏漏),引导是不可能完成的。不幸的是,这种情况总是一再发生,正如斯楚特(Schulte)指出的那样,有时"受众并不清楚未经媒介报道的事情"。"把关人"理论也同样证明媒介在关闭一扇门时,会合法地开启另一扇门。① 在多数情况下,媒体通过忽略某种信息,切断消息来源都可以产生一种潜在的引导性。例如,长期以来,尤其是1978年之前,中国媒体未能对西方世界做过全面的、平衡的描绘,只是一味强调资本主义的黑暗面,如犯罪、工人罢工和失业等。西方社会的积极一面从未在媒体上出现,这就使大多数读者相信西方社会日暮途穷、行将就木,而社会主义社会是最理想的社会制度。

西藏问题是一个敏感问题,长期以来一直受到西方人的关注。西藏问题的基本事实是:一些西藏人与中国政府有严重冲突,一些西藏人与中国政府有极好关系,一些西藏人拥戴达赖喇嘛寻求独立,一些西藏人支持另外的西藏首领如班禅喇嘛,尊重与中国人民的历史融合,安居乐业。② 然而,在报道西藏问题时,西方传媒常常只关注一个方面——流

---

① Henry F. Schulte. "Mass Media as Vehicles of Education, Persuasion, and Opinion Making: In the Western World". John Martin and Anju Grover Chaudhary(eds.). Comparative Mass Media Systems. New York, Longmen, 1985. 133.

② 作为《北京周报》的记者,作者在20世纪80年代多次采访过西藏。其中系列报道《拉萨河边的村庄》(1989年3月13日至5月31日),记录了一群普通西藏人的真实生活。行前,主编明确说:"要西藏人的真实图景,不要宣传。不管是光明还是黑暗、是高兴还是抱怨,一切都必须是真的。"我们按此原则工作,详细报道参见张威、杨小兵:《拉萨河边的村庄》系列报道1-12,载《北京周报》,1989-12-26。

亡国外的达赖喇嘛的行动,某些西藏人所宣称的中国统治下的西藏人的悲惨生活、骚乱及抗议行动。而西藏的历史背景、1949年以后西藏人民所取得的成就、生活水平的提高等信息则很少向读者透露。① 1995年9月上旬在拉萨举行的西藏人庆祝西藏自治区成立30周年的庆典是引人注目的事件,但澳大利亚的主流媒体几乎没有给予报道,尽管当地两家中文报纸《澳中日报》和《星岛日报》对此事件做了连续报道。② 出现在《悉尼晨锋报》(1995年9月2日)上的新闻冠以"西藏从未如此之好:中国"的标题,隐含着偏见,通篇基调都带有荒谬和讽刺的意味。该报道称这次庆典活动是中国"利用此事向流亡中的达赖喇嘛发起的又一次攻击"。报道虽然引用了中国报纸上有关中央人民政府对西藏的经济援助报道的消息来源,但很快评论说"不论这种援助多么慷慨,西藏人在过去30年中不止一次地表示他们对中国统治的不满"。③

1995年北京世界妇女大会期间,两组西藏妇女的表现引起了媒体的关注。一组是海外流亡中的妇女;另一组来自西藏自治区。前者抗议中国政府;而后者举行了一次国际新闻界的会议抗议西方记者对西藏问题的错误报道。④ 9月1日,9名西藏流亡妇女,用彩色头巾堵住自己的嘴以"象征着在她们的喜马拉雅家乡受到的压迫",在妇女论坛上上演了一出15分钟的无声抗议,她们声称"西藏人民没有表达自由,自从中国统治西藏后,死了许多西藏人"。⑤ 9月4日,一群来自西藏自治区的藏族妇女举行了一次国际新闻界的集会,抗议西方媒体对西藏问题的错误报道,并提供出西藏人权状况的一些事实。西藏妇联主席才让卓嘎说:"120万藏族妇女充分享受着人权,西藏作为中华人民共和国的组成

---

① See news items published in The Sydney Morning Herald, Stephen Hutcheon, "Tibet Never Had it So Good: China", 1 September 1995; Sylvia Lorimer: "How to Confront a Real God in his Living Room". Northern Herald 24 August 1995. 34; Stephen Hutcheon: "Premature' Rebirth of Tibetan Lama Sparks Anger in Beijing", 20 May 1995. 37; "'Go for It', Clinton Tells Dalai Lama", 30 April 1995. 22; "Sydney Turns on a Royal Welcome for Dalai Lama", 11 May 1992. 5; "Tibetan But Not Forgotten". Good Weekend, 9 May 1995. 36~37; "Lost Horizons" 24 April 1995. 36; "Dalai Lama the Last God-King", 2 August 1990. 8; Stephen Hutcheon, "Forlorn Tibet Still Hopes for Freedom", 11 March 1989. 11; Yvonne Preston, "Dalai Lama Takes his Cause to Bush", 18 April 1991. 12; Tony Stephens: "An Unearthly Fuss about an Unworldly Leader", 7 May 1992. 3; Tony Wright: "Snub to China as PM Agrees to See Dalai Lama", 6 May 1992. 4; David Humphries: "Dalai Lama Lets PM Off the Hook", 30 April 1992. 4; A balanced report can be seen Peter Ellingsen, "Conservatives Dim Prospects for Progress on Lhasa Solution", 5 August 1989. 11.

② 参见《澳中日报》:《拉萨庆祝西藏自治区成立30周年》,1995-08-30,4版;"副总理吴邦国盛赞西藏干部"并配照片说明西藏人在欢迎中央政府代表,及 1995-09-03,7版;"副总理吴邦国参观拉萨大昭寺",1995-08-30,4版。"北京强调国家统一",《星岛日报》(1995-09-02 及 1995-09-03),17版;"西藏自治区成立30周年前'西藏独立'呼声强烈",1995-09-06,11版。

③ Stephen Hutcheon. "Tibet Never Had it So Good: China". The Sydney Morning Herald, 2 September 1995. 24.

④ 参见《世界妇女大会期间两组西藏妇女代表的冲突》,载《澳中日报》,1995-09-04。

⑤ "Tibetan's daring accusation" in The Sydney Morning Herald, 2 September 1995, 12.

部分,自1995年民主改革以来,在经济、教育、生活水平和社会生活方面有了巨大改善。"她说一些西方记者向读者"撒谎","不顾西藏的真实情况","有着不可告人的动机"。①

很自然地,流亡的藏族妇女对中国的抗议被《悉尼晨锋报》给予了突出报道,②而西藏妇联代表举行集会抗议西方媒体歪曲的消息却未出现在该报上;③《人民日报》对藏族妇女抗议西方媒介对西藏问题的错误报道给予重要位置加以突出,④而有关另一群海外藏族妇女无声抗议的新闻却被忽略了。⑤ 正如前面所指出的,当遗漏掉一部分信息时,读者就可能依靠现有的信息作出判断,从而接受媒介的报道和建议,于是媒介引导便完成了。

在比较中国"引导舆论"和西方的"媒介影响"理论时,有两点似乎是一致的。第一点,媒介通过影响舆论而具有影响社会的力量。这种力量很大程度上由媒介的主观影响获得(不管是有意还是无意),而且以报道和评论中表现出的"引导"形式出现。第二点,媒介对社会负有启迪的义务,而这种启迪同样是通过媒介引导来完成的。

早在20世纪50年代末,皮特森(Theodore Peterson)就发现了两种报业体系之间的联系,他指出:

> 在权力和责任的联系方面,社会责任论比自由主义理论更接近于苏维埃理论。苏维埃理论,同社会责任论一样,在行使权力的同时,也要承担相应的责任。⑥

皮特森也提到了二者之间的差别:

> 苏维埃理论,是对无产阶级负责;社会责任论,是对个人的良知负责。进一步说,在苏维埃理论下,一个人如果忽视所应履行的责任,就会丧失法律要求的自由表达权。而这在社会责任论中并非如此。⑦

---

① 廷辉、史明生:《西藏妇女享有充分人权——才让卓嘎在非政府组织会议上国际报纸大会上的回答》,载《人民日报》,1999-09-09。也可参见《妇女代表对西方媒体集中于负面报道进行批评》,载《澳中日报》,1995-09-07;《西藏妇女否认"被迫堕胎"》,载《澳中日报》,1995-09-08。

② See "Tibetans' Daring Accusation". The Sydney Morning Herald(2 September 1995). 11; Margo Kingston, "China's Heavy Hand Damages UN Conference". The Sydney Morning Herald,4 September,1995. 10.

③ Those interested in this can trace the coverage of the 1995 U. N. Women's Conference by The Sydney Morning Herald from 20 August to September 1995.

④ 廷辉、史明生:《西藏妇女享有充分人权——才让卓嘎在非政府组织会议上国际报纸大会上的回答》;刘明:《今日西藏妇女》,载《人民日报》,1995-09-06。

⑤ 参阅《人民日报》,1995年8月15日至9月16日有关世界妇女大会的报道。

⑥ Theodore Peterson. "The Social Responsibility Theory of the Press". In Fred S. Siebert, Theodore Peterson and Wilbur Schuramm,Four Theories of the Press,Urbana:The University of Illinois,1956. 98.

⑦ Theodore Peterson. "The Social Responsibility Theory of the Press". In Fred S. Siebert, Theodore Peterson and Wilbur Schuramm,Four Theories of the Press,Urbana:The University of Illinois,1956. 98.

承认共同点并不能淡化中西媒体二者之间的深刻差异。正是这一差异把中国报纸的"引导舆论"与西方的"媒介影响"区别开来。在西方,舆论引导多为一种媒体对受众潜在的引导,在一般情况下(比如和平时期),这种引导一般不介入国家和政府的力量,是多种意识形态自发的汇集,它的议程设置是由媒体自身(包括媒体拥有者、媒体编辑记者)作出的;在中国,政府介入、大张旗鼓地引导舆论是主要趋势,在意识形态方面对公众的引导是单一的、系统的、连贯的和全国性的。

"引导"的目的也是不同的:中国媒体致力于动员人民向共产主义方向前进,而西方的媒体强调报道和解释新闻。中国报纸代表政府说话,但大多数西方报纸不是政府的喉舌。在接受信息时,读者的角色也有不一样,表现为积极反应或被动反应。在通常情况下,西方报纸为争取读者使出浑身解数,因为吸引住读者就可以使报纸获得更高利润。但这并不意味着灌输,正如戈瑞德(Grader)的说法:

>人们不必一定要接受可能是由媒介提出的明确的态度和意见。更确切地说,人们常利用大众传媒信息提供的情况来调整他们的现存态度,以便与变化中的世界同步。①

西方世界中的报纸没有为读者做决定的义务,读者是被当作一种积极力量来对待的。《悉尼晨锋报》宣称其搜集、发布新闻和意见的主要目的是"通过告知公民并使之能随时作出合理判断来服务社会"。② 这里,它提供的报道和意见并非必不可少的指导准则,而不过是帮助读者作出决定的信息。对他们来说,媒体上说的不一定是准则,可以接受,也可以不接受。

作为政府和党的喉舌,中国报纸引导舆论的目的是鲜明而强烈的。为了组织并团结群众同资本主义做斗争,以共产主义意识形态来引导、教育群众是必要的(西方新闻学也有教育职能,但教育是作为一般术语而使用的,不是一种特殊含义的思想方式)。舆论引导致力于组织和动员人民达到特殊的政治目的及完成政府的任务。报纸对读者的影响常表现为指令和教导,报纸建议的就是读者所应遵守的。读者被要求接受报纸的引导,因为报纸的指导一般代表着党的指示。过去,中国受众常定期组织学习报纸上发表的报道或社论,以了解党的"精神"。按照马克思主义中的"引导舆论",共产主义是报道和评论要坚持的唯一的意识形态。1991年发布的中国新闻工作者职业道德准则就明确地规定了新闻工作者的原则:

---

① Doris A. Grader. Mass Media and American Politics. Washington, D. C.: Congressional Quarterly Press, 1980(9).
② See "Herald and Weekly Times Limited Professional Practice Policy". cited in John Hurst and Sally White. Ethics and the Australian News Media. South Melbourne: Macmillan Education Australia Pty. Ltd., 1994. 287.

中国新闻事业是中国共产党领导下的社会主义事业的重要组成部分。新闻工作者要努力宣传马列主义、毛泽东思想,宣传党和政府的方针政策,报道新闻和传播信息,反映并引导社会舆论,促进社会主义物质文明和精神文明建设以及社会主义民主法制建设,充分发挥党和人民的耳目喉舌作用。①

从表面上看,新闻报道是分散的、偶然的、形形色色的,但带有官方意识形态的指导性在中国报纸占据着主要地位。从报纸的头版比较容易观察到这一点。澳大利亚报纸上虽然也出现过全国性运动和其他有组织的报道,但这种信息的引导多数主要来自报纸本身而不是源于政府。

这里从20世纪70年代至90年代的《人民日报》和《悉尼晨锋报》头版报道中选出了三对样本,通过这些样本,可以清楚发现二者的差别。

1978年11月22日

A.《人民日报》(头版消息)

1. 引:为早日实现油田现代化立新功

主:大庆兴起学科技学文化热潮

2. 引:湘乡县委进一步落实党的农村经济政策

主:发动各行各业做好工作减轻农民负担

3. 南宁新火车站建成

4. 马鞍山市提前完成全年财政收入计划

5. 四川新疆等提前完成全年木材生产任务

6. 引:祥符供销社认真落实湘乡经验

主:商业增盈　社员增收

7. 社论:落实湘乡经验要上下一齐动

B.《悉尼晨锋报》(头版消息)

1. 为何卡尔退出工党

2. 12岁女孩在拖车中遇害:警方两次调查

3. (图片)人民圣殿教集体自杀,尸体横陈于会议大厅周围的景象

4. 琼斯顿(Jonestown)惨案后……自杀幸存者再涉险境

5. 辛克莱说:副检察长的办公室被盗(辛克莱为澳大利亚工党领袖,作者注)

6. 以色列同意谈判

---

① 参见《中国新闻工作者职业道德准则》,载《新闻战线》,1992(1)。

1984 年 3 月 24 日

A.《人民日报》（头版消息）

1. 为实现本世纪末渔业翻番：国务院号召以更宽松的政策来加速渔业发展

2. 评论：加速渔业发展

3. 西哈努克说，柬埔寨军民要更团结、继续战斗

4. 故城县为一农民成功实施心脏手术

5. 赵紫阳总理会见意大利外贸大臣

6. 赵紫阳总理会见几内亚政府代表团时说：中国继续发展同第三世界国家的友谊

7. 刘公岛成为海上花园

B.《悉尼晨锋报》（头版消息）

1. 沃伦说：监禁逃犯

2. 杰克退出左翼政党

3. 另一项选举，另一个问题

4. 北领地暴风使 400 人无家可归

5. 国会选举

1994 年 6 月 23 日

A.《人民日报》（头版消息）

1. 引：江泽民在广东考察要求经济特区

   主：增创新优势　更上一层楼

2.（湖南、福建、广西）齐心协力夺取抗洪救灾胜利

3. 引：邹家华在广西考察灾情时指出

   主：要有长期防汛思想准备

4. 引：华南水灾牵动同胞心

   主：香港各界踊跃捐款

5. 社论：认真贯彻国家产业政策

B.《悉尼晨锋报》（头版消息）

1. 总理阻止银行利率上调

2. 卢旺达之死：有人在倾听吗？

3. 利率为何只能上涨？

4. 温特沃斯最终获胜：但代价巨大

5. 大震荡导致大终止（Big Dipper May come to a Screaming halt）

通过对比，可以很清楚地区分出两张报纸的报道倾向：《人民日报》在执行政府和党的路线时，通常承担着推行国家政策的任务，指导性非常明显；而《悉尼晨锋报》的新闻选择看来只是出于报社编委会的决定，国家力量未曾卷入。

为了进一步彰显双方的差别，以下展示了来自中国、澳大利亚媒体的两篇报道，它们都取材于非政治性的体育事件，均有舆论引导的倾向，但一个是政治性的；一个是非政治性的。

六、个案研究

1. 体育比赛是怎样被媒体推广成一场全国性运动的——《人民日报》对中国女子排球队的报道

1981年11月16日，中国女子排球队击败美国、苏联和日本后成为世界冠军，这是中国在现代体育运动史上首次取得如此成就。当时的中国正在向现代化目标前进。《人民日报》作为党的喉舌，抓住此机会，掀起了一场全民族的政治运动，号召人们学习中国女子排球队队员的"拼搏"精神，取得现代化建设的胜利。于是，一个体育事件就转变为一场政治活动。

这场历时13天的宣传战役始于11月17日，即女排胜利之后的第二天。当天《人民日报》头版以大幅版面刊登有关报道，其中包括国务院、中华全国总工会、中国妇联、全国学联等发来的贺电、现场图片以及一篇评论。

头条新闻以"中国女子排球队首次获得世界冠军"为题，详细描述了中、日之间的决赛细节，文中并未做出评论。动员人民的意图表现在贺电中。国务院欢呼："胜利鼓舞全民族振兴中华。我们希望全国都学习你们的团结、奋斗和拼搏精神，把我国进一步建设成为精神和物质高度文明的伟大的社会主义国家。"全国学联和全国青联说："你们的精神将会照亮我们向'四化'进军的征途。"评论"学习女排，振兴中华"，更是直接地向人民进行动员：

> 看看女排，想想自己，我们难道不应该好好向她们学习吗？中国女排在体育战线上为国争光，我们就不能在自己的岗位上为祖国多作贡献吗？用中国女排的这种精神去搞现代化建设，何愁现代化不能实现？振兴中华，不能空谈。对于这次比赛的胜利，我们不能只是高兴一阵，庆祝一番就完了，最重要的是学习中国女排的精神，并把这种精神落实到自己的工作中去。我们每一个人都应从自己做起，各行各业的干部群众，都要把自己的工作和学习同祖国的荣誉与前途紧紧联系在一起。

群众的爱国热情是极可宝贵的,要细心地加以保护和发扬。我们特别要求各级领导干部要利用这次机会,进行一次爱国主义的教育,把群众的爱国热情引导到现代化建设中去。①

第二天,即11月18日,《人民日报》头版刊登了党的领袖关于学习中国女子排球队的全国号召。②当第二天国家领导人在机场欢迎英雄载誉归来时,报纸上又重复了同一主题。③四版刊登的一篇特写,讲述了中国女排的成长历程。④11月20日,该报编辑的是最先反馈回来的信息。大标题是:"学习女排,献身'四化':中国女子排球队的胜利鼓励人民生产和学习,"在其之下,是全国学习女排的几篇消息。报道说,在东北的沈阳市,"向女排学习已成为工人的'行动口号'"。先进模范工人孙良奔说他将超额完成任务。该市卷烟厂的第五车间工人也在中国女排精神鼓舞下超额完成任务。在武汉、四川、广东、湖南和陕西,各行各业的人们都发誓并准备辛勤工作,献身祖国。⑤

从11月17日至12月1日,有关中国女排的报道不断出现在报纸头版上,而且大多数刊登在报眼位置。报道的主题包括对英雄的颂扬,为实现"四化"向中国女排精神学习的号召,以及各行各业对党的号召的积极反应。《人民日报》的指导路线是显而易见的。

对中国女排的报道常被中国新闻学当作媒体引导舆论的成功范例。

2. 非政府力量介入的引导性:《悉尼晨锋报》对1995年橄榄球世界杯的报道

对澳大利亚而言,最激动人心的体育事件莫过于1995年6月在南非开普敦举行的橄榄球世界杯联赛了。在这次比赛中,澳洲人败在英国人手下。《悉尼晨锋报》连续刊登报道和评论,时间长达半月有余。其中的主题包括:澳大利亚如何输给英国?澳洲人问鼎橄榄球的希望如何落空;对失败的分析、评论及批评。尽管报道者和评论员表现出某种强烈的"引导",但显然没有政治力量的介入。

记者费滋默斯(Peter Fitzsimons)在一篇题为"小浣熊被踢出了世界杯"的报道中这样开头:"今天,澳大利亚橄榄球的黄金时代结束了",在对比赛作了简单叙述之后,他向读者作了如下的暗示:

浣熊队提前出局有多种原因,比如:主力队员疏于边际设防,进攻缺乏力度等。

但有两个情况是明显的:

---

① 详情参见评论员文章:《学习女排,振兴中华》,载《人民日报》,1995-11-17。
② 参见邓颖超宋任穷撰文赞扬中国女排 各行各业都要学习女排精神》,载《人民日报》,1981-11-18。
③ 详情参见《中国女排载誉归来受到热烈欢迎:万里习仲勋杨静仁向英雄们祝贺,号召各行各业学习中国女排搞好工作》,载《人民日报》,1981-11-19。
④ 参见钱家强:《写在女排捧杯之后》,载《人民日报》,1981-11-19。
⑤ 详细报道参见《人民日报》,1981-11-20。

首先，无论结果如何，这都是一场双方因能参与而感到自豪的非凡比赛。浣熊队令我们骄傲，在上半场在落后10分的情况下，他们仍斗志昂扬，虽然比赛看来已是毫无希望。

其次，当日击败他们的是一支实力的确极强的英国球队。他们竞技状态太棒了，也很会抓住时机。①

显然，费滋默斯是说澳大利亚队确实尽了力，不应受到责难，表现出对读者的一种公开而强烈的引导。

在同日的报纸上，还有一篇由克劳顿（Greg Growden）写就的文章，标题是"两名高手一决雌雄"，此文也表现出强烈的引导性。文章认为鲍勃·笛耶尔（Bob Dwyer）教练和米歇尔·赖纳（Michael Lynagh）队长对球队败北应承担责任。该文以下面的导语开始：

教练笛耶尔和队长赖纳在1/4决赛中失利后，发现很难控制自己的绝望心情……②

报道同时配发了由克劳顿执笔的评论，标题是"欲望消失了，统治结束了"，建议应当给澳大利亚浣熊队"输送新鲜血液"。

媒介很快发起了一场要求改革澳大利亚橄榄球的运动。在"整顿的时间到了"的标题下，6月13日的《悉尼晨锋报》发表了一组文章。费滋默斯在一篇名为"错在哪里"的文章中开始提出质疑：

浣熊队在世界杯1/4决赛中负于英国，这里有几个问题需要回答。

首先，距鲍勃·笛耶尔的教练职位的挑战还有多少时间？……

在讨论了更换教练的可能人选之后，费滋默斯发表了自己的意见："笛耶尔应该坚持下去吗？是的，如果他能够的话。"他的结论是：

浣熊队本身将对此及其他批评如何作出反应？……在过去的四年中，他们不断参加宴会但从未表示过谢意，现在，他们必须毫无抱怨地接受责难，或者，至少不要有太多的牢骚。③

司比罗（Spiro Zavos）的文章标题是"让我们同新队员一起开始"，他强烈批评笛耶尔，暗示需要一名"新教练"：

---

① Peter Fitzsimons. "Wallabies Drop-kicked Out of the Cup", The Sydney Morning Herald, 12 June, 1995. 1.
② Greg Growden. "Decision Time for Top Two", The Sydney Morning Herald, 12 June, 1995. 37.
③ For the report, see The Sydney Morning Herald, 13 June 1995. 63.

笛耶尔在教练的职位上从未有过足够的把握从昆士兰模式转变到他所了解和拥护的罗德维赤(Randwich)比赛中去。看来,笛耶尔尚未从阿兰·琼斯的宠爱中清醒过来。①(作者注:阿兰·琼斯是推崇笛耶尔的广播节目主持人)

但另一篇报道却对笛耶尔表示理解和同情,作者瑞安(Warren Ryan)说:"浣熊队为使自己出类拔萃而付出了代价。"②评论员威尔斯(Jeff Wells)说,笛耶尔及其浣熊队面对许多攻击,他们被诬为"杂种和狗"。澳大利亚是一个"输不起的国家",此时"无法面对我们在世界杯中的损失",浣熊队应当被给予公平待遇。③

在随后几个月里,数百篇新闻报道、意见和批评发表于《悉尼晨锋报》及其他报纸上。人们坚持认为媒介对浣熊队尤其是笛耶尔教练和赖纳队长施加了巨大压力。然而,媒介披露的各种见解给读者提供了多种选择。可以肯定的是,无论媒体表现如何,在这场报道中,政府自始至终未曾介入。

本章小结

媒介威权的力量之一就是媒体对政府和社会的监督,西方叫 Watch Dog,中国叫舆论监督。虽然两者多有重合之处,但区别还是很大的——在西方,媒体是独立的社会"第四权力";在中国,媒体是政府的一个部门而且是与政府相配合的舆论工具。

媒介威权的力量之二就是媒体能有效地引导舆论。在通常情况下,西方的引导舆论多表现为一种潜意识的、自下而上的运作过程,在政治问题上媒体试图淡化其立场;在中国,由于主流媒体为国家的工具,其引导多为一种公开的、自上而下的国家精神的倡导,这种倾向,在政治问题和一些社会问题上表现得尤为显著。

但是近 10 年来,随着全球化的不断推进,中国新闻界在观念上发生了巨大的变化,传统的格局已被突破,媒体显示出越来越强大的独立性,数字时代自媒体的发展,使舆论引导亦呈现出多元色彩。"房嫂"、"表哥"、"雷政富"一类的网络监督社会腐败,显示出大众传媒前所未有的威力。

全球化的发展,使中西方经常面对同样的难题。比如,随着环境问题全球性关注的展开,中西方一些社会团体都会自觉利用媒体威权的原理来达到某些政治目的。一项对澳大利亚 NGEO 与媒体关系的研究发现,澳大利亚所有的 NGEO 都设有"借助媒体力量影

---

① For the report, see The Sydney Morning Herald, 13 June 1995. 63.
② See Warren Ryan. "Wallabies Pay the Price for Making Themselves The best" in The Sydney Morning Herald, 15 June, 1995. 55.
③ Jeff Wells. "We Don't Know What Real Anger Is". The Sydney Morning Herald, 19 June, 1995. 37.

响社会"的宣传机构。他们善于利用媒体宣传自己的主张,营造舆论。澳洲世界自然基金会(WWF)拯救巴若岛(Barrow Island)就是一个代表性事件。位于西澳洲的巴若岛有着独特的生物资源,石油储藏非常丰富。2007年,雪佛龙、壳牌等跨国石油天然气公司联手开发巴若岛天然气。WWF为了阻止这一行为,发给当地媒体大量的新闻稿,声称开发将使岛上的物种灭绝。他们还策划了"巴若岛独一无二"、"物种即将灭绝"的宣传口径,在岛上召开了新闻发布会。著名歌星凡妮莎(Vanessa Carlton)应邀演唱。会上,凡妮莎将一只海龟抱在怀中,轻轻抚摸着,宣称如果不停止在岛上开发天然气,这将是最后一只海龟。煽情的发布会赢得了同情和眼泪。当天晚上,澳洲国家电视台播放了这条新闻,随后各大报纸跟进报道。WWF的鼓动实现了。[①]

在2005—2006年中国怒江建坝争议的风云中,中国大陆的全国性报刊在长达几个月的时间内一边倒地支持环保人士,要求建坝下马的呼声此起彼伏,然而,却始终不见反对派的声音。环境报道严重失衡的原因之一乃环保人士——有些是环保记者本身——成功地营造并利用了舆论。环境记者的倾向性遭到了严厉的批评。在美国,"绿色记者"在新闻圈内是一种蔑称,环境记者被贬为"环境运动分子记者"(Environmentalists Reporter)。[②]

处于新时代的媒介威权和舆论监督这个全球性的命题,正在中西方媒体中接受着同样的考验。

[①] 纪荔:《澳大利亚民间环保组织的传播策略》,载《世界环境》,2007(5),22。
[②] 张威:《环境报道的宣传色彩与新闻的客观性》,载《国际新闻界》,2007(10),19~23。

客观性、阶级性和宣传

在比较新闻学中,阶级性、客观性和宣传是三个互相联系、具有决定性意义的基础概念。说它们具有决定意义,是指在对这三个概念的认识上,中西有截然不同的见解,从而划出了确定双方新闻学本质的鸿沟。本章通过展示中西新闻学界在这三个概念认识上的异同来考察它们的差别。在采用传统的比较新闻学中通行的求异法的同时,本篇还引进了求同法,并特别注意展示西方激进主义新闻学派的观点。

一、客观性与阶级性的相互缠绕

在1998年世界传媒研究大会上,澳大利亚新闻学教授朱丽亚·舒尔茨(Julianne Schultz)宣称:在新闻报道的客观性和诚信方面,澳大利亚的新闻记者忠实地执行了他们的使命。她还说,新闻媒介在澳大利亚是社会第四阶级,是对政府监督的一支独立的社会力量。[①] 舒尔茨教授的讲话包含了西方新闻自由的两个重大因素:报纸应当是社会的独立势力,此外,它要客观公正地反映事实和舆论。但是长期以来,这些基本因素并没有得到中国新闻界的认同。相反,后者认为:在阶级社会中,客观报道是难以实现的;是否承认报纸的阶级性是资本主义和社会主义新闻的分水岭。

马克思主义的新闻学认为,在阶级社会,报纸不可能一般地为所有的公众共享。不论是社会主义还是资本主义,传媒总是为统治阶级所拥有、所左右;进一步说,传媒在社会主义国家应当为党和政府的目标服务,因为党和

---

① Julianne Schultz. "Australian Journalism", paper presented at the International Media Conference. Sydney. February 3~5 1998. 并参见 Julianne Schultz. Not Just Another Business: Journalism, Citizens and the Media. Sydney: Pluto Press Australia Limitde, 1994. 44.

政府代表了人民的利益。传媒应推行党的政策并捍卫社会的安定。① 以上观点直接影响到了中国传媒的面貌——一般来说,执行党的政策、英雄人物的事迹以及社会正面报道占据中国媒体的主要内容,相对而言,批评和反对政府的意见以及对一些敏感问题的报道所占地位就很小。

马克思和恩格斯认为,工人报刊必须坚持自己的阶级性,工人报刊的无产阶级性质,决定了它必须高举阶级利益的旗帜,"明确地意识到资产阶级和无产阶级的敌对的对立","进行反对资产阶级本身的斗争","要正确地说明一切阶级的社会关系"。无产阶级的工人报刊有重要的原则和特征:必须坚持工人阶级自己办报,有明确的阶级性;必须办成工人的思想和组织中心,"经常而深刻地影响舆论"。②

马克思的《新莱茵报》被列宁誉为"无产阶级最好的机关报"。③《新莱茵报》的杰出实践成了无产阶级办报的典范,也深刻影响了中国无产阶级一代代报人。但是,马克思提出报纸的阶级性理论时,无产阶级还受资产阶级的压制,还不能与资产阶级平起平坐,也就是说不斗不行。"冷战"结束后,特别是在全球化的新形势下,阶级性仍然应当强调,还是应当弱化?这是摆在社会主义传媒面前的一个新问题。

按照马克思主义的观点,党派是阶级的集中体现。从新闻实践来观察,西方报纸的党派传统源远流长,至今不衰。在法国,报纸一直有"舆论报"与"新闻报"之分,舆论报就专指那些从属党派组织并捍卫某一党派主张的报纸。英国政府历来将报纸看成是"一种具有特殊政治重要性的企业",面向全国发行的报纸的党派性均有历史传统。1969年英国工党机关报《太阳报》面临倒闭,英国工党议员、报业大亨马克斯维尔拟收购此报,要求《太阳报》"不可更改地规定,该报在任何时候都要向工党提供明确地、忠心耿耿的支持"。后来,默多克并购了此报,从此倒向保守党,于是数百万名英国工党党员不得不挥泪而去。德国的社民党原有100多家报纸,到1994年仅剩下26家。该党党报衰退的原因是它们不能"一方面坚持党的方针,同时将党报转变成一个不仅是政党机关发布公告的场所,而且变成一个有趣的论坛"。④

西方党派报纸的存在是个不争的事实。奇怪的是,在西方新闻理论中,阶级性却是个被漠视的字眼,同时,公共兴趣和公众舆论却总是被突出地强调——报纸不应当属于任何一个政治集团,应当公平地反映所在社会分子的意见;新闻记者的基本职责是将新闻输

---

① 这些观点可在中国大陆许多新闻教科书中找到,比如戴邦等:《新闻知识讲座》,65~68页,北京,人民日报出版社,1983;甘惜分:《新闻理论基础》,73~79页,北京,中国人民大学出版社,1983。
② 中共中央马克思、恩格斯、列宁、斯大林著作编译局:《马克思恩格斯选集》,第7卷,600页,北京,人民出版社,2009。
③ 中共中央马克思、恩格斯、列宁、斯大林著作编译局:《列宁全集》,第21卷,60页。北京,人民出版社,1991。
④ 有关西欧党报的情况,见唐惠虎:《舆论监督论》,211~212页,武汉,湖北教育出版社,1999。

第八章 客观性、阶级性和宣传

送到最广大的公众中去；报纸应成为公众交换意见的媒体。在西方新闻报道中，客观性有着特殊地位，新闻记者不能受自己个人兴趣的影响来妨碍他们的职业性报道。昆士兰理工大学新闻系 L. 戈兰纳德教授（Len Grannato）认为，要达到新闻记者职业化的高度，下面几个方面是需要注意的：记者要以第三者的口吻报道；使用中性语言并不断标明新闻报道中的新闻来源。① 倾向性被理论家们狠狠地鞭笞着。世界十大日报之一的墨尔本《世纪报》（The Age）曾这样描述报纸的标准：

> 报纸的责任是暴露而不是反对，它应追求真理但不推波助澜；它是警觉的，但并非是政治上的狂热分子。它展示批评，但并不推翻什么。它尽可能迅速、准确、公平地报道新闻——它反映政治但并不卷入政治，它对政治问题进行报道和评论，但不带任何政治动机。②

这段论述强调的是报纸要去掉自己的倾向性，客观反映事实。作为一种报道方式，"客观报道"直到19世纪末才站稳脚跟。在早年，报纸曾是倾向性强烈的政治斗争的工具。后来，报纸将自身的看法与事实区分开来，在报道中不加个人色彩和评论，并竭力公平地展现卷入报道的各个方面。这种转变除了新闻职业化和哲学的发展因素之外，还由于经济力量的推动。L. 戈兰纳德教授认为，一旦报纸结束了依靠政府和政治团体拨款的局面而转向广告收入后，其自由度就加大并阔步走向报道的客观化。于是，报纸为了某一政治目的攻讦和献媚便逐渐停止了。报纸从国际通讯社选用稿件，让自己的记者以超然的态度写稿，以便为广告商提供最大限度的读者。③ 美国传媒学者西奥多·皮特森（Theodore Peterson）在1957年指出，至少在20世纪40年代，"客观性"尚未成为西方报纸的准则，它只是作为一种教条在供人崇拜。早在1947年，英国皇家委员会已经提出仅仅忠实地报道事实是不够的，很有必要报道事实中的真相。它说，报刊已经发展出一种奇怪的客观性——由于半真实、不完全概括而产生出来的假客观性。报刊为了遵守客观报道的原则，反映了事物的各个方面——但它在这样做的时候，既没有提供足以彻底了解这种情势的必要条件——报刊应当寻求全部真实，以代替两个半真实就构成一个真实的想法。④

这些主张后来形成了西方流行的社会责任的理论基础。然而，尽管意见纷繁，客观性、公平和中立在西方新闻报道中仍被称誉为"核心价值"，受到极大关注。⑤ 美国《纽约

---

① Len Granato. Reporting and Writing News. Sydney: Prentice Hall, 1991. 62.
② The Age. 16 March, 1976.
③ Len Granato. Reporting and Writing News. Sydney: Prentice Hall, 1991. 18.
④ Theodore Peterson. "The Social Responsibility Theory of the Press" in Fred S. Siebert, Theodore Peterson and Wilbur Schuramm. Four Theories of the Press. Urbana: The University of Illinois, 1956. 88.
⑤ See Julianne Schultz. Not Just Another Business: Journalism, Citizens and the Media. 43-46; John Hurst and Sally White. Ethics and the Australian News Media. South Melbourne: Macmillan Education Australia Pty. Ltd., 1994. 25-52.

先锋报》老板班奈特曾承诺"不带任何冗词和华丽辞藻地记录事实真相",1923年,美国报纸编辑人协会已经把客观性原则写进"新闻界信条",到了90年代,英国广播公司仍然将"提供全面、准确、公正的新闻与信息服务"当作对视听者的承诺。① 在澳大利亚新闻中,客观意味着"用一种公平的不偏不倚的姿态来报道新闻"。记者要"公平地展现政治辩论中双方的观点",不允许"新闻记者以自己的政治信仰来报道新闻"。②

1992年,德国色瑞考思大学(Syracuse)帕特森(Tom Patterson)教授和门思大学(Mainz)当斯巴赫(Wolfgang Donsbach)教授主持了一次题为《媒介与民主》的研究项目,对8个西方国家——美国、德国、英国、爱尔兰、意大利、瑞士、澳大利亚、西班牙——的记者做了调查。调查发现,近年来,美国的新闻报道开始变得更具批判性、更具调查性,但是客观性、公平、中立仍是所有美国新闻工作中的核心价值。新闻媒体作为一个传播中介,可以使各种观点相互交流,但新闻记者的个人态度不能影响他们描述现实的方式。这是新闻专业主义的一个基本标准。

为了判断澳大利亚新闻工作者对调查性报道、新闻和客观性定义的普遍看法,《媒介与民主》对澳大利亚600名新闻工作者进行了问卷调查。调查显示澳大利亚新闻记者的观点与美国记者的观点差不多。其中80%的人认为新闻记者应尽可能地进行客观报道,大部分人认为他们的新闻机构在报道政治新闻时大多能做到公正客观。

根据对客观性的定义,澳大利亚新闻记者的看法可以分为几类:31%的人认为客观报道应当"公正表述政治争端中双方的立场";25%的记者认为客观性意味着"不允许记者个人的政治信念影响报道方式";但是20%的人认为客观性"要求对政治争论中的每一方都要彻头彻尾地怀疑、报道";20%的人则认为客观性的定义要求新闻报道应当"超然于政治争端中各方列举的事实之外"。③

二、多重理解

在理论上,"客观主义"有着非常迷人的色彩,但在实践中能否能完全通行一直是个争辩不休的问题。事实上,即使在西方世界,人们对客观性的见解并不一致。在20世纪80年代,美国大众传媒专家乔治·马丁(John Martin)和安琚·格德瓦·杰德哈瑞(Anju Grover Chaudhary)在研究中发现英、美的"客观报道"在其他西方国家就行不通。他们指

---

① 单波:《重建新闻客观性原理》,台北,载《新闻学研究》,1999(61),256。

② See John Hurst. "Journalistic Objectivity in News Reporting and News Selection". Australian Journalism Review, Vol. 13(1991). 23.

③ Julianne Schultz. "Investigative Reporting Tests Journalistic Independence". Australian Journalism Review, Vol. 14, No. 2, July-December 1992.

出:"德国新闻记者就比较喜欢对他们的报道作全面透视,提供解释性背景和主观描写。而瑞典的新闻记者因担心读者阅读枯燥,他们常在硬新闻中加上一些生动的描述。"①1986年,另外两位美国大众传媒专家曼诺夫(R. K. Manoff)和斯楚森(A. Schudson)认为,"企图客观化是记者在他们的工作中有一种主观约束的证据,这种约束之一就是记者在既定的法规、处理新闻的程序和给什么是客观下定义时囿于传统"。他们认为"记者系统实行着他们自己的规则、信仰、理解,他们生活在自己铸造的社会的、逻辑的和文学的限制中"。②学者阿兰(Allen Kirschner)和琳达(Linda Kirschner)进一步指出:

> 我们错误地认为我们的报纸印出了全部的真实。事实上,在每一个文章的背后都有一个写手,他以自己的眼光来观察和表现真实,正如每一个读者都是拥有自己见解的个体一样。冷媒体的印刷需要人来完成它。离开了读者的参与,语言就是一堆无生命的死物。这种参与并无法保证每个记者或读者的真实是一样的。③

一些欧洲的哲学家认为人们客观或中立地反映现实是不可能的,因为一个人的精神世界总是帮助他来构筑他对外界的反映。德国传媒学家沃夫根·杜斯巴赫(Wolfgang Donsbach)教授指出:

> 从一开始,报纸就被一种强烈的信仰唆使,即观点要超越新闻。具有一定观点的编辑和评论员被看作职业新闻的化身。④

杜斯巴赫没有指出阶级性是否影响记者的观念。然而,西方激进派学者在涉及大众传播理论时谈到了这个问题,比如丹尼斯·麦奎尔(Denis McQuail)尖锐地指出:

> 在处理信息时阶级的偏见显然起着作用。实践已经不断证明了这一点……信息对社会各集团的有用程度是不一样的。媒介机关非常有可能封锁一些消息而使另一些消息流通。⑤

假如新闻中的阶级性在麦奎尔的论述中还不够清晰的话,那么澳大利亚的激进派新

---

① L. John Martin and Anju Grover Chaudhary(eds.). Comparative Mass Media Systems. London:Longman Inc. ,1985.9.
② R. K. Manoff and M. Schudson(eds.). Reading the News A Pantheon Guide to Popular Culture. New York:Pantheon Book,1986.
③ Allen and Linda Kirschner. "Introduction" in their book(eds.). Journalism Readings in the Mass Media. New York:The Odyssey Press,1971.4.
④ Patterson & Donsbach. "Journalism Roles and Newsroom Practices:A Cross-national Comparison". paper presented at the International Communications Association Conference(Miami,Mar 1992).3.
⑤ Denis McQuail. Mass Communication Theory. London:Sage Publications Inc. ,1991.277.

闻学者亨佛瑞·梅克恩（Humphrey McQueen）在这个问题上却是旗帜鲜明,他将传媒分为社会主义和资本主义两部分。梅克恩认为,澳大利亚的媒介"毫无疑问地是在维护资产阶级的利益,它根本不支持工人阶级"。所以,即使所有的传媒都忠实、准确、不带倾向地发表所有的政治评论和报道,它们仍然是在维护资产阶级的利益。他抱怨澳大利亚有太多的作家断然否认传媒的阶级性,甚至几乎无人敢于公开站出来指出传媒支持资本主义制度,他继续说道：

> 毫无疑问,即使媒介取消一切政治评论和政治新闻,它仍是在捍卫资本主义。这种情况表现在媒介的新闻价值观上,表现在它们向观众灌输什么信息上。①

马克思主义的新闻理论经常以"臆想"来批评西方的"客观性"。他们认为,资产阶级的新闻总是在超阶级、不偏不倚的字眼下企图掩盖他们的阶级性。他们总是企图在公众面前显得客观、以一个独立的传播新闻的社会力量出现。缪尔（Rilla Dean Mills）认为："在马克思主义的新闻理论中,所谓的客观真实是不可能的。任何一种观点都是带有倾向性的——它表现出阶级的利益,尽管这有时隐蔽,有时公开。"②中国人民大学的甘惜分教授被看作是中国马克思主义新闻学的代表学者之一。他认为,现代社会的媒介都属于一定的阶级,是阶级的代言人；新闻机构所发布的新闻,记者在报道事实的同时,也受自己世界观的影响。事实是客观的,但新闻报道是记者的情感和主观活动。③ 换句话说,一个新闻是事实和记者解释事实的结合。阶级性就是这样显示出来的。这就是说,所谓的客观性是无法获得的。

为了证实新闻的阶级性,甘惜分教授在他的《新闻理论基础》中以实例进行说明。1949年北平解放时,新华社和美联社曾对同一事实进行报道,但前者口气明快肯定,后者则冷嘲热讽,充满敌意。这个例子展现了记者在反映同一事物中由于自身的背景而产生出两种截然相左的态度,令人不容置疑。它已成为中国新闻教科书中反复引用、借以说明新闻有阶级性的范例。甘惜分教授进一步指出：

> 现代新闻机构所发布的新闻已远远不是简单地告诉人们一件什么新消息了,而是比这复杂得多,而是在报道消息的同时也传播了一种思想观点,它们传播什么消息,选用什么事实,它们怎样传播,都带有明显的阶级倾向。④

---

① Humphrey McQueen. *Australia's Media Monopolies*. Sydney：Widescope,1997.183.
② Rilla Dean Mills. "In the Communist World" in John Martin and Anju Grover Chauhary（eds.）. Comparative Mass Media Systems. London：Longman Inc.,1985.171.
③ 甘惜分：《新闻理论基础》,40页,北京,中国人民大学出版社,1983。
④ 甘惜分：《新闻理论基础》,30页,北京,人民出版社,1983。

上海复旦大学的一些新闻学者与甘惜分的观点基本一致,他们认为,当媒介反映客观世界时,它们的表现常常包含着一定的阶级利益,一般可以在下列方面表现出来:新闻的选择、编辑,新闻故事的位置以及评论。中国的新闻理论也承认,在一定程度上,在报道纯自然、科学的事实时,客观性是存在的。但一旦报道社会事件特别是政治事件,倾向性是难以避免的。①

在澳大利亚新闻学中,"倾向性"一直是个悬而未决的难点,在很多情况下,人们用新闻记者不同的政治背景和政治观点来解释这个问题,要么就根本漠视它的存在。除前面提到的梅克恩之外,明确指出新闻的阶级性的少数学者还包括比尔·伯尼(Bill Bonney)和海仑·威尔逊(Helen Wilson)两位博士。梅克恩确信,澳大利亚的新闻业肯定具有倾向性,在报道国际事务时这种倾向性表现得非常明显。报道的倾向性的根源在于阶级性。他认为,从1949年到1978年整个一个历史时期,澳大利亚对中华人民共和国的报道是歪曲的。这种做法违反了澳大利亚人民的利益,歪曲事实的报道很可能导致了70年代的门森思政府(Menzies)决定澳洲向越南出兵。②

1949年10月1日中华人民共和国成立,但是这个消息直到10月4日才出现在澳大利亚的主要大报《广告报》和《悉尼晨锋报》上。人们无法想象这种延缓不是出于蓄意。梅克恩指出,一旦这些报纸最终对事实感兴趣起来,它们很快就开始渲染中国将以武力征服亚洲的主观断言,他写道:"评论家丹尼斯·华纳早就开始说中国将很快入侵朝鲜和印度。报刊评论同意使用'红祸已经比以往任何一个时候都对澳洲造成威胁'的表述,并认为澳洲不应承认共产主义的新政权。"③

梅克恩指出,在整个20世纪50年代中,澳大利亚的媒介充斥中国将要入侵其他国家的耸人听闻的描写——从西藏到朝鲜到东南亚地区。报上不断发表各种传闻——从大屠杀到反政府运动,毛泽东被谋杀的消息至少每年被重复一次。到了60年代,澳大利亚的媒介走得更远,它们告诉人们,中国必须对朝鲜战争负责,对亚洲不稳定的局势负责,为"强奸"西藏负责。然而,媒介上并没有公平地出现与上述观点相反的声音。④

1962年,印度在中印边界问题上挑起了冲突,但澳大利亚却力图使它们的读者想成是中国侵略好战。梅克恩引用当时《悉尼晨锋报》的报道来说明澳大利亚报纸是如何误导读者的,该报称中国是"红祸泛滥"、"野蛮的敌人"、"中国是企图控制和征服全亚洲的侵略者"。报纸还登载了将中国人描绘成怪兽的漫画。

后来的事实证明,澳大利亚的报纸为它的读者提供了虚假的信息。《悉尼晨锋报》承

---

① 复旦大学新闻系:《新闻学概论》,38页,福州,福建人民出版社,1985。
② Humphrey McQueen. Australia's Media Monopolies. Camberwell:Victoria Australia,1977.130.
③ Humphrey McQueen. Australia's Media Monopolies. Camberwell:Victoria Australia,1977.131.
④ Humphrey McQueen. Australia's Media Monopolies. Camberwell:Victoria Australia,1977.131.

认了错误。另一家大报《世纪报》公开向读者道歉,声明:"从1962年9月到12月,本报报道中国无端地侵略了印度。事实证明,我们错了。事实上是印度侵略了中国。"①

现在已经确信,澳大利亚的新闻媒介误报了许多国际事件,比如"越南战争","Tonkin 海湾战争"等。一些专家认为,澳大利亚人民在取得国际事务的真实信息方面是有阻碍的,这是因为媒介全面维护资本主义的利益。比尔·伯尼和海仑·威尔逊两位博士认为信息在澳大利亚媒介中的传播是不平衡的:美国和西欧的消息几乎垄断了国际新闻,而第二世界和第三世界国家的新闻只占据非常微小的位置。许多国际新闻界的观察者认为:"澳大利亚的新闻记者在新闻报道上有明显的小动作……以支持他们的政治倾向性。"②

另一位澳大利亚激进媒介评论家卓沃·巴(Trevor Barr)坚信所有的新闻都具有倾向性,他认为从选择、编辑到发表新闻毫无疑问地受当事人的影响——当事人的背景、价值观、成见、决定选择什么、强调什么以及新闻以何种方式出现。"我们通过报纸得出的对世界的看法受制于谁来决定这个现实以及现实是如何被表现的。我们要研究的不是报纸是否有倾向性的问题,而是这种倾向性的本性是什么以及它到了何种程度的问题。"③

以卓沃·巴的眼光来看,澳大利亚媒介具有倾向性的性质不仅仅是通过对政党的报道体现出来,它更多地通过对妇女、黑人、工会、同性恋、移民、罢工和示威游行的报道表现出来。但是,卓沃·巴没有分析形成倾向性的原因,也没有阐明倾向性与阶级性之间的关联。倒是伯尼和威尔逊两位博士进一步发展了梅克恩的观点。在她们共同的著作《澳大利亚商业媒介》中,她们将澳大利亚社会分为三个集团:资产阶级、工人阶级和中产阶级。资产阶级是社会的统治阶级,新闻媒介的拥有者都是属于这一阶级。所以新闻媒介不仅代表他们、受制于他们,而且媒介为受众展现的现实也是从他们自己阶级利益出发观察世界的结果。但是,这两位女研究者并不同意新闻媒介"只是简单地制造资产阶级或统治阶级的思想意识"这个论断,因为新闻媒介往往在展现现实时将三个阶级的利益混同起来。正是因为这种复杂性,所谓的"均衡报道"不可能是中立的、为社会所有阶级普遍接受的。一些传统的新闻概念如"真实"、"准确"、"倾向"等应重新检验。④

---

① Humphrey McQueen. Australia's Media Monopolies. Camberwell:Victoria Australia,1977. 138.

② Bill Bonney and Helen Wilson. Australia's Commercial Media. South Melbourne:Macmillan Company of Australia,1983. 301~302.

③ Trevor Bar. Reflections of Reality:The Media in Australia. Adelaide:Rigby Limited,1997. 77.

④ Bill Bonney and Helen Wilson,Australia's Commercial Media,South Melbourne The Macmillan Co. of Australia Ltd. ,1983. 31.

三、客观报道与中国

西方客观报道的基本含义是指：记者在事实选择中尽量不带偏见，不公开采取立场；公平均衡地展现事实，以第三者的身份出现；不对事实发表评论。

对中国来说，客观报道曾经是一个遥远而陌生的概念。"所谓陌生，因为在实际工作中长期受到排斥。"在中国近现代政治斗争的现实中，客观报道很难有生长的环境，而且其果实往往变形。[①] 中国近代报纸大多重主观言论而轻客观新闻。梁启超的名言："报刊有客观而无主观，不可谓之报"就反映了一代报人对客观性的看法。根据一些学者的研究，中国近代的客观报道可以追溯到《申报》时期，但待其在政治斗争的旋涡之中跌跌撞撞地发展到 20 世纪初时，西方的客观性报道在中国开始出现错位：西方客观报道所指的新闻内容在中国成了报道方式——以客观的外衣来掩盖主观的内容，以客观的手法达到宣传的目的。早年受过西方新闻理论熏陶的前辈中确实有客观精神的鼓吹者，比如 1923 年邵飘萍就曾经提出"新闻以不加批评为原则……不以主观的意志左右之"，徐宝璜曾提倡在报纸的言论方面，应"以超党派的立场供给各方平等发表之机会"。在商业报纸的发展脉络中，史量才时期的《申报》以"独立"、"不偏不倚的"精神面对读者，1926 年创办的《大公报》提出"不党，不私，不卖，不盲"的"四不"方针，都可看作是中国报人对西方客观报道的一种职业化追求。但是在接踵而至的严峻的政治斗争面前，在党派报纸发展的澎湃浪潮之前，客观报道的呼声还是太微弱了。在阶级和民族的斗争面前，客观性报道是无法站立的。

在新中国尚未成立之前，客观报道就经历了一次重创。1948 年 10 月 10 日，《人民日报》报道了一条消息：中国北方的自然灾害摧毁了当地农业收成的 30％。三天后，有关方面批评该报道只反映了灾难的阴暗面而没有表现人们如何成功地组织起来恢复生产，并严厉指出："客观主义的趋势在我们的宣传报道中是不允许的。"《人民日报》发表评论批评自己的"资产阶级客观主义思想"是无目的、空洞、表面化的。[②] 至此，客观主义成了悬在媒体人士头上的一柄达摩克利斯剑，惟恐躲之不及。在 1978 年之前，在中国新闻学中，客观报道是没有地位的，是被当作资产阶级新闻学扫地出门的。

无产阶级新闻学在新中国成立后，中国对西方的客观报道基本有三种态度。第一，就是坚定不移地批判和抛弃；第二是将客观报道当作一种可以借鉴的报道手法来学习，但忽视其精神内涵，比如胡乔木在 1946 年 9 月 1 日《人人要学会写新闻》中的一段阐述：

---

① 李良荣：《中国报纸的理论与实践》，78、81 页，上海，复旦大学出版社，1992。
② 张君会：《中西客观性原理的比较研究》，17 页，未发表的文学硕士论文，河北大学新闻学院，2002。

> 我们往常都会发表有形的意见,新闻却是一种无形的意见。从文字上看去,说话的人,只是客观地、忠实地、朴素地叙述他所见所闻的事实。但是因为每个叙述者总是根据一定的观点,接受事实的读者也就会接受叙述中的观点。资产阶级的新闻记者们从来不说我以为如何如何,我以为应该如何如何,他们是用他们的描写方法、排列方法,甚至特殊的(表面却不一定激烈的)章法、句法和字法来作战的。他们的狡猾,就是当他们偏袒一方面、攻击另一方面时,他们的面貌却是又"公正"又"冷静"。①

刘少奇在1956年对新华社工作的指示中说:

> 要学习资产阶级通讯社记者的报道技巧,他们善于用客观的手法、巧妙的笔调,既报道了事实,又挖苦了我们,他们的立场站得很稳,人们从他们的新闻报道中能够看到一些真实的情况。②

在中国无产阶级的领袖中,大概只有刘少奇对客观报道表示明确肯定,他在1947年"对华北记者团的"谈话中说:

> 你们的报道一定要真实,不要加油添醋,不要戴有色眼镜。群众反对我们,是反对就是反对,是欢迎就是欢迎,是误解就是误解,不要害怕真实地反映这些东西。③

1956年,他再次明确指出:

> 我们如果不敢强调客观的、真实的报道,只强调立场,那么,我们的报道就有主观主义,有片面性。周总理骂了美国,有的美国资产阶级报纸就刊登出来。为什么资产阶级报纸敢于把骂他们的东西登在报纸上,而我们的报纸却不敢发表人家骂我们的东西呢?这是我们的弱点,不是我们的优点。

谈到国内报道时,他说:

> 现在的新闻有偏向——只讲好的,有片面性。应该好的要讲,不好的也要讲。④

刘少奇的新闻思想未能在中国新闻思想中占主要地位,所以他的客观主义思想并没有发生根本的影响。况且,他的许多思想是矛盾的、难于实践的。比如,他在论述新华社

---

① 胡乔木:《人人要学会写新闻》,《中国共产党新闻工作文件汇编》(下),226页,北京,新华出版社,1989。
② 刘少奇:《新华社工作的第一次指示》,《中国共产党新闻工作文件汇编》,363页,北京,新华出版社,1980。
③ 刘少奇:《对华北记者团谈话》,《中国共产党新闻工作文件汇编》,256页,北京,新华出版社,1980。
④ 刘少奇:《新华社工作的第一次指示》,《中国共产党新闻工作文件汇编》,363页,北京,新华出版社,1980。

国际新闻报道的原则时说:"新华社的新闻就必须是客观的、公正的、全面的,同时必须是有立场的。"①西方新闻中的客观性理论要求记者在报道时不能采取立场,否则就达不到客观公正。刘少奇提出的标准看来是很高的。

中国新闻理论界对客观报道的第三种态度是比较积极的,时间已经到了20世纪90年代。一些理论文章比如陈力丹的《新闻的客观性——真实与客观形式的统一》、郭镇之的《客观新闻学》、唐润华的《全面认识和大胆借鉴客观手法》、单波的《重建新闻客观性原理》都在不同程度上谈到了正确理解西方的客观报道手法,将客观报道看作是新闻的一种职业准则。当然,学者们的看法彼此还是有差别的,比如李良荣认为,中西不同的客观报道(观念)可以并存,不必非此即彼;客观性报道在中国报纸上的应用范围是有限的,不能像西方报纸那样,把客观性报道作为新闻报道的最基本原则;②郭镇之并不想"倡导在中国采用'客观的新闻学'的表述",她认为,"客观性(报道)的确有许多值得批评之处,并非完美的理想,也不一定适合中国的国情",但"广泛地吸收有价值的思想,应用于实践,对中国新闻界应当是有益的";③单波的眼光注意到了客观性的更深层含义,他说:"关于'新闻不客观'的种种批评很合乎现实的情况,但此批评正好从否定中肯定了客观性作为人的精神交往需要附和人的社会性道德意识的存在。"换句话说,单波认为,人们需要客观报道,因为只有这样才能满足人的社会交往需要。④

四、仅仅是一个"不死的神"

多少年来,客观性一直在各种思想中占主导地位。现在你还是能听到一些不从事新闻工作、但对新闻工作不满的人谈论客观这一问题。所以,客观这个概念就像其他概念一样,可以用作研究被记者用来描述真实性原则的含义和局限性的一个极好的起点。

在科学发现的时代里,一群寻求真理的人自然地想到了客观这个观点。就其原意,客观性这个术语表明新闻要公正、透明。所报道的内容必须是事实本身,不应经过记者大脑的加工。当然,从一开始,这种想法就太天真。凡是曾做过记者当过作家的人都知道这一点。

没有人曾报道过绝对客观的新闻,也没有人能够做到这一点,报道的内容总

---

① 王纬:《国际新闻采编初探》,116页,北京,新华出版社,1985。
② 李良荣这里说的中国的客观报道是指将客观报道当作一种宣传方法来看,以客观的外表掩盖主观的宣传动机,见李良荣:《中国报纸的理论与实践》,90~91页,上海,复旦大学出版社,1992。
③ 郭镇之:《客观新闻学》,载《新闻与传播研究》,1998(4)。
④ 单波:《重建新闻客观性原理》,载《新闻学研究》(中国台北),第61期,249~250。

是带有记者的倾向,如果不对细节添油加醋,至少偏见倾向会影响记者对细节的取舍,这里我使用偏见这字眼并不是贬义。也许一个人有一个客观的偏见或好的偏见,这是一个人的经历和天性结合起来不可避免的结果。一个记者也许能认识到自己的偏见倾向并企图去纠正它,但即使这样去努力了,最后的结果仍然还是主观的,也许加倍地主观,因为纠正倾向、偏见的过程需要意识思维活动,而这种活动刚好与客观事实相违背。

以上是美国著名记者、普利策新闻奖获得者杰克·富勒在20世纪90年代发表的对新闻客观性的看法。富勒认为:"一方面意识到偏见、倾向的普遍存在;另一方面又设法客观地看问题,这是非常困难的,这就如同不要把奶牛想成是紫色的一样。"但是他又认为,必须将客观原则和写作上客观的手法风格区分开来。虽然客观性作为一条原则无法成立,然而,作为一种表达的手法,即严格按照事实来叙述,其效果是无与伦比的。①

在20世纪90年代,国际新闻界流行着一种普遍认同:因为所有的新闻都是由带着观点的记者写就,客观性便成为难以企及的理想观念。这个观念逐渐被"公平"、"准确"、"减少倾向性"所代替。尽管客观性报道是不可能的,但人们一致认为,新闻记者应当在报道中尽可能地客观化。L.戈兰纳德教授在1991年指出:

> 我们都受文化、心理、政治和社会的影响,并因此使我们对世界的反映和解释带有色彩。但是,无论如何困难,新闻记者应当时时警醒自己,避免上述因素影响自己的报道……尽管"客观性"像一座神像一样不可企及,新闻事业的职业仍要求记者向这个目标靠近……②

一些加拿大学者也认为客观性报道是一个"不死的神"。③

另外,作为一种报道方法,"客观报道"因将事实与评价相分、因采取的中性立场而广泛被国际新闻界所接受。例如:"客观"和"公平报道"就同时出现在澳大利亚记者协会和中国记者协会的行为准则上。区别在于,澳大利亚认为客观性是属于全民的,媒介是作为大众传播的包括任何不同意见的载体。在理论上,这个说法令人愉快,但在实践上又碰到了磕绊。在澳大利亚报刊史中,社会各集团的报纸发展是不平衡的,其中不难发现工人阶级的报纸受到压制的实例。1940年,门森斯政府对《工人周刊》曾进行压制。1949年,契伏利政府曾出动军警镇压煤矿工人罢工并同时镇压了工人的报纸。在20世纪40年代末期的麦卡锡主义和50年代初的皇家委员会的压力下,"右翼"分子曾动用恐怖手段使澳

---

① [美]杰克·富勒:《新闻的价值:信息时代的新思考》,陈莉萍译,14～16页,北京,新华出版社,2000。
② Len Granato. Reporting and Writing News. Sydney:Prentice Hall,1991.43～44.
③ R. A. Hackett and Zhao Y. Sustaining Democracy? Journalism and the Politics of Objectivity. Toronto:Garamond Press,1998.8.

洲工人报纸保持沉默。这些事件在梅克恩的笔下都有忠实记录。①

前面已经指出，当代中国新闻学认为，"客观性"和"平等"受制于阶级性，全社会的人不可能共享一个客观性；中国新闻学公开承认自己的报纸是为无产阶级而不是为资产阶级服务的，并且不给予后者以新闻自由；它也讲公众兴趣，但这个公众兴趣不包括资产阶级。它公开申明"报纸必须持有鲜明的阶级性"得捍卫人民和共产党的利益。所有的报纸都须归党和政府领导，批评政府的领导人受到极大限制。反对派的意见须经同意才能刊登。敏感性的题材放行与否往往用以下的标准来衡量：是否对人民合适？判断者是政府官员和领导干部，他们被认为"比常人看得更为高远"，懂得什么是"人民的最高利益"。②

然而，阶级区分也同样存在困扰：一个人的社会背景是否和他的政治态度有不可逆转的必然联系？一般认为，澳洲自由党代表资产阶级利益，工党代表工人阶级的利益。但是自由党的投票者中有许多为工人或职员，而工党的投票者中有许多是资产阶级分子。这就是说，出于同一社会背景的人可能会持有与本阶级相反的政治观点。在西方，政治上的异见并不妨碍人们为同一传媒工作。一项调查表明，澳大利亚新闻记者中有 40% 在政治上是独立的；43% 倾向工党；13% 倾向自由党；其余的分属其他社会派别。③ 但在中国的媒介机关，为了保持和党的路线一致，共产党员约占新闻从业人员的一半以上。

恪守新闻的阶级性是当代中国报纸的特征。在中国的新闻中，"均衡"、"中性"、"展现敌对双方观点"的报道是罕见的，信息渠道比较单一。推行党的政策和路线是媒介的主要方向。很多敏感问题（如西藏问题）、与政府期望相左的信息一般不会出现在传媒中，除非是作为批判使用。在澳大利亚的媒介中，倾向性是显然存在的，但异见被允许发表，这是和西方社会相一致的。西方不怎么信任中国的传媒，将后者称为宣传机器，中国人则自豪地将国家的报纸称为"党报"。尽管在 20 世纪 80 年代中期一些新闻界人士曾对"阶级性"进行过挑战，但中国新闻界的状况迄今没有根本变化——还是党报路线。当然，比起前一时期，阶级斗争的观念是大大淡化了。比如一部新闻学教科书指出：新闻事业有阶级性，但不等于说任何新闻都有阶级性……从事新闻工作和新闻学研究，没有阶级意识，就会迷失方向，但把阶级性当作"万能划线器"又是荒谬的。④ 近年来，一些理论工作者在新闻教科书中不断向人们提示：纯粹宣传的东西往往会引起受众反感；中国新闻工作者应当借鉴西方的客观主义报道方式，以便使读者更容易接受。

---

① Humphrey McQueen. Australia's Media Monopolies. Widescope,1977. 203~207.
② 甘惜分：《新闻理论基础》，40 页，北京，中国人民大学出版社，1983。
③ Julianne Schultz. Not Just Another Business. Journalism Education Association,2006. 46.
④ 李良荣：《新闻学导论》，98~99 页，北京，高等教育出版社，1999。

五、客观性与国家利益

毫无疑问,客观性与国家利益、民族利益、阶级斗争是相冲突的,没有调和的余地。客观性在这些冲突中,会立即融化掉。

在旷日持久的"冷战"中,东方和西方出于不同的目的都在互相妖魔化。极端的例子包括美国在20世纪40年代麦卡锡主义盛行时对共产主义泛滥的恐怖描绘;也包括中国在1978年以前将世界塑造成"有三分之二的人生活在水深火热之中"的形象。

在1994—1996年的"车臣战争"中,俄国政府、车臣当局和美国媒体各自扮演了不同的角色。俄国政府认为这是一场反对民族分裂、维护国家统一的战争,是正义之战;车臣当局则号称为"伊斯兰圣战",美国媒体如CNN、BBC等开足马力,大量报道俄军空袭、炮击平民区和车臣难民流离失所的悲惨情景,"致使俄军维护国家统一、反对民族分裂的正义行动受到严重歪曲。国际舆论和许多被蒙蔽、原来持中立的车臣群众,纷纷倒向车臣非法武装一边……"1999年第二次"车臣战争"中,一度自由的俄国媒体和政府的观点保持了一致,尽管西方记者一再批评他们"为政府服务",但俄国媒体强调,政府主战的政策是正确的。于是,政府、军队、新闻媒体在国家利益的原则下统一了宣传报道口径,为俄国的胜利起到了关键的作用。① 显然,客观性报道在战争中是难于立足的。

1999年5月中国驻南使馆被炸事件中、美媒体的表现是检验新闻客观性的一个比较近切的例子。根据清华大学课题组的调查,北约对南斯拉夫的空袭一开始,中、美政府就采取了截然不同的立场:北约和美国的观点,空袭的目的是阻止南斯拉夫的种族清洗政策;而中国认为,科索沃问题属于南斯拉夫内政,北约轰炸加速了危机。中、美两国的媒体对战争的立场与各自的政府保持了一致。美国媒体称,南联盟杀害了成千上万的阿族人,并使他们无家可归,发动"科索沃战争"是为了避免人道主义灾难。而中国媒体认为,是以美国为首的北约发动的战争制造了南斯拉夫的人道主义灾难,空袭使成千上万人颠沛流离。

同是一场战争,但新闻的倾向性是如此不同。清华大学课题组发现,中、美两国媒体关于"科索沃战争"的新闻报道构架大相径庭:美国媒体将北约的空袭构建为避免人道主义灾难的正义之举;中国媒体的新闻构架则是北约制造了不幸,勇敢的南斯拉夫人民顽强地面对西方无理的入侵。

在国家冲突爆发前,客观报道已经非常尴尬,在冲突爆发之后,客观报道就简直失去了立足之地。中国驻南使馆被炸后,中国断定是故意轰炸,美国分辩说是误炸,《人民日

---

① 见胡义强:《从车臣战争看未来的战时新闻宣传》,载《国际新闻界》,2000(5):34~38。

报》和《纽约时报》各自奠定了自己的报道基调。清华大学课题组的结论是：

> （中美媒体）从不同的角度看同一事件，并精选事实加以强调，完成新闻构架。它们对于事件的判断、解释和定义很大程度上被框定在各自政府定义的构架中。两家报纸（《纽约时报》和《人民日报》）都表现出一种民族情感和对对方意图的质疑，对方国家都以负面形象出现。①

在中国驻南使馆被炸事件的报道中，中、美媒体的行为都对客观性报道形成了切实、具体的冲击：三名中国记者在爆炸中身亡对中国人来说是一个重大事件，得到了中国媒体及时、翔实的报道，但美国媒体对此事件的反应却异常孱弱；《人民日报》在事件发生后的第一条消息（记者吕岩松），略去了"北约组织称，中国大使馆是误炸的"的信息，而该信息对全面反映此事件具有重大意义。证据表明，记者当时已获悉这条信息。② 然而，这些不符合"客观、公正、均衡"原则的报道并没有遭到两国受众和媒体专家们的挑战。这说明，在国家利益面前，新闻的客观性是软弱的。

2011年5月，基地组织头目本·拉登死后，美国主流媒体一直重复着美国政府的声音——拉登死于美国海豹突击队枪弹之下。2013年5月29日，英国《每日邮报》报道说，据拉登的保镖法塔赫（Nabeel A Fattah）透露，拉登是自己引爆自杀腰带身亡的。③ 很多舆论认为，奥巴马声称自己命令美海豹突击队打死了拉登，为的是拉民意，树立美国反恐斗士的国际形象。然而，美国媒体对此一直保持沉默。考察发现，在英国《每日邮报》发表上述消息的一周内截至2013年6月5日，美国的三大媒体《纽约时报》、《基督教箴言报》、《华盛顿邮报》均未转载该消息，也无任何反响。

"国家利益"给记者的公正、平衡、全面的报道带来了难度，同时，"国家利益"也给"新闻不必客观"提供了依据和借口。"唐山大地震"、"'四人帮'被抓"等消息的延宕，美国媒体对拉登之死真相的论辩保持沉默都可以用"国家利益"来解释。对此类问题究竟怎样看，还有待于学者们进一步研究和探讨。

---

① 清华大学课题组：《新闻构架与国家利益——中美媒体关于驻南使馆被炸和学生示威报道的比较分析》，载《国际新闻界》，2000(1)。
② 《人民日报》在发表中国驻南使馆被炸事件的消息时，配发了一条评论，在评论中驳斥了北约声称是误炸的声明。这表明报纸当时是知道这条新闻来源的，但吕岩松的报道中没有这个信息。详见《人民日报》，2000-05-09。
③ Amada Williams, Osama Bin Laden. blew himself up with suicide belt after Navy SEAL shot him in the thigh claims terror leader's former bodyguard. 10：52 GMT, 28 May 2013. http://www.dailymail.co.uk/news/article-2332058/Osama-Bin-Laden-blew-suicide-belt-Navy-SEAL-shot-thigh-claims-terror-leaders-bodyguard.html.

六、宣传：褒还是贬

在西方批评中国媒介的言辞中，使用频率最高的就是"宣传"这个字眼。澳大利亚首任驻华记者，老资格的报人伊旺·普瑞斯顿(Yvonne Preston)曾经说："中国的报纸不是新闻机器而是宣传机器。"她说，中国报纸直接与党相连，它们只是一味宣传官方路线。①

宣传——Propaganda，在西方，这是个令人不快的字眼，对它的解释几乎都是负面的。在一部研究宣传和说服作用的书中，英国人爵特博士(Garth S Jowett)和唐纳博士(Victoria O'Donnell)认为"宣传是宣传者企图达到自己目的的一种故意的、有系统的、直接的煽动行为"。② 一位叫皮特·肯斯(Peter Kenez)的学者认为宣传是"宣传者企图以一种社会和政治的价值观影响人们的思想感情以至行为的行为"。

美国学者悌摩斯·丘可(Timothy Cheek)在一篇分析中国报纸的宣传性文章中提供了一个有趣的对比。他认为 Propaganda 在美国社会科学中是个肮脏的字眼，它与西方人乐于接受的"说服"(Persuasion)完全不是一回事，然而在中国，"宣传"并不是一个贬义词，它是中性的。按照《汉语词典》的解释，宣传是"发表或传播新闻或思想"、"推广一个人所相信是正确的东西"。作为一个概念，"宣传"并非共产党的发明创造。它被社会各阶层人士广为应用——从梁启超到孙中山，到毛泽东。

多年来，新闻中的宣传性一直是中国新闻界纠缠不清的问题之一。唐钧认为，事实一经报道就是某种意义的宣传。③ 一部新闻教科书指出，在报刊史上，政党利用报刊来推选自己的路线原则和主义很普遍，这种情况不仅出现在工人阶级的报纸上，资产阶级的报纸也是如此。尽管资产阶级报纸为私人所有，意在谋利，但他们也在宣传自己的观点。这一点，西方的媒介专家也承认。比如，美国的塞伯特曾说报业大亨决定给大众提供什么样的新闻。④

简要地说，中国的新闻强调新闻报道和宣传的同一性，却忽视了二者之间的区别。在实践上，这种观点为报纸是党的工具提供了理论基础。很长时间以来，没有人怀疑宣传在中国新闻中担任的角色，尽管中国新闻界也相信宣传必须建立在事实的基础上。

在 20 世纪 80 年代，为解决海内外信任危机，中国新闻界曾一度向传统的宣传作用挑战。刘延认为，为了提高报纸的质量，在新闻中区分事实和意见很有必要。报道和宣传并

---

① Yvonne Preston 的言论见 Steve Kenn. "News or Propaganda?" The Australian Journal of Chinese Affairs, No. 8(1984). 154.
② Garth S. Jowett and Victoria O'Donnell. Propaganda and Persuasion, SAGE publications. Beverly Hills, 1986. 16.
③ 唐钧：《什么是宣传的真正含义?》，载《新闻理论问题》，1986(5)，69。
④ 杨思迅：《新闻理论教程》，59～60页，哈尔滨，黑龙江教育出版社，1989。

非是一回事。比如,"向英雄学习"是一条标语而不是一条新闻,正如"明年夏季将比今年热"不是宣传而是新闻一样。① 另一些学者认为,一条好的新闻应当具有新闻价值(有用的事实)和宣传价值(正确的舆论导向),它要准确地反映现实,适应人民对知识的需要。一条只有新闻价值的消息不一定能全面反映事实;另外,读者不一定愿意接受那些纯粹的宣传品。② 然而,无论争论如何激烈,在中国新闻媒介中,"宣传"仍然处于被捍卫的地位。

"宣传"这个字眼之所以在许多西方国家中成为贬义词,主要因为它曾与希特勒和苏联共产主义的传媒联系起来。在西方国家中,"宣传"的本义已经降低到意味着"推行不真实的货色"的地步。所有的新闻媒介都避免使用这个字眼,以免伤害它们与受众的关系。在中国,宣传仍然维持着原词的中性色彩,即传播信息和观念,在多数场合中,它被认为是个积极意义的词汇。尽管"宣传"一般和社会主义国家的媒体联系紧密,但在西方媒体的实际运作中,"宣传"却也比比皆是,这不仅仅从铺天盖地的广告中显示出来,还表现在政府推选的大规模的社会活动、政治选举以及记者和编辑的评论中。西方的传媒专家早已承认了这一点。比如罗伯特·希瑞诺(Robert Cirino)指出:"任何一个影响公众的企图都应被认为是一种宣传……"③ 楚莫斯基(N. Chomskey)和何门(E. S. Herman)认为资本主义的传媒通行着一种"国家主义的宣传……"④ 澳大利亚的一本教科书承认"宣传在澳大利亚报纸中是一种不断出现的现象","媒介的一部分作用是说服我们来买它们的产品和思想"。⑤ 北岩爵士曾经说,他办报就是"纯粹为了宣传而旁无动机"。⑥ 1975 年,报业大亨默多克控制的《澳洲人报》由于倒向自由党,攻击工党,被人们讥讽为"糟糕的宣传报纸"。⑦ 虽然美国人倾向于将宣传看成是专制国家媒体的特产,但美国历史上的宣传实例比比皆是。发生在 20 世纪 40 年代末 50 年代初的"麦卡锡主义"是一个典型事件。媒体宣传说美国正面临被共产主义颠覆的危险,在国务院里有两百多名苏联间谍,最后导致了旷日持久的"冷战",而《美国之音》……就是要将美国的价值观传播到全世界……"⑧ 学者王绍光认为,中央情报局就是美国隐性宣传部。美国表面上反对搞宣传,实际上搞起宣

---

① 杨思迅:《新闻理论教程》,62 页,哈尔滨,黑龙江教育出版社,1989。
② 刘延:《论新闻和宣传的关系》,载《新闻理论问题》,1986(5)。
③ Robert Cirino. Don't Blame the People. N. Y.: Vintage Books, 1972. 180.
④ N. Chomskey and E. S. Herman. "The Washington Connection and Third World Fascism". Vol 1. Boston: Southend Press, 1987.
⑤ Sheila Pankake Allison and Others. Media Active: A Practical Approach to Media Studies. Port Melbourne: Heinemann Educational Australia, 1990. 77.
⑥ Henry Mayer. The Press in Australia. Melbourne: Lansdowne Press, 1964. 49.
⑦ Keith and Elizabeth Windschuttle. Fixing the News. North Ryde, NSW: Cassell Australia Limited, 1981. 49~53.
⑧ 俞燕敏、鄢利群:《无冕之王与金钱:美国媒体与美国社会》,83~84 页,北京,中国社会科学出版社,2000。

传来比谁都更重视、更在行、更不择手段。美国国家安全委员会对"宣传"作出的界定如下:"有组织地运用新闻、辩解和呼吁等方式散布信息或某种教义,以影响特定人群的行为。"因为对外宣传是心理战的一部分,心理战的定义是:"一个国家有计划地运用宣传和其他非战斗活动传播思想和信息,以影响其他国家人民的观点、态度、情绪和行为,使之有利于本国目标的实现。"美国的宣传往往看不见。心理战专家克罗斯曼(Richard Crossman)坦言:"上乘的宣传看起来要好像从未进行过一样。"能"让被宣传的对象沿着你所希望的方向前进,而他们自己却认为是自己选择方向"。另一位以搞"冷战"著称的专家乔治·坎南(George Kennan)认为搞宣传,"必要的谎言和欺骗都是允许的"。[1]

看来很清楚,宣传是世界传媒的共同特征,其中的区别只是在形式上和程度上。在西方,学者们试图避免使用"宣传"这个字眼,而以"说服"来取而代之。然而,"宣传"和"说服"的联系大于区别,正如戈斯·丘特所指出的:"'宣传'并没有从'说服'中成功地区别开来。"[2]

总的来说,宣传是个世界现象,在中国,它在媒介中起着主导作用;在西方,它是个不受欢迎的字眼,是媒介隐藏和控制的概念。需要指出的是,西方称中国的新闻一律为"宣传"显然有失偏颇。近年来,一些西方传媒研究者清楚地意识到中国新闻媒介已经有了明显转变。澳大利亚学者斯地汶·肯尼(Steve Keen)认为:自20世纪80年代以来,中国传媒出现了"客观报道",其数量和质量要超过历史上任何一个时期。[3]

本章小结

对新闻中的阶级性、客观性和宣传的辩论仍然在继续,显然,这些都不是纯学术问题。症结根植于中西双方不同的社会制度和意识形态之中。

---

[1] 王绍光:《中央情报局与文学艺术》,载《中华读书报》,2002-05-29。
[2] Garth S, Jowett and Victoria O'Donnell. Propaganda and Persuasion. Thousand Oaks, CA: Sage, 2006. 21.
[3] Steve Keen. "News or Propaganda?", p.154.

硬新闻与软新闻的界定及其依据

硬新闻(Hard News)和软新闻(Soft News)是西方新闻界新闻业务中老生常谈的两个基本概念。在英国、美国及澳大利亚大学新闻系的新闻写作教材中,硬、软新闻的分类之所以成为喋喋不休的话题,是因为对这两种新闻形式的区分直接涉及对新闻报道类别和写作方法的确认。对此问题的宏观把握有着重大的理论和实践意义。①

一、硬新闻与软新闻的区分

国内新闻写作的研究者虽然早已注意到硬、软新闻的区分,但深入探讨该问题的篇章却是凤毛麟角。20世纪八九十年代的20余本新闻写作的著作,提到这两个概念的只有汤世英等的《新闻通讯写作》、②周立方的《新闻写作研究》、③康文久主编的《实用新闻写作学》,④且都是一带而过。1997年出版的杭州大学沈爱国的《消息写作学》⑤是研究消息写作的专著,对硬新闻的概念只字未提。也许可以这样说,硬、软新闻的分类在国内尚未引起足够的重视。

新闻导语和新闻主干的关系长期以来含混不清。国内新闻专著往往笼统地使用"新闻导语"这个概念。比如许多教科书上说新闻导语(或导语)要开门见山、简洁明快。但这种导语和那些非开门见山、非简洁明快的导语是什么关系呢?⑥ 所有的新闻文体都有导语,但对导语的要求是放之四海而皆准的吗?有的学者从写作特点入手,将新闻分为动态消息、特写性消息、

---

① 本章的讨论对象限于传统的媒体即报纸,但同时也注意到了新媒体时代的变革趋势。
② 汤世英、薄瀚培、劳沫之:《新闻通讯写作》,北京,中国人民大学出版社,1986。
③ 周立方:《新闻写作研究》,北京,新华出版社,1994。
④ 康文久主编:《实用新闻写作学》,北京,新华出版社,1996。
⑤ 沈爱国:《消息写作学》,杭州,杭州大学出版社,1997。
⑥ 这是一种普遍情况,其中一例可参见海棱:《论新闻写作与报道》,181页,北京,新华出版社,1983。

公报式消息和谈话记；①或将导语分为概述式、设问式、评论式、见闻式、对比式、引用式。②这些复杂纷繁的分法固然具有一定的使用价值，但却无力廓清一些基本困惑：为什么有的新闻体裁用"倒金字塔"结构？为什么有的新闻体裁用倒金字塔结构以外的其他结构？其理论依据是什么？按以上的分法，动态消息和人物消息或特写可以使用同一类导语吗？

在新闻的分类方面，国外一直乐此不疲。英国、美国和澳大利亚大学出版的新闻写作教材都花了相当篇幅来讨论。它们的主要分法是：将硬新闻和软新闻一分为二，在这两个巨大的框架之下对新闻文体进行分类，然后再研究导语和主干的关系。

这种两分法似乎可以这样概括：

两分法中的硬新闻只有一类，即动态消息。对它的新闻文体要求基本上是倒金字塔结构（例外的情况见下文）。软新闻分两大类：简明软新闻和特写。对其文体要求是自由式，或曰非倒金字塔结构，没有限制。

这样分法的结果不仅使新闻文体分辨得清楚明晰，导语和文体之间的关系也容易确认。本章试图对西方新闻学新闻文体的两分法加以诠释，探讨硬新闻和软新闻的界定和依据、硬新闻的变体（硬、软新闻的交叉问题）以及这两种新闻文体导语和主干之间的关系。本章的主要英语参考资料均为 20 世纪 90 年代流行的西方新闻专业的重要教材，其中包括美国的 Alfred Lawrence Lorenz and John Vivian 的 *News：Reporting and Writing* (Allen & Bacon, 1996), ③ Ted Buchholz 的 *Reporting for the Print Media*（Harcourt Brace Jovanovich, Inc. , USA, 1993)④以及澳大利亚的 Sally White 的 *Reporting and Writing in Australia*（Allen & Unwin, Sydney, 1991）。⑤

---

① 汤世英、薄瀚培、劳沫之：《新闻通讯写作》，3 页，北京，中国人民大学出版社，1986。
② 周胜利、严硕勋：《新闻采访写作教程》，126～128 页，北京，中央广播电视大学出版社，1985。
③ Alfred Lawrence Lorenz, and John Vivian. News：Reporting and Writing News. Allen & Bacon, 1996.
④ Ted Buchholz. Reporting for the Print Media. Harcourt Brace Jovanovich, Inc. , USA, 1993.
⑤ Sally White. Reporting and Writing in Australia. Sydney：Allen & Unwin, 1991.

二、理论误区

硬新闻和软新闻之所以在国内受到漠视是由于存在某些理论误区。由此导致人们看不清区分二者的价值。当我们比照国内和西方新闻界对上述概念的诠释时，这个误区就可以看得比较真切。先看国内流传较广的三种说法：

1. 硬新闻：源于西方新闻学的一个名词，指题材较为严肃，着重于思想性、指导性和知识性的政治、经济、科技新闻。受众阅读或视听这类新闻时，只能产生延缓报酬效应，所以称这类新闻为"硬新闻"。

——甘惜分主编：《新闻学大词典》，郑州，河南人民出版社，1993。

软新闻：源于西方新闻学的一个名词，指那些人情味较浓、写得轻松活泼、易于引起受众感观刺激和阅读视听兴趣，能产生即时报酬效应的新闻。社会新闻大致属于这类新闻……

——甘惜分主编：《新闻学大词典》，第11页。

2. 西方新闻界对新闻还有这样一些分类法：分作硬新闻(意即重要的公众事件的报道)，软新闻(意即重要性不足，趣味性浓厚的报道)，纯新闻(意即直截了当的事实报道，不加解释分析，不以文采和材料的有趣取胜的)。

——汤世英等：《新闻通讯写作》，第4页。

3. 如同新闻有硬、软之分，导语也可分为硬、软两大类。硬导语适用于动态新闻，它一般概括介绍稿件最为重要的事实。硬导语必须精练，因为松散臃肿的导语难以吸引读者。软导语用于特写类稿件，它通常使用别出心裁的描写、趣味隽永的小故事或者巧妙借用的成语之类引起注意。硬导语一般只含一句话，而软导语则可长达四五段，在最后一段才点破同全篇的关系。

——周立方：《新闻写作研究》，第99页。

以上说法对软、硬新闻把握的侧重点不同，但它们都没有试图对硬、软新闻做出系统的解释。其共同特点是强调新闻的重要性在分野中的作用。同时，它们都没有提到硬、软新闻分野的另一个关键——时间性。

毫无疑问，重要性在硬、软新闻分野中具有关键作用。在这一点上，国内和西方观点比较一致。然而，在很多情况下，重要性因时间问题而退居第二，因此，一条重大题材的硬新闻就会采用软新闻的手法来处理。比如昨晚拉宾遇刺的消息一家日报可能会这样开头：

拉宾昨晚遇刺。

但一家晚报再这样开头就不会吸引读者,因为事实已经被日报报道过了,出现以下的导语是可能的:

"我不敢相信这是事实。"一位街头妇女说。今天,全城市民处于一片悲痛之中,以悼念昨晚被刺的拉宾。

第一例是典型的硬新闻,事件重大,时间紧迫,重在将拉宾被刺的事实尽早报道出去。第二例至少可以看作是经过软处理的硬新闻。由于是晚报发稿,时间和重要性都下降了一个档次,这一切都是时间造成的。可见,决定新闻的硬与软,时间的因素往往比重大性更具有决定意义。但时间在硬、软新闻分类中的决定因素被大多数国内学者忽略了。康文久主编的《实用新闻学》是少数例外之一,硬新闻的时间性在这里得到了肯定:

硬新闻相当于通常所说的事件消息,主要是报道国内外的重大事件,诸如政治事件、军事冲突、外事活动、经济动态、自然灾害、各种事故,等等。这类事件有的是突发性的,有的是事物发展进程的飞跃阶段,具有明显的突变特征。由于突变,变化过程短促,有很强的时间性……①

有疑问的是,康文久在对软新闻的概括时提道"软新闻属于非事件消息,主要报道社会生活中的新气象、新变化、新成就、新经验、新人物,等等"。② 这个论断似乎有些局限性和不严密。首先,旧的事物和旧人物同样可以出现在软新闻中。此外,将软新闻放在动态消息里,缩小了软新闻的概括范围(康在前面指出,动态消息按照题材的性质可分为"硬新闻"和"软新闻"两大类)。因为软新闻不但包括软消息,它还包括特写(见下节)。然而,无论如何,康文久对硬、软新闻进行概括的尝试是值得注意的。

现在我们来看西方新闻学对软、硬新闻的概括。先看1993年美国版的新闻教科书《印刷媒体的报道》(*Reporting for the Print Media*)中的描述:

新闻有两种形式:硬新闻和软新闻。硬新闻通常指那些严肃的、事件性的、有时间性的题材重大的新闻故事。这些新闻故事可能报道重大犯罪、火灾、意外事故、演讲、劳工纠纷或政治战役。硬新闻也称现场新闻或称直接新闻。同样,由于它报道即时发生的事件,它也被称为"易碎新闻"。③

这里强调了硬新闻的易碎性,意即时间性。下面是该书对软新闻的概括:

软新闻通常指特写或人类共同兴趣的新闻报道。它们的主题可能有些不应

---

① 康文久主编:《实用新闻写作学》,131 页,北京,新华出版社,1996。
② 康文久主编:《实用新闻写作学》,131 页,北京,新华出版社,1996。
③ Ted Buchholz. Reporting for the Print Media. Harcourt Brace Jovanovich, Inc., USA, 1993. 114.

时或不甚重大,但绝不枯燥。软新闻主要为愉悦,通告消息并非绝顶重要。它从感情上吸引受众,不以理智上吸引读者为主。这些新闻故事使读者欢笑或悲泣,喜爱或憎恨,嫉妒或遗憾。这些故事用更多姿多彩的风格写就,更多地使用奇闻逸事,引语和描写。①

另一部美国的新闻教科书中这样写道:

硬新闻的概念适用于那些事件性新闻,比如市政厅会议、飞机失事以及调查性新闻故事的纵深报道。②

那些强调娱乐甚于通报新闻的故事被称为软新闻。有时也用"特写"和"人类兴趣"这样的称谓来指"软新闻"。③

以下的概括出自澳大利亚的一本有影响的新闻教材:

硬新闻是重大新闻,软新闻是不平常的、奇特的、娱乐的新闻。在结构上这两种新闻区别是硬新闻使用倒金字塔结构或螺丝钉结构,软新闻则不拘一格。④

在软新闻里,新闻故事最重要的部分不必出现在导语中。然后,接下来,软新闻结构不使用倒金字塔或螺丝钉形式。它们几乎总是以间接或延缓的导语开头,以这种方式,读者的注意力被一种即将出现的许诺抓住,而不是由于一种重大性……与重要性相较,软新闻更倾向于不寻常和娱乐。⑤

美国哥伦比亚大学新闻学教授麦尔文·曼切尔在《新闻报道与写作》一书中将导语分为两种基本类型:直接性导语和延缓式导语。前者是直接叙述已经发生和正在发展变化的事件,大多数动态消息都使用这种导语;后者对时间要素有所回避,也不强调正在发生或发展变化中的事件,而将重点放在对新闻的解释、阐述和背景介绍上,通常以描写新闻现场的某种情境或创造某种气氛,常为软新闻和特写所采用。⑥

三、误区探源

如前所述,笼而述之地讲"新闻导语"的要求,是一个危险的误区。比如一部新闻写作专著在探讨"新闻导语的作用"时援引了两个例子,例1是为说明导语要引人入胜:

---

① Ted Buchholz. Reporting for the Print Media. Harcourt Brace Jovanovich, Inc., USA, 1993. 114.
② Alfred Lawrence Lorenz. and John Vivian. News: Reporting and Writing. Allen & Bacon, 1996. 15.
③ Alfred Lawrence Lorenz. and John Vivian. News: Reporting and Writing. Allen & Bacon, 1996. 18.
④ Sally White. Reporting and Writing in Australia. Sydney: Allen and Unwin, 1991. 215.
⑤ Sally White. Reporting and Writing in Australia. Sydney: Allen and Unwin, 1991. 234.
⑥ 河北大学中文系新闻教研室编:《新闻与写作》,137~138页,保定,河北大学出版社,1983。

例1：

　　一个老爷爷抱着个活泼可爱的小女孩,甜甜地拍了一张照。这是祖孙俩吗?不,小女孩是普通的农村娃娃。她外婆的独生女,招了女婿,妈妈又是独生女,也招女婿;如今,她刚出世不久,父母领取了独生子女证,又是个独生女。一些人替这家可惜,说："三代无子,再生一个吧!"市委副书记陈沂听罢却跷起拇指,说："生一个好,爷爷抱你!"①

例2：是想说明导语要定弦定调：

　　长江今年第二次洪峰昨日凌晨已过汉。百里长堤巍然屹立,武汉三镇安然无恙。②

显然,以上两条新闻导语的风格截然不同。第一个是软新闻,第二个是硬新闻,二者导语的要求是不一样的。将它们混同起来谈只能徒增混乱。遗憾的是,在中国,笼统地讲"新闻导语"的新闻写作著作不在少数,是个集体现象。比如《解放军报》为导语曾下过一个定义："导语是置于新闻前边的第一个小段或第一句话。它用简明生动的文字写出新闻中最主要的、最新鲜的事实,鲜明地揭示一篇新闻的主题思想,引起读者的兴趣和注意。"③

这个导语的要求对软新闻就不适用。因为软新闻不一定非要在开篇首句"写出新闻中最主要、最新鲜的事实,鲜明地揭示一篇新闻的主题思想"。如果标明这是硬新闻的导语定义,就可以理解,可惜作者没有这样做。

一部在2001年出版的新闻学理论著作仍然笼统地谈导语写作,它说：

　　一般来说,导语中一定要体现最重要的、最精彩的内容,"不管写什么新闻,都要努力地找出最有新闻价值的内容放在导语之中,则是写作的一个要领"。"首先和主要的就是要求一开头便把新闻中最新鲜的事实提取和揭示出来,一下子摆在读者面前"。美国威尔逊大学一位新闻学教授认为"导语是揭示摘要",是整个新闻报道的最重要的摘要,是用一句简明的话回答读者渴求知识的要求。④

实际上,以上讲的全是硬新闻导语写作的特点,完全不能概括软新闻导语的写作特点。

造成混乱的原因之一也许是英文"News"带来的困惑。英文中的"News"在大多数情况下是个泛指"新闻"的普遍概念,只有在特定情况下才指"消息"(常常要靠语境分析)。"The feature of news"(新闻的特征),其中的"News"只能译成"新闻"而不能译成"消息"。

---

① 参见程天敏：《新闻写作学》,59页,广州,广东高等教育出版社,1987。
② 程天敏：《新闻写作学》,62页,广州,广东高等教育出版社,1987。
③ 引自洪天国：《现代新闻写作技巧》,72页,北京,中国新闻出版社,1989。
④ 胡钰：《新闻与舆论》,60~61页,北京,中国广播电视出版社,2001。

事实上，英语中表示新闻的概念往往精确而细致。比如"News"，"News Story"＝"新闻"；"Hard News"＝"硬新闻"；"Soft News"＝"软新闻"；"Spot News"＝"现场新闻"。"消息"是中国文字中的独有的概念，与英语中的"News"并非完全的对应关系。在非常有限的情况下，英语"News"才可能翻成"消息"。"News"与"新闻"和"消息"之间的这种微妙关系给国内新闻界带来了麻烦。许多学者在探讨新闻写作中笼统使用了"新闻导语"这一概念，从而使问题变得混乱。① 有些学者虽然标明他们所说的"新闻"指的是"消息"，但由于在讨论中交叉使用这两个概念和举例不当，仍然不能廓清新闻体裁的导语和主体之间的关系问题。比如一部新闻教科书在开篇时声明："我们这里所说的新闻是就狭义来说的，便是通常所说的消息，又称电讯。它是报纸上最经常、最大量运用的一种新闻报道体裁，以最直接最简练的方式迅速及时地告诉读者发生了什么事情。"② 但在正文中，作者交叉使用"新闻"和"消息"，极易产生歧义，如下面一段：

  消息通常是由导语和主体两个部分所组成。新闻导语是一篇消息的开端部分，是新闻结构上的第一个也是很重要的一个层次，在新闻中起着"一语定意"的作用，从而它在很大程度上决定了一篇消息如何展开叙述。③

实际上，段落中所有使用"新闻"的地方都可以用"消息"代替。这样会更精确而消除歧义。作者在讲到消息的特征时说："它是报纸上最经常、最大量运用的一种新闻报道体裁，以最直接、最简练的方式迅速及时地告诉读者发生了什么事情。"（这和西方硬新闻的定义一致）但所举的例子却不能与之完全符合。我们来看以下4个例子：

  1. 亲爱的读者，你知道灯芯绒可以做夏天的裙子吗？上海绒布厂新生产的许多种灯芯绒中，就有这样新奇的品种。④

  2. 您想观赏八达岭长城的雄姿吗？您想领略在北戴河畅游嬉水的乐趣吗？您想得到在承德避暑山庄消夏纳凉的快意吗？密云县开发旅游的目标就是：让国内外广大游客在本县得到以上种种享受。⑤

  3. 几年前还是水草不长，螺蚌不生，水鸟不停，鱼虾绝迹的鸭儿湖，现在又复活了！记者亲眼看到经过治理的湖面碧波粼粼，渔舟点点，成群的野鸭在湖里

---

 ① 这种情况比较普遍。其中一例如薄瀚培、赵景云：《新闻导语探胜》，北京，新华出版社，1993。但徐占焜的《新闻写作基础与创新》是个例外。此书在使用"新闻"和"消息"时非常仔细。凡是"新闻"代表"消息"时，就在"新闻"后加上（消息），即：新闻（消息），从而避免了歧义。
 ② 汤世英、薄瀚培、劳沫之：《新闻通讯写作》，2页，北京，中国人民大学出版社，1986。
 ③ 汤世英、薄瀚培、劳沫之：《新闻通讯写作》，73页，北京，中国人民大学出版社，1986。
 ④ 汤世英、薄瀚培、劳沫之：《新闻通讯写作》，102页，北京，中国人民大学出版社，1986。
 ⑤ 汤世英、薄瀚培、劳沫之：《新闻通讯写作》，103页，北京，中国人民大学出版社，1986。

嬉戏。①

4."世界驰名的文化古都,拥有二百多万人口的北平,今日宣告解放。……"②

严格地说,第1、2、3条都是些时间性很差的新闻,怎么也无法和作者先前所概括的消息的特征"最直接、最简练……迅速及时"相吻合。但第4条显然是标准的消息(硬新闻)。作者没有说明四条新闻之间的区别和联系,却把它们混淆在一起来谈消息的导语,从而陷入自相矛盾的境地。

显然,消息中诸种类别的关系并不是平等的。就像新闻分为硬新闻和软新闻一样,消息也分为"硬消息"和"软消息"。硬新闻的硬消息(动态消息)是一回事,但软新闻却包括"软消息"和"特写"两个品种。"软消息"和"特写"虽然具有软新闻的特点,但前者篇幅较短规模较小,后者篇幅较长规模较大。顺便说一句,在西方新闻概念中,没有特写和通讯的区别。本文也将特写和通讯看成一类文体。

西方新闻学对硬、软新闻的导语的要求特点非常鲜明,比如美国的一本新闻教材指出:

就像新闻故事本身一样,导语也分成两种——硬导语和软导语。最普通的是硬导语,这种导语以直截了当的方式讲出发生了什么。③

软导语延缓新闻的主要方面,它经常用在深入报道、特写和广播稿中,尽管有些记者在硬新闻中以间接导语开头,将其作为一种引起读者或听众兴趣的方式。④

四、硬新闻和软新闻的界定及其依据

如果询问什么是硬新闻,人们的回答会各不相同。笔者2001年在石家庄日报社授课时,曾就此问题对学员提问,反馈的结果令人惊异。一位学员说,硬新闻就是会议新闻、政策性新闻、会见性新闻,就是那些比较枯燥但不得不发的新闻。这个看法当然与西方对硬新闻的理解是大相径庭的。

尽管人们对硬新闻涵盖的内容理解不同,但在时间性和重大性方面能获取基本一致的意见。

虽然西方新闻界对硬、软新闻的讨论方兴未艾,但真正做出严格定义的不多。不过,我们还是可以归纳出其要点:

---

① 汤世英、薄瀚培、劳沫之:《新闻通讯写作》,104页,北京,中国人民大学出版社,1986。
② 汤世英、薄瀚培、劳沫之:《新闻通讯写作》,97页,北京,中国人民大学出版社,1986。
③ Ted Buchholz. Reporting for the Print Media. Harcourt Brace Jovanovich,Inc.,USA,1993.38.
④ Ted Buchholz. Reporting for the Print Media. Harcourt Brace Jovanovich,Inc.,USA,1993.38.

硬新闻：一种强调时间性和重大性的动态新闻形式，重在迅速传递消息。在形式上，它与国内学界所说的动态消息基本相一致。

软新闻：一种注重引起读者兴趣的新闻形式，重在引起受众的情感呼应。比如愉悦或深思等，更多地强调人类兴趣。在形式上，它分为软消息和特写两种。

二者之间的联系：

都是新闻，新闻价值的诸种要素（如时间性、重要性、接近性等）都起作用。

二者之间的区别：

1. 要求重点不同：硬新闻重在迅速传递信息，强调时间性，多为动态新闻和现场报道；软新闻重在引起读者兴趣和情感呼应。

2. 尽管新闻价值和诸种要素都起作用（特别是时间和重大性），但硬新闻要求的程度较高，软新闻要求的程度相对较低。

3. 写作方面：硬新闻有一定之规（在大多数情况下沿用倒金字塔结构）；软新闻则不拘一格。硬新闻直截了当，简明扼要，形式简练，具有直接性；软新闻样式复杂，细节描写和记者感情色彩占据重要地位，具有间接性。硬新闻形式上基本是动态新闻；软新闻则有软消息和特写之分。

4. 在新闻导语方面，硬新闻将最重要的事实放在最前面，要求开门见山，一语中的，概括新闻的中心。软新闻导语则不拘一格，有较大的宽容性。

概而言之，新闻的基本形式是硬新闻和软新闻；它们的侧重点不同，导语和文体写作要求也不同。

由此出发，可以这样认为，硬新闻即动态新闻。除动态新闻以外的新闻都可以划入软新闻。软新闻是一个大类，其中包括不少品种，在西方新闻学中，它基本包括"软消息"（Brief soft news）和"特写"（Feature story）。尽管国内的报刊实践形成了许多有特色的新闻文体（例如：新闻素描、评述性消息、经验性消息、综合消息、人物消息、典型报道和通讯等除动态新闻以外的新闻体裁），但它们仍可以被软新闻囊括。区分硬软新闻的关键依据在于时间性和重要性。硬新闻是易碎的，时间性是第一位的。软新闻的"软"不是指"软绵绵的故事"，而是指在时间性、重要性方面不如动态新闻那样"过硬"。

传统说法认为，硬新闻主要报道重大事件，软新闻报道非事件性或不重大的新闻。其实不尽然。一个重大事件同样可以写成软新闻。比如1963年11月23日合众国际社记者梅丽曼·史密斯在达拉斯目击肯尼迪遇刺的报道就是一个典型例子。梅丽曼·史密斯是这样开头的：

> 这是一个十分迷人的阳光和煦的中午，我们随着肯尼迪总统的车队穿过达拉斯市的繁华市区。车队从商业部中心驶出后，就走上了一条漂亮的公路，这条公路蜿蜒地穿过一个像是公园的地方。

我当时就坐在所谓的白宫记者专车上,这辆车属于一家电话公司,车上装着一架活动无线电电话机。我坐在前座上,就在电话公司司机和专门负责总统得克萨斯之行的白宫代理新闻秘书马尔科姆·基尔达夫之间。其他三名记者挤在后座上。

突然,我们听到三声巨响,声音听起来十分凄厉。第一声像是爆竹声。但是,第二声和第三声毫无疑问就是枪声。

大概距我们约150码或200码前面的总统专车立即摇晃起来。我们看见装有透明防弹罩的总统专车后的特工人员乱成一团。

下一辆是副总统林顿·约翰逊的专车,接下去是保卫副总统的特工人员的专车。我们就在这后面。

我们的专车可能只停了几分钟,但却像过了半个世纪一样。我亲眼看见历史在爆炸,就连那些饱经风霜的观察家,也很难领悟出其中的全部道理。

我朝总统专车上望去,既没有看见总统,也没有看见陪同他的得克萨斯州州长约翰·康纳利。我发现一件粉红色的什么东西晃了一下,那一定是总统夫人杰奎琳。

我们车上所有的人都朝司机吼了起来,要他将车向总统专车和他的保镖车开近一些。但就在此时,我看见高大的防弹玻璃车在一辆摩托车的保护下,号叫着飞速驶开。

我们对司机大喊:"快!快!"我们斜插过副总统和他的保镖车,奔上了公路,死死地盯住总统专车和后面特工人员的保镖车。

前面的车在拐弯处消失了。当我们绕过弯后,就可以看到要去的地方了——帕可兰医院,这座医院就在主要公路左侧,是一座灰色的高大的建筑物。我们向左边来了一个急转弯,一下子就冲进了医院。

我跳下汽车,飞快地跑到防弹玻璃汽车前。

总统在后座上,脸朝下,肯尼迪夫人贴着总统的身子,用双手紧紧将他的头抱住,就像在对他窃窃私语。……

总统被刺的情况直到新闻第11段以后才出现,然而,肯尼迪遇刺是一个重大的动态事件。但梅丽曼·史密斯将这个重大事件以特写的形式处理(软新闻的一种)。这条新闻稿深入细致地描写肯尼迪总统被刺的全过程,重在满足读者兴趣,同以单纯报道总统被刺的硬新闻不一样。①

---

① 有关梅丽曼·史密斯的生平和这条新闻稿报道的中文译文,参见《普利策新闻奖获奖作品选》,104~114页,北京,新华出版社,1984。

时间性是区别硬、软新闻的首要因素。

两分法并不意味着否定专家学者们对新闻文体从各个角度进行分类的尝试。它只是提供一个框架,从大处着眼。各种尝试可在这个框架下进行。两分法的好处是摒弃了繁文缛节,视野清晰,简单扼要。使人们准确地把握两大新闻类别以及导语和新闻主干之间的关系。

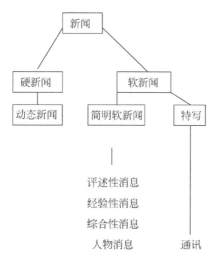

硬新闻在文体上的典型标志就是倒金字塔方式。然而,这种写作方式自 21 世纪初起便面临着激烈的挑战。倡导软新闻的人们说,一条导语是软还是硬没关系,关键要看它是否有效。他们轻视传统的概括式导语,认为"倒金字塔"风格不自然并使所有的故事看起来千篇一律。一些人认为软新闻在顺序描写上是更为自然的表达方式,就像讲故事。在风格上更加文学化亦有助于报纸同电视竞争。电视广播报道新闻虽然比报纸快,但是使用软导语,报纸能使故事更有趣。反对派则指责,软新闻对大多数新闻故事不适合:过于附庸风雅,文学化以及非职业化。还说软导语太长,不能突出新闻,过于文学化,虽然时髦但不清楚、不鲜明。一些批评家认为传统的概括式导语更为清晰和直率,更适合硬新闻。他们不希望记者以概括式导语开始每一条新闻,又不希望(软新闻)的延缓部分那么长,令人痛苦。一些编辑对软导语采取不鼓励的态度,他们尤其厌烦那些翻过页去还没有传递出主要观点的以软新闻开头的头版故事。①

当硬、软新闻的争论发展到 20 世纪 70 年代时,一名美国记者终于说:"那种老式的倒金字塔方式的新闻报道正在消失。我们再也不需要把最好的材料都放在顶部,然后再

---

① 有关硬、软新闻的争论情况,参见 Ted Buchholz,Reporting for the Print Media. Harcourt Brace Jovanovich, Inc.,USA,1993.187.

按照逐渐递减的程序排列别的材料了。"①

竞争的压力首先来自电子媒介。自20世纪40年代后,广播、电视的出现以其高速、真实、生动迫使印刷媒体必须改变才能适应新形势下的竞争。电视在美国新闻界的崛起是一个突出的例子,三大商业电视NBC、CBS、ABC抢尽风流,在六七十年代晚间黄金时段中,90%的美国人争相收看它们的节目。通过对"肯尼迪遇刺事件"、"民权运动"、"越南战争"以及"人类登月球"等节目的栩栩如生的实况转播,电视终于站稳了阵脚。

电视报道令报纸和广播新闻相形见绌的首个案例是1963年的美国总统"肯尼迪遇刺事件"。当年11月22日,美国总统肯尼迪来到达拉斯市搞竞选活动。在蜂拥而至的记者队伍中,电视台记者完全不像今日那样耀武扬威。当总统车队经过当地一所学校的图书馆时,一颗子弹突然击中总统的脑袋,总统当即倒下。合众国际社的电讯在5分钟之后将总统被刺的消息报道出去。但10分钟之内,电视台显示出了更大的威力。CBS新闻主持人沃尔特·克朗凯特在屏幕上向全国通报了总统罹难的消息。在后来的几天中,人们凝视着电视机,关注着事件的进展:抢救过程中的肯尼迪、肯尼迪夫人陪伴着总统的灵柩回到首都、一家夜总会的老板如何刺杀了谋杀总统的嫌疑犯奥斯瓦尔德、总统葬礼、各国元首的吊唁活动……电视新闻在报道此事件的优势使电视成为美国人生活的中心,过去曾经不被看好的、不受重视的媒介此刻让人们无法回避。电视牢牢抓住了人们的吸引力。当年,美国三大电视网先后将晚间新闻从15分钟增加到30分钟,电视主持人制度也开始确立。

从1963年到1967年,美国各家电视台纷纷报道了始于阿肯色州,后蔓延于美国各地的民权运动,从而进一步确立了电视报道的地位。在电视镜头中,人们真切地看到了示威的群众,警察的镇压和各种暴乱事件。

电视对贯穿于20世纪六七十年代的"越南战争"的报道使观众身临战争境界,一下缩短了横亘于美洲和亚洲之间的时间和空间。连续的现场画面真实再现了战争的血腥和残酷。

在其他种种具有历史意义的瞬间,电视都为观众提供了第一手的生动画面。1969年美国宇航员登月球将电视的作用推上了登峰造极的地步。据说当时全球有6亿观众在银屏上观赏到人类具有划时代意义的镜头。观众看到了宇航员在宇宙飞船内的活动,看到了他们如何将一面美国国旗插在月球上,又如何飞回地球的情景。②

罗颇公司是美国的一家媒介调查公司(Roper Organization)。1959年,该公司从事了一项调查,旨在了解人们获得信息的渠道。调查的选择答案分别为:报纸、杂志、广播、电

---

① 徐占焜:《新闻写作基础与创新》,24页,北京,新华出版社,1984。
② 王纬主编:《镜头里的第四势力》,15~21页,北京,北京广播学院出版社,1999。

视、道听途说。结果发现报纸乃为公众的主要信息源(67%);电视居第二(51%);然后是广播、杂志和道听途说。这种势头延续到1963年开始转变,电视逐渐占据了信息的首要位置。1979年该公司的调查表明电视已经成为人们最主要的信息来源(67%);1988年,情况仍然差不多(65%),与此同时,报纸和广播就渐渐落伍了。[1]

为与电子媒介做有效的抗争,报纸就要将新闻写得更吸引读者。晚报之于日报,周刊之于日报竞争亦是如此。传统的硬新闻写作方式已不能满足挑剔的读者。100年前"总统今晨在他的私家花园散步时中弹身亡"这样的导语可能不错。但同样事件,现在须写得精彩得多。竞争使硬新闻的写作方式变形。导语趋于软化。具体地说就是更多地使用细节和人情味的渲染;使用更吸引人的写作手法和寻找更吸引人的新角度。

实例一,平淡的硬导语:

星期二上午,一家饭店被抢劫了62美元。

修订后的软化导语:

星期二上午一位老妇用一把小刀抢走了一家饭店的62美元,她解释说,她需要钱给孙子、孙女买圣诞礼物。

实例二,平淡的硬导语:

一名61岁的老人今天宣称他用玩具手枪抢劫了一家银行。

修订后的软化导语:

一名61岁的老人今天说,他用玩具手枪抢劫了一家银行——他甚至提前将时间和地点告诉了联邦调查局——因为他想在联邦监狱中度过他生命中最美好的时光。

修订后的硬导语多了一些人情味的细节描写,试图发掘新角度,有较大的吸引力。国内的硬新闻同样在改变,试看一例:

巴塞罗那1992年9月30日电:像雏燕轻快翻飞,像宝剑刺入碧水,高敏在女子跳板跳水决赛中的精彩表演,使中国又得一金。

——摘自《中国青年报》

这条导语中前面的形象的描写都是虚的,只有后面的高敏得金牌才是实在的新闻。记者如此下笔当然是为了吸引读者。试想如果只写"高敏今天为中国夺得一枚跳水金牌"又该是多么枯燥!

---

[1] 王纬主编:《镜头里的第四势力》,3页,北京,北京广播学院出版社,1999。

记者可能是无意识地改变了自己的风格,但这无关紧要。重要的是风格正在改变着。显然,硬新闻已经改头换面。用句术语就是:硬新闻软处理了,这已成为一种趋势。改头换面的硬新闻和一些充满吸引力的特写开头有些近似,有时易于同软新闻相混淆。但仔细分析还是可以辨别它们之间的区别的。区别的标志前面已说过——关键依据在于时间性和重要性。

在国内,另一个引起硬新闻变形的情况是,由于某种原因,报纸破坏新闻规律,沦入不讲时间性、软塌塌地处理硬新闻的境地。回过头来,我们再看前面举过的几个例子:

(1)亲爱的读者,你知道灯芯绒可以做夏天的裙子吗?上海绒布厂新生产的许多种灯芯绒中,就有这样新奇的品种。

(2)您想观赏八达岭长城的雄姿吗?您想领略在北戴河畅游嬉水的乐趣吗?您想得到在承德避暑山庄消夏纳凉的快意吗?密云县开发旅游的目标就是:让国内外广大游客在本县得到以上种种享受。

(3)几年前还是水草不长、螺蚌不生、水鸟不停、鱼虾绝迹的鸭儿湖,现在又复活了!记者亲眼看到经过治理的湖面碧波粼粼,渔舟点点,成群的野鸭在湖里嬉戏。

这些报道的时间性与写作方式无论和西方"新闻"还是和国内"消息"的理论要求都有相当距离,但它们却一直被当作"消息写作"的范例引用着!它们之所以能鱼目混珠地存在,正是国内新闻报道长期以来在时间上的低标准造成的。因而如诗如画的文学性描写、"最近"、"近年来"一类的消息的写法仍然得到认可,从而成为"有中国特色"新闻的一道景观。国际新闻界一向认为社会主义国家的新闻时效甚低。① 这种看法并不是仅用"西方的敌意"就能解释的。唐山地震的消息3天以后才见报,而那巨大的伤亡数字直到3年后才被披露出来,这种时效性虽然是个极端的例子,然而在中国,因为某种原因导致报道延误,却是人所共知的普遍的事实。在西方,知晓权(the right to know)是一项公众的基本权利,媒体以实现知晓权为奋斗目标,舆论也认为,人们对社会情况的知情与否反映其社会的进步程度。扣发新闻(withholding information)为千夫所指。此中涉及体制问题,需要进行更深入的讨论。

在1776年"美国独立战争"中,美国人写的新闻也是很不讲究的,试看一例:

美国人!永远记住莱克星顿的战斗!英国人在那里恣意放纵毫无人性地烧杀抢掠,他们烧了我们同胞的房子!甚至对哭泣无助的妇人、那些产妇、那些哭

---

① 有关西方新闻理论界对社会主义国家新闻的时间性评价,参见 L John Martin & Anju Grover Chaudhary (ed). Comparative Mass Media Systems. London:Longman Inc.,1983.67~86。

叫的婴儿、那些祈祷的老人、卧在床榻的病人他们也噬血成性！我们要起而阻止他们的谋杀和抢劫。

但是美国新闻发展得很快，据研究：到1866年，消息导语已经普及到美国和西方各报。但直到20世纪20年代左右，中国才开始有意识地运用这种形式。① 从另外一个角度观察，中国新闻写作方面不重视时间性，有着先天不足的传统因素。长期以来，中国是个农业社会，商品经济极不发达，在日常生活中对时间的要求就不够精确。

当西方已比较纯熟地运用消息写作的诸种因素时，中国的新闻写作却对时间性与倒金字塔结构仍然十分陌生。比如以下几则例子。

《上海新报》1863年第255号

河南二麦回生

昨有江南沈客告西人，由河南回沪埠云：伊于二月回到河南见麦苗枯槁，农民忧心如焚，说及干旱缘由，据土人称：自去年八月起至本年二月半，共历半年之久，涓滴俱无。忽于二月念九日，风雪交加，经四昼夜。所种二苗，蓬蓬勃勃，不过十日之间，变为丰稔之岁。民间欢声雷动，焚香请神，其乐莫可名状。噫，此天不欲绝人之生也。

1905年5月14日《时报》上的一则消息：

福建省樟脑归官专卖英国。谓其有阻于英商利益，因向我国反对。其外务部已命闽浙查明其复。

此条消息没有时间的因素。现在看起来简直不可思议。② 再看另外一条：

新华社淮海前线1949年1月11日电：本社前线记者阎吾报道：杜聿明部在解放军强大攻击下，10日黎明各路总攻的解放军指向杜匪"剿总"及匪第二兵团驻地陈官庄一线，解放军攻到那里，一堆一堆的敌人就立刻大喊大叫起来："投降了！缴枪了！"解放军战士冲入敌阵，匪军纷纷举手投降，没有缴枪的涌来涌去喊着："我们向哪里缴枪啊？我们枪放哪里啊？"当解放军战士指定一个放枪的地方后，各式枪支立刻就堆了起来，俘虏群如泛滥的潮水……

以上这篇600多字的消息不分段落，一气呵成，从中可以窥见早期中国消息写作的原始情况，同时亦可以映衬出中国现在的消息写作已有了多么大的改观！

---

① 李良荣：《中国报纸文体发展概要》，97页，福州，福建人民出版社，1985。
② 但据方汉奇的研究，一份于1626年出版的《天变邸抄》对北京的一次火灾的报道具备了现代新闻导语的特色。见方汉奇：《印象最深的一次学术研讨会》，载《方汉奇文集》，632页，汕头，汕头大学出版社，2003。

前新华社对外部高级记者、现任清华大学国际传媒研究中心主任的李希光认为,中国过去几十年里没有将新闻导语写作放在大学新闻教育的突出地位,造成了记者不会写有新闻的导语、只会写无新闻的导语。他选择中国可读性和新闻性较强的《中国青年报》做了研究范本(2001年2月),从头版选出了许多没有新闻的导语,以下是其中的一例:

全国假日旅游办公室负责人、国家旅游局副局长张希钦日前表示,春节的"黄金周"平稳度过,"旺而不乱、平安有序",假日7天没有发生大的旅游安全事故。

《中国青年报》,2001年2月4日

李希光认为,上述新闻是"狗咬人"——太平常了。①

然而,硬新闻的倒金字塔结构和规则今天确实在中国被广泛认同了。我们仍以《中国青年报》为范本,可以发现不少够标准的消息导语,比如:

题:2002韩日世界杯赛拉开大幕。

本报汉城5月31日电(特派记者曹竞)

如四角风筝般的汉城上岩体育场,今天终于结束了漫长的等待,迎来了2002韩日杯赛的开幕。

在融会韩国民族文化和高科技亮点的开幕式表演中,韩国人用"来自东方"的主题告诉大家,这是一届由亚洲人主办的世界杯赛,是一届由韩国和日本联手主办的世界杯赛。

在大多数人以为卫冕冠军将轻松取胜的揭幕战中,首次参加世界杯赛的塞内加尔队犹如一头丛林雄狮从斜刺里杀出,凭借上半时第30分钟奥普的入球,以1∶0击败了法国队,爆出本届世界杯赛的第一个冷门。

……

《中国青年报》,2002年6月1日

有声望的记者艾丰甚至认为倒金字塔结构不仅是新闻写作的规律,而且是生活中快速传播的规律。他举了两个生动的例子:

古时候,有三个人在家附近碰到了两只老虎,情况非常紧急,他们迅速向首长报告:"老虎……!两只……!一大一小……!就在附近山头……"。

另外一个情况发生在现代社会:在困难时期,一个男子下班时在副食店看到了难得的黄花鱼,他赶紧回家向老婆讨钱:"钱……来鱼了……黄花鱼……很

---

① 李希光:《新闻学核心》,151~152页,广州,南方日报出版社,2002。

新鲜……就在旁边的副食店……！"

上述话语使用的是一种倒金字塔结构，在正常情况下是解释不通的，但在紧急时又是完全可以沟通的。① 艾丰认为，这种快速传播在现代生活中加以推广是可以提高效率的。

本章小结

最后，倒金字塔结构会不会过时呢？回答是否定的。

新闻的倒金字塔结构之所以不会被马上取代，是因为在多媒体时代仍然有相当一部分读者喜好阅读。阅读的乐趣和视听的乐趣当然不一样，难以完全互相代替，阅读要花时间，读者当然希望在有限的时间内更多地获取信息，所以开门见山的倒金字塔结构仍然有生命力。更何况倒金字塔结构经过几个世纪的发展，早成为一种可以写得多姿多彩的、潜力很大的、具有雄厚美学基础的新闻文体，有谁会忘记那些硬新闻的名篇呢？谁又能说它们枯燥呢？另一个重要原因是编辑每天在电脑前面对成千上万条通讯社发来的电讯稿进行选择，只能迅即浏览。一语中的、简洁明了的导语被选中的几率要大得多，那些一唱三叹的延缓式新闻可能会被埋没。这也在客观上鼓励了倒金字塔结构的存在和发展。正如密苏里新闻学院的同行们所指出的：

> 在今后若干年里，倒金字塔对报纸也可能不那么重要了。但是，即使它有变化，那也将是渐变而不是突变……倒金字塔还没有变成新闻学上的历史陈迹。当今报纸上大概有90%的消息仍是用倒金字塔结构形式写成的。②

不过，进入21世纪数字时代的电子媒介正迅速改变人们阅听新闻的习惯，同时，自媒体中那些不拘一格的自发式新闻也冲击着传统新闻写作的模式和规范。微博时代的传播变革使中国和西方新闻学站在了同一平台上，双方也面临着同一挑战。③

---

① 袁军等：《社会更需要传播学》，载《传播学在中国》，162页，北京，北京广播学院出版社，1999。
② 密苏里新闻学院写作组：《新闻写作教程》，42~43页，北京，新华出版社，1986。
③ 有关多媒体对传统新闻写作的影响，见罗霄：《试论新媒体环境下的新闻写作》，载《剑南文学经典教苑》，2012(9)，203。《如何运用新媒体创新传统媒体的报道》，http://www.gmw.cn/media/2013-05/30/content_7799815.htm。

第十章 正面报道和负面报道

一、正面报道和负面报道的特点

1972年美国总统尼克松访华时,白宫的新闻官员曾试图从北京的报纸上发现一些社会新闻线索,但他们看到的全是鼓舞人心的党的政策宣传以及好人好事。尼克松问周恩来总理,为什么你们的报纸上没有坏消息,难道生活中全是光明的一面吗?周恩来答道,我们的新闻方针是以正面报道为主;我们提倡那些鼓舞人们士气、能激励人民前进的东西。①

这个插曲曾经一度在西方新闻界流传。在悉尼理工大学新闻系的一次讲座中,笔者向那些研究中国传媒的同学发问,中国新闻报道的特点是什么?一位同学说:"我觉得英雄主义和歌功颂德的东西比较多。"另一位同学说:"主要是宣传党的方针和政治说教。"最后一位同学总结道:"从方法上讲是 Positive report(正面报道)。"他甚至还拿出了两个国家同一天出版的日报进行对比,一份是中国的《人民日报》;一份是澳大利亚著名日报《悉尼晨锋报》(*The Sydney Morning Herald*)。出版的日期是1978年11月22日,当天,《人民日报》头版主要内容如下:

1. 为实现四个现代化,大庆油田掀起学习科技文化的新高潮
2. 湘乡党委进一步落实党的农村政策
3. 南宁建成新铁路
4. 马鞍山市提前完成本年度财政计划
5. 经商提高了农民收入

---

① John B Wills. "Views about China". Media Information. March,1976. 54.

6. 四川省超额完成本年度收棉任务

当天《悉尼晨锋报》头版内容如下：

1. 为什么科尔要离开工党？
2. 一名12岁的女孩被拖车撞后身亡
3. "人民圣殿教"集体自杀
4. 辛克莱说，我的律师办公室被洗劫一空

对这些报道题目的直观印象是明确而清晰的 ——《人民日报》的题目都是积极的，而《悉尼晨锋报》的新闻都是消极（Negative）的。值得指出的是，中西方这种对新闻的不同处理，并非偶然和孤立的现象，而是普遍、大量、长期存在的事实。尽管20世纪90年代中国新闻的面貌发生了巨大变化，但正面报道仍是传媒的主要报道方针。据统计，在1995年到1998年近4年中，中央人民广播电台名牌节目《新闻纵横》中有60%～70%为正面报道，[1]国内的其他主要传媒也大体是这个比例。在西方，负面报道一如既往地在《悉尼晨锋报》以及其他报纸上占压倒地位。当然，这种压倒并不一定表现在数量上，它表现为一种占统领地位的报道方法，一种倾向或基调。一项调查表明，美国的日报最吸引读者的主题是事故、凶杀、自然奇观、政坛风云、税收事务和犯罪。[2] 在澳大利亚，"冲突"被认为是新闻价值中最高的因素。[3]

美国历届普利策新闻奖，均以暴露、揭露的负面性为其特色。2002年4月，美国普利策新闻获奖名单揭晓，14个新闻奖中有8个与"9·11事件"有关。其中《纽约时报》在恐怖事件发生后以特别版面定期报道此场悲剧，报道受害者，追踪当地和全球事态的发展，具有连贯性和全面性，获得"公共服务奖"，又因报道袭击前后消息灵通和内容详尽，介绍了全球恐怖主义网络及其构成的威胁，获得"解释性报道奖"和"独家报道奖"；《华尔街日报》的记者在遭遇艰苦的情况下对纽约遭受的恐怖袭击进行了全面深刻的报道，获"突发新闻报道奖"。

---

[1] 蔡小林：《选题与节目宗旨》，载《新闻纵横精粹》，8页，北京，中国人民大学出版社，1998。
[2] American Newspaper Publishers Association Research Center. "News and Editorial Content and Readership of the Daily Newspaper" in L. John Martin and Anju Grover Chaudhary. *Comparative Mass Media Systems*. London：Longman Inc.，1985.45.
[3] Len Granato. *Reporting ＆ Writing News*. Sydney：Prentice Hall，1991.76.

86届普利策新闻奖奖项内容和分配

奖项	体裁	题材	性质	获奖媒介
为公众利益服务奖	综合	"9·11事件"	负面	《纽约时报》
突发性新闻报道奖	报道	"9·11事件"	负面	《华尔街日报》
调查性报道奖	报道	华盛顿数百名儿童死亡	负面	《华盛顿邮报》
解释性报道奖	报道	"9·11事件"	负面	《纽约时报》
专题报道奖	报道	华尔街	中性	《纽约时报》
全国报道奖	报道	"9·11事件"	负面	《华盛顿邮报》
国际报道奖	报道	战争蹂躏阿富汗	负面	《纽约时报》
特稿写作奖	报道	一父亲漠视儿子死亡	负面	《洛杉矶时报》
评论奖	评论	"9·11事件"	负面	《纽约时报》
文艺批评奖	评论	古典音乐评论	中性	《新闻日报》
社论写作奖	评论	加州精神疾病患者露宿街头	负面	《洛杉矶时报》
社论性漫画奖	评论	讽刺NMD等	负面	《基督教科学箴言报》
突发性新闻摄影奖	报道	"9·11事件"	负面	《纽约时报》
特写摄影奖	报道	战争蹂躏阿富汗	负面	《纽约时报》

资料来源：见展江，"普利策新闻奖：乌鸦嘴与误读"，中华传媒网。

在14组获奖作品中，负面题材的有12组（"9·11"恐怖袭击和"阿富汗战争"占8组），占总数的80%以上；中性题材2组；正面题材一组没有。

作为新闻学上的概念，"正面报道"和"负面报道"至今没有一个严格的通用的定义。① 一般认为，"正面报道"有这样几个特点：它的报道焦点往往集中在社会的积极部分或光明一面；它的基调是提倡和鼓励的；它倡导某种现象或观念，以保持一定的社会道德水平和社会秩序；它强调"平衡"、"和睦"和"稳定"。②

"负面报道"聚焦于那些与现行社会秩序和道德标准相冲突的事件以及一切反常现象。一般来说，犯罪、丑闻、性攻击、事故以及自然灾害等一类事件往往是它注重的焦点。对于具有社会内容的负面报道来说，它的目的不在于歌颂光明或倡导，而在于反映和暴露社会敏感灰暗的一面，以使公众瞩目、警醒和震惊。在政治上，它往往站在与当局相反的一面来挑剔批评后者的政策；它强调"变动"、"反常"和"冲突"。

---

① 在英语中，Positive有主动、积极、正面的意思；Negative有被动、消极和负面的意思。这两个词汇中的多重含义在本章使用的"正面报道"和"负面报道"的概念中交相辉映。为了叙述的便利，这里用正面报道和负面报道来代表两类区别较大的报道类别。

② 中国新闻界对正面报道的辨析定位大致有两种方法，一是以报道题材来衡量区分；一是从社会效果来衡量区分。参见刘保全：《关于正面宣传为主方针的讨论综述》，《中国新闻年鉴》(1991)，157~159页，中国社会科学出版社，1992。

二、负面报道的普世性

负面报道是一种带有负面因素的新闻事实的报道。由于阶级、民族、文化、党派、时代和个人因素的制约,对什么是负面因素的新闻事实,受众可能会有不同的反应。值得指出的是,进入新闻研究视野的负面报道是新闻界眼中的负面新闻,它与不同受众眼中的负面新闻有时是重合的,但有时又是分裂的。

比如,"大跃进"和"文化大革命"的新闻事实曾一度被认为是有利于国家与人民的,当时的媒体几乎都采用了一种积极的、正面的态度。但以时下的眼光看,那两次运动被认为是"灾难深重"的消极产物。现在,虽然受众和媒体的态度可以改变,但媒体在历史上采用的正面的、积极的报道方式却是一段定格的历史,是无法改变的。在那段特殊的历史中,媒体为什么会一味唱赞歌?这是一个重大而有意义的研究课题。

美国总统肯尼迪被刺身亡,在西方世界,从新闻事实来说,这肯定是个消极、负面的内容,但当时的中国普通受众并不一定认为这个新闻事实是消极的,很可能为"美帝头目完蛋"而感奋不已,兴高采烈。

进入新闻视野的负面报道应具有较高程度的普世性,即存在着不同社会制度的新闻传媒都认可的新闻价值。比如美国总统肯尼迪被刺身亡的新闻事实:虽然当时肯尼迪是中国人民的头号敌人,但在新闻报道的分类中,这还是一个耸人听闻的负面新闻。一个黑社会老大在狱中被谋杀并不因为他的恶贯满盈、罪有应得而减低这则报道的负面色彩;在"9·11事件"中美国遭到恐怖分子的袭击,并不因为一些狂热的穆斯林的欢庆而改变新闻报道本身的悲剧性质,尽管在一些仇恨美国人的穆斯林心目中,袭击是一个"巨大的成功"——"A good news"。

正因为负面新闻的普世性,我们才可能做比较研究。比较新闻学视野下的负面新闻主要观照不同社会制度、不同意识形态下的新闻报道中的共性和差异,通过对比找出它们的联系和区别。这是我们研究负面新闻的一个重要的出发点。

三、一般报道

在正面报道和负面报道之间有一个宽阔的空间地带,那就是"一般报道",它是一种中性报道,它不提倡、暗示什么,也不警醒和暴露什么,直话直说,是一种大量存在的报道样式。

我们来看《悉尼晨锋报》1995年2月23日的一则消息:

> 从四面八方涌来的市民周六上午集结在海德公园,他们和市长一起祭奠了在上周森林大火中献身的11名英雄。

一场严峻的大火13日开始在本市西南郊区农村蔓延,数以千计的公民参加了灭火抢救活动,其中包括职业消防队员、警察、军人和市民。他们中有11人失去了生命。
　　市长费希说,本市人民将铭记这些在灭火斗争中英勇的牺牲者。他们的名字将被镌刻在石碑上,永志不忘。
　　当市长先生低沉地念着献身者的名字时,人群中传出悲恸的唏嘘声。
　　这场森林大火吞噬了59所居民住房,17家商店和一所学校,有3人丧生,6人受伤。
　　在烈士的花圈前,市长先生呼吁,英雄主义永远是社会所需要的。

　　这篇东西面对的是沉痛的事实,夹杂着市长对英雄主义的呼吁。但它既不属于负面报道,也不可能以正面报道来归类。它是中性的一般报道。不难发现,在国内报纸上,和以上报道风格类似的新闻是大量存在的。
　　在新闻实践中,正面报道、负面报道和一般报道都是中、西方共同采用的方法,但它们在双方的媒体中所占比例是迥然不同的。其中,"一般报道"的分布双方比较均衡,但正面报道、负面报道的比例就非常失衡。虽然《悉尼晨锋报》每年都刊载举国上下庆祝"澳纽军团节"、弘扬爱国英雄主义的盛况,虽然在澳大利亚森林大火的报道中,新闻记者也称赞英勇献身的消防队员,但与传媒每天出现的大量负面报道和负面倾向相比,这些正面报道只是凤毛麟角。同样,尽管中国的新闻媒体近年来加强了舆论监督的功能,也产生了不少类似"渤2事件"、"商业部部长吃请"、"繁峙矿难"一类的暴露和批评的负面报道,但正面报道仍享有不可动摇的地位,至少在理论倡导上如此。这种不平衡形成了区别中西新闻报道方法的重要分界。有人将中西这种差别形象地称为"喜鹊文化"和"乌鸦文化"。

四、负面报道的理论依据和实践

　　一般认为,首次谈及"负面报道"的是19世纪《纽约太阳报》的编辑约翰·伯卡特(John B. Bogart),①他的名言"狗咬人不是新闻,人咬狗才是新闻"流传了一个多世纪,至今魅力犹存,其中主要说的就是新闻中的反常性。负面报道中的新闻主题大多数是由"不寻常"和"冲突"构成的。这两个要素在西方新闻价值中占据着非常重要的地位。英国传媒研究者卡勒通(B. Galatung)和罗杰(L. Ruge)在论述新闻价值的原则时说:"一个事件

---

① See Sally White. *Reporting in Australia*. The Macmillan Co. of Australia Ltd. ,South Melbourne,1991. 19.

负面因素越多,它构成新闻的可能性就越大。"①美国报业普遍认为,对读者来说,一个具有负面效应的新闻题材比正面题材的新闻具有"更大的"兴趣。② 大众传媒专家约翰·马丁博士认为:"报纸之所以对负面新闻感兴趣是因为这种新闻有一种缺憾,而有缺憾的东西才更有吸引力。"③另一位传媒专家罗杰·奥分伯尼教授(Robin Osborne)甚至说:"好新闻就是没新闻。"(Good news is no news)④新闻学教授比尔·伯尼博士(Bill Bonney)认为,对新闻媒介来说,"最有市场价值的是交通失事、水灾、火灾、地震、谋杀、战争、行业纠纷以及死亡和伤害。具有负面因素的新闻题材对记者来说更加重要"。⑤澳大利亚名记者鲍勃·佳文斯(Bob Jervis)在讨论新闻嗅觉时举了一个著名的例子:报馆派一名初出茅庐的见习记者去采访一位名人的婚礼,该记者按时赶到举行婚礼的教堂后,发现教堂突然起火,他气喘吁吁地跑回报馆禀告主编,说一场糟糕的大火致使婚礼改期举行,所以今天没有新闻。主编拍案而起:"天啊,那糟糕的大火就是新闻!"记者这才恍然大悟。⑥

探索新闻中反常的因素使传媒研究者着迷。有些人试图从心理学角度来分析。比尔·伯尼指出:"假如人们生活在一种平静和谐的世界和正常的秩序中,那他们就感受不到什么是震撼。当这种平静与和谐被破坏时,心灵的震撼便接踵而至。罢工、示威游行、谋杀、越狱、激动人心的选举这一类题材就是打破了生活的正常秩序,因而令人格外瞩目。"⑦

新闻写作研究专家、墨尔本皇家理工大学传播系教授沙莉·怀特(Sally White)在谈及新闻中的反常性时说,意外的东西有一种高度的新闻价值,它们更具有戏剧性,更容易成为人们的话题。对奇怪的新闻,人们会说:"喔,多么奇特啊!"、"简直不可思议!"她认为,这是读者对新闻记者和编辑的最高奖赏。⑧

麦克卢汉曾引用毕加索的艺术观点来解释负面报道的吸引力。毕加索说,艺术带有颠覆性……艺术和自由就像普罗米修斯的天火一样,是必须盗取的东西,是用来反对既成

---

① Cited in Stanley Cohen And Jock Young(eds). The Manufacture of News, Deviance, Social Problems and the Mass Media. London: Constable, 1973. 62~67.

② American Newspaper Publishers Association Research Center, "News and Editorial Content and Readership of the Daily Newspaper". 45.

③ L. John Martin and Anju Grover Chaudhary. Comparative Mass Media Systems. London: Longman Inc., 1985. 6.

④ See Robin Osborne. "Good News is No News". Australian Society, June 1987. 21.

⑤ See Bill Bonney and Helen Wilson. Australia's Commercial Media. The Macmillan Co. of Australia Ltd., South Melbourne, 1983. 317.

⑥ Bob Jervis. More News Sense. Adelaide: Advertiser Newspapers Limited, 1988. 86.

⑦ Bill Bonney and Helen Wilson. Australia's Commercial Media, The Macmillan Co. of Australia Ltd., South Melbourne, 1983. 317.

⑧ Sally White. Reporting in Australia. The Macmillan Co. of Australia Ltd., South Melbourne, 1991. 19.

秩序的。麦克卢汉指出，"这有助于解释为什么新闻自然偏向于罪案和坏消息。使人们能从感性上认识世界的，正是这种新闻。"又说："坏消息披露事情变化的本质，好消息做不到这一点。"①

负面报道的轰动效应是有目共睹的。1997年英王妃黛安娜的绯闻和猝死成为西方传媒和受众长达数月的热点。1998年1月以来对美国总统克林顿性丑闻的报道也是万众瞩目。最先刊登丑闻的《华盛顿邮报》发行量直线上升，其他各报像《波士顿环球报》、《商业呼声报》和《布法罗新闻》等因报道此事导致报纸的销售量均大幅度提升。②

2000年，中国14家调查机构在全国开展"1999年中国人心目中头等大事"的调查，结果国内头等大事为：

| 1. "法轮功" |
| 2. 台湾地震 |
| 3. 烟台沉船 |
| 4. 下岗失业 |
| 5. 台湾分裂势力抬头 |
| …… |

国际的6项头等大事为：

| 1. 科索沃战争 |
| 2. 北约炸中国驻南使馆 |
| 3. 俄罗斯车臣战争 |
| 4. 土耳其地震 |
| …… |

无论国内还是国际，消极的负面新闻占了一大部分。这似乎可以看出负面新闻对人们的冲击力。③

在负面报道中，"冲突"是另一个重要特征。所有具"冲突"性的新闻题材都被认为是新闻价值极高的东西，比如战争、犯罪、劫持、谋杀、强奸一类，还有暴乱、政变、法院判决、游行示威、竞选、逃税以及官员的腐化堕落等。④

在澳大利亚报刊史上，"反常"和"冲突"一直是被高度尊崇的两大要素。1826年的澳大利亚报纸新闻就以恐怖题材、悲怆事件著称。稍后的"黄色新闻主义"又使报纸充满了

---

① 麦克卢汉：《麦克卢汉精粹》，何道宽译，416页，518页，南京，南京大学出版社，2001。
② 李文绚编译：《卷入克林顿性丑闻中的美国新闻界》，载《国际新闻界》，1998(2)。
③ 邓力平：《负面新闻信息传播的多维视野》，67页，北京，新华出版社，2001。
④ 邓力平：《负面新闻信息传播的多维视野》，67页，北京，新华出版社，2001。

性、犯罪、激进主义、警案法庭报道、谋杀等。从 19 世纪 50 年代起,评论家就指责报纸给予谋杀、犯罪、暴乱太重要的地位,以至超出了它们在正常生活中所占的比例。澳大利亚的报纸只是西方报纸的一个缩影。在西方,人们对传媒过于集中报道"坏新闻"的指责就从来没有停止过。许多读者被铺天盖地的"坏消息"弄得很沮丧,他们呼吁:"请新闻记者们给我们些亮色,这世界亟须一些'好消息'!"①

在 20 世纪 80 年代中期的一次世界新闻会议上,第三世界国家的领导人强烈批评西方新闻媒介只报道他们国家的政变、灾害、落后等消极阴暗一面,实际上严重诋毁了发展中国家的形象。② 这些国家对它们眼中西方媒体所谓的负面报道极为不满,认为这只不过是一种通过单向的新闻流动,将西方的价值取向强加给发展中国家的新闻报道上的帝国主义。③

包括犯罪在内的负面报道被人们认为很容易引起负面效应。早在 1858 年,伦敦著名报纸《星期六评论》就开始批评报界对"性和犯罪过于感兴趣",指责它实际起了"教唆纵容"的作用,致使人们道德水平下降。在 20 世纪 90 年代,英国大众传媒专家瑞蒙特·斯诺迪(Raymond Snoddy)总结说,对报界的一般指责是它们过分渲染一些具有戏剧性的、在生活中相对来说占很小地位的犯罪活动,以至让大众得出一种社会上罪案很多、身处威胁的印象。有相当一些证据证明,报纸确实能有效地助长犯罪。他举例说,比如"Mugging"(街头突袭)这个词汇由美国引入后,报纸不厌其烦地重复,加上大量细节渲染,令年青人很容易起而效仿。④

过于强调冲突和反常也会导致"黄色新闻"和"煽情主义"的泛滥。这个负面效应已为国际新闻界所认同。许多西方严肃的报纸对社会新闻采取了越来越谨慎的态度,但小报则一如既往地追求轰动效应。

1998 年 3 月 19 日,澳大利亚著名报纸《每日电讯报》(*The Daily Telegraph*)头版头条刊登了如下一条消息:

题:教师因和学生发生性关系而判罪

高中戏剧教师朱笛·伏瑞珂因和其学生的"亲密关系"而臭名昭著。在一次

---

① Annabelle Screberny-Mohammadi. More Bad News Than Good: International News Reporting. Media Information Australia, February 1982. 88~90.

② See Meenakshi Raman. A News World Information and Communication Order-A Third World Perspective. paper presented at the World Press Convention of the Confederation of Asean Journalists, Kuala Lumpur (18-20 September 1985).

③ 威廉·哈森:《世界新闻多棱镜》,21 页,北京,新华出版社,2000。

④ Raymond Snoddy. The Good, the Bad and the Unacceptable: the Hard News about the British Press. Faber and Faber, London, 1993. 22.

元旦晚会上,她以性引诱使一位15岁的男生上钩。

昨天,28岁的教师朱笛因和一名男生发生性关系而被珀思地区法院宣判有罪。

1995年除夕,朱笛、这名男生和另一位同学带着一箱含有酒精的苏打饮料前往晚会。

朱笛在晚会上和那名男生卷入者发生了口交。这使她面对高达20年的徒刑。

当法官宣读诉状时,她的母亲涕泗滂沱。

朱笛不服,她得到了一大群学生的支持,其中许多人都哭了。

……

法庭被告知,那位男生卷入者企图引诱朱笛的成年女友,晚会就是在后者家中举行的。但是他被拒绝了。然后,他走进朱笛的临时寝室,当时后者正准备睡觉。

男孩对法庭说,两个人交谈了一会儿,然后"我上去亲了朱笛·伏瑞珂小姐……"

他说,朱笛马上对他进行了口交,然后给他戴上避孕套,两人开始性交。

"然后,她就骑在我身上,我们就以那种方式性交……"男孩告诉法庭。

他说,做完之后,他感到"惊慌和愉快"。

朱笛希望对方保持沉默,为此,她在男孩生日时给了他75澳元。

她对男孩说,千万不要让我失望。然而,男孩把他与女教师的风流性事告诉了其他同学。结果其中两人将此报告给校长和男孩的母亲。

这条新闻发表后,一位校长投书报社,愤愤地指责,这是在教唆青少年犯罪,因为,他所在学校的一些男学生已经开始向女教师起哄了,他们猥亵地说:"来啊,骑到我的身上来。"

在美国,媒体暴力早已引起公众的高度关注。暴力是美国的严重社会问题。根据统计,每年美国有2500万家庭遭受暴力或偷窃。到1993年时,每年大约有4.45万件凶杀案,平均每星期发生470起案件,居全世界首位。另外每年还有8万件强暴案。校园暴力急剧上升,每年有10万起学生攻击老师的事件,300多万攻击、强暴和偷窃案,许多凶手都是十几岁以下的青少年。[1] 1999年4月22日,科罗拉多州拜恩中学发生了校园凶杀案,这是美国历史上最严重的校园暴力案件之一。当天上午11点钟左右,两名身着黑色风衣的毕业生手持枪支,先后冲进餐厅、图书馆、体育馆对学生和教师疯狂扫射。校园成

---

[1] Victoria Sherrow. Violence and the Media: The Question of cause and effect. Brookfield, CT: the Millbrook Press, 1996.10.

了屠杀场,两名教师,12名学生倒在血泊中,最后肇事者也自杀身亡。许多人认为,美国的暴力泛滥,媒体应当负主要责任,因为媒体终日在传播暴力,这突出地表现在电视、电影、音乐、录像、电脑游戏和互联网的节目中。美国全国电视暴力联盟曾对美国电视暴力的调查表明,全美的无线、有线电视节目中有37%包含暴力;家庭影院有线台的节目中86%含有暴力,电视网台的节目中有85%含有暴力。[1]

研究者发现,美国电视的头条新闻有一半以上与暴力有关,它们包括凶杀、绑架、虐待孩子、强暴、家庭暴力、酗酒犯罪、吸毒、仇杀、劫持、爆炸、暗杀、群体暴力、警察暴力、学校暴力、种族暴力等。报纸也大体如此。除了新闻中的暴力之外,娱乐暴力也很普遍。在电视片和儿童节目中比比皆是。根据调查,美国周六上午的儿童节目中的暴力镜头平均每小时达20~25个。

一系列的调查表明,媒体暴力的确对现实中的暴力产生了重大而直接的影响。[2] 美国广播公司对100名青少年罪犯进行研究,其中22名说他们是模仿电视上的犯罪方法。华盛顿大学的一项调查发现,在因暴力罪入狱的男性犯人中,有1/4~1/3的人承认他们在犯罪时曾有意识地模仿影视片中的暴力犯罪手段。[3]

媒体暴力造成的恶果既然如此明显,为什么美国政府熟视无睹呢?媒体辩解说,一是现实生活中充满了暴力,媒体有责任反映显示;另一个原因是市场需要——不是媒体喜欢暴力而是受众受暴力节目的吸引。比如辛普森被控谋杀前妻案,人人都说他们烦透了媒体喋喋不休的炒作,但尼尔森媒体调查的结果表明,美国所有黄金时段的新闻节目都借辛普森案件提高了收视率。《时代》杂志的销量在一周内上升了50%,《新闻周刊》和《人物》以辛普森为封面的两期杂志高踞全年销量之冠。媒体对克林顿的性丑闻报道的情况也是如此。一位资深记者说:"人们都说他们烦透了莫妮卡,但只要媒体一有这个故事,他们便会去读、去看。"[4]政府之所以对媒体无法加以限制是因为许多人认为媒体不过是反映现实而并没有捏造;此外许多人认为,限制媒体反映暴力也就限制了新闻自由。另外一个原因是,媒体暴力具有很高的经济价值。比如,一些含有暴力的影片票房价值极高。美国电影票房价值前50名中,《星球大战》、《侏罗纪公园》、《终结者》、《拯救大兵瑞恩》等都包含着大量暴力,但它们的卖座率却最高。[5]

负面报道之所以在西方报纸中形成主要报道手段,市场需要为首当其冲的因素。葛瑞纳德教授指出,报纸希望建立广泛的读者群以吸引各方面的广告客户。为了抓住劳工

---

[1] R. E. Hiebert, Impact of mass media: Current issues. New York: Longman, 1999. 233~234.
[2] 俞燕敏、鄢利群:《无冕之王与金钱:美国媒体与美国社会》,40页,北京,华夏出版社,2000。
[3] 俞燕敏、鄢利群:《无冕之王与金钱:美国媒体与美国社会》,46页,北京,华夏出版社,2000。
[4] 顾耀铭主编:《我看美国媒体》,85页,北京,新华出版社,2000。
[5] 俞燕敏、鄢利群:《无冕之王与金钱:美国媒体与美国社会》,46页,北京,华夏出版社,2000。

阶级的读者,它们从枯燥的哲学、金融和政治中转向暴露社会阴暗面的引人入胜的故事,采用人情味和煽情手法去描写有关性、丑闻或犯罪以最大限度地吸引读者。①

在负面报道中,暴露和批评占据突出地位,一个重要的原因也是为了维护报纸的经济利益 —— 吸引读者的注意力以期最大限度地获利,此外,这种情况还归于西方社会报纸长期以来形成的舆论监督传统。1961年,约瑟夫·普力策(Joseph Pulitzer)宣称:"报纸的生命就在于'暴露'。"这种暴露集中在两个方面:一是政府;一个是社会问题。报纸应当监督政府官员的表现,对任何一种腐化堕落和错误都进行曝光。一个自由而有责任的报纸应当试图使"政府官员,公务员,社会各机关和司法系统尽心尽职,履行责任"。② 普力策还指出:

> 倘若一个国家是一条航行在大海上的船,新闻记者就是站在船头的瞭望者。他要在一望无际的海面上观察一切,审视海上的不测风云和浅滩、暗礁,及时发出警告。③

对于政府的政策,西方媒介经常采用一种批评态度,而揭露社会上的犯罪,欺骗和不义行为更是它的责任。所有这些,都加大了西方报纸向暴露和批评倾斜。

当然,负面报道能在西方蔚然成风,长盛不衰,重要原因之一也是因为民主制度保护传媒,新闻界相对独立,来自政府和大人物惩罚的风险相对较小。因此,批评政府、揭露丑闻的报道始终在负面报道中占突出地位。1999年,美国传媒不遗余力、穷追猛打地报道总统克林顿和莱温斯基的性丑闻就是一例。1997年5月以来澳大利亚传媒对霍华德政府的9位部长多领差旅费进行曝光,最终导致他们辞职也很说明问题。

《纽约时报》大卫·哈伯斯坦(David Halberstam)曾经于1962年到1963年期间在越南采访,他的报道忠实地告诉读者美国多年来如何介入"越战",介入得多深,战事如何恶化,战地的美国军事和外交人员如何伪造统计资料数字,以及美军在越南无法摆脱的厄运。弄得主战的美国总统肯尼迪很没面子。白宫的官员不喜欢哈伯斯坦带来的负面新闻,一些主流媒体也认为他在发"对抗性的新闻"。当大卫·哈伯斯坦将越南军方全面突袭越南各大城市佛教寺院的报道发回报社后,美国政府却给报社发来相反的新闻。总编辑雷斯顿决定将两个消息来源放在头版刊登,让读者来辨明真伪。3天之后,国务院承认官方的说法是错误的,同时确认哈伯斯坦的报道属实。

1963年,哈伯斯坦返回美国,第二年获得普利策国际新闻奖。哈伯斯坦说,报道美国

---

① Len Granato. Reporting & Writing News. Sydney: Prentice Hall, 1991. 18.
② See Joseph Pulitzer, Jr. "The Press Lives by Disclosure" in Allen Kirschner and Linda Kirschner(eds.). Journalism Readings in the Mass Media. New York: The Odyssey Press, 1971. 94.
③ 见赵浩生:《美国的新闻事业》,载《新闻研究资料》,1980(2)。

在越南"悲观的"前途并不是件愉快的事。他说:"如果我尽写政府官员要我们写的东西,报道战事进行的非常顺利,一旦越共不经宣布地出现在西贡街头,我们做记者的如何向国人交代?"哈伯斯坦非常感谢《纽约时报》顶着压力的支持,他的通讯从未被报社扣压过。总统曾向《纽约时报》发行人索尔兹伯格施加压力,要他将哈伯斯坦从越南前线调回来,但这个要求被拒绝。①

前面提到过,反常和冲突是构成负面报道的主要因素,有些学者将反常和冲突看成是西方商业媒体独有的产物,认为社会主义的新闻价值中不会有"反常性、冲突性的要素",②看来这种观点是不大符合事实的。负面报道在揭露社会黑暗、推动社会前进的作用是明显的。早在1824年,马克思在《新莱茵报》审判案中就指出:

> 报刊按其使命来说,是社会的捍卫者,是针对当权者的孜孜不倦的揭露者,是无处不在的耳目,是热情维护自己自由人民精神的千呼万应的喉舌。③

五、负面报道的中国脉络

负面报道不仅得到马克思主义新闻学的认同,在中国传统新闻学中它也曾经是一条有力的发展脉络。学者邓力平发现,中国古代的报纸中就有不少负面信息的传播。④ 邓力平认为明代《邸报》抄本的《万历邸钞》可以为例,其中有很多揭露官场腐败、反映军情异变、自然灾害、形式案件、社会动乱的信息。比如下例就是反映官场腐败的一则报道:

> 逮南京御史沈汝梁至京问。南京都查院右都御史辛自修贪肆不检、假公济私、乞赐罢斥,以肃法纪事。本年六月,内阁巡视御史沈汝梁将各县赃银两,借以馈送为名,近取入京,臣不骇异……
>
> 《万历邸钞》,299页

底下是一则有关地震的报道:

> 京师地震。十一日,京师大风无日,惨暗无光。顺天巡抚按报称:昌平州是日之时震声如雷,管民房屋墙垣震倒甚多,至夜复震三次,隐隐有声。
>
> 《万历邸钞》,1518页

---

① 李子坚:《纽约时报的风格》,318~322页,长春,长春出版社,1999。
② 胡钰:《新闻与舆论》,92页,北京,中国广播电视出版社,2001。
③ 中共中央马克思、恩格斯、列宁、斯大林著作编译局编:《马克思、恩格斯全集》,第6卷,第1版,275页,北京,人民出版社,1961。
④ 此处以下主要参考邓力平先生的研究成果,详见邓力平:《负面新闻信息传播的多维视野》,63~72页,北京,新华出版社,2001。

即使到了近代,负面报道仍然在新闻中享有一席之地。1882年《申报》刊登的中国第一条电讯稿,其内容就是披露一位官员渎职的消息。该报关于"杨月楼冤案"的报道集公堂记录、记者实地采访报道和读者来信为一体;关于杨乃武与小白菜的报道追踪采访长达四年。1907年秋瑾被害,《申报》更是做了全面翔实的报道。①

然而,就在报纸刊登负面新闻的同时,官方也在竭力对其进行控制。唐代法典《唐律疏议》规定了有关言论出版的禁令。其中规定:"造妖书妖言者,绞。使用以惑众者,亦如之……"。妖书、妖言就包括着统治阶级不愿看到的负面报道。在后来的历代法规中,都有禁止"妖书、妖言"的条款。② 根据邓力平的研究,所谓"妖书、妖言"包括文人撰写的对统治阶级不满的各类文章、诗词等,还有一些对统治阶级不利的负面信息,如:灾异、军情未经皇帝审批的奏章。清代的《大清律例》更是规定了对制造"妖书、妖言,及传用惑者,皆斩。"的条款。1899年,慈禧下令:"莠言乱政,最为生民之害,前经降旨,将官报时务报一律停止……"③

晚清时期,资产阶级革命派的报刊由于传播了不利于统治阶级的负面新闻,多被停刊,被杀、被监禁报人不计其数。其中较著名的案例包括:《京报》因报道黑龙江巡抚段芝贵行贿得官而被停刊;《晋阳日报》报道了山西巡抚丁宝权纵容官兵屠杀百姓而遭查办;沈荩因报道中俄密约而被处于"杖刑";《重庆日报》创办人卞小吾因报道慈禧和地方官员的劣迹而被抓,最后惨死狱中。

"辛亥革命"后袁世凯当政时期,更是对报社进行镇压,不许发表任何对统治集团不利的负面消息。北京的报人惨遭杀戮、关押,1913年,一度繁荣的北京报纸从上百家掉到了二十几家,史称"癸丑报灾"。在后来的军阀割据时期,各地军阀更是对敢于发表负面信息的报人进行镇压。比如,军阀张宗昌就曾公开放言:"报上刊载的消息,只许说我好,不许说我坏。如果哪个说我坏,我就以军法从事。"④ 名记者邵飘萍、林白水都是因为报道了军阀不愿被报道的负面消息而惨遭杀害的。

在国民党政府当政期间,当局同样对负面新闻进行钳制。比较著名的一个案例是"美国兵强奸沈崇案"的报道。1946年12月24日,美国兵皮尔逊在北平东单附近强奸了北京大学女学生沈崇,北平的亚光通讯社25日即做了报道。结果北平市警察局局长汤永威下令让中央社通知各报一律不准登载此消息,并令亚光通讯社总编辑王柱宇到警察局报道,写保证书。但报人没有屈服。26日《新民报》、《北平日报》、《世界日报》等多家报纸都

---

① 参见徐载平等编:《清末四十年申报史料》,108~109、191~198、255~256页,北京,新华出版社,1988。
② 邓力平:《负面新闻信息传播的多维视野》,67页,北京,新华出版社,2001。
③ 中国人民大学新闻系编:《中国近代报刊史参考资料》,294页,北京,中国人民大学出版社,1982。
④ 余家岩等:《新闻学基础》,382页,合肥,安徽人民出版社,1985。

相继刊登了此消息。结果导致了北平乃至全国几十个大城市的抗议示威游行。①

一般认为,暴露是负面报道的核心,而它的高级表现形式为"调查性报道"。关于这种形式,本书在"调查性报道"一章中有专门的讨论。

六、正面报道的理论依据和实践

在中国传统文化中,和谐、道德、理想和教化是比较深沉的积淀,它们深刻影响了中国新闻的风貌。学者邵汉明认为,中国文化中的和谐意识有两个层面,一是天人关系,即人与自然关系的和谐;一是人际关系即人与人、人与社会关系的和谐。"天人合一"肯定人与自然、主观与客观世界的统一性,反对将它们割裂开来。中国哲学中的中庸即强调避免和消解人与人、人与社会的对立与冲突,希望形成一个有序的道德社会。②

此外,中华民族的道德传统强调一整套伦理原则和道德规范,强调统一、规范及教化都是影响正面报道风貌的文化基因。在讨论正面报道时,必须注意到这些文化传统。

作为一种反映现实生活的原则和方法,正面报道(描写)的理论探讨至少可以追溯到1942年的"延安文艺座谈会",③当时,毛泽东在他那著名的《在延安文艺座谈会上的讲话》中批评了小资产阶级文学的"消极描写"以及文学艺术家对"光明"和"黑暗"描写并重的思想,他指出:

> 许多小资产阶级作家并没有找到过光明,他们的作品就只是暴露黑暗,被称为"暴露文学",还有简直是宣扬悲观厌世的。相反地,苏联社会主义建设时期的文学就是以写光明为主。他们也写工作中的缺点,也写反面的人物,但是这种描写只能成为整个光明的陪衬,并不是所谓"一半对一半"。④

毛泽东认为,暴露的对象只能是侵略者、剥削者、压迫者及其在人民中所遗留的恶劣影响,而不是人民大众。人民大众也是有缺点的,这种缺点应当通过人民内部的批评和自我批评来解决。⑤ 在"讲话"中,毛泽东确立了无产阶级事业的文学方针和总的方法论——歌颂,他激昂地反诘道:"对于人民,这个人类历史的创造者,为什么不应该歌颂

---

① 方复等:《由"沈崇事件"引发的一场爱国斗争》,载《炎黄春秋》,1996(57),15~19。近年来由于某些历史档案的揭秘,学界对"沈崇事件"又有新的解释。
② 邵汉明编:《中国文化精神》,3页,北京,商务印书馆,2000。
③ 一般认为,正面宣传的理论源于马克思、列宁的党性原则,即党的报纸要宣传党的政策、方针和路线。在马、恩、列的经典著作中,列宁的《党的组织和党的出版物》尤其值得注意。
④ 毛泽东:《在延安文艺座谈会上的讲话》,见《毛泽东选集》,872~873页,北京,人民出版社,1966。
⑤ 毛泽东:《在延安文艺座谈会上的讲话》,见《毛泽东选集》,873页,北京,人民出版社,1966。

呢? 无产阶级、共产党、新民主主义、社会主义,为什么不应该歌颂呢?"①

"讲话"之后,当作家、艺术家、诗人热火朝天地在小说、戏剧和诗歌中塑造工农兵形象时,正面报道也迅速成为解放区报纸的主要特征。解放日报立即进行了改革,原先放在头版的国际新闻和都市新闻被有关工农兵先进人物事迹的报道、党的政策、党的领导人的讲话所取代。暴露式的消息和批评稿大幅度地减少了。对党进行批评的人遭到整肃,主要代表是丁玲和王实味。前者发表了批评党的妇女政策的《三八妇女节有感》,后者写了批评党内特权的一组杂文"野百合花"。结果,丁玲被撤销在解放日报的职务;王实味则被关进监狱,后死于非命。

在20世纪50至70年代中,正面报道进一步取得统领地位,这主要表现在三个方面:1. 推行党的路线,领导人民建设社会主义;2. 反映人民群众在政治经济上取得的成就;3. 以先进人物、先进集体的先进事迹激励群众。根据调查,正面报道占整个报道的70%~80%以上。② 其中著名的有:20世纪50年代,关于中国共产党30年伟大历史的宣传,抗美援朝保家卫国的宣传,黄继光、邱少云等战斗英雄和孟泰、马恒昌、李顺达、郝建秀、王崇伦等劳动模范的宣传;60年代,关于独立自主、自力更生克服暂时灾害的宣传,对大庆、大寨王进喜、雷锋、王杰、焦裕禄等先进人物、先进集体的宣传;70年代,有对拨乱反正,经济建设和改革开放的宣传等。在几十年的发展中,正面报道取得了绝对优势,负面报道几乎消失或有意识地被取消。比如,在80年代以前,有关飞机失事的报道一般不见报,有些负面因素的题材也以一种正面报道的手法去处理,具体地说,就是隐去新闻事件的某些负面因素。

1. 案例研究:唐山大地震与达尔文市龙卷风

20世纪70年代发生了两次重大自然灾害——澳大利亚达尔文市的龙卷风和中国的唐山大地震。两次灾难的报道迥然不同。澳大利亚媒体反应迅捷,提供出全部细节;中国媒体则阻止了灾难信息的流动。

唐山是位于华北的河北省的一座工业城市,在首都北京以东的160公里处。1976年,它的人口为7 015 666人。7月28日凌晨,发生了一场非常强烈的地震;24万人丧生,100多万人受伤。整座城市,包括工厂、铁路、公路、桥梁和房屋,顿成废墟。事件发生至少6个月后,主要事实才被公之于众。

唐山地震后第三天,《人民日报》上出现两条消息,一条是中央给灾区人民的慰问信;另一条是一则新闻,标题如下,"河北省唐山、丰南发生强烈地震:在毛主席革命路线指引下,灾区人民正以'人定胜天'的革命精神与灾害作斗争。"报道说:

---

① 毛泽东:《在延安文艺座谈会上的讲话》,见《毛泽东选集》,874页,北京,人民出版社,1966。
② 方汉奇、陈业劭:《当代中国新闻事业史:1949—1988》,32~36页,北京,新华出版社,1992。

新华社 1976 年 8 月 1 日讯：在伟大领袖毛主席和以毛主席为首的党中央的亲切关怀下，在各地党组织的坚强领导下，河北省唐山、丰南一带地震重灾区的广大干部、群众正以"泰山压顶不弯腰"的革命精神英勇抗灾。已经到达灾区的河北省其他地区和一些省、市、自治区的支援大军，人民解放军参加救灾部队，正和灾区群众一起日夜奋战。整个灾区充满了一派人定胜天、团结战斗的革命情景，充分显示了我国无产阶级专政的社会主义制度的优越性，显示了用马克思主义、列宁主义、毛泽东思想武装起来、经过无产阶级文化大革命、批林批孔运动锻炼，正在批邓、反击右倾翻案风的斗争中胜利前进的我国人民群众无所畏惧、敢于战胜任何困难的革命精神。

……

这是中国报纸有关唐山地震的报道中唯一一条发布事实的消息。这篇消息 8 月 1 日发出，是地震 3 天之后发出的首篇新闻报道，其中既没有死亡和伤者的数字，也没有任何受损失的情况，代以笼统的一般性表述："地震震中地区遭受到不同程度的毁坏。"党和政府的关怀和人民与自然灾害斗争的情景占据主要地位。在唐山大地震中死亡 24 万人的数字直到 3 年后才被一位有勇气的记者披露出来。这种惊人的延宕和负面事件正面报道实际上背叛了新闻真实性的原则，是对读者不负责任的做法。不幸的是，在过去的几十年中，这种情况是大量存在的。

复旦大学王中教授将以前我国关于灾害报道的观念概括为：灾害不是新闻，抗灾救灾才是新闻。学者孙发友认为，中国传媒在 20 世纪 80 年代前的灾难性报道是以人为"本位"，追求的是一种教化层面的意义，在报道中，总是站在人如何与灾害作斗争的角度来肯定人的精神力量。

灾难性事件报道在西方传媒中享有极重要的地位。它往往反应迅速，事实准确。在报道中负面因素不仅不被隐瞒，而且还被充分展示。

比较一下澳大利亚报纸对 1974 年达尔文龙卷风的报道，会很快发现二者的显著不同。龙卷风发生在该年度的 12 月 25 日。第二天所有澳大利亚的报纸都发表了消息，重点突出了死亡人数和悲剧造成的损失。

下面的片段摘录于 1974 年 12 月 26 日的《悉尼晨锋报》：

龙卷风使 44 人丧生

达尔文市被毁，2 万人无家可归；军队严阵以待。

至少 44 人丧生，2 万人无家可归。这是昨天凌晨摧毁了达尔文市的龙卷风过后的情景。

这座有 41 000 人口的城市被宣布为全国性灾区，国民自卫军处于高度警戒状态,对抗危机。

位于堪培拉的国家紧急行动中心昨晚10点钟报道说,达尔文市90%的房屋受到严重损坏,龙卷风是在悉尼时间约凌晨4点袭击该市的。

死亡人数被作为最重要的事实列在标题中,灾难详情出现在报道主体中。在同一期报纸上有关此事报道至少还有另外4条。

1974年12月26日的《每日电讯报》对标题和消息主体有着类似的处理方法:

生命从世界上消失

达尔文龙卷风暴

40人死亡

龙卷风在"圣诞节"凌晨突袭达尔文市,估计有40人丧生。

该城昨晚几乎被切断了同外面世界的联系,最新报道建议人们撤离整座城市。达尔文市40 000人口中大多数无家可归,90%的市郊房屋受到严重破坏或损毁。

……

1974年12月26日的《澳大利亚人》的头条采用了不同的写法,但死亡人数和损失被同样突出地强调:

龙卷风导致40人可怕死亡,2万人无家可归

达尔文市遭受毁灭

水电中断,食物短缺

澳大利亚国防军已被动员参加到达尔文市的紧急援救行动。该市昨天凌晨遭到袭击,是澳洲最严重的自然灾害。

至少40人令人恐惧地死亡,上百人受伤,城市95%的建筑被风速为200km/h的龙卷风毁坏或被破坏。

估计有20 000人失去家园,水电供应被切断,缺少食物……

第二天,澳大利亚各大报的记者就开始从达尔文受灾中心开始报道。目击者报道,巨幅图片以及评论占了重要比例,每份报纸平均用1/3篇幅报道,持续时间至少10天,尤其是在最重要的报纸上,如《悉尼先驱晨报》、《澳大利亚人》、《每日电讯报》和《世纪报》。主题是死亡人数,破坏造成的经济损失以及救援工作。

下面是《悉尼晨锋报》从灾后第二天开始的5天的报道情况:

表 1 《悉尼晨锋报》有关"达尔文台风"的 6 天报道情况(1974 年 12 月 26—31 日)

日期	12月26日	12月27日	12月28日	12月29日	12月30日	12月31日
报道	5	23	17	7	14	11
分析	1	1	1	0	0	0
社论	1	0	1	0	0	0
图片	2	16	4	4	5	2

伤亡人数每天都报道,持续到 12 月 31 日。在达尔文龙卷风中的死亡人数最终统计为 51 人,受伤人数为 122 人。整个经济损失约为 600 万美元。根据最新资料,唐山大地震的死亡人数为 242 419 人,至少有 3.6 万人受伤。直接经济损失达到约 120 亿美元。就两国人员伤亡和经济损失方面的悲惨程度而言,中国要远甚于澳大利亚。尽管这是一场巨大的悲剧,中国报纸却保持了沉默。当时,只有官方新华通讯社允许发布重要新闻,《人民日报》总是最先发表重要新闻。而其他报纸,省报和市报总是转载《人民日报》的内容。但《人民日报》1976 年 7 月 29 日发表的唯一一篇有关地震的消息既没有死亡人数,也没有任何造成损失的描写。灾后第三天,唐山地震的报道就几乎销声匿迹了。在随后的日子里,没有图表说明,没有死亡、受伤、破坏和实际情形的详情报道。其后报道的主题是:表达党和政府对人们的关怀,人民与灾害作斗争的英雄事迹。

以下是《人民日报》有关 1976 年唐山灾难报道的情况:

表 2 《人民日报》关于唐山地震的 7 天报道(7 月 29 日—8 月 4 日)

日期	7月29日	7月30日	7月31日	8月1日	8月2日	8月3日	8月4日
死亡人数	0	0	0	0	0	0	0
详细报道	0	0	0	0	0	0	0
社论	0	0	0	1	1	0	0
一般报道	1	0	1	0	1	0	1
间接报道	1	0	0	0	0	0	1
图片	0	0	1	2	2	0	8

在当时的中国,有关唐山地震的详情或真情未能传达给社会。发表的信息大都是为当时政治主题——动员人民、抗震救灾服务的。

唐山大地震毫无疑问地震撼了驻华外国记者,但他们感到英雄无用武之地。因为当局不允许他们到现场报道事件。时为《悉尼先驱晨报》和《时代》驻华记者依旺·普瑞斯顿至今仍能清楚地回忆起她的要求多次遭到有关部门拒绝的情景。她说,由于无法获得进入现场的许可,她不得不借助于第二手信息进行报道。在勉为其难的报道中,她不断地向她的澳大利亚读者暗示:"这场地震,没有有关破坏程度的官方报道,也没有伤亡数字,不过,这种情况在中国属正常现象",	"中国一般压制坏消息",	"中国政府只是发表声明指出这场自然灾害的伤亡人数和严重程度是空前的"。对唐山大地震的报道,所有西方媒介的报道都是不充分的,这与他们在旧金山大地震(1974)以及东京地震(1995)的表现形成了鲜明的对比。

过去很长时间以来,中国国内的负面报道只供党和政府的高级领导人阅读,它们出现在《参考消息》、《参考资料》、《情况反映》和《动态》一类内部刊物上。被报道的题材有一些和西方大众媒介中的敏感消息相同,如罢工、批评特权、游行示威、社会阴暗面等。这说明,中国的记者也写负面报道,只是后者的流通渠道被限制住了。为什么会有这种约束?通常的解释是:要注意"社会效果"。1983年,一份官方文件指出:报纸报道犯罪可能会诱发犯罪或被国际新闻媒介误传,从而损害国家形象;一些报纸报道了溺杀女婴,拐卖妇女的社会新闻,结果这些新闻被国际传媒引用,用以攻击中国的"独生子女政策"……报道犯罪,会使人民产生一种印象——我们的社会是不安定的,会"导致丧失信心"和"恐怖情绪";报道劫持和罪犯开车冲向人群会诱发其他犯罪。该文件强调指出:在暴露社会黑暗面的同时,要考虑社会效果,要提倡正面报道的手法。①

2. 正面报道的定义

有很多人尝试给正面报道下定义。沈良桂指出:"所谓正面宣传,就是宣传严格以正面内容为主,属于歌颂鼓劲的就是正面,属于批评揭露的就是非正面,即反面。"喻国明认为:判断一个报道是不是正面宣传,关键要看这一报道是否真正起到鼓舞和启迪人民为国家富强、人民幸福和社会进步而奋斗的作用。有些学者认为"光明、主流、积极、成就、先进、歌颂、表扬、鼓舞、延安9个指头等属于正面宣传范畴;阴暗、支流、消极、落后、揭露、批评、鞭挞7个指头等属于非正面的范畴"。②

1990年,中共中央政治局委员、主管意识形态工作的李瑞环进一步从理论上概括了正面报道的要点:

> 我们所说的"正面",所说的"为主",就是要着力去宣传报道鼓舞和启迪人们发展社会生产力的东西,鼓舞和启迪人们坚持"四项基本原则"、坚持改革开放的东西,鼓舞和启迪人们加强社会主义和法制建设的东西,鼓舞和启迪人们热爱伟大祖国和弘扬民族文化的东西,鼓舞和启迪人们维护国家统一和民族团结的东西,鼓舞和启迪人们为推动世界和平与发展而斗争的东西。总之,一切鼓舞和启迪人们为国家的富强、人民的幸福和社会的进步而奋斗的新闻舆论,都是我们所

---

① 中共中央委员会:《关于新闻报道要注意国内国际社会效果的通知》(1983年4月26日),见中共中央宣传部编:《中国共产党新闻工作文件汇编:1933—1989》,63页,北京,人民日报出版社,1990。

② 王敬红:《追根溯源 把握走势:解析正面报道》,1页,河北大学新闻硕士学位学年论文,2001。

说的正面,都应当努力加以报道。①

为什么中国的传媒要以正面报道为主呢？李瑞环进一步指出,这是因为社会主义是一个伟大而壮丽的事业,尽管这一事业有时也会有失误和曲折,但人民群众创造的历史的主流总是健康的,光明面总是占主导地位的。所以,报道历史前进中的英雄主义和前进中的社会主义历史现实是新闻记者的首要任务,而暴露和批评则是第二位的。②

从题材上说,中国大陆传媒的正面报道一般注重两个方面：第一类是歌颂党和政府领导人民取得的光辉业绩,在政治上,如对"十三中全会以来全国各条战线取得成就"的报道；经济上,如"夏粮丰收,棉花丰产,某工厂超额完成生产计划"；外交上,如"中国重返联合国"；在体育上,如"奥运会金牌"报道,等等。第二类是对先进模范人物和先进集体的报道,前者如王进喜、雷锋、王杰、张华、陈景润等,后者如大庆、大寨、解放军等。正面报道最有代表性的形式或曰高级形式为典型报道,其对象是先进集体和先进人物,其作用是以他们为楷模以教育人民；在报道形式上,典型报道篇幅较长,精雕细刻,配合党和国家的中心任务,由于报道者浓郁的教化意识,报道中的议论、宣传等主观色彩异常强烈,鼓呼兴叹,此起彼伏,有时它采用连续报道的样式。典型报道一般代表党和政府在一个时期向人民指引的方向,它有时甚至是自上而下布置下来的政治任务。

典型报道是苏联和中国社会主义国家所独有的新闻样式,当代西方新闻学中没有这个概念。它构成了中国新闻报道的独特风貌。在中国,典型报道的成熟期是在20世纪60年代到80年代。③它显然是一定历史条件下的产物。进入90年代后,典型报道的风头已不似以前那么遒劲。它的优势正被一种自下而上的社会热点报道所取代或至少是平分秋色。这种历史性的转变值得花一番气力来总结(有关典型报道的详细讨论,见本书："典型报道：渊源与命运"一章)。

毋庸置疑,弘扬主旋律仍然是社会主义新闻事业的长期的报道主流,然而,现在人们越来越辩证地看待正面报道。过去那种以高大全著称的正面报道在受众挑剔的目光中还有多大信心和底气存活下去,是应引起充分重视的。要使正面报道在新的形势下仍然拥有市场而且风光不减,就必须将其纳入新闻价值规律中去加以考察和规范,努力增强它的可受性、生动性和多样性。只有这样,正面报道这种形式才可能达到比较理想的传播效果,为受众所认可。具体来说,正面报道要避免片面性；正面为主不意味着排除负面报

---

① 李瑞环：《坚持正面宣传为主的方针》,载《求是》,1990(5)。引自中国社会科学院新闻研究所编：《中国新闻年鉴》(1990),8页,北京,中国社会科学出版社,1991。
② 中国社会科学院新闻研究所编：《中国新闻年鉴》(1990),2页,北京,中国社会科学出版社,1991。
③ 有关典型报道的一般理论,参见吴庚振：《论典型报道》,见吴庚振主编：《新闻传播学论集》,62～82页,保定,河北大学出版社,1998。

道；正面不意味着板着面孔，要以生动活泼的面目出现。①

七、社会问题：中国报道的新视点

从 20 世纪 80 年代末期起，中国传媒越来越频繁地重复一个过去十分陌生的字眼——舆论监督，这个逐渐时髦的词也是西方的"舶来品"，英语叫"Watchdog"，其本意并不像翻译过来的中文那样庄严，是"看家狗"的意思，引申为"警觉的狗"，形容媒介对社会风云变幻就像一只警觉的狗，有什么风吹草动就狂吠不已，引起世人的注意。Watch 什么呢？当然不会是正面的东西，只有负面的东西才需要警觉，于是以暴露和批评为特色的负面报道就应运而生。

进入 20 世纪 90 年代以后，相继问世的中央电视台的《焦点访谈》和《新闻调查》，中央人民广播电台的《新闻纵横》，中国青年报的《冰点》以及北京电视台的《元元说话》将报道的焦点对准一些敏感的社会问题，节目中有大量的引起各界人士关注的负面报道。比如《焦点访谈》1994 年 6 月 19 日播出的"沉重的棉花"揭露了河南兰考的一桩"棉花掺假案"。1996 年 12 月 1 日"巨额粮款化为水"反映了黑河地区在拖欠农民的售粮款的同时，又挪用国家数千万元购粮资金兴建不见效益的矿泉水厂。它们都是暴露腐败的力作，引起极大社会反响。中央人民广播电台的《新闻纵横》也十分关注社会问题，播出了一批像"毒气下的鞋城"一类的暴露社会阴暗面的负面报道。中国青年报的《冰点》专栏"将老百姓的苦闷、磨难、希冀、奋斗执着地作为关注和报道的重点"，②其中既有《王建业特大受贿案》那样较深层次地揭露腐化的报道，又有《北京最后的粪桶》一类关注小人物命运的篇章，为广大读者看好。1998 年至 1999 年，《南方周末》几乎每期头条都是有分量的社会新闻，其中 70% 以上为暴露阴暗、抨击腐败的负面报道。大胆的改革使其洛阳纸贵，看客如云。

中国新闻改革在很大程度上是自上而下的，其中改革领导者的决心奠定了极为重要的基础。江泽民在中国共产党"十五大"报告中提出："要发挥舆论监督的作用。"李鹏亦说："随着改革的深入，我们要按照《宪法》保证人民更加充分地享受当家做主的权利，包括对政府工作的监督，让它们更多地通过新闻舆论对政府工作中的缺点进性批评，对社会的腐败现象进行揭露……西方有些东西也可以借鉴，如新闻舆论监督。"③朱镕基总理多次对《焦点访谈》进行表扬，所有这些都是负面报道得以在中国生存繁衍的基础。一位新闻机构负责人说："《焦点访谈》、《新闻纵横》、《每月聚集》等热点问题报道今天得以一路

---

① 王敬红：《追根溯源 把握走势：解析正面报道》，5 页，河北大学新闻硕士学位学年论文，2001。
② 周志春：《谈谈〈冰点〉的定位》，见周志春主编，《冰点精粹》，4 页，北京，中国人民大学出版社，1998。
③ 《李鹏接受美国〈中国新闻〉英文月刊记者采访》，引自孙旭培：《需要新思路、新政策的中国新闻事业》，8 页，亚洲新闻与社会变迁研讨会论文，香港浸会大学，1998 年 6 月。

风光,是以党和政府把握导向、及时点拨、细心呵护以及成熟的心理垫底的。"①

负面报道在媒体中的独特作用是人们逐渐认识到的。过去的中国传媒往往"报喜不报忧",使受众产生逆反心理。正面报道反而产生了负面效应。英雄歌颂式的正面报道固然可以净化社会,以暴露和批评为特色的负面报道也能剔除社会糟粕,使之刮垢磨光。1998年9月,中央电视台记者冲破险阻将四川某些地区原始森林遭乱砍滥伐的惨状曝光之后,四川省立即决定从当年10月1日起,禁止在全省范围内砍伐任何一株天然林木。②像这样以负面报道取得正面效应的范例不胜枚举,比如1987年大兴安岭火灾、1998年长江特大洪灾、山西朔州假酒毒死人事件、1999年重庆綦江彩虹桥坍塌事件和"大舜"号海难事件、2000年春季北方沙尘暴等,上述负面新闻的报道都不同程度地取得了化消极为积极的社会效果。

显然,尽管同是负面报道,但中、西方是不能同日而语的。在数量、基调和操作上双方有着明显区别。在数量和基调上,中国新闻大政方针已定,一般以正面报道为主,这个格局是不能破的。

一项统计表明了负面新闻在几家主要报纸上的比例:

时间:1998年11月　　　　　　　　1999年11月

媒体名称	新闻总量	负面事实报道	比率(%)	媒体名称	新闻总量	负面事实报道	比率(%)
《人民日报》	3012	158	5.8	《人民日报》	2899	149	5.1
《光明日报》	1644	93	5.7	《光明日报》	1352	58	4.3
《中国青年报》	1155	142	123	《中国青年报》	1679	168	10
《北京晚报》	2691	391	145	《北京晚报》	2821	406	14.4

在操作上,与摒弃官方束缚的西方媒介不同,中国的负面报道是在党和政府的影响下进行的暴露和批评,媒介是帮助政府的。无论是党的新闻政策或新闻界本身均要求在处理负面报道时尽可能避免负面效应。曾有这样一个案例:某个有影响的大公司将1993年过期的化妆品换成1995年的包装在市场上销售。中央电视台对此进行了成功的明察暗访。但在节目播放之前,它们担心这样一来会伤害这家民族工业,堵塞发展国家名牌的路,不利于大局,于是该节目被自我"枪毙"。③ 这和西方传媒一味强调负面轰动效应是背道而驰的。在操作上,中国记者在进行负面报道时面临更大的难度——一方面要有轰动效应;另一方面又要考虑正面报道为主的原则和积极的社会效果。

《焦点访谈》编辑孙杰认为,舆论监督的标准是中央的方针政策和法令……舆论监督

---

① 胡占凡:《穿行社会问苍生》,见安景林主编:《新闻纵横精粹》,第4页,北京,中国人民大学出版社,1998。
② 杨东平:《最有效的监督》,载《中国青年报》,1998-11-10。
③ 徐占琨:《热点报道规律的探讨》,载《中国青年政治学院学报》,1998(1)。

的介入,不过是为了帮助各级政府及早发现问题并尽快加以解决……媒介实行舆论监督的结果必须是对政府工作有利。孙杰的摄制组"曾大量报道了淮河水的污染情况,但却一直回避首都北京严重的大气污染问题"。这是因为,"北京的大气污染是短时间难以解决的,如果单纯批评北京的空气质量差,只能徒增恐慌,对政府工作毫无益处……"。①

以西方的新闻观点来看,这是不可思议的。有人评论道,这样的舆论监督有框框,不够彻底,还是"只打苍蝇不打老虎啊"。然而,以孙杰的观点看,这种媒介和政府之间的关系恰恰是"中国舆论功能所独具的特色"。②

正如前面指出的那样,正面报道是社会主义中国新闻事业的主要报道手段。在以暴露和批评为特色的《焦点访谈》节目中,正面报道占了2/3。

本章小结

毫无疑问,负面报道在中国仍然受到相当的钳制,但无论如何,它的比重正在上升,至于能上升到什么程度则还需要时间观望。一些新闻界热切的改革者们正在呼吁加大新闻监督的力度和速度,有学者提出报纸可以像当年胡耀邦提出的批评和表扬"二八开",可以在报纸上搞定量控制,以便保证批评报道的比重;呼吁人们打破"社会主义就不能有阴暗面,有腐败就不叫社会主义"的思维模式……,③无论结果如何,显然,所有这些建议和讨论都会有助于对负面报道的精确定位。

附表1:2001年,在官方新华社评出的"2001年国际十大新闻"中,负面新闻已经占到一半以上的比例,显示出一种对国际通行的新闻价值的认同:

1. 印度大地震22万人死亡
2. 6国科学家公布人类基因组图谱
3. 巴以冲突严重升级
4. 非统组织向非洲联盟过渡
5. 美国发生"9·11"恐怖袭击事件
6. 阿富汗塔利班政权垮台

附表2:2012年12月,在由光明日报社等主办的"2012中国国际新闻论坛"上,全国

---

① 孙杰:《从〈焦点访谈〉看舆论监督的指向》,见季东生、孙玉胜主编:《焦点访谈精粹》,第39页,北京,中国人民大学出版社,1998。
② 孙杰:《从〈焦点访谈〉看舆论监督的指向》,见季东生、孙玉胜主编:《焦点访谈精粹》,第39页,北京,中国人民大学出版社,1998。
③ 孙旭培:《需要新思路、新政策的中国新闻事业》,9~10页,亚洲新闻与社会变迁研讨会论文,香港浸会大学,1998年6月。

50余家媒体以无记名投票方式评出2012年国际十大新闻,细节如下:
1. BBC深陷信任危机:前主持人性侵丑闻曝光
2. 巴以冲突升级　中东战火再起
3. 伦敦奥运顺利闭幕　经济效应低于预期
4. 中共成功召开十八大:全面建成小康社会
5. 伊核危机乌云笼罩　国际调解未获进展
6. 欧债危机未现拐点　世界经济前途未卜
7. "好奇"号成功登陆　开启火星探测新时代
8. 钓鱼岛独岛北方四岛　日本与邻国岛争频发
9. 叙利亚局势恶化　西亚北非乱局依旧
10. 美战略重点再平衡　重心转向亚太地区引

典型报道：中国当代新闻业的独特景观

News＝消息，Feature＝特写，Investigative Reporting＝调查性新闻报道，In-depth Report＝深入报道……以比较新闻学的眼光观察，在新闻写作的形式方面，西方拥有的新闻样式大都能在中国找到一致或近似的样式，具有某种普世性。然而，有一种报道形式在当代西方是找不到的，那就是典型报道，它是苏联特别是中国新闻业独有的景观，不具普世性。换句话说，典型报道是社会主义新闻最重要的特征，是横亘于中西报道形式之间的分水岭。

有关典型报道的讨论自20世纪80年代末期的热潮之后一直处于低谷，然而，近来的研究表明，对典型报道的认识和诠释远远没有到位。

本章试图从典型报道的概念、本质、特点、历史演进方面来诠释这种报道形式，从而回答这样一个问题：典型报道为什么在西方新闻报道中出现缺失？本章试图建立这样一个观点，即典型报道的存在与缺失是中西新闻报道形式中最显著和最重要的特征，其后有着深层的文化和政治底蕴。①

一、文献研究

长期以来令学界困惑不解的现象是：尽管典型报道在划分中西报道形式方面的意义如此重大，但它似乎没有引起西方研究中国传媒学者的足够重视。20世纪80年代研究中国、西方和第三世界传媒和报道的重要著作马登等人的《媒介比较研究》、迈瑞尔的《世界新闻大观》、李金铨专门研究中

---

① 李建红、邓天颖为本研究搜集、整理了部分资料，作者深表谢意。

第十一章 典型报道：中国当代新闻业的独特景观

国传媒的著作《政治和新闻的内部斗争》《媒介中国，中国媒介》等①对中国传媒的很多特点都做了种种描述和探讨，其中包括客观报道、宣传等问题，却独对典型报道视而不见。造成漠视的原因很可能是西方学者没有将典型报道作为一种新闻的样式摄入研究的视野，也就是说，他们不承认典型报道属于新闻的范畴。

相对来说，国内新闻学者对典型报道的研究探讨一直是比较活跃的。以下的篇目是一些比较重要的文献：安岗的《论典型报道》（1982年）着重对各时期的先进典型和反动典型做了辩证分析；吴庚振的《论新闻典型和典型报道》（1986年）对典型的基本特性、典型报道的基本原则以及如何搞好典型报道等都做了论述；陈力丹的《典型报道之我见》（1987年）发掘了典型报道的沿革和历史，提出典型报道这种宣传方式与当时中国比较落后的社会环境相适应，将随着文明的发展而逐步消亡；余小萄的《浅议"典型报道"中的几个问题》对典型的选择和典型的报道问题做了阐述；张芬之的《关于典型报道的讨论综述》（1988年），对典型报道的几种观点做了概述，同时也全面衡量了典型报道的历史功绩和种种弊端；时统宇的《关于典型报道的各种观点》（1989年），针对陈力丹《要淡化典型报道的观念》这一观点，对各种意见进行了归纳总结；李良荣的《树立典型》（1989年）从宣传的角度谈了树立典型的方法；刘建明的《典型报道》（1999年）则对新闻典型共性与个性做了辨析，他还强调了新闻的时代性。吴廷俊、顾建明的《典型报道理论与毛泽东新闻思想》（2001年）②认为典型报道理论是毛泽东新闻思想的一部分，是毛泽东新闻思想的突出特征。

由于历史原因，上述文献多未将典型报道放到国际传媒舞台上去研究，所以对典型报道的科学定位仍然有诸多地方需要补足。在典型报道生长繁衍的地方讨论这种单一的现象，学者看到的大都是存在的合理性；不过，对它的全方位观照需具有一种更宽广的比较

---

① 上述4本书依次为：John Martin and Anju Grover Chaudhary (eds). Comparative Mass Media Systems. London: Longman Inc., 1985; John Merrill (ed), Global Journalism. Survey of International Communication. New York: Longmen, 1995; Chin-Chuan Lee (ed). Voice of China: The Interplay of Politics and Journalism. New York: Guilford Press, 1990; Chin-Chuan Lee (ed). China's Media, Media's China. Boulder. colo: Westview Press, 1994.

② 以上文章依次参照：安岗：《论典型报道》，《新闻论集》，58页，天津，天津人民出版社，1982；吴庚振：《论新闻典型和典型报道》，见李广增、吴庚振：《新时期新闻学论稿》，129～132页，石家庄，河北教育出版社，1997；陈力丹：《典型报道之我见》，《新闻学刊》，1987年1月号，241页；余小萄：《浅议"典型报道"中的几个问题》，载《新闻学刊》，1987(1)，19～21；张芬之：《中国新闻年鉴：1988年》，100～103页，北京，中国社会科学出版社，1988；时统宇：《关于典型报道的各种观点》，见《中国新闻年鉴：1989年》，141～142页，北京，中国社会科学出版社，1989；李良荣主编：《宣传学导论》，福州，福建人民出版社，1989；刘建明：《现代新闻理论》，北京，民族出版社，1999年；吴廷俊、顾建明：《典型报道理论与毛泽东新闻思想》，中国社会科学院新闻研究所建党80周年研讨会论文，北京，2001。

视野。①

二、渊源和苏联的实践

有意思的是，在中国家喻户晓、风靡一时的典型报道发源于西方，它在欧洲曾有一个短促的成活期，然后很快就让位于随后崛起的社会主义苏联。

在典型报道之前出现的概念当然是"典型"——一种艺术和美学的古希腊术语。希腊文中的"典型"是 Tupos，其原意为铸造用的模子，与 Idea(模子、原型)同义，由此派生出 Ideal(理想)之义。典型即"最接近理想之型的具体之型"。② 一些美学家认为，从辞源学角度看，典型与理想、模范的含义都很接近。在西方文艺理论中，典型和理想两个词常常被互相换用。③

西方的典型(Type)的概念可以追溯到柏拉图的《理想国》，亚里士多德和贺拉斯也曾对此有过论述。在当时的绘画中，有人按现实的样子画，有人按理想的样子画，亚里士多德认为，"一桩不可能发生而可能成为可信的事，比一桩可能发生而不能成为可信的事更可取……画家所画人物应比原来的更美"。又说，"诗人的职责不在于描写已发生的事，而在于描述可能发生的事，即按照可然率或必然率描写可能发生的事"。④ 亚里士多德的论断是西方最早关于典型思想的论断之一。但柏拉图、亚里士多德和贺拉斯只是萌发了典型的思想但没有直接使用"典型"一词。到了18、19世纪之后，典型作为一种美学概念才开始流行。其中著名的代表是莱辛、巴尔扎克、博马舍、雪莱、雨果、别林斯基等。我们来看巴尔扎克的一句名言：

> "典型"这个概念应该具有这样的意义，"典型"指的是人物，在这个人物身上包括着所有那些在某种程度跟它相似的人们的最鲜明的性格特征；典型是类的样本……⑤

根据美学家陆学明的研究，中国在古代时期也有"典型"的用法，比如《诗·大雅·荡》"虽无老成人，尚有典刑"，"刑"、"型"是相通的。阮元《经籍籑诂》释典："典，常也"《说

---

① 最近几年有关典型报道研究值得注意的著述包括：朱清河：《典型报道：理论、应用与反思》，武汉，武汉大学出版社，2006；朱剑虹：《专业主义下的典型报道研究》；南京师范大学论文，2007；马珊珊：《全媒体时代典型报道的生存之道》，载《中国传媒科技》2013(1)下。
② 朱光潜：《西方美学史》，下卷，695页，北京，人民文学出版社，1979；另见张法：《中西美学与文化精神》，189页，北京，北京大学出版社，1994。
③ 《欧美古典作家论现实主义和浪漫主义》，(1)，24页，北京，中国社会科学出版社，1980。
④ 张法：《中西美学与文化精神》，北京，北京大学出版社，1994年6月。
⑤ 伍蠡甫编：《西方文论选》，上，425页，上海，上海译文出版社，1979。

第十一章 典型报道：中国当代新闻业的独特景观

文解字》："典,五帝之书也","型,铸器之法也"。段玉裁注："以木为之曰模,以竹曰范,以土曰型",引申为典型。在中国古汉语中,典型或典刑主要指规范、模型等恒常模式,与希腊文中的 Tupos 很接近,但还不是在文艺学和美学的意义上使用的。① 在中国,真正在美学意义使用"典型"概念的是鲁迅(见其1921年写就的《译了〈工人绥惠列夫〉之后》,然后有成仿吾、瞿秋白、胡风、周扬等)。② 只是在近代时,西方的"典型"才和中国的"典型"的含义达到基本一致。

中国古代比较接近"典型"意蕴的也许还有"意境"这个词。当然,若深究起来,"典型"和"意境"二者之间的区别还是很大的,但它们的确都有"理想"的含义。

那么,文学典型和新闻典型有什么区别呢？一般认为,新闻典型由于具有宣传性和新闻性,因此它主要在这两大方面与文学典型相区别。吴庚振教授试图从下列5个方面对这两个概念进行鉴别：

1. 文学典型一般是虚构的,新闻典型必须是真实的
2. 文学典型指的是典型人物形象；新闻典型既包括人物,也包括典型事件、典型经验。
3. 文学典型重在表现人物的性格特征,新闻典型重在表现人物的思想。
4. 文学典型具有时代性,新闻典型具有强烈的时效性。
5. 文学典型求完整全面,新闻典型不要求十分完整。③

根据学者陈力丹的研究,典型报道的概念发源于19世纪初各派社会主义。当年那些共产主义的创始人相信,只要人们理解了他们未来社会的设想,就会去追求共产主义。当时,圣西门、傅立叶、欧文等空想主义者创办了一批包括合作社、新型工厂、幼儿园和共产主义移民区。各派社会主义的报刊对此做了大量报道,报道这些实验点的经验,于是典型报道的观念应运而生,在19世纪20至40年代,典型报道成为社会主义报刊的主要内容之一。后来,这些早期共产主义的实验都失败了。《共产党宣言》中说,空想社会主义者"企图通过一些当然不会成功的试验,通过示范的力量来为新的社会福音开辟道路"。陈力丹认为,早期共产主义者树立的典型和典型报道之所以昙花一现是因为他们过分迷信榜样的力量,把不适合社会发展阶段和人民认识水平的典型强加于社会和人民。④

根据典型即"最接近理想之型的具体之型"的原意,可知典型包含着"完美的模型"之义。英雄模范、先进集体的确是某些人们的理想之化身。他们比一般人要高、要伟大、要

---

① 陆学明：《西方典型理论发展史》,3~4页,沈阳,东北师范大学出版社,1986。
② 陆学明：《西方典型理论发展史》,5~8页,沈阳,东北师范大学出版社,1986。
③ 吴庚振：《论新闻典型和典型报道》,见李广增、吴庚振著：《新时期新闻学论稿》,129~132页,石家庄,河北教育出版社,1997年7月。
④ 陈力丹：《典型报道之我见》,见《新闻学刊》,1987(1),24。

完美，因而具有激励的意义。在文学上，恩格斯提倡创造"典型环境中的典型人物"，而共产主义的后继领袖列宁则是崇尚和大力提倡典型报道的。"十月革命"以后，他特别注重用榜样的力量来唤起民众。他号召："让那些向全国人民介绍少数先进的国家劳动公社的模范实际的报刊销行几十万几百万份吧！"，"采取了这个办法，我们就能够做到而且应当做到，使模范首先成为道义上的榜样，然后成为在新的苏维埃俄国强制推行的劳动组织的榜样。"①在《苏维埃政权的当前任务》、《论我们报纸的性质》、《怎样组织竞赛?》、《伟大的创举》、《生产宣传提纲》等文章中均可见到列宁提倡典型报道的精神。② 他指出，报刊从资本主义到共产主义的过渡时期的主要任务是用生活中的生动的具体事例和典型来教育群众。③ 他认为要通过榜样的力量来指导工作，"不要怕揭露错误和无能；要广泛介绍并大力宣扬任何一个表现稍为突出的工作人员，把他树立为榜样"。④ "在报道优胜者事迹时，不仅要树立先进人物的光荣感，而且要用先进人物的先进思想和先进经验去武装所有的人，以先进促后进，共同提高，做到经济宣传和政治思想教育的结合。"在列宁的提倡下，苏联树立起"模范的共产主义星期六义务劳动"等典型，⑤共青团员和共产党员都起而响应，也激起了人民群众建设国家的巨大热情。

苏维埃新闻媒体忠实执行了列宁的指示。斯大林倡导的"斯达汉诺夫运动"、⑥二次大战中苏联报刊广为宣传的英雄人物马特洛索夫、卓娅、古利亚等都是苏共中央树立的著名的典型人物。

典型报道不光在列宁时期对苏联的社会主义建设起到了很大的指导作用，而且在之后的三个五年计划时期，以组织社会主义竞赛、推广先进经验、揭露竞赛不足的形式，唤起了劳动群众的生产热情和积极性，达到了生产宣传和思想政治教育结合的效果。

---

① 列宁：《苏维埃政权的当前任务》，见中共中央马克思恩格斯列宁斯大林著作编译局编译：《列宁全集》，中文版 27 卷 186～191 页，北京，人民出版社，1981。

② 列宁：《生产宣传提纲》，全文见中共中央马克思、恩格斯列宁斯大林著作编译局编译：《列宁全集》，中文版 31 卷，365～367 页，北京，人民出版社，1981；列宁：《怎样组织竞赛?》(1917 年 12 月 24—27 日)，中共中央马克思、恩格斯、列宁、斯大林著作编译局编：《列宁选集》，第 3 版，第 3 卷，381 页，北京，人民出版社，1995；列宁：《伟大的创举》，见中共中央宣传局编：《马克思主义新闻工作文献选读》，92～115 页，北京，人民出版社，1990。

③ 列宁：《论我们报纸的性质》，全文见《列宁全集》，中文版 28 卷，81～83 页，引自杨春华等编译：《列宁论报刊写作》，514～516 页。

④ 中共中央马克思、恩格斯、列宁、斯大林著作编译局编：《列宁选集》，第 52 卷，184～185 页，北京，人民出版社，1995。

⑤ 莫斯科—喀山铁路分局的共产党员于 1919 年 5 月 10 日星期六晚上进行义务劳动，《真理报》连续报道了他们的事迹。

⑥ 1925 年 8 月 30 日夜间，顿巴斯煤矿的一位年轻矿工阿·斯达汉诺夫，在一班工作时间内用风镐采煤 102 吨，超过定额 13 倍，创造了世界纪录。从此，在矿业、冶金、运输等各个部门掀起了以斯达汉诺夫命名的社会主义竞赛运动——"斯达汉诺夫运动"。

在"苏联共产党十九大"上,党的总书记马林科夫在政治报告中对典型问题给予高度评价,认为典型问题是"党性在现实主义艺术中表现的基本范围","典型问题任何时候都是政治问题"。① 于是,创造典型、教育人民成了全党、全国的一个政治任务。②

20世纪80年代以后,随着戈尔巴乔夫的全面改革和苏联社会的巨变,典型报道、正面报道、宣传在苏联全面崩溃,代之而起的是西方新闻观念的复兴。③

三、中国的典型报道:源起和膨胀

多数学者认为,中国的典型报道起于20世纪40年代。然而,在中国典型报道的历史渊源问题上,理论界大抵有两种不同看法。一种认为,典型报道是师承列宁的"典型宣传",其源头在于早期空想共产主义者的"典型示范",中国的典型报道是对上述传统的继承。持此种看法的代表是陈力丹,代表作就是他的《典型报道之我见》(1987)。另一种看法认为,典型报道的理论并非来源于苏联列宁的"典型宣传"的主张,而是毛泽东的典型思想方法在新闻理论中的直接运用。"正是在毛泽东思想的指导与鼓励下,我党的新闻工作者才创造了典型报道,并使它走向繁荣。"持此种看法的代表是吴廷俊和顾建明(2001)。④

吴廷俊、顾建明认为,毛泽东的典型思想方法是他认识世界,发动群众,组织群众进行革命和建设总结出的并且经常运用的行之有效的方法,它的发端是典型调查实践。毛泽东在"新民学会"时期,在"大革命"时期,在"井冈山"时期在对农民、对农村的典型调查实践中形成了他的典型思想方法和典型工作方法,而以毛泽东的党报理论为指针的党的新闻工作必然把典型思想方法用于新闻宣传。于是就出现了典型报道,1942年4月30日《解放日报》有关模范劳动英雄吴满有的报道就是一个例子。吴廷俊和顾建明认为:

---

① 童庆炳:《我与文学理论》,http://www.bnu.edu.cn/centers/literature/xzft-1.htm。
② 在无产阶级对"模范的力量"着力进行报道时,苏联文学利用不同的典型化方法刻画了不同的典型人物,"把微小而有代表性的事物写成重大的和典型的事物……"(高尔基语),以此来反映社会主义时代新人的诞生和成长,如《恰达耶夫》中的同名主人公、《真正的人》中的密烈西耶夫、《苦难的历程》中的捷列金和达莎。列宁非常赞赏高尔基的《母亲》、马雅可夫斯基的《开会迷》、托尔多斯基的《持枪扶犁的一年》,他认为文学作品应像它们一样"深入人民生活的深处,投身于革命现实的激流之中,成为名副其实的社会主义建设的参加者"。详见叶水夫编:《苏联文学史》,(1),53页,北京,中国社会科学出版社,1994。
苏联的文学作品以先进的世界观和革命精神,以感人的英雄形象激励着读者,它不光对苏联人民,而且对中国的文学运动起到了巨大的指导和推动作用,奥斯特洛夫斯基的《钢铁是怎样炼成的》、法捷耶夫的《青年近卫军》、波列夫依的《真正的人》等作品都对中国整整一代年青人起到了巨大的指导作用。
③ 张丹:《〈真理报〉的历史变迁和经验教训》,载《新闻与传播学研究》,2001(3);另见傅显明、郑超然:《苏联新闻史》,198~199页,293~308页,北京,新华出版社,1994。
④ 吴廷俊、顾建明:《典型报道理论与毛泽东新闻思想》,载《新闻与传播学研究》,2001年(3)。

（毛泽东的）典型报道的要诀在于调查研究。深入群众，调查研究，发现典型，解剖麻雀，运用典型，指导面上的工作。这种对典型的完整运用，即不同于早期共产主义的"典型示范"也有别于列宁倡导的上"红榜"与上"黑榜"的"典型宣传"。"典型示范"和"典型宣传"虽然也重视榜样的作用，但与典型报道相比，缺少了典型调查这个认识环节，与我国的典型报道并不是一路。

结论是："我国的典型报道的理论并不是引借于苏联列宁，它是毛泽东的典型思想方法运用于新闻领域而直接构成的，它是毛泽东在新闻工作上的一个创造，是毛泽东思想的重要内容。"①

以上理论肯定了毛泽东典型思想的特色，但断然否定了早期共产主义的"典型示范"和列宁的"典型宣传"中的调查因素，同时否认了中国典型报道对上述两个源头的继承。然而事实上，任何发展的事物都不是简单的重复，任何事物都有一个从简单到复杂、由低级到高级的过程。既然典型是一个源于西方的概念，既然典型报道的概念已经在前人的实践中得到了应用和明确提倡，从逻辑发展和历史事实来看，毛泽东的典型报道思想对上述两个源头具有承继性应是没有疑义的。但对两个源头究竟继承了多少，以及继承了其中的何种成分则需要做进一步诠释。问题是：难道这种精微的证明有什么特殊意义吗？毛泽东思想当然是毛泽东独特的思想，但谁会否认它是马列主义在中国的发展和延伸呢？

1942年4月30日《解放日报》有关劳动模范英雄吴满有的报道被认为是中国首篇典型报道。它是在毛泽东的鼓励下发出的。在此篇报道前后的延安整风期间，毛泽东曾发表多次讲话，从这些文件中，当可以看出毛泽东典型思想对上述两个源头继承的鲜明痕迹。

1942年2月1日，毛泽东在中共中央党校开学典礼上以《整顿党的作风》为题发表演说，其中主要讲的就是对马列主义理论的继承和理论联系实际问题。2月8日，毛泽东又发表《反对党八股》的讲话，其中多次提到《苏联共产党（布）历史简要读本》，讲到列宁如何在彼得堡做宣传的情景，还讲到季米特洛夫在共产国际第七次代表大会的报告。毛泽东在讲话中这样引用季米特洛夫的话，而这段话中就闪耀着典型报道的光辉：

应当学会不用书本上的公式而用为群众事业而奋斗的战士们的语言来和群众讲话，这些战士们的每一句话，每一个思想，都反映出千百万群众的思想。②

毛泽东还提到了鲁迅的创作方法，而鲁迅则是公认的将苏联的典型理论带到中国来的先锋。他在1921年4月写就的《译了〈工人绥惠略夫〉之后》一文中使用了"典型"和"典

---

① 吴廷俊、顾建明：《典型报道理论与毛泽东新闻思想》，载《新闻与传播学研究》，2001(3)。
② 毛泽东：《反对党八股》，见《毛泽东选集》，第3卷，842页，北京，解放军出版社，1991。

型人物"的概念,据研究,在近代中国这还是首次。①

1942年5月,毛泽东《在延安文艺座谈会上的讲话》中更是不断引用列宁的观点,他说:"列宁还在1905年就已经着重指出过,我们的文艺应当为'千千万万劳动人民服务'","无产阶级的文学艺术是无产阶级整个革命事业的一部分,如同列宁所说,是整个革命机器中的'齿轮和螺丝钉'"。毛泽东还提到对古代和外国文艺的继承问题:"我们必须继承一切优秀的文学艺术遗产,批判地吸收其中一切有益的东西,作为我们从此时此地的人们生活中的文学艺术原料创造作品时候的借鉴。有这个借鉴和没有这个借鉴是不同的……",②他还提到苏联的社会主义文学,甚至提到法捷耶夫的小说《毁灭》——而典型问题则是苏联现实主义文学的灵魂。当然,最重要的是,毛泽东提出了对典型理论著名的论断:

> ……文艺作品中反映出来的生活却可以而且应该比普通的实际生活更高,更强烈,更有集中性,更典型,更有理想,因此就更带有普遍性。革命的文艺,应当根据实际生活创造出种种各样的人物来,帮助群众推动历史的前进……文艺把日常的现象集中起来,把其中的矛盾和斗争典型化,造成文学作品或艺术作品,就能使群众惊醒起来,感奋起来,推动人民群众走向团结和斗争,实行改造自己的环境。如果没有这样的文艺,那么这个任务就不能完成,或者不能有力地迅速完成。③

尽管文艺的典型理论和新闻报道的典型理论之间有很大区别,但二者还是有密切联系的:后者脱胎于前者,是前者在新闻报道方面的投射。毛泽东的这段话,可以看到他对西方典型理论特别是马克思、恩格斯、列宁精神的继承。一个真实的逻辑关系是:毛泽东的典型理论思想毫无疑问地"引借于苏联列宁"(尽管他对此理论也有中国化的创造),而苏联列宁的理论一定和空想共产主义的理论有联系。

说到调查,难道早期共产主义的报刊对"典型示范"的报道不要调查吗?难道苏维埃社会主义的典型报道不要调查吗?著名的"客里空"不就讲的是调查的重要作用吗?作为一个人所共知的泛概念,对调查分出细密的等级似乎没有太大的必要。

中国的典型报道自然和上述两种典型报道不同,但其继承关系是明显的。

在本章中,要紧的是通晓典型报道的源和流,至于其中哪个部分姓马、姓列、姓毛并不重要。无论如何,1942年4月,在毛泽东的倡导下,《解放日报》把吴满有多开荒、多打粮的消息登上了头版头条,普通劳动者的事迹登上如此显要的位置,在中国报刊史上还是一

---

① 陆学明:《西方典型理论的发展》,4页,沈阳,东北师范大学出版社,1986。
② 毛泽东:《在延安文艺座谈会上的讲话》,见《毛泽东选集》,第3卷,860页,北京,解放军出版社,1991。
③ 毛泽东:《在延安文艺座谈会上的讲话》,见《毛泽东选集》,第3卷,861页,北京,解放军出版社,1991。

个先例。1943年,"大生产运动"兴起,该报大力宣传党的"自力更生,奋发图强"、"自己动手,丰衣足食"等方针;宣传"大生产运动"中的先进典型,发表此类消息和通讯3000多篇。① 这应算是掀起了中国典型报道的第一个高潮,其中和尔后迅速涌现出的重要典型包括:赵占魁、刘建章、"南泥湾大生产"、"南区合作社"、"狼牙山五壮士"、董存瑞、王克勤等。

新中国成立以后典型报道更是高潮迭起。抗美援朝中的上甘岭英雄、黄继光、罗盛教等是"保家卫国"的典型。1953年,毛泽东提出要"重视典型报道","……许多材料,都应当公开报道,并发文字广播,三五天一次,方能影响运动的正确进行"。② 1968年,毛泽东又提出"典型宜多,综合宜少",这一方针一直指导着中国的典型报道。在国民经济恢复和第一个五年计划时期,国家提倡利用典型报道进行大规模的经济宣传,报纸"积极支持工人阶级和农民群众的一切创举,把先进生产单位、先进生产者的典型经验和重要成就推广到整个建设战线上去"。③ 于是便推出了鞍钢、王崇伦、郝建秀、耿长锁等先进人物和先进经验。至于后来推出的刘青山、张子善盗窃国家资财,挥霍腐化被判处死刑的报道,则配合了"三反"、"五反"运动的顺利开展,是反面典型的报道。

1957年的"反右派"斗争,中央及领导者对整个形式的估计错误导致了"大跃进"运动,当时整个新闻事业仍按中央指示推出大批高产"卫星"、钢铁"卫星"等虚假典型,为"大跃进运动"推波助澜。

20世纪60年代初期的典型报道已走向成熟,涌现出《毛主席的好战士——雷锋》、《县委书记的好榜样——焦裕禄》、《种棉模范吴吉昌》、《舍身救火的向秀丽》等人物典型报道以及大庆、大寨等先进集体典型报道。

在从20世纪60年代到70年代中期的"文化大革命"阶段,出现了"小靳庄"、"六厂二校"、"白卷英雄张铁生"、"反潮流的英雄黄帅"等典型报道,它们都是因为某种政治目的推出的。为了政治的需要,典型可以随意塑造。大寨一会儿是"艰苦奋斗,自力更生的典型"一会儿是"阶级斗争的典型",一会儿是"全面专政的典型",一会儿又成了"继续革命的典型"。典型报道的政治宣传功能在"文革"时达到了极致。

"十年浩劫"之后,针对人们普遍对共产主义丧失信心的情况,中央要求树立起大量典型,坚定人们的信仰,于是有了张海迪等的报道;1981—1983年,配合落实党的知识分子政策,充分调动广大知识分子建设"四化"的积极性,媒体曾先后宣传了一批如蒋筑英、罗健夫一类的先进知识分子典型,同时也报道了陈秀云、贝兆汉等爱惜人才、尊重知识分子的典型。

---

① 丁淦林等著:《中国新闻事业史新编》,310页,成都,四川人民出版社,1998。
② 毛泽东:《毛泽东新闻工作文选》,176页,北京,新华出版社,1983。
③ 《中共中央关于改进报纸工作的决议》,见《中国新闻年鉴》,96页,1982。

1984年,以城市为重点的经济体制改革全方位展开,经济体制改革中典型人物、典型经验和典型问题不断出现,这一时期成为典型报道的成熟期,步鑫生、马胜利、关广梅、鲁冠球等都是这一时期敢想敢干的企业家典型。其中步鑫生这个新闻典型是在国家的大力倡导之下才提出的。1983年12月,1984年初,中央领导同志先后两次批示肯定步鑫生的创新精神,指出其是"一个指引人们向上的活典型",中指委为此批发了重要按语,浙江省委也有指示精神,于是,步鑫生的名字开始走向全国。①

进入20世纪90年代后,媒体又推出一批人物典型,例如徐洪刚、李素丽、徐虎、邹延龄、孔繁森、李向群等先进人物,对精神文明建设起到了巨大的推动作用。

典型报道不仅在党和国家领导人的倡导下大力发展,而且它始终与政府的方针政策相一致,受到国家的支持。当代中国各时期的典型报道,无不是为宣传党的方针政策而推出的,典型报道自始至终都肩负着政治使命。学者陈力丹认为,"这种宣传方式适应当时中国比较落后的社会环境","典型报道观念是文明程度不发达的社会条件下的产物"。②陈力丹的这种看法实际上涉及对报纸的性质、任务、作用的认识。下面我们会专门讨论到这个问题。

四、典型报道的实质

接下来的问题是,典型报道究竟是什么样的报道?它是新闻的一种形式吗?如果是,那么它为什么不像其他报道形式一样具有普适性?它是一种政治宣传吗?如果是,它与新闻又发生着怎样的联系?

我们先来看国内关于典型报道的种种定义:

甘惜分教授认为:"典型报道是指对具有普遍意义的突出事物的强化报道。普遍意义,是指代表事物的面要宽,影响要大,包含思想意义、教育意义、借鉴意义,它是成为典型的基础;突出,主要是指同类事物中最先进的事物,以及少数最恶劣的事物。典型报道的强化,有些是根据上级当时的中心工作或受众的反应,由新闻机构着意形成的。"③

刘建明教授认为:"典型报道是新闻媒介选择事实、强调新闻事实社会意义的报道方式,多表现为经验新闻、先进人物新闻。典型报道是宣传性报道方式,即为了达到宣传推广的目的才在同类事物中选择典型的事例。"④

汪植培认为:"所谓典型报道,是指对一定时期内产生的最突出或最具有代表性的事

---

① 余小萄:《浅议"典型报道"中的几个问题》,载《新闻学刊》,1987(1)。
② 陈力丹:《典型报道之我见》,载《新闻学刊》,1987(1)。
③ 甘惜分主编:《新闻学大辞典》,154页,郑州,河南人民出版社,1993。
④ 刘建明:《现代新闻理论》,142页,北京,民族出版社,1999。

物惊醒的重点报道。"①

《山西日报》研究人员认为典型报道有以下几个特点：1.必须有明确的阶级本质和政治内涵，能够反映出无产阶级的阶级本色，社会主义、共产主义的光辉思想，与国际主义相结合的爱国主义精神等。2.必须具有鲜明的时代特点，有强烈的现实性和针对性；3.必须具有自己的特点，又有较广泛的代表性，确实能起到"标杆"和"引擎"的作用。②

单独观察以上有关典型报道的定义，可能每一个都不全面，前三条甚至忽视了典型报道的非普世性，即它只能生存于社会主义的环境中。

回到这个问题上来：典型报道是不是新闻？

典型报道不仅对社会生活中那些具有普遍意义的突出事物进行报道，而且它是一种强化了的宣传报道。陈力丹在《再谈淡化典型报道观念》中指出："在我党革命战争的新闻史上，典型报道……循着鲜明的主观意识去发现和报道适于推动工作的典型，因而典型报道一开始就有较强的宣传色彩，而较少或没有新闻性。"③正如陈力丹所说，新闻典型的宣传性要大于新闻性。

什么是新闻？在中外新闻理论中，关于新闻的定义虽然多种多样，但大都强调新闻的即时性、重要性和反常性，所谓"新闻应是对新近发生的重要事件的报道"。在西方，有流传久远的"狗咬人不是新闻，人咬狗才是新闻"的名言。

有些人认为典型报道不是新闻，比如刘磊认为：

> 以雷锋、焦裕禄宣传活动为代表的"典型报道"，是毛泽东党报思想运用于新闻宣传的产物。"典型报道"在党报宣传中的大量运用，其隐含的逻辑前提是：新闻事业是党的事业的一个部分，党报是党的喉舌，是党的宣传员、鼓动员和组织者。党报的任务就是宣传党的政策，围绕党的工作，发动群众、鼓舞群众、引导和组织群众。
>
> 党报的"典型报道"从战争时代的根据地报纸就开始了，到60年代，伴随着对雷锋、焦裕禄等典型的宣传，党报的"典型报道"进入了炉火纯青的境界，同时也造就了以穆青为代表的一代"名记"。他们满怀激情地宣传"典型"的高大形象，精心地提炼、升华"典型"的精神世界。
>
> 以雷锋、焦裕禄为例，他们既非领袖级的政治家，亦非明星、球星公众人物，他们的事迹和他们的死显然不能算作重大事件（也有例外，60年代初推出的典型"大庆"，确实称得上是重大事件，因为大庆油田的诞生是改变一个国家能源状

---

① 汪植培：《也谈典型和典型报道》，载《新闻世界》，1990(4)。
② 《山西日报》资料室：《先进典型报道必须真实》，载《新闻研究》，1991(1)。
③ 时统宇：《关于典型报道的各种观点》，见《中国新闻年鉴：1989》，142页，北京，中国社会科学出版社，1989。

第十一章 典型报道：中国当代新闻业的独特景观

况的大事）；同样，关于雷锋、焦裕禄的报道，更算不上是"人咬狗"的新闻，一个共产党员认认真真、踏踏实实地工作难道不是最正常不过的事吗？这类事情即便勉强算是新闻，大概也只能算是"狗咬人"的新闻吧。①

刘磊是以西方标准来解析重要性和反常性的，所以在对典型报道的分析方面只能得出消极的结论。

但是，比照新闻定义中的诸种重要因素，我们可以发现，实际上多数"典型报道"达到了某种程度的重要性（significance）和反常性（unusual, abnormal）的标准，当然，这里的重要性和反常性是社会主义新闻学的标准，而不是西方的标准。雷锋、焦裕禄，大庆、大寨对美国人算不得重大，但对中国人来说、特别是在当时的条件下，的确是异常重要的。同样，上述人物和事件对西方人无足轻重，亦无正常和反常的意义，但对中国人来说，他们或是不寻常（unusual）的人，或是不寻常的集体，是高于普通人和普通事的，是为反常（abnormal）。

《解放军报》记者江永红在评价典型报道《孙铁锤传奇》时深有感触地说："学雷锋的先进人物多得是，为什么偏写他？因为他性格中有特殊性。好几拨人去写他都失败了，原因就是忽略了他的特殊性，而死往普遍性上靠，结果咋写咋不像，读之味同嚼蜡。从普遍性中找特殊性事关稿件成败，不会找特殊性就不会当记者。"②

江永红所说的特殊性实际上就是反常性，杰出人物或杰出集体都是卓尔不群的。在这个意义上，说他们"反常"似乎并不牵强。

可以挑剔的是典型报道的即时性。因为多数典型报道是大大迟于事件发生后的报道。但这仍然不能将典型报道的新闻性一棍子打死。新闻在英文中可以包含两层意思。第一，是指 News，即消息；第二，是指包含消息在内的所有体裁，也包括 Feature 即特写（或通讯）。Feature 在西方新闻中大量存在，是一种深度、细致的报道，时效性较消息要差得多，但无人否定它的新闻性。许多人否认典型报道的新闻性是在狭义"消息"的层面上来理解新闻的。典型报道是属于特写一类的新闻体裁，既然特写具有新闻性，那典型报道具有新闻性则是不容怀疑的。

但是，典型报道的新闻性在当代西方资本主义社会的确不适用。所以，它是社会主义条件下的一种特定的新闻形式。它的实质是社会主义条件下的为无产阶级政治服务的新闻特写。这完全可以看作是典型报道定义的精髓。

---

① 刘磊：《典型报道的挽歌》，2001-11-23 09：22：08，《西陆观察》http://www.csdn618.com.cn/century/pingtai/011017300/0110173011.htm。

② 江永红：《环视——记者的眼光之三》，载《新闻与成才》，2001(8)。

五、典型报道的特征

将上述专家有关典型报道的论点进行综合,我们可以看到三个异常鲜明的特点:

1. 强烈的政治色彩和主观色彩构成的宣传性

阶级性是典型报道最显著的特点。新闻典型——无论是先进人物还是先进事物都是为无产阶级政治服务的,这一点已为人所共知。

新闻典型的阶级性决定了典型报道具有鲜明的政治色彩,它"是活化了的时代精神、社会规范或政治主张",①新闻典型与当前的政治密切相关,它直接为政治服务,因为各个时期的新闻典型无不是配合党和政府的方针政策而推出的。新闻典型是政党宣传的产物,许多先进典型被称作"榜样"、"标兵"是因为他们在党的政治任务的实施过程中很好地体现了党的主张。典型报道通过"典型引路"来实现其思想政策性即指导性,用党的政策方针来指导人民,让人民知道什么才是党所要求做的,告诉人民要学习典型如何来做,以此来"推销某种规范或训诫",②达到党的引导舆论甚至在非常时期制造舆论的目的。例如 20 世纪 60 年代对雷锋、王铁人、大庆、大寨等先进个人和先进单位艰苦创业的宣传,便体现了党在这一时期所倡导的宗旨和精神,并有利于实现党对全民的道德教育和对社会风气的净化。又如 20 世纪八九十年代对先进知识分子和先进领导干部的宣传,也表现出党对全社会的殷切希望。

在先进人物的身上,"集中、充分地体现了所在集团、阶级、民族乃至国家的利益要求。由于典型性,他完全有资格成为集团、阶级、国家的号角;在此,他个人的魅力或被忽略不计,或被提高到同类的高度。"③这说明典型报道是一定历史条件的产物,新闻典型之所以有一天能成为典型,是因为党的政治宣传需要这种典型,由此迎合党的某项理论、方针、政策、伦理道德和立场态度的新闻典型就应运而生了。

虽然大多数学者都同意,典型报道的基础必须依据客观事实,但与此同时,人们都注意到:由于在主流社会借助这种特殊的报道形式来推行、宣传某种思想,典型报道形式的主观色彩十分浓烈,典型报道的人物和事件契合了社会领导层的主观精神和愿望。

从另一方面来说,由于长期的熏染和训练,社会主义媒体的从业人员会自觉地依据某种要求从材料(新闻事实中)构建、提炼某种政府认为社会所需要的精神武器。

撰写优秀知识分子典型栾茀的人物通讯《追求》的过程就是一个例证。作者窦云飞

---

① 李良荣主编:《宣传学导论》,249 页,福州,福建人民出版社,1989。
② 刘建明:《现代新闻理论》,144 页,北京,民族出版社,1999。
③ 樊凡:《中西新闻比较论》,162 页,武汉,武汉出版社,1994。

说,该文在写作中经过几次较大的改动,力图找到一个既具有普遍的针对性,又符合这个人物实际情况的角度。初稿的标题是《癌》,寓意在于栾茀虽然是患癌症而死的,但真正置他于死地的是另一种癌——"极左路线"。但作者又考虑到,1981年前后,社会上一部分人对社会主义制度和共产主义理想产生了信任危机,文章的基调应当定得更高。于是她反复斟酌:

> 栾茀在一个个生死关头毫不动摇,总是充满了进击的火力,不正是他信赖党、追求党所代表的方向吗?把他的这种崇高精神宣传出去,不是很有普遍的教育意义吗?

最后,作者将标题改为《追求》,变换了角度。

提炼主流社会需要的某种思想借以影响社会的情况在典型报道中非常普遍,新华社记者朱幼棣在回忆自己写作典型报道《领导干部的楷模——孔繁森》时,①强调了新华社社长郭超人的作用,称他"确定了孔繁森报道的主题思想,并自始至终组织指挥了这一战役性的报道",朱幼棣回忆说:

> 孔繁森同志的事迹非常丰富,我们看了先前的一些材料后,觉得有的写得也很感人,但孔繁森同志的思想光辉又往往被好人好事所掩埋了。孔繁森同志既是雷锋、焦裕禄,又不完全是。他有雷锋、焦裕禄身上的光彩,但有更多的时代特征和他们身上所没有的东西。孔繁森是地委书记,是我党的中高级干部,应该是无产阶级的政治家。郭超人社长提出,孔繁森同志的精神可以归结为三点,一是坚强的无产阶级党性;二是在工作中改革开放的无私奉献精神;三是民族团结的模范。采访越深入,我们越感到郭超人同志归纳的这三点的准确。后来,通讯主要也是由这三部分组成。②

强烈的政治性和主观性构成了典型报道的宣传性,同时也使典型报道中的新闻性降到了较低的程度、次要的地位。正如研究者陈力丹指出的:典型报道循着鲜明的主观意识去发现和报道适于推动工作的典型,因而一开始就具有较强的宣传色彩,而较少甚至没有新闻性。③ 陈力丹的观点是可以得到证实的。

2. 教育指导性、策划性和自上而下的推广性

典型报道的目标很明确,就是围绕党和政府的中心工作,通过对先进人物和先进集体的宣传、推广来达到育人、改造社会的目的。所以,它有强烈的教育指导性。这里的教育

---

① 朱幼棣:《走近孔繁森,〈领导干部的楷模——孔繁森〉的写作经过及其他》,载《新闻爱好者》,1995(8)。
② 朱幼棣:《走近孔繁森,〈领导干部的楷模——孔繁森〉的写作经过及其他》,载《新闻爱好者》,1995(8)。
③ 陈力丹:《再谈淡化典型报道观念》,见《中国新闻年鉴1989》,142页,北京,中国社会科学出版社,1989。

是指典型报道的创造者希望以其笔下的人物和事件来打动读者,打造一种标准,促使人们群起而效仿。推行典型报道的过程,又是一个严密策划的过程,党和政府的各级组织都会积极参与,对于媒体来说,也是必须要执行的政治任务。典型的推广活动是自上而下的,一些大型典型报道往往是从中央到地方,从北京辐射全国,以下涉及的20世纪90年代中涌现的三个较有影响的报道无一例外都是这种情况。为了增强说服力,这里选择了参以上述典型报道当事人的回忆,而且都是直接引语:

例1:1995年对军嫂韩素云的宣传报道

在谈到对典型人物韩素云的推广情况时,石仁禹回忆道:

> 去年(1994年)10月,总政领导指派宣传部组织《人民日报》、新华社、中央人民广播电台、中央电视台、《光明日报》、《解放军报》、中国青年报7家中央、军队新闻单位的记者用20天的时间,到韩素云的家乡山东和广东、广西实地采访后,确定将这一先进群体作为重大典型在全国、全军进行深入宣传。经商议,中宣部和全国妇联邀请韩素云、倪效武夫妇等7人组成报告团,于元月4日在京举行了首场报告会。此后,报告团在北京、济南、上海作报告9场,场场爆满,直接听众达1.2万多人。上海东方电视台还向华东六省一市直播了报告会实况。与此同时,中央各新闻单位对这一重大典型进行了大规模的宣传。特别是江主席等军委领导及胡锦涛同志对韩素云的宣传做出重要批示,江主席、李总理等中央及军委领导接见韩素云爱国拥军先进群体,对她们的事迹给予高度赞扬之后,进一步把这一宣传活动推向了高潮。有关韩素云先进群体事迹的主体通讯,在《人民日报》、新华社、《光明日报》、《解放军报》、《中国青年报》等几十家新闻媒介的头条位置刊登或播发,并配发了评论和照片。在这以后的40多天时间里,中央各新闻单位以极大的热情对这一典型做了突出而充分的宣传。全国省、市的报刊、电台、电视台和行业性的报纸,也都对韩素云爱国拥军先进群体的事迹做了突出宣传。一些国际舆论也对有关韩素云的宣传表示关注。美联社发表文章,称韩素云是"无私的军嫂",也是"中国政府表彰的一系列先进人物中最新的一位"。朝日新闻及港、澳、台的一些报纸,也分别发了专稿。[①]

例2:1996年对模范团长李国安的宣传报道

在谈到模范团长李国安的宣传报道时,郑广龙回忆道:

> (1996年)1月17日,中宣部、国家水利部、总政治部联合邀请首都各大新闻

---

① 石仁禹:《一次重大典型宣传的成功——韩素云爱国拥军先进群体宣传的回顾与思考》,载《新闻与成才》,1995(5)。

单位的总编辑、社长和主要领导,召开宣传李国安先进事迹新闻协调会。会上决定把李国安作为1996年的"国字号"重大典型进行宣传。

中央和地方各新闻单位对宣传李国安这个典型表现出了极大的热情,从1月下旬开始,进行了集中、突出、持续的报道,掀起了一场李国安事迹宣传热。1月22日,新华社首先播发了长篇通讯《我党我军宗旨的模范实践者——李国安》通稿;当晚,中央电视台《新闻联播》节目播发了第一条电视新闻,并连续4天进行系列报道。1月23日,《人民日报》、新华社《每日电讯》、《经济日报》、《光明日报》、《解放军报》、《法制日报》、《中国青年报》、《科技日报》、《中国农民报》等中央和首都30多家报纸,分别在一版头条位置大篇幅刊发长篇通讯并配发评论员文章,中央电台在新闻报摘节目第一条播出录音通讯,并连续3天在同一节目里播出系列报道。与此同时,《北京日报》、《文汇报》、《内蒙古日报》等全国20多家省市自治区报纸也分别在一版头条位置或其他版发专稿或刊载新华社通稿。北京电视台、北京电台也破例每天在《北京新闻》节目播出李国安事迹系列报道。这一阶段的宣传集中在李国安的主要事迹上,其特点是时间集中,版面突出,很多新闻单位可以说是不惜版面,不惜时间,拿出了典型宣传的高规格。新华社《每日电讯》在一版头条以2/3版的篇幅通栏标题转《人民日报》评论员文章,刊登长篇通讯。平时以报道经济新闻为主的《经济参考报》也在一版以整版版面刊登李国安事迹通讯。河北《信息大观报》在一版用特大号标题、大幅图片、前所未有的规模将新华社通稿全文转载。香港《文汇报》、《商报》、《大公报》等也以整版篇幅刊登李国安事迹报道。①

例3:1999年抗洪英雄李向群的宣传报道

在谈到对1998年抗洪英雄李向群宣传报道时,晓平回忆道:

1999年2月23日,亿万观众又从当晚中央电视台的频道上,看到1998年抗洪中那感人的一幕:年仅20岁的某部战士李向群献身抗洪战场后,其父李德清穿着儿子的救生衣,加入抗洪大军的行列……次日,《人民日报》、《光明日报》、《解放军报》、中央人民广播电台、《中国青年报》等首都主要传媒,都在显著位置、时段播发了李向群的事迹。新华社播发的长篇通讯《20岁的人生跨越》,被109家报纸刊用。刊登李向群事迹的《桂林日报》被抢购一空,又加印3万份。自此,拉开了在全国范围内集中、广泛宣传李向群英雄事迹和成长道路的"宣传战"。据不完全统计,自2月23日至4月30日,新华社播发通稿46篇,图片33幅,继主

---

① 郑广龙:《"模范团长李国安"的宣传回顾与启示》,载《新闻与成才》,1996(4)。

通讯外,该社播发的《从雷锋到李向群》的特约评论员文章,被中央和地方许多重要传媒在显著位置、时段采用。中央人民广播电台播发新闻、专题54条,其中《新闻和报纸摘要节目》播出29条。中央电视台在第一套、第七套新闻节目中共播出新闻和专题87条,《军事报道》先后播出新闻60条,深度报道6篇。《解放军报》刊发通讯、言论、故事、诗歌、文学作品300多篇,还专门开辟了"学习李向群漫笔"、"向李向群学习大讨论"、"学习新时期英雄战士李向群"等专栏,推出版面二十四五个,刊登图片24幅。《海南日报》在11天的时间里,连续发表5篇向李向群学习的系列评论。《北京晚报》以独特的视角,破例用两个整版刊出《这家出了个李向群》的事迹通讯和图片。香港《商报》以《家富未敢忘忧国,舍生取义真豪杰》为题,报道李向群事迹并配发了评论。《人民日报》等中央和地方新闻单位,对李向群的事迹,都连续做了多侧面、多角度、大规模、有纵深的报道。

中宣部、总政治部、共青团中央联合组织的李向群事迹报告团,先后在北京、天津、中南五省作报告30多场,直接听众5万余人,集体组织收看实况直播、录播的达500余万人……①

以上三篇报道,在塑造典型,推广典型的操作方面惊人的相似,实际上,这也是多年来中国各地千百万篇典型报道推行的基本模式。

3. 一元性以及与大众传播规律的某些悖谬

典型报道是社会主义计划经济的产物,是以一种榜样的力量来教育群众的社会主义条件下的新闻形式,然而认定谁是榜样不是由受众说了算,而是由社会的权威机构说了算,也就是说党和政府说了算。所以,在本质上,典型报道是一元化的意识形态,是排斥多元思维的。计划经济的强制性和权威性的特点使其传播活动近似于行政命令或曰发号施令。② 传播者和受众之间的关系是以前者为主,后者为辅,前者为中心,后者为辐射,前者是主动的,后者是被动的,受众选择的余地很小。在政治风潮中,对典型报道的学习甚至是带有强制性的。比如"文革"中的"农业学大寨",在当时,如果不学,你就是反革命。然而,在大众传播学中,受众并不是被动的,是传播者需要着力考虑的因素,新闻媒体应当向读者或受众提供他们所需要的信息服务,关注到他们的兴趣,并以他们的兴趣来决定新闻价值,这是和典型报道的取向不一致的。

英国新闻界有一句名言:"事实是神圣的,评论是自由的。"美国新闻界认为:新闻是属于公众的公共财富,新闻栏只提供事实,不掺杂媒介的私家观点;报社和公众意见可通

---

① 晓平:《为战士讴歌,让英雄永存》,载《新闻与成才》,1999年(10)。
② 李良荣:《新闻学概论》,305页,上海,复旦大学出版社,2001。

过社论版等方式加以表达。① 从形式上来说,当代西方新闻学讲究新闻与评论分开,而反对二者的综合,但典型报道恰恰是二者的结合体,而且评述在其中占有重大地位,有时在报道中甚至鼓呼兴叹。其他如西方的新闻讲求客观性,提倡将记者的主观性、立场、信仰减少到最低程度,但典型报道强调主观渲染;强调以某种精神教育人;强调舆论导向。所有这些都是与西方新闻学相悖的。

总体上说,典型报道是违背一般的西方新闻规律的。这就是为什么西方理论界不承认典型报道是新闻,而是一种政治宣传的原因。不过,社会主义的新闻形式当然有其独立存在的理由,并不一定要采用资产阶级新闻学的标准。

六、典型报道产生的土壤

典型报道为什么在西方不能成活,而在苏联和中国却能一度繁盛?这个问题现在可以比较明确地回答了。

1. 社会主义国家特定意识形态的产物和国家力量的推动

典型报道的政治性和宣传性决定了它是一种权力高度集中的社会条件下帮助国家统一思想、稳定局势、维持一定的道德规范的舆论工具。前面提到过,无论社会主义苏联还是社会主义中国,典型报道都是在党和国家领导人的倡导下大力发展,始终与政府的方针政策相一致,受到国家力量的支持。各历史时期的典型报道,无不是为宣传党的方针政策而推出的,典型报道自始至终肩负着政治使命。

社会主义苏联的新闻体制经苏共几代领导人的培育,形成了这样一种模式:报纸归国家所有,是党和国家机构的重要组成部分,是党的重要喉舌;从中央到地方,自上而下形成了一个层层监控的金字塔报业体系,《真理报》雄踞塔尖,地方报宣传口径要和《真理报》一致。报刊总是围绕党的中心工作宣传,如早期的重点是粉碎帝国主义的武装干涉和国内反革命势力的顽抗;进入建设时期后,《真理报》的主题变成解释党的社会主义总路线,动员群众参加经济建设,向人民进行共产主义教育……② 在强大的社会主义宣传中,典型报道唱了主角。

典型报道与以正面宣传为主的方针密切联系。典型报道的主要成分是正面典型,是"同类事物中最先进的事物"。在中国,自20世纪40年代起,介绍先进人物和先进经验的精神便贯穿在整个新闻报道中,并把其作为新闻报道的基本方针,以典型来推动党和人民的各项工作。到了20世纪80年代,党又提出坚持以正面宣传为主的方针,要"理直气壮

---

① 展江:《译者的话》,见展江、殷文主译:《美国新闻史》,861、865页,北京,新华出版社,2001。
② 张丹:《〈真理报〉的历史变迁和经验教训》,载《新闻与传播研究》,2001(3)。

地宣传人民群众创造历史、改造社会、建设新生活的英雄壮举",要"用人民群众自己创造的英雄业绩来教育人民"①。坚持以正面宣传为主的方针,也是我党实现领导的一种重要方式,对党和人民的各项工作具有很大的引导作用和示范力量。典型报道是正面宣传的最高形式。它最集中地体现了正面宣传的要求和特点。回顾我国几十年的典型报道可以发现,我国的典型报道有力地体现了以正面宣传为主的方针,典型报道和坚持以正面宣传为主的方针是互相契合的。以正面宣传为主的方针不仅在现阶段存在,而且还会在相当长的时期内作为中国新闻工作的指导方针,这也就为典型报道的存在和发展提供了极为有力的前提条件,因此典型报道的弱化直至消亡将是一个漫长的过程。

2. 中国的集体主义、重权威的文化传统与典型报道的形式相适应。

典型报道之所以在西方不能成活,简单地说,是西方的社会政治制度和意识形态决定的,西方的个人主义、自由主义、多元思想是和中国的集体主义、集中主义、舆论一律格格不入的。

由于与政治使命的密切相关,典型报道明显地带有"中国新闻文化传统中注重调节、注重维持社会秩序的影子",在报道中,"'求善'、'求治'、重视'教化'等传统思想文化长期影响着中国社会所形成的社会文化土壤,恰恰适合于生成典型报道等报道方式",②是典型报道这种新闻样式能长期在中国独树一帜的基础。

中国社会几千年的封建专制,使群众习惯于对统治者唯命是从,人民由于知识水平低下、文明不发达而导致自我意识封闭甚至丧失。传统文化的影响使受众形成了一种被动接收、单向思维方式。1949年后的中国人民虽然摆脱了被奴役、被压迫的地位,但随后中国共产党及其领导人又在人民心目中形成了新的权威,"听党的话"、"做党的好儿子"曾被奉为圭臬。由此也就不难理解,为什么共产党推出的新闻典型能被迅速推广,即使是在政府提出"赶英超美"、开展"大跃进运动"的错误口号时仍能一呼百应。这也是典型报道能很快发展并在20世纪60年代初期走向繁荣的一个重要原因。

在改革开放以前,人民的文化水平和眼界均受到局限,这种客观情况使典型报道很容易打动读者。典型人物的英雄主义和报道者的真情实感,不仅满足了人们的求知欲,而且与人们传统的伦理道德相契合,因而很容易让人接受。所以陈力丹说,"典型报道观念是文明程度不发达的社会条件下的产物"。

---

① 李瑞环:《坚持正面宣传为主的方针》,http://news.xinhuanet.com/ziliao/2005-02/21/content_2600300.htm.

② 樊凡:《中西新闻比较论》,123页,武汉,武汉出版社,1994。

七、典型报道的式微和某些新趋势

在苏联,典型报道已经土崩瓦解;在中国,它在日益弱化也是不争的事实。从20世纪80年代末起,一批传媒研究者就开始关注这个事实。1987年陈力丹的一篇《典型报道之我见》,宣称典型报道末日来临,引起新闻界的轩然大波,因为"典型宜多,综合宜少"是毛泽东的一贯办报思想,也是中国党报中的传统。在陈力丹之前,还未有过对典型报道如此断然否定的先例。新闻界进行了持久而激烈的争论,主要观点有以下几种:

1. 对典型报道充分肯定,认为其不会消亡

典型的重要性决定了典型报道的地位和作用,我国的社会主义媒体在典型报道方面取得了巨大成就,典型报道给我国的社会主义物质和精神文明建设以巨大的推动力。无论过去还是现在,典型报道都是我国报刊宣传的一种主要形式。只能肯定,不能否定;现实生活和党报宣传都需要典型报道,典型事物是客观存在的,现实也不宜提典型报道的"淡化"和"消亡"的问题;党的新闻工作需要通过典型报道增强其指导性,典型能提示事物本质,它本身包含新闻信息量,需加强而不是"淡化";"决不能因为典型报道的某些失误而否定其已经发生、正在发生、将要发生的重大作用"。

2. 肯定典型报道的历史意义,但认为它需要改革与完善

典型报道是有成绩的,不能因为其中出了一些问题,就否定典型报道这种形式,而应总结经验教训,不断改进提高。这一问题需要进行"哲学理论思考","在看待典型这个问题上,不能绝对化",典型报道在"逐步淡化"以致最后"逐步消亡"的主张,在纠正历史片面性的同时,又陷入了新的片面性;典型报道作为一种新闻形式,是有生命力的,它的毛病也是可以医治的,要在"真"和"新"上下工夫。①

3. 基本否定,认为随着典型报道的"逐步淡化",它最终将走向灭亡

陈力丹认为,典型报道从19世纪早期空想社会主义开始,到列宁复兴时代,以及我国当代的报刊和新时期的典型报道大都是"失败的"、"短命的"或"不成功的"。"一旦典型人物从半神变成人,典型报道便失去了存在的土壤"。②刘磊的意见则代表了21世纪一些人对典型报道的看法,他认为,进入90年代后,由于公众获取信息的渠道和思想的日渐多元,"典型报道"终于日渐式微。但宣传主管部门并没有感受到这种时代的进步、环境的变化,仍然驾轻就熟地统一部署着"典型报道",孔繁森、徐虎、王廷江、李素丽等典型一个个

---

① 有关典型报道的种种讨论,参照张芬之:《关于典型报道的讨论综述》,见《中国新闻年鉴:1988年》,100~103页,北京,中国社会科学出版社,1988。

② 张芬之:《关于典型报道的讨论综述》,见《中国新闻年鉴1988》,100页,北京,中国社会科学出版社,1988。

被隆重推出。

刘磊认为,虽然在强大的行政力量推动下,学习孔繁森等活动看起来也是热热闹闹,"典型报道"好像又进入了一个"春天",但这事实上已经是虚假的"繁荣",其影响与当年的雷锋、焦裕禄已不可同日而语。那些以穆青为楷模、期望通过写"典型"而成为"名记"的记者们也只能感到失落了。他指出:党报在传媒格局中的日益"边缘化"加剧了"典型报道"的式微,这事实上也宣告了通过写"典型"而成为"名记"的"穆青时代"的终结,他说:

> 越来越多市场化媒体的崛起,标志着中国的传媒业正在重新按照新闻自身的规律发展,像"典型报道"这种很难说是新闻的东西,在这些市场化媒体中是不会有一席之地的。对于已经告别舆论"一元化"的受众来说,千篇一律的"典型报道"更是没有什么市场了。尽管目前报刊电视上的"典型"还在一个又一个地推出,但"典型报道"的没落已经不可挽回……①

以上诸家观点,各有各的道理,目前,争论还在进行。不过,同前几个时期相比,20世纪90年代以后的典型报道数量锐减,它确实正在走向弱化。从典型人物报道在不同历史时期里出现的数字,可以看出这种逐渐走低的趋势:

根据安岗的统计,1943年上半年,在《解放日报》上出现的先进人物就有600多名。②"在延安根据地的《解放日报》上……一年时间里报道的人物新闻就有3000多条,开创了一代新风"。③

在"文革"十年中,有关大寨的报道仅在一家报纸上的统计就达到760多篇,200多万字。④

20世纪80年代的典型人物报道,"新时期,特别是进入80年代后的6年来,报刊宣传的典型人物多达千人,其中在全国产生一定影响的近百人,产生较大影响的有十余人"。⑤《光明日报》采用消息的形式宣传典型人物,"平均两三天就有一位知识分子先进人物被请上报纸。从5月到年底,共刊登先进知识分子典型150个"。⑥

20世纪90年代的典型人物报道:新华社1994年一年对先进人物的宣传"从发稿数量到社会影响,可以说是近十多年来罕见的",其发稿量为,"向全国报道的先进人物有

---

① 刘磊:《新"名记"时代的到来》2001-11-23 西陆观察。
② 安岗:《论典型报道》,见《新闻论集》,50页,天津,天津人民出版社,1982。
③ 徐人仲:《探索有中国特色的社会主义新闻》,见《中国新闻年鉴1987》,83页。北京,中国社会科学出版社,1987。
④ 安岗:《论典型报道》,见《新闻论集》,53页,天津,天津人民出版社,1982。
⑤ 余小葵:《浅议典型报道中的几个问题》,载《新闻学刊》,1987(11)。
⑥ 光明日报总编室:《改进人物报道,突出知识分子的宣传》,见《中国新闻年鉴1983》,83页、151页。北京,中国社会科学出版社,1983。

24个,平均每月两个"。①

对 1979、1989、1999 年 1、2、3 月份的报纸进行抽查的结果发现,与 20 年前相比,今天典型报道的规模已大大减小。这可以从典型报道在报纸上发表的日益缩小的篇幅中看出来。1979 年 1 月到 3 月的典型报道常常是大块头的文章,半个版、一个版面甚至超过一个整版的情况很多。到 1989 年,报纸上各报道篇幅与过去相比都普遍缩小,典型报道的字数也随之下降。到 1999 年,新闻改革进一步深入,报纸更是以"短些、再短些"的要求推出各类报道,甚至出现了几十个字的电讯式典型报道。②

1979 年初期的典型报道主要是围绕清除林彪、"四人帮"余毒,落实干部政策和社会主义建设为主题,那时候的报纸上天天充斥着大大小小的典型报道。比如,1 月 6 日《人民日报》的典型报道主要有消息"(主)平均主义是祸害 定额管理显成功(副)杨柳雪大队取消平均主义口粮供给制,结束徘徊局面,大步前进"、"处处体贴群众的好干部——记五届人大代表、山东省即墨县岙角石大队党支部书记李爱昌"、消息"(引)坚持真理 修正错误(主)胡再旺坚决纠正自己错审的冤案"、报告文学"一个惊心动魄的政治大阴谋——揭露姚文元《评新编历史剧海瑞罢官》黑文的出笼经过"。

在 10 年后的 1989 年 1 月 6 日《人民日报》上典型报道已大大减少。这天的消息有《烈火中曝光——事情发生在长江油驳燃爆事故现场》、《唐钢依靠全体职工筹资渡难关》、《天山下,有颗被权力碾伤的心》。而在 1999 年 1 月 6 日的《人民日报》上,你已经看不到典型报道了。③

典型报道为什么会弱化?从大时代背景来说:典型报道是和一个轰轰烈烈的革命时代相适应的,以狂热和一元化的舆论导向为其特征。随着这个时代的终结,承载这个时代精神的载体便会放慢速度。"文化大革命"结束后,人们打破了偶像,蔑视造神运动,提倡独立思考和个性化,追求精神上的自由,由于典型报道缺乏或排斥上述因素,所以它的走低是大时代背景使然,是势在必行。此外,由社会主义计划经济过渡到市场经济迅猛地掀翻了以往的传播模式,新闻传播者逐步从发号施令者向服务者转变。满足受众的多元需要成为媒体最重要的功能。

在人们对为什么典型报道会走低的种种猜测中,有两点值得注意:首先,典型报道那

---

① 郭超人:《对新闻宣传工作的基本估计》,见郭超人:《喉舌论》,317 页,北京,新华出版社,1997。
② 此项统计由李建红做出。
③ 1979 年 1 月到 3 月的典型报道常常是大块头的文章,有时一篇文章就占半个版,如 2 月 16 日的通讯《把青春献给祖国——记在新疆的上海知识青年杨永青》;有的文章占整整一个版面,有时甚至超过一个整版,如 2 月 26 日的文章《一场捍卫党的原则的伟大斗争》。在当时即使是篇幅稍短的典型报道例如消息,也得有千字左右。到 1989 年,报纸上各报道篇幅与过去相比都普遍缩小,因此典型报道的字数也随之下降,如 1989 年 1 月 5 日的消息《王克明 7 年卖粮 41 万斤》便是一篇百字典型报道。到 1999 年,新闻改革进一步深入推进,报纸更是以"短些、再短些"的要求推出各类报道。

种配合政治,对受众进行自上而下的单面灌输的传播方式,违背了新闻报道和受众之间的互动规律。那些饱蘸政治感情的典型报道,富于政治说教色彩,它总是仙人指路般地告诉受众怎样做,人生应当怎样度过,但不尊重受众的选择,否定了读者的主体意识、平等协商和参与民主决策的权力。典型人物中的许多政治性的变化令受众失去了信心,比如聂元梓、蒯大富、陈永贵、林彪、王洪文等风云人物在前一个时期是"英雄"、"模范"、"标兵"、"领袖接班人",但在后一个时期又成了"反革命"、"阴谋分子"……,这种与政治的密切联系和主观随意性令人从怀疑到抵触。

其次,典型报道中那种"高大全"的脱离生活实际的典型和公式化、概念化的典型引起受众的反感、抵触和唾弃。由于我国一贯坚持以介绍先进人物和先进经验为主的方针和以正面宣传为主的方针,在典型报道中的先进典型总是毫无瑕疵,一味拔高,典型人物"必须十全十美","经验必须能概括一个运动或一个地区",似乎只有这样才能显示典型的先进性、方针政策的正确性和社会制度的优越性。

现代受众要求新闻的客观真实,要求以丰富多彩的典型展示社会生活,这就需要打破传统意义上盲目崇拜、一味迷信的典型报道的形式。所以,一旦政治思想解放之后,社会新闻、热点报道、新闻调查等便以强大的生命力应运而生。

自20世纪80年代起,典型报道出现了很多改革,虽然在发表的数量上大为减少,但在写作方法上发生了变化——浓重的政治说教减少了,代之而起的是人情味和生活气息;"高大全"被放弃了,代之而起的是多层次多侧面地表现人物,既表现优点也表现缺点。比如,先进人物张海迪曾经绝望过,甚至想过自杀,但许多记者的报道中没有提到过这个事实,认为这有损于英雄人物形象,但郭梅尼在《生命的支柱——张海迪之歌》中写到了,这种突破使人相信先进人物是人不是神,不是高不可攀的。[1] 在1998年抗洪英雄李向群的报道中,提到了他刚到部队时留着"费翔式"的分头,见领导先敬烟,过生日时到饭馆聚会,新兵训练时首次测验5门功课3门不及格,野营训练掉队后"打的"赶队……,这些细节不仅无损于英雄形象,反而提高了可信度。一位老人说:"李向群20年短暂的生命历程中,家有资产百万却自找苦吃,3次在危急关头交上入党申请书,先后5次在水、火中救人,生命最后几天中4次晕倒在大堤上。这一切是许多同龄人,包括我的孩子所做不到的。我们不能要求20多岁的青年高大无比,完美无缺,那不符合辩证法。"[2]20世纪90年代以后的典型报道,大多注重全方位地描写英雄,大大提高了可信度。《中国青年报》记者陈娉舒2004年采写的英雄人物任长霞和牛玉儒,突破了传统的典型报道模式,抛弃了形容和赞美,以朴素平实的语言和细节描写了感人的共产党员的形象,在新时期的典型报道中具有

---

[1] 郭梅尼、许家良:《生命的支柱——张海迪之歌》,载《中国青年报》,1983-03-01。有关讨论见余小萄:《浅议典型报道中的几个问题》,载《新闻学刊》,1987(11)。

[2] 晓平:《为战士讴歌,让英雄永存》,载《新闻与成才》,1999(10)。

代表意义。①

本章小结

作为正面报道最高表现形式的典型报道是社会主义政治的产物。在中国革命的各个历史过程中,这种特殊的报道形式起到了发动群众、建设祖国、规范社会道德、巩固政权、成为阶级斗争的有力工具的独特作用。随着多元时代的到来,典型报道趋于走低,其优势逐渐让位于调查性报道、热点报道等。不过,典型报道在中国远没有崩溃,它只是失去了在新闻报道中的统领地位。只要社会主义和资本主义还存在,只要理想主义还存在,只要正面报道还存在,典型报道就依然会存在。那些经过了历史考验的、在百姓中产生了巨大影响的典型人物如雷锋、焦裕禄、王进喜等,仍将长久地活在人民心中。②

典型报道发展到 21 世纪,出现了新的模式和变体。2002 年,中央电视台首次启动了《感动中国年度人物》评选活动,到 2013 年为止已经展开了 10 届。在《感动中国》的杰出人物中,既有个体,也有集体,其层面涵盖了社会各界人士,既有科学家、院士、工程师、航天英雄和公务员,亦有众多的草根民众。这些杰出人士或是为国家、民族作出了重大贡献,或是在平凡生活中以其优秀品质赢得了社会的尊重。十多年来,央视的《感动中国》一直令观众高度瞩目,长盛不衰,给国民以巨大激励。在新时代中,媒体对这些典型人物以平实报道,不吹嘘,不拔高,完全凭事实说话,显示出典型报道的新魅力。这是一个值得学者研究的新现象。

---

① 《中国青年报》编:《报之道》,20~21 页,北京,中国青年出版社,2007。
② 尽管各界对历史上某些典型人物存有争议,例如陈永贵,但典型人物被肯定的还是多数。

调查性报道的沉浮

使用"调查性报道"这个概念很容易面临挑战,首先的困惑是:哪一条新闻不是调查的结果?凸显调查性报道真那么有必要吗?世界公认的调查性报道精品《华盛顿邮报》对"水门事件"的披露曾问鼎普利策新闻"公众利益奖";西摩·郝什的《美莱大屠杀》曾跻身于普利策新闻"国际报道奖",二者似乎均与"调查新闻奖"无缘。[①] 事实上,普利策新闻奖评奖委员会从1985年才开始设置调查新闻类的奖项,这是因为,在发展了一个多世纪之后,调查性报道日渐丰满的特征已足以形成行业内一个单独审视的类别。

在国内不多的探讨调查性报道特点的文章中,孙世恺做出了较早的探索。他将中国的调查性报道分为消息式、通讯式、组合式和附记式四种形式。他举例说,1996年3月15日《人民日报》的《来自全国35个城市的调查显示:消费者的权益保护不容乐观》和同年2月14日的《我国现有人口12亿》是消息式调查性报道。其中,后面一篇报道是从国家统计局几十万的调查材料中归纳出来的。[②] 孙世恺对调查性报道的概括提出了一个问题:在新闻中运用了调查手法就是调查性报道吗?如果那样,这个概念是不是太宽泛了呢?

作为一种普遍采用的报道方法,调查性报道有着广泛的交叉性;作为一种相对独立的报道样式,它有着严谨的内在规定性,而决非泛指新闻报道中的调查,也许可以这样表述,一切调查性报道都包含调查,但一切有调查的报道不一定等于调查性报道。关于调查性报道的界定问题我们稍后会另辟专节讨论。

假如对正负面报道的分析显示了东、西方报道的区别,那么对调查性报道的考察将从新的角度进一步表明它们的分野。[③] 负面报道在很大程度上

[①] Hohn Hohenberg. The Pulitzer Story. New York: Columbia University Press,1980.91~98.
[②] 孙世恺:《谈调查性报道》,载《新闻与写作》,1996(5)。
[③] 有关正负面报道的讨论,见张威:《中西比较:正面报道和负面报道》,载《国际新闻界》,1999(1),48~56。

是建立在暴露和批评的基础上,而正面报道往往与宣传和推行连在一起。负面报道中的许多因素如"冲突"、"反常"更集中、更剧烈地体现在调查性报道上,它聚焦于公众关心的社会问题,对社会发生及时和直接的影响;它意在揭露内幕新闻,拒绝宣传和推行,它向权势发出挑战——所有这些特点都使它与某些势力发生严重冲突,并往往遭受这些势力的镇压。调查研究性报道的特性要求新闻媒体具有极大的独立性,在西方,对它的宽容程度被认为是检验新闻自由的试金石。学者们指出:在美国这样一个拥有庞大复杂的政府机构、企业和社会的国家,报界只有进行广泛而又巧妙的调查性报道,才能尽到自己的责任。① 传媒研究者莫仑霍甫(Charles R. Mollenhoff)认为,调查性报道在民主社会地位重大,"美国民主在很大程度上依据美国人民是否了解他们的社会问题——而这些问题的确定要借助于新闻界的调查性报道"。②

一、黑幕揭发运动——调查性报道的先声

人们现在提到调查性报道时,已经毫不怀疑它的报道效果和重要作用了。日本甚至将其称为"报纸再生的希望之星"。③ 然而,调查性报道的鼻祖们在一个世纪前却被贬为"扒粪者"(Muckrakers)。由"扒粪者"组成的"黑幕揭发运动"是正宗的调查性报道的先声。这个在美国新闻史上占重要地位的运动发生在20世纪最初的10年,按照学者展江的说法,它主要是"由美国杂志新闻事业发起的一场揭露社会转型期大量出现的社会弊病的社会运动。在这场运动中,由一批立志改革的社会精英撰写和创作的新闻和文学作品广泛揭露了社会转型的副产品——官商勾结、贫富悬殊、假货泛滥这类社会丑恶现象,使20世纪的第一个10年成了大声疾呼改革的时代,从反面帮助了一个民族重新发现了它的良知。"④

20世纪初是美国资本主义的第一个繁荣期。1900年,美国有百万富翁3800个,1/10的人口占有9/10的财富,财团控制着政治和经济的命脉,它们呼风唤雨,与政界相互勾结、沆瀣一气,贪污腐化风卷全美。这时一批记者和作家以《麦克卢尔》、《角斗场》、《世界主义者》等杂志为阵地,向政界、商界和社会展开了猛烈的抨击和揭露。这场以揭发暴露为特色的口诛笔伐运动持续了10年左右,撰稿人"仿佛是与风车作战的堂·吉诃德,他们

---

① 密苏里新闻学院写作组:《新闻写作教程》,385页,北京,新华出版社,1982。
② See Charles R. Mollenhoff. Investigative Reporting: From Courthouse to White House. New York: Macmillan Publishing Co., Inc., 1981. 2.
③ 刘明华:《西方新闻采访与写作》,101页,北京,中国人民大学出版社,1992。
④ 展江:《惊天动地的改革呐喊》,见展江、万胜编:《新闻与揭丑:美国黑幕揭发报道经典作品集》(1),1页,海口,海南出版社,2000。本节参考并援引了展江、万胜编写的上述著作,特别是该书(1)的1~18页,以及(2)的1~12页,谨此鸣谢。

在改变美国政治、经济、社会、历史和思想的走向方面的确起了作用……"

现在看来,"黑幕揭发运动"给后起的新闻报道赋予了关键性格——揭发与暴露,这是它的首要贡献。"黑幕揭发运动"撰稿人的笔锋指向政坛、商界、黑道、金融保险、教会、欺诈事件、监狱、卖淫,特别对一些权势人物发起了无情的鞭挞,比如戴维·格雷厄姆·菲利普斯的"参议院的叛国罪",揭露和抨击了20多名与大财团勾结在一起的参议员;林肯·斯蒂芬斯的"明尼阿波利斯的耻辱"披露了一个腐化堕落的市长;艾达·塔贝尔的"美孚石油公司史"揭发了大亨们崛起的内幕。此外,揭露的锋芒还指向食物掺假、金融和保险公司的欺诈、药店的不义。罗斯福总统曾称这些揭丑者为"扒粪者(专门打听丑闻的人)"。

"黑幕揭发运动"的第二个贡献是它为日后的新闻报道铸成了严密的调查方法。以《麦克卢尔》杂志为例,它刊登的文章详细、准确而全面,老板麦克卢尔"给他的作者们足够的时间进行调查研究和写作,并且是按照他们的研究而不是他们所写的数量付酬的,他支付给作者的薪水可以使作者完全没有经济上的后顾之忧,并且使撰写某一题材的作者对这一题材的把握,即使不具专家的权威,至少也具有告之公众并能经受专家论证的准确程度。"

从事黑幕揭发报道的主将、曾任《麦克卢尔》编辑部主任的林肯·斯蒂芬斯(Lincoln Steffens)是暴露政治黑幕的高手,他先后调查了16个大城市、11个州的政治黑幕,形成了一套调查新闻的工作方法。他"像侦探一样去寻找打开神秘之门的钥匙,挖掘事实的真相","他精心研究了事实和统计数字",他运用了"假设——求证"以及"20世纪后半叶才流行的伪证法"。

据统计,在1900—1915年间,黑幕揭发者差不多发表了2000篇揭露性的文章。① 为什么"黑幕揭发运动"起于20世纪初?为什么当时有那么多的杂志风起云涌?为什么有那么多的记者作家起而呼应?这些问题都需要更令人信服的解释,但是,作为一个运动,黑幕揭发始于1902年,在接下来的两年中如火如荼,到1908年杂志发行量开始下降,1911年全面滑坡,最后逐渐终止。有学者认为,它的衰落是由于第一次世界大战的爆发——战争使人们将注意力从现实生活中转向国际舞台,此外广告商从"黑幕揭发运动"杂志撤退也是一个原因,而更大的原因则是公众的冷漠,他们由于无知而让自己被毁掉。"杂志订户开始厌倦那些有关市政腐败、托拉斯虐待劳工并掠夺自然资源的文章"。

1961年,阿瑟·温伯格等人诘问道:"今天还有人从事黑幕揭发吗?"他们宣布:"标志着新闻世纪肇始的密集型黑幕揭发的驱动力已不复存在了。"

---

① Rober Miraldi. Muckraking and Objectivity. New York:Greenwood Press,1990. 28. 引自展江、万胜:《新闻与揭丑:美国黑幕揭发报道经典作品集》(1),5页,海口,海南出版社,2000。

二、调查性报道异峰突起

但是,"黑幕揭发运动"孕育的种子——调查性报道却几乎在温伯格预言的同时就破土而出了。

一些美国学者认为,调查性报道是从第二次世界大战后缓慢流行起来的,早期代表作包括1957年范思·派克的《隐藏的劝说》,其中揭露了现代广告中运用的隐藏说服技巧。另一代表作是1962年瑞查·卡森的《寂静的春天》,其中揭露了除虫剂对环境的破坏。不过,以上两部作品还仅仅是调查性报道的雏形,它们的地位很快就被《美莱屠杀案》(1969)和《美国越战政策曝光》等经典性作品所代替。事实上,调查性报道在20世纪六七十年代就已经迎来了一个全新的黄金时期。①

1. 美莱屠杀案

1969年年初,越共发动了春节攻势。自由撰稿人西摩·郝什从五角大楼一个朋友那里听到了一个令人震惊的消息:美国军队曾在越共领土上的一个村庄里屠杀了大批越南平民,可能有百名之多,他决心要调查这件事。他在华盛顿找到了一个愿意出钱资助调查性新闻报道的菲利普·斯特恩家族基金会,申请到2000美元,于是开始了全面搜索。这时,有人警告他不要继续调查,因为会"伤害军队的名誉",但郝什坚信披露事实的真相是他的责任。他找到1968年在越南的那支美军部队的军人们,进一步了解到了事实的真相和细节,获悉是一个名叫卡里的排长指挥的这次屠杀。为了进一步核实情况,郝什迅速飞往佐治亚州的本宁堡军营,四处寻找卡里。莫可洛夫特(Marilyn Moorcroft)在书中这样描绘道:

> 他开始在这个大基地中四处寻找卡里,整整一天的寻找实在是对他的耐心及机智的一种考验,郝什提着公文包到处闲逛,希望以此给军警们造成一种他是一名律师的假象:"嗨,我在寻找比尔·卡里。"他自信地对值班卫兵说,但卫兵们似乎都不知道卡里是谁以及他在哪里。或许他们知道,这样做只是为了阻止郝什进一步的探问。在首席顾问办公室,一名中尉粗鲁地对郝什说:"我无可奉告!"与卡里的军事律师的谈话看来毫无结果。
>
> 郝什随后想到了查阅本宁堡旧电话簿的主意,他成功地找到了卡里的名字和地址,但却并未因此找到卡里。接下来郝什偷偷进入了兵营,找到一名正在熟睡的士兵,郝什听说这名士兵有个朋友在该营的信息中心工作,这个朋友将卡里

---

① Marilyn Moorcroft. Contemporary Investigative Journalism. New York: Franklin Watts, 1981. 1.

的个人文档"借"给郝什细读,文件里记载着卡里在基地外的地址,但因他已经奉命返回了,基地的这个地址也就没有用处了。随后,郝什开始挨门挨户地探查其他营房,这里的每个营房都有50间屋子。在每一扇房门外,他都要很随意地问一下:"嗨,比尔,你在吗?"他找了一整晚仍没能找到,然而最后,他幸运地碰到了一名军官,这名军官曾是卡里的朋友,并答应介绍卡里给艾思伯格。郝什终于和卡里——这个被军方指控在越南美莱进行屠杀的刽子手进行了面对面的谈话。①

郝什是在飞回华盛顿的飞机上写下他的第一篇关于《美莱屠杀案》的报道的。这条新闻被36家报纸采用。在后来的几个月中,郝什访问了50多名与卡里在一起服役的士兵,写下了更多的报道。这些材料最后被编辑成一本书。1972年,有关《美莱屠杀案》的报道获得了普利策新闻奖,从此名垂青史。评委会认为:

> 郝什在面临许多报纸不信任和不重视的情况下,虽然了解情况有限,但是他充分发挥了主动性,毫不畏缩,坚持不懈,终于突破了美莱事件这一重大新闻。这一消息不仅震动了美国,而且在国际上引起了很大的反响。他所报道的消息涉及美国、南越、英国及其他一些国家的最高官员。郝什的报道符合普利策一向称道的新闻写作最高标准。②

2. "水门事件"

在美国新闻史上,1971年6至7月间的"五角大楼越战最高机密文件"案占有光辉的一页。媒体的胜利直接推动了调查性报道走向高峰(详情请参阅本书"信息流动,怎样接受挑战"一章)。

在郝什获奖的同时,《华盛顿邮报》的两名年轻记者正在从事一项令人震惊的调查——调查总统。从1972年6月起,该报的青年记者罗伯特·伍德沃德和卡尔·伯恩斯坦通过两年多的调查和报道,揭露了尼克松的政治丑闻。最初的导火索不过是一个窃听事件以及从一名肇事者身上搜出来的电话本。由此出发,伍德沃德和伯恩斯坦发现了事件背后的白宫官员,又发现了总统与窃听事件的关系。调查一步步地进行,报道一篇篇地发出,真相一点点地明晰。《华盛顿邮报》与最高统治者的叫板令尼克松发誓要埋葬"那个该死的报纸"。在白宫的压力下,《洛杉矶时报》、《时代周刊》、《纽约时报》和哥伦比亚广播公司相继加盟《华盛顿邮报》,群起而攻之,导致总统最后的辞职。③

---

① Marilyn Moorcroft. Contemporary Investigative Journalism. New York:Franklin Watts,1981. 32~33.
② [美]约翰·霍恩伯格编:《普利策新闻奖获奖作品选》,97~98页,北京,新华出版社,1984。
③ Devid Halberstam. The Powers That Be. New York:Alfred A. Kmopt,Inc. ,1978.700~728.

在长达 26 个月的调查和报道中,《华盛顿邮报》起到了至关重要的作用,作为揭露"水门事件"的先锋和中坚力量,《华盛顿邮报》因此获得了普利策新闻奖中最重要的"服务公众奖"。名不见经传的年轻记者伯恩斯坦和伍德沃德也由此而名声大振,他们撰写的《总统的亲信》等书籍畅销全国。集政治、经济、军事大权于一身的美国总统,受到大众传媒的制约,被逼得退出政治舞台,"水门事件"显示出大众传媒的巨大威力,成为新闻史上传媒抗衡权力、扫除腐败的经典案例,并为新闻界追求新闻自由和传媒独立树立了一个职业标准。它再次表明:人民的自由依赖于言论和新闻自由,没有这种保障,自由权就有被公然或者悄然剥夺的可能,正是由于这一原因,调查性报道才会受到新闻界与普通民众共同的重视,大众传媒才具有了抗衡政府的勇气与力量。

3. 日本的经典案例

调查性报道的中心很快转移到东洋日本。1974 年秋季,东京一家畅销杂志《文艺春秋》发表了两篇文章,《田中角荣研究——他的金脉和人脉》;另一篇名为《寂寞的越山会女王》,以大量的事实披露了首相巨额政治资金的诸多疑点以及绯闻。这篇报道成为当时日本最高政府长官田中首相倒台的导火索。记者立花隆从田中有限的收入和庞大的开支不符入手,展开了深入调查,最终以令人信服的证据揭开了田中内阁的金钱政治内幕。一个半月后,田中角荣在舆论的谴责声中辞职下台.《田中角荣研究》因而成为日本调查性报道的开山作,各媒体起而响应,调查性报道此起彼伏,较著名的包括 1976 年传媒对美国洛克希德公司为推销飞机向日本政府行贿的报道以及 1988 年《朝日新闻》对"里库路特"案件的报道。[①]

1976 年 2 月 5 日,《朝日新闻》发布了一条惊人的消息,称美国洛克希德公司曾将 6 亿日元通过其在日本的代理公司送给日本政府高官,以便打通关节推销飞机,这一消息震动了日本朝野,当时的日本首相三本武夫成立了调查委员会,表示要彻底清查,日本各大主要报纸也进行了大量的报道。调查结果表明,田中角荣接受了该公司 5 亿日元的贿款,1977 年 7 月 27 日,田中角荣被捕,日本报纸纷纷为此发表"号外"报道,此后又有 18 名涉案人员被捕起诉,使得日本报界的"号外热"持续了相当长的时间。在审判过程中,田中角荣及其亲信千方百计毁灭证据阻挠调查,其贴身司机笠原政则不惜自杀以掐断线索,但日本传媒一直紧咬不放。历时 6 年多,审判终于有了结果,田中角荣被判有期徒刑 4 年,罚金 5 亿日元。

然而,就在田中角荣刑期刚满之际,日本报界又爆出"里库路特案",将竹下登首相拉下了马。1988 年 6 月 18 日,《朝日新闻》发表独家报道,揭露川崎市副市长小松秀熙非法购买未公开上市的股票牟利,揭开了"里库路特案"的第一层黑幕。在近一年中,《朝日新

---

① 刘明华:《西方新闻采访与写作》,106~107 页,北京,中国人民大学出版社,1993。

闻》记者与其他记者一起深查细挖，揭开了重重黑幕，1989年6月，竹下登不得不辞去首相之职，一批涉案官员也被捕入狱。在《朝日新闻》对此的最初调查中，所派出的调查人员并不是经验丰富的政治记者，而是二十几岁初出茅庐的年轻人，事后证明，这一决策是正确的，因为日本新闻界一些树大根深的人物，像日本经济新闻社社长森田康等也卷入了此案。调查性报道在日本初露头角就显示出巨大的威力，新闻界先后将两位首相拉下马。

4. 英国：调查性报道的风雨历程

调查性报道在英国起于20世纪60年代，根据学者多伊格(Doig)的说法，当时，由于英国的报纸面临电视的竞争，报纸需要增加版面来吸引读者，特别是特稿和图片报道，再加上当时的社会风气偏向于怀疑论和玩世不恭，这使调查性报道应运而生。①

1963年，《世界新闻报》(*News of the World*)记者彼得·厄尔(Peter Earle)对政府部长普罗富莫(Profumo)、一位俄国特工和一位应召女郎之间的三角关系进行了调查和披露，打响了第一炮。不久，《星期日泰晤士报》(*Sunday Times*)记者罗恩·霍尔(Ron Hall)披露了罪犯拉奇曼以房东的身份对房客进行恐吓的行径。1969年，《泰晤士报》(*Times*)利用防盗报警装置搜集大都会警察的腐败证据。到20世纪60年代末，英国出现了许多专事调查性报道的新媒介。比如报纸《星期日泰晤士报》调查版、杂志《隐秘注视》(*Private Eye*)和格拉纳达电视台(Granada Television)的《世界在行动》(*World in Action*)节目。②

《隐秘注视》揭露了许多隐秘，比如：詹姆斯·卡拉汉(James Callaghan)首相不可告人的关系网；万兹沃思市政府(Wandsworth Council)在签发建筑合同过程中的腐败；臭名昭著的鲍尔森(Poulson)事件；心脏科医生克里斯蒂安·巴纳德大夫的虚假声明；英国石油公司在罗得西亚(今津巴布韦)实施的制裁；爱尔兰政治家查尔斯·豪伊(Charles Haughey)卷入军火走私；BBC的音乐节目主持人收受贿赂以及其他许多财政及商业方面的丑闻。

1967年，《世界在行动》制作了以下调查性节目：鲍尔森地方政府腐败丑闻、乌干达总统阿明的大屠杀、英国石棉行业工人的疾病、英国在福克兰群岛与阿根廷交火并出卖军火的行为、爱尔兰牛肉加工行业的腐败、监狱里的黑暗，以及臭名昭著的伯明翰6号司法事故等。《世界在行动》最早对核动力安全问题进行了调查报道，它还披露了许多英国皇室

---

① Hugo de Brugh(eds). Investigative Journalism: Context and Practice. London: Routledge, 2000. 以及[英]雨果·德·伯格：《英国调查性报道30年》，李青藜译，21世纪新闻舆论监督研讨会参考文章，2001。在参考、援引上述材料过程中，作者做了必要的编辑，如有任何错误，则由作者承担。

② 20世纪60年代，英国致力于调查性报道全国性媒介包括：报纸《星期日泰晤士报》(调查版)、《观察家报》、《卫报》、《每日电讯》、《新政治家》(*New Statesman*)、《Leveler》、《私家侦探》、《世界新闻》、《每日镜报》。电视：《世界在行动》、《全景》、《TV Eye》、《活跃的人》(*Man Alive*)、《伦敦节目》(*The London Programme*)。

内幕。

1970年,《隐秘注视》转载了雷·菲兹沃尔特(Ray Fitzwalter)有关建筑师兼公共建设承包人鲍尔森破产一事的报道,引起强烈反响。菲兹沃尔特揭露了公共管理机构中的腐败,他详细地展示了政客们与鲍尔森相互利用,以不道德的手段获取公共建设合同,粗制滥造,从中获取巨额利润的详细过程。

1972年,《星期日泰晤士报》的哈罗德·艾文斯(Harold Evans)披露了大型制药公司迪斯蒂勒(Distillers)案件。该公司在若干年前曾向孕妇提供镇静剂,导致451名婴儿出生时畸形。该报的调查报道使受害者获得赔偿。

20世纪80年代初,调查性报道在英国仍然持续发展。约克郡电视台(Yorkshire Television)的系列节目和詹姆斯·卡特勒(James Cutler)与罗布·爱德华兹(Rob Edwards)合著的《英国的核噩梦》一书从居住在核装置周边人群中癌症高发病率问题入手,揭露了核动力的欺骗性和危险性。1983年11月1日,在电视节目播出的当天,撒切尔承诺对该问题进行紧急调查。

在撒切尔夫人执政期间,许多进行调查性报道的记者都感到了"铁娘子"的威胁。1985年,《真实生活》(*Real Life*)节目遭禁,泰晤士电视台的调查性节目《岩石之死》(*Death on the Rock*)对政府未经审判便枪杀了爱尔兰共和军恐怖分子一事提出质询,因而受到政府的审查。

在约翰·梅杰(John Major)执政的3年中,有15名部长不得不辞职,因为新闻界无止无休地报道他们的绯闻、贪婪和受贿的丑闻。

从20世纪80年代末期到90年代初,英国政府压制了许多具有揭露性的调查报道。1987年,政府禁止BBC第四电台(Radio 4)播出《我的国家是与非》(*My Country Right or Wrong*)。警方搜查了BBC在苏格兰的办事处,闯入制片人邓肯·坎贝尔(Duncan Campbell)及其他记者家中,查封了6集系列片《秘密社会》(*Secret Society*)。政府还企图阻止一位前英国特工出版他的回忆录(Peter Wright:Spycatcher)。1991年10月,第4频道在《新闻电讯》(*Dispatches*)栏目中播出了《委员会》(*The committee*)节目,指控恐怖分子和警方在北爱尔兰联手清理其他恐怖分子,警方强制该电视台交出了所有的摄制资料。第二年,该电视台又因拒绝透露《委员会》中的新闻来源而被罚款7.5万英镑。

调查性报道在英国的东山再起是在20世纪90年代中期,仅在1995年,据不完全统计,英国大陆的电视中就有300多个节目可纳入调查性报道之列:其中包括:BBC的《内幕报道》(*Inside Story*),BBC的《公众观点》(*Public Eye*),独立电视台的《重大报道》(*Big Story*),独立电视台的《电视网优先》(*Network First*),第4频道的《刀刃》(*Cutting Edge*),独立电视台的《第一个星期二》(*First Tuesday*),BBC的《40分钟》(*40 Minutes*),第4频道的《街头法律》(*Street Legal*)。

BBC的历史系列节目《时钟》(Timewatch)和第4频道开办的《秘史》(Secret History),以及第4频道的《目击者》(Witness)也对一些历史事件进行调查,例如对爱尔兰民族主义政党新芬党与纳粹主义之间的关系所做的调查。

20世纪90年代英国开办的纯调查性系列节目包括:独立电视台的《库克报道》(The Cook Report),4频道的《乡村探秘》(Countryside Undercover),BBC的《冒昧》(Taking Liberties),独立电视台的《比姆和达·席尔瓦》(Beam and Da Silva),独立电视台的《伪装》(Disguises),4频道的《英国探秘》(Undercover Britain),BBC的《此时此地》(Here and Now),BBC的《私人调查》(Private Investigations)。

即使是在20世纪90年代,调查性新闻也遭受过一些挫折,比如1995年《全景》(Panorama)节目曾一度撤回了对威斯特敏斯特(地方政府Westminster)市政会腐败现象的调查报道。迫于压力,独立电视台取消了一次关于政治游说的《库克报道》节目。

英国调查性新闻对以下问题给予了格外的关注:国家安全事务、丑行、公共权力机关的腐败、公共行政管理、社会政策、司法错误、历史、环境、重大政治活动和外交事务。

调查领域非常广泛,从房东利用住房福利制度欺骗政府到与政府官员相勾结的金融欺诈等都进入了记者的视野。公共健康问题也是一个焦点。比如,医疗质量、老年人和精神病人在医院受到的待遇、避孕药的危害、军事基地附近的癌症高发病率、疯牛病对人类的影响等。

国际问题上的调查性报道也令人瞩目,一些著名案例包括:印度尼西亚如何对待东帝汶、澳大利亚如何卷入种族灭绝罪行、吉卜赛难民以及《泰晤士报》记者贾斯帕·贝克尔(Jaspar Becker)对中国1958—1961年间的大饥荒报道——"饿鬼(Hungry Ghost)"。

对大多数英国人来说,调查性新闻意味着暴露"丑行"。从1992年开始,《世界在行动》接二连三地对政府部长们进行调查,其中6人因绯闻而被迫辞职。

总的来说,虽然自20世纪60年代后,调查性报道在英国媒体长盛不衰,但比起美国和日本来,它的影响不够大,其案例也未能产生世界性的影响。

5. 澳大利亚

在新闻业发达的澳大利亚,调查性报道主要集中在三个领域:政府官员的渎职、警察机构的腐败以及社会上的不义和欺诈。在揭露政府官员的渎职方面,《墨尔本世纪报》对"克玛拉尼"事件的报道是一个典型例子。1975年,惠特曼政府的矿业资源部部长康乃尔和财政部部长凯恩斯秘密委任了一个叫克玛拉尼的商人在中东为政府谋取低息贷款。按照法律,任何国家贷款都要事先经过国会批准。部长们这样做是违法的。此事被披露后,舆论大哗,财政部部长立即辞职,但矿业资源部部长康乃尔却顽强抵抗,拒不承认他曾授权克玛拉尼从事贷款工作,甚至还起诉《墨尔本世纪报》对他的"诬陷"。记者皮特·盖米通过艰苦调查搞到了证据并在报上发表,在铁的事实面前,康乃尔只好引咎辞职。①

1997年,霍华德政府9名部长冒领差旅费被曝光,这是一个更为贴切的例子。在当年年初的一次国会论辩中,反对党提出政府一名部长到其家乡出差,住在家里,却领了国家给部长们的高额旅馆补贴。此事引起了新闻界的注意。《悉尼晨锋报》和《每日电讯报》立即去该部长家乡的旅馆取证。在深入调查中,他们又发现了政府其他8名部长同样存在着冒领差旅费问题。调查报道一经刊登,立即激起强烈社会反响,导致9名部长被解职,其中一名部长自杀未遂。②

警察机关的腐败也是澳大利亚调查报道关注的重点。1987年,布里斯班《快报》刊发了当地警察卷入妓院生意的调查报道,导致昆士兰警察局副局长派克的引咎辞职;1985年6月,《阿德雷德广告报》揭露了当地警察局卷入一宗谋杀案中的不义行为;1973年7月,《国家时报》披露了长滩监狱对企图越狱的犯人施行酷刑的内幕;1984年《墨尔本世纪报》将警察殴打土著人致死一案公之于众。③

揭露社会上的不义和欺骗行为,维护公民的利益更是澳大利亚调查性报道长盛不衰的主题。这方面的实例包括:1978年《西澳报》记者凯瑟琳(Catherine Martin)通过一组调查报道,反映了西澳矿区工人因开采石棉矿导致高发病率并死亡的情况,法院根据报道,责成矿主对受害人进行赔偿;1979年,荷巴特《信使报》通过调查,揭露了一名奸商的土地交易骗局,从而使许多买主免于受害;1971年,《阿德雷德广告报》发表一组调查报道,揭露社会上流行的"锁链营销"的欺骗性。以上所有报道均获澳大利亚新闻最高奖——"沃克莱奖"。④

20世纪80年代以来,澳大利亚的调查性报道迅速增长,各种皇家调查委员会纷纷成立,揭露社会腐败成为一个重要主题。在澳大利亚,调查性报道在重塑公众的社会观点中起着关键作用。媒体对政客、官员、商人等的腐败问题揭露的浪潮此起彼伏。一个州政府因此而垮台,另外两届政府也受到严重影响,一些人在这个过程中受到伤害。新闻记者认为他们的作用便是能使这些报道引起公众注意。

许多研究都强调了调查性报道中个体的重要性。一家媒体搞好调查性报道的关键就在于编辑和记者在追究一件事情时,是否得到有关方面的支持。但是除非这样的报道开始成为媒体准则的一部分内容,否则记者、编辑个人就会产生消极颓废离职的想法,并受

---

① Zhang Wei. Politics and Freedom of the Press. Sydney:Australian Centre for Independent Journalism,1997. 180~182.
② The Sydney Morning Herald,June 15 1997. 16.
③ Zhang Wei. Politics and Freedom of the Press,Sydney:Australian Centre for Independent Journalism,1997. 182~183.
④ Zhang Wei. Politics and Freedom of the Press,Sydney:Australian Centre for Independent Journalism,1997. 182~183.

到多方攻击。

记者和编辑个人认为新闻价值应当高于商业利益和政治利益。他们的报道来之不易,在20世纪80年代中,有几位记者由于从事调查性报道,不久便被几家大公司雇用。另外几个人被提升为高级编辑。

大部分记者认为调查性报道的巨大作用是无法衡量的。他们说澳大利亚现在信息比较灵便,政治更加健康、公开,新闻界更加愤世嫉俗了。1992年,在接受《媒体与民主》调查的600名新闻记者中只有8个人认为调查性报道对澳大利亚公众的生活并无太大影响。

虽然调查性报道可能并没有给媒体所有者带来直接的政治和经济利益,但这种以暴露腐败为特色的新闻报道的确蔚然成风。罗伊(Frank Lowy)手中的10号电视台(Channel Ten)为他的独具特色的调查性节目头版(Front Page)花高价聘请头等的调查报道记者,在20世纪80年代末期,《悉尼晨锋报》和《世纪报》都增加了调查性报道的分量。1990年默多克告诉他在悉尼出版的报纸说,他需要更多的调查性报道。

6. 世界行动

自1972年美国"水门事件"之后,调查性报道在西方新闻业中发展迅速。成立于1975年的美国"调查性报道与编辑协会"到了20世纪80年代早期已有3000名会员。[1] 1985年,在西方新闻界享有崇高地位的普利策新闻奖中,调查性报道开始单独占据一个奖项,而作为一种普遍运用的报道方法,调查报道精神贯穿于所有其他奖项中。在澳大利亚,调查性报道同样处于绝顶重要的地位。在新闻界最高奖"沃克莱新闻奖"(The Walkley Awards)一年一度的评选中,最佳新闻奖90%授予了调查性报道。[2] 新闻学教授舒尔茨指出,近10年来,调查性报道是形成澳大利亚公众舆论的最重要的力量。[3]

自20世纪80年代始,为推动"调查性报道"的发展。在美国、加拿大、菲律宾、澳大利亚、瑞典、西班牙、日本建立了许多正式或非正式的新闻中心,它们向新闻工作者提供写作技巧和新闻来源,更重要的是提供新闻记者所需要的支持和建议。由于媒体老板要维护自己的经济利益和政治利益,记者们常常陷于困境。然而,面对艰难险阻,新闻记者们不但没有后退,反而试图找到更灵活的方式方法。

密苏里大学IRE机构(调查性报道记者与编辑组织)的国际联络员瑞克德(Joe Rigert)搜集了33个国家(其中2/3是发展中国家)的调查性报道案例。瑞克德的结论是,在发展

---

[1] 刘明华:《西方新闻采访与写作》,105~106页,北京,中国人民大学出版社,1992。

[2] See John Hurst. The Walkley Awards: Australia's Best Journalists in Action. Richmond, Vic.: John Kerr Pty Ltd, 1988.

[3] Julianne Schultz. Investigative Reporting Tests Journalistic Independence. Australian Journalism Review, Vol. 14, No. 2(July-December, 1992). 18~30.

中国家进行调查性报道的风险性往往要比在发达国家大得多。

包括冰岛、挪威在内的北欧四国斯堪的那维亚新闻工作者形成了专业性组织"Gravande Journalister"以推动调查性报道的发展。1990年2月,来自世界各地的720名记者在瑞典哥德堡参加了为期两天的会议。① 调查性报道逐渐成为一种世界行为,而20世纪90年代末期各国对奥运会丑闻的报道,则形成调查性报道的第一次世界联合行动。

1998年11月24日,美国盐湖城KTVX电视台向公众披露了一封信,该信是美国盐湖城2002年冬奥会组委会副主席约翰逊写给喀麦隆奥委会主席埃萨姆巴女儿索尼亚的。信中说,组委会将不再继续为她提供学习费用。

KTVX电视台据此认为,盐湖城组委会有贿赂嫌疑。但盐湖城组委会一位发言人称,资助计划乃国际奥委会内部的一种惯例,与申办奥运会没有任何关联,这笔资金是由一个不宜公开的渠道提供的。

然而这个解释并不能令盐湖城的市民和记者们满意,面对越来越大的压力,盐湖城组委会表示将重新审查申办时留下的各种文件,并将结果公之于众。

12月9日,复查结果被公布:共有13人在这项资助计划中受益,其中有6名是国际奥委会委员的家属。这项资助计划主要是帮助这些人到美国读书以及资助外国运动员到美国训练,金额总共为393 871美元,用于学费、书费、训练费用以及生活补贴上。组委会主席称,KTVX电视台拿到的那封信并不可信,组委会每次为那些学生们提供的学费资助为500美元到1000美元。他再次重申,这项资助计划,与申办奥运会完全没有关系。

但国际奥委会执行委员会委员霍德勒称,除了盐湖城,至少还有4个城市通过不法手段击败其他竞争者。他说,整个贿赂过程已经形成系统,他相信在国际奥委会中,有5%到7%的委员要求用钱来换取支持票,如果一个城市要成功取得主办权则需要多达500万美元的资金。

世界各大媒体纷纷以最快速度发布了这些消息。霍德勒的一番话引起了国际奥委会内部一片混乱,也在世界范围内引起连锁反应,很多申办过奥运会的城市纷纷为霍德勒提供证据,证明国际奥委会内部确实存在受贿问题。国际奥委会主席萨马兰奇表示,受贿者将被驱逐出国际奥委会。

1999年1月下旬,国际奥委会公布了调查结果。结果4名与丑闻有染的委员自动辞职。

在一系列申奥丑闻中,日本的长野和澳大利亚的悉尼曝出贿赂丑闻最令人震惊。

---

① Julianne Schultz. Investigative Reporting Tests Journalistic Independence. Australian Journalism Review, Vol. 14, No. 2(July-December, 1992). 18～30.

1月17日,日本《每日新闻》披露,长野在申办1998年冬奥会期间,为62位委员每人平均花费了21 905美元,加上随行家属,总共花销大约160万美元。而另一家日本媒体《朝日新闻》则报道说,长野申办委员会在1992年就将长达90卷的申办冬奥会账目全部销毁。与此同时,瑞士洛桑的《晨报》披露,日本的一些大公司也为修建国际奥委会的奥林匹克博物馆共提供了1/3的资金。

在媒体的穷追猛打下,1999年1月,长野市市长承认,长野在申奥期间有过"超常规"的行为;澳大利亚奥委会主席科兹也承认,1993年他送给非洲两名国际奥委会委员每人3.5万美元,以获取支持。另外,澳大利亚奥委会公布的文件显示,他们在申办2000年奥运会主办权时,曾答应资助11个非洲国家的运动员120万美元。

这次对奥运丑闻世界性的揭露,结果使6名奥运委员被逐出委员会,成为奥运史上最黑暗的日子,同时也说明调查性报道已在世界范围内成为燎原之势。①

7. 维基解密2010

2010年"维基解密(WikiLeaks)事件"似乎体现了调查性报道的某些新趋势。在电子媒体飞速发展的形势下,非主流媒体的独立新闻人以特殊手段揭发社会黑幕。在此领域,澳大利亚人、维基解密网站编辑阿桑奇(Julian Paul Assange,1971—)走在了前面。

数理专业毕业的阿桑奇,当过程序员和黑客,后成为维基解密的9名顾问组成员之一,他曾在多个国家隐秘居住,自2006年开始,维基解密公布了许多秘密文件,其中包括美国部队在伊拉克与阿富汗的行径、肯尼亚政府的腐败内幕、美军关塔那摩监狱的工作程序、科特迪瓦排放有毒废物事件、山达基教(Scientology)保密手册等黑幕。2010年7月,9万多份驻阿富汗美军秘密文件的曝光让阿桑奇"成为创造历史的人物",在全球引起了强烈反响,他立即成为美国中央情报局猎捕的对象。

阿桑其自幼就对新闻自由、审查制度与调查性新闻持有激进的看法。他创办维基解密的目的之一是"为了彻底改变政权的行事方法",他说,

> 前人的经历已经告诉我们,政权自身是不希望发生改变的。我们要超越前人的思维,从新科技中获取启发,查找出对我们有用的、前人未能用到的技术。我不是想说维基解密有多成功,而是想表示世界媒体危机重重的现状。一个5个人的团队公布了比其他媒体加起来都多的机密文件,这是媒体业界的耻辱。

自2010年11月28日起,维基解密开始公布秘密的美国外交电报。11月30日,国际刑警组织以涉嫌性犯罪为由,对阿桑奇发出国际逮捕令。2012年6月19日,阿桑奇向厄

---

① 《北京晨报》:《申奥丑闻揭露始末》,1999-02-03。

瓜多尔驻伦敦大使馆寻求政治庇护。①

阿桑奇是个备受争议的人物。2006年,美国 Counter Punch 杂志称他是"澳洲最声名狼藉的前电脑黑客",而澳洲《世纪报》则称他为"世界上最迷人的人物之一"以及是"互联网的自由斗士"。《个人民主论坛》称青年时代的阿桑奇是"澳洲最有名的守德电脑黑客"。阿桑奇则称自己"极其愤世嫉俗"。

在2010年《时代》杂志网络票选年度风云人物时,全球有近60万网友在线签署请愿书,声援维基解密。CNN公布的民调显示,英国有44%受访者认为,瑞典针对阿桑奇的性侵指控只是借口,好让美国政府能够起诉他揭露机密文件;13%对此持反对意见;43%未表态。至于阿桑奇是否应该因揭秘被起诉,有41%受访者认为不应该、30%认为应该、29%无意见。当被问及"维基解密公布机密电文的行为是否正确"时,42%受访者同意;33%不同意,25%未表示意见。而《华盛顿邮报》和 ABC 新闻的共同民调则显示,68%美国受访者认为,维基解密泄露文件"损害公共利益",这与维基解密公布上万份"阿富汗战争"文件时的反应截然不同。②

阿桑奇并非严格意义上的调查性报道记者,他既不采访,也不做结论,只是一味暴露政府的黑幕。他的作为只限于调查性报道初始的一步——将揭发出来的隐蔽信息交给其他媒体和社会。然而,数字传媒和自媒体时代使普通公民有效监督社会成为可能,阿桑奇的业绩显然丰富了当代调查性报道的含义。

三、调查性报道的狭义和广义

在调查性报道蓬勃发展的同时,理论界似乎没有到位。由于这种报道形式在中国的渊源不深,所以直到20世纪80年代才有人试图对其加以诠释。出版于80年代、甘惜分主编的《新闻学大辞典》称:"调查性报道是一种以较为系统、深入地揭露问题为主的新闻报道形式。"③20世纪90年代后陆续也有一些理论家对其进行概括,但都语焉不详,未能尽见其旨意。杜骏飞在《深度报道写作》中提出,调查性报道是从美国的揭丑报道中来的,特征是专门揭发政府和公共机构中的腐化行为和丑闻;杜骏飞还试图廓清很多人的错觉——认为调查性报道就是批评性报道,他指出:"调查性报道与一般报道之间的区别在于:一般报道只报道孤立的、公开的突发事件的结果,而调查性报道则注重挖掘已发生的新闻事件内在的、隐蔽的关系,并向公众分析这些内在联系的重大意义。"应当说,开掘到

---

① http://zh.wikipedia.org/wiki/%E6%9C%B1%E5%88%A9%E5%AE%89%C2%B7%E9%98%BF%E6%A1%91%E5%A5%87.
② http://www.y96096.cn/index.asp? NewsID=30654&xAction=xReadNews.
③ 甘惜分主编:《新闻学大辞典》,153页,郑州,河南人民出版社,1993。

这样的层面,算是有所见地的,不过,这些解释仍然没有到位。①

有趣的是,直到目前为止,调查性报道在其发源地美国也同样没有一个权威的定义。早期的一个论断是由美国学者大卫·安德生(David Anderson)和皮特·本杰明(Peter Benjaminson)提出来的。他们认为,调查性报道就是"报道那些被掩盖的信息……是一种对国家官员行为的调查,调查的对象也包括腐化的政治家、政治组织、公司企业、慈善机构和外交机构以及经济领域中的欺骗活动"。②

密苏里新闻学院的学者认为,调查性报道"指的是一种更为详尽、更带分析性、更要花费时间的报道,因而它有别于大多数日常性报道"。它的目的"在于揭露被隐藏起来的情况,其题材相当广泛,广泛到涉及人类活动的各个方面"。③ 日本的川鸠保良认为"调查报道不是依赖当局发表的材料写报道,而是记者亲自进行调查,逼近真相,不像独家新闻那样只依靠到手的单个秘密资料,而是通过彻底的调查采访,揭示事件的整体状况"。上智大学教授武式英雄指出:"调查性报道的题材,是今天的,现在的,是在日常生活中被无视,被忽略的事物,即使被片断地报道过,也还没有从正面深入地发掘。调查性报道是彻底地调查、探查。与普利策所搞的'社会改革报道'相比,在揭露现实的隐秘这一点上是相同的。但,调查性报道不是虚张声势和推测,它始终是地道地、科学地、详细而公正的调查。"④

英国诺丁汉大学的雨果博士(Hugo de Burgh)断言:调查性新闻报道是那种发现真相、鉴别渎职堕落的记者所从事的行为,他们从事的调查与警察、律师、审计的调查相似,但又不是一回事。⑤

罗伯特·格瑞斯(Robert W. Greence)认为,调查性报道"一般是报道某些人或某个组织企图掩盖的新闻"。他强调,在调查性报道中,调查和收集材料必须是记者的原创行为,而不是另一个人或另一组织上的调查行为。选题和采访必须是新闻媒体独立进行。调查性报道面对的是一个重要的事实,对这个事实,某些人,某些组织力图使其保密。⑥

格瑞斯对调查性报道的界定使另一位传媒专家威姆斯(Paul N. Williams)大为赞赏。他评论道:"格瑞斯提出的都是极其过硬的标准,但它们却是适当的。"他认为,"调查性报道的一个特点就是记者报道的新闻超越了官方的版本……"。⑦

在格瑞斯的调查性报道界定中,有三个令人瞩目的要素:其一,它必须是新闻媒体的

---

① 杜骏飞:《深度报道写作》,74~84 页,北京,中国广播电视出版社,1999。
② David Anderson and Peter Benjaminson. Investigative Reporting. Indian University Press, 1975. 5.
③ 密苏里新闻学院写作组:《新闻写作教程》,第 384 页,北京,新华出版社,1986。
④ 刘明华:《西方新闻采访与写作》,101~102 页,北京,中国人民大学出版社,1993。
⑤ Hugo de Brugh(eds). Investigative Journalism: Context and Practice. London: Routledge, 2000. 9.
⑥ Paul N. Williamas. Introduction in his book. Investigative Reporting and Editing. x.
⑦ Paul N. Williamas. Introduction in his book. Investigative Reporting and Editing. 7~8.

独立、原创工作,而不是新闻媒体报道的他人行为;其二,它的主题是重要的,公众所关心的;其三,一些人或一些组织企图掩盖事实真相。

如果依照格瑞斯的观点中第一条的逻辑,那么许多具有调查性行为的报道都无法进入调查性报道的行列。原创如何界定?格瑞斯没有详细说明。如果是指媒体的起始行为,那么就连"水门事件"的报道也会被挡在调查性报道的门外,因为是白宫的安全人员、而不是记者最先发现和调查窃听事件的。媒体独立性也是一个有待阐明的问题:独立到何种程度?事实上,单纯由媒体孤军奋战的调查报道非常罕见,新闻界总是需要其他社会力量加以配合。看来,格瑞斯是"调查新闻"界定的严谨派,对他的界定需要进一步发展和诠释。但在对调查性新闻的理性把握上,他的贡献无疑是巨大的。

1996年,兰代尔(D. Randall)是这样总结调查性报道的:

> 调查性报道是新闻报道的基本方法与更先进的研究方法的相结合。它最主要的特点是调查研究的原创性。它不是将别人发现的一些材料和数据拼凑在一起,而是记者使用原创、最原始的材料进行的调查。它可能是深入的采访,或是对事实和数字的比较研究。最后的结果往往是以发现的形式出现,所得到的信息是前人未披露过的。

兰代尔继续说,调查性报道往往出于记者对不义之事的一种怀疑,它要求记者在大量调查、研究的基础上写出报道。其中时间和材料是极其重要的因素。[1]

新闻学博士皮特·戈拉博斯基(Peter Grabosky)和波尔·威尔森(Paul Wilson)也是近年来对调查性报道孜孜不倦的研究者。他们提出,调查性报道就是"揭露一种被某些人或组织故意掩盖的新闻",这种报道"常聚焦于不义、丑闻或违法活动"。[2] 不幸的是,根据他们的界定,相当多的报道又会被排除于调查性新闻之外。1973年,澳大利亚记者凯瑟琳·马登深入澳洲中部沙漠地区,采访并写出了当地土著人悲惨的生活状况,引起强烈反响。她采写的事实并没有谁企图掩盖,只是无人披露罢了,这算不算调查性报道呢?[3] 1975年,《国家时报》记者艾汶·惠敦(Evan Whitton)为揭露澳大利亚卷入"越南战争"的真相,几次深入到越南前线和美国国防部调查取证,他的系列报道《越南战争的真相》发表后震惊全国,有力地影响了政府从越南撤兵的决策,在整个采访过程中,他并没有受到官方的阻挠,他采写的东西算不算调查性报道呢?[4]

---

[1] D. Randall. The Universal Journalist. London: Pluto Press, 1996. Cited in Alan Knight. Online Investigative journalism. Australian Journalism Review, 22(2)2000. 49.

[2] Peter Graboskey and Paul Wilson. "The Journalist as Sleuth: Investigative Reporting" in their Journalism & Justice: How Crime is Reported. Sydney: Pluto Press, 1989. 101.

[3] Zhang Wei. Politics and Freedom of the Press. Australian Centre for Independent Journalism, 1997. 178~179.

[4] Zhang Wei. Politics and Freedom of the Press. Australian Centre for Independent Journalism, 1997. 178~179.

调查性报道有没有普世性？这个问题需要进一步研究。然而，在中、西调查性报道中，交叉是肯定存在的，区别也是显著的。孙世恺认为，两者都以调查的事实为基础，它们不同的地方表现在三个方面：

1. 目的不同。西方的调查性报道是维护资本主义的利益，巩固资产阶级的政权；中国的调查性报道是维护国家、党和人民群众的根本利益。

2. 内容不同。西方的调查性报道往往以揭露黑幕和丑闻为主要内容，甚至寻求一些怪诞现象；中国的调查性报道一般以贯彻党的基本路线和方针政策为主要内容，虽然对不正之风或阴暗面有时也有所揭露，但仍然是贯彻正面宣传为主的方针。

3. 方法不同。西方记者采写调查性报道时常运用"密探"所采用的手段，使调查采访带有"侦破"案件的色彩，只要猎取到新闻，可以使出任何手段；中国的记者进行调查时，一般都是光明正大的，在个别情况下才采用"微服出游"的方法……毫无神秘的"侦破"色彩。①

也许，对调查性报道的精确定义还要假以时日，但目前至少可以得出这样的结论，调查性报道有广义和狭义之分，它的狭义也许可以这样表述：

调查新闻报道以暴露或揭丑为核心，以社会的腐败现象、犯罪、政府官员的错误行为、内幕新闻以及被某些权势企图掩盖的事实为主要目标；它是新闻媒体相对独立的、精密的、深入的采访活动；它比较费时，篇幅较长，经常以连续报道的形式出现。

四、中国：艰难的起步

调查性报道的核心是暴露和揭丑，这一点决定它很难在专制社会中成活，而只能繁衍于宽容的社会。在中国近代历史发展中，暴露和揭丑报道一直举步维艰，备受打击。沈荩（1872—1903年）也许是中国调查性报道最早的殉道者。1903年，沈荩几经周折调查出清政府与俄国商定卖国密约的内幕，进而捅到日本报纸上发表，引起社会强烈反响。结果清政府将沈荩拘捕，以"杖刑"处死。② 以后的报人邵飘萍（1886—1926年）、史量才（1880—1934年）、邹韬奋（1895—1944年）均因揭露性报道触怒当局而身遭厄运。1941年，重庆《新华日报》欲披露"皖南事变"真相遭国民党镇压，报纸随后被封杀。1949年以后，由于"左倾"的影响，媒体为颂歌所笼罩，以暴露和揭丑为特征的调查性报道全无立足之地。1956年4月《人民文学》发表《在桥梁工地上》，这篇揭露官僚主义、具有调查性报道某些特征的报告文学不久就被定为"毒草"。1957年5月13日，《中国青年报》发表了揭露官

---

① 孙世恺：《谈调查性报道》，载《新闻与写作》，1996(5)。
② 李龙牧：《中国新闻史稿》，51～52页，上海，上海人民出版社，1985。

僚主义的通讯《上海在沉思中》,又被上层认为是"反党"。调查性报道在中国萌生即遭"未敢翻身已碰头"之厄运,直到20世纪80年代才登上历史舞台,其时,中国的政治环境已大为改观。

1978以后,改革开放的政策使中国政治环境发生了宽松的变化,调查性新闻报道即在此时应运而生。一些记者突破了只"歌颂光明"的党报传统,将锋芒直指社会生活的阴暗面。一系列揭示社会矛盾和官员腐化的新闻报道与报告文学应运而生,其中包括暴露党的基层领导人、大贪污犯王守信丑行的《人妖之间》、暴露县委书记为非作歹的《在罪恶的背后》、暴露某医院党组织败坏的《白衣上的污垢》、暴露某省委不正之风的《三十七年是与非》、抨击传统思想体系扼杀人性的《第二种忠诚》。

在20世纪80年代以前,就像"舆论监督"一样,调查性报道在中国是陌生的。1980年,情况起了变化,《工人日报》首当其冲,发表了"渤海二号"石油钻井船在拖航中翻沉的调查报道,锋芒直指政府高官的渎职和官僚主义。许多人认为,这次报道,与西方舆论监督政府的经典案例相比毫不逊色。

1979年11月25日,由于海洋石油局领导的错误指挥,"渤海二号"石油钻井船在迁往新井位的拖船中翻沉,造成72名职工死亡,直接经济损失达3700万元。对于这起严重违章指挥造成的责任事故,某些领导部门封锁消息,掩盖矛盾,逃避责任,《工人日报》记者得知了沉船的消息,但却无法从正常渠道了解详细情况。为打破这种新闻封锁,记者逐一找到死难者家属和职工,从侧面调查真相,甚至亲自跑到钻井平台去察看。对此事报不报道在《工人日报》编辑部内部产生了分歧,由于否定意见占到了上风,该报就像其他传媒一样对此事件保持了沉默。1980年5月23日,时任国务院副总理的薄一波在同该报两位负责人谈话时指出,这件事报纸应该登,应该有人出来讲公道话,官官相护不好,这样正气就没了。6月11日,国务院另一位副总理万里在谈到"渤海二号"事故时指出,既然搞清楚了,就要在《工人日报》上大干。报社于是成立了阵容强大的报道小组和评论小组,在一个月的时间里,连续发表了20多篇消息、文章、专访,以及6篇评论员文章,并于8月25日的分析文章中,指名批评石油部部长宋振明。虽然由于新闻管理体制的原因,对事件的披露推迟了8个月,然而它所产生的影响却是重大而深刻的,它直接导致了石油部部长的解职、国务院副总理记大过、国务院作检讨,这在中国新闻史上是绝无仅有的一例。

"渤海二号事件"之后,一系列以揭露社会矛盾和还历史真相为主题的调查性报道渐成声势。如:《人民日报》发表的《白衣下的污垢》、《蒋爱珍为什么杀人》等就都是直接揭露现实生活中阴暗面的精彩篇章。一些较大规模的调查性报道是以报告文学形式登上舞台的,它们更多地集中在对历史的反思方面,更多地涌向比报纸更为宽松、空间更为广大的杂志。其代表作有:全景表现1976年唐山大地震惨状和内幕的《唐山大地震》(钱钢,1953—   )、揭露由于人为破坏、生态失去平衡的《伐木者,醒来》(徐钢,1945—   )和《北京失去平衡》(沙青,1954—)、揭露1956年庐山会议内幕的《乌托邦祭》(苏晓康,1949—)、揭露中共历史冤案的《梁漱溟、王实味、储安平》(戴晴,1941—)、还有暴露中国体育界弊病的《强国梦》和《兵败汉城》(赵瑜,1955—)。①

在20世纪80年代的中国,为什么大量的调查性报道以报告文学的形式出现?为什么它们发在了杂志,而不是报纸上?这是一个大有深意的问题。也许是因为在乍暖还寒的气候中报告文学是一种相对安全的形式;也许杂志有更广阔的空间和更充裕的时间。不过,在美国和日本,调查性报道也是由杂志开风气之先的。1893年创刊的美国《麦克卢尔》杂志曾一度发表大量的揭露政府腐败和其他社会丑闻,在美国早期的调查性报道中起了先锋作用。期刊《文艺春秋》则是公认的现代日本调查性新闻报道的摇篮。刘明华认为,20世纪初,杂志之所以成为揭丑的英雄,是因为杂志具有言论性的传统和趣味性的特点。②

五、调查性报道的软着陆

进入20世纪90年代后,中国的调查性报道在沉寂了一段时间后又开始复苏,这时,电子媒介开始率领潮流,大显身手。1995年前后相继问世的中央电视台的《焦点访谈》和《新闻调查》、中央人民广播电台的《新闻纵横》、北京电视台的《元元说话》(后改为《第7日》)都播出了大量的反映现实生活阴暗面的调查性新闻报道,这些专题节目已成为新闻行业的拳头产品。

然而,暴露和揭丑只是调查性新闻报道中的一个条件,按格瑞斯的定义,严格意义上的调查性报道还需要另一个条件——那就是有人试图掩盖或封杀新闻。这条标准将调查性报道与一般的揭露性报道区分开来,同时,又与深度报道划清了界限。中央人民广播电台1997年5月6日播出的《酒霸横行何时休?》揭露了黑龙江五常县酒类市场搞地方封锁的事实,记者在采访中进行了一系列调查,不过并没有什么人去阻碍记者接近信息,③它算是调查性新闻吗?广义来讲,它算,狭义来讲,它就有可能被逐出圈外。同样,《中国青年报》记者张建伟的通讯《第五代》、《命运备忘录》在采写中进行了大量调查,也暴露了某些社会问题,但在整个过程中并没有谁想压制新闻,故不在狭义调查性报道之列,这类报道被作者称为深度报道。④

---

① Zhang Wei,Politics and Freedom of the Press. Sydney:Australian Centre for Independent Journalism,1997. 186~197.
② 刘明华:《西方新闻采访与写作》,104~105页,北京,中国人民大学出版社,1992。
③ 安景林:《新闻纵横精粹》,221~224页,北京,中国人民大学出版社,1998。
④ 张建伟:《深呼吸》,178~186页,北京,经济日报出版社,1998。

在格瑞斯苛刻的定义面前,许多充满调查的社会问题报道纷纷落马,够条件的只是少数。1998年《南方周末》岁末版公布了该报全年精心策划的25条社会新闻,但只有《朔州毒酒惨案直击》称得上是严格的调查性报道。1998年2月6日,该报记者突破新闻封锁,于第一时间向全国报告了这桩酒案的实况和内幕。1998年9月29日,中央电视台《经济半小时》播映了四川洪雅地区滥伐森林的报道。这篇新闻是记者冒着生命危险,突破当地某些组织的围追堵截完成的。以各种角度来检验,它都称得上是一篇合格的调查性报道。

调查性报道在中国应当怎样定位?它与西方的调查性报道有哪些异同?这都是些有待于深究的论题。值得一提的是,近年来,在改革开放和舆论监督的大旗下,中国的调查性报道明显增多了,在主题上,它们表现出与西方调查性报道惊人的相似:二者都注重揭露政府官员的腐败和社会上的罪恶,都力图为公民们伸张正义和主持公正。中央电视台节目《新闻调查》定位语为:"新闻背后的新闻,正在发生的历史。"[1]具有"全球、全国人民关注的高关注度","记者面对的是犯错误的人,是出了问题的人,是下了监狱的人……"[2]

然而,对照严格的西方调查性报道的经典定义,人们会发现,中国的调查性报道是软化的。这种软化表现在以下几个方面:

1. 早期多以报告文学形式出现,多发表在书刊上

如前所述,早期中国的调查性报道经常选择具有文学色彩的报告文学体裁,选择时效性较差、风险较小的杂志书刊为载体,这是一种在形式上的软化。在中国的特定环境下,它们趋利避害,寻找到了更为有利和宽松的发展空间。20世纪八九十年代有影响的调查性报道虽大部分出于新闻记者之手,但很多都发表在文学期刊上或以书籍的形式出现,比如前面提到的作品:全景表现1976年唐山大地震惨状和内幕的《唐山大地震》(钱钢)、揭露由于人为破坏、生态失去平衡的《伐木者,醒来》(徐钢)和《北京失去平衡》(沙青)、揭露1956年庐山会议内幕的《乌托邦祭》(苏晓康)、揭露中共历史冤案的《梁漱溟、王实味、储安平》(戴晴)、暴露中国体育界弊病的《强国梦》和《兵败汉城》(赵瑜),还有揭露政府内部某些腐败现象的《权柄魔术师》、《在案层厚网的覆盖下》(戴煌,1928—   ),等等。调查性报道的先锋、作家赵瑜说,"调查性新闻报道在中国的角色和地位暴露出的更多的是尴尬和无奈,以至于一些记者和作家只能把调查性报道这只脆弱的羊赶到文学小说的草原上去"。还有人戏言卢跃刚是堂·吉诃德式的人物,苦苦地、执着地与强势群体较劲,屡战屡败,屡败屡战。这像是一个略带几分苦涩的黑色幽默。

以写调查性报道著称的《中国青年报》记者卢跃刚(1958—   )自称是记者型的报告文学作家。他的大部分调查性报道都是以报告文学的形式出现的,关于这点,他说:

---

[1]　梁建增:《力量与韵律》,见中央电视台评论部编:《正在发生的历史》,427页,北京,光明日报出版社,1999。
[2]　胡占凡:《何为新闻调查》,392~394页,中央电视台评论部编:《正在发生的历史》,北京,光明日报出版社,1999。

我更愿意将我的报告文学叫"报道文学"。因为我的报告文学题材,绝大部分是重大而动态的题材,是用文字方法对新闻报道的延伸,是作家职业对记者职业的延伸,或者说是"新闻一律"、新闻报道内容受到限制、新闻文体的空间狭窄的必然结果。所以,对我来说,往往是先有残缺的报道或先有被枪毙的报道,然后有较完整的"报告文学"。它们是孪生兄弟——新闻报道先出母腹,然后是报告文学紧随其后,放声啼哭。①

2. 记者的独立性弱化,深入报道受到局限

西方调查性报道的重要特征之一是"媒体相对独立的调查",以及"某些社会势力企图在调查活动中的阻碍"。中国媒体的官方性质,一方面为调查提供了便利条件;另一方面亦使调查性报道带上了"软化"的烙印。

作为"党和政府的喉舌"的中国媒体具有官方性质,这就使得调查性新闻在进行时不可避免地带有官方色彩,这个特征首先给记者的调查采访活动带来很大便利(在许多调查活动中,中国的媒体能得到当地政府的大力支持),与此同时,记者调查的独立性也大大减弱。此外,很多有新闻价值的事件往往是待其盖棺论定之后再采访,而不是新闻记者独立调查的结果,是记者根据有关方面的调查结果进行的再报道。

比如,1998 年,中央电视台的《新闻调查》对"共和国第一税案"的采访是中组部通知并安排的,②《北京青年报》对海南贪官戚火贵的报道,实际上是法院判决之后的再报道。20 世纪 90 年代以后的许多贪污腐化大案如周北方、王宝森、陈希同、邓斌、成克杰等案的报道以及其他高级干部的报道也是比较被动的。央视两大栏目《新闻调查》与《焦点访谈》以舆论监督著称,他们将报道过的有关腐败的 23 件大案曾编成《抨击腐败》一书出版,但那 23 件大案无一例是媒体首先开始调查的。③ 2000 年 7 月 20 日《南方周末》头版上刊登的《丽水怪案何时真相大白》,标题上已注明"在调查机关帮助下本报记者调查'卢氏黑帮'"。新闻揭露的是浙江丽水的一个作恶多端的黑社会性质的团伙以及它背后的关系网黑幕。在文中,记者也多次提到"在检察院的支持和帮助下",文内大量内容也是公安机关的调查结论。《南方周末》2001 年 2 月 8 日的《民权法院有个造假院长》,也是"盖棺论定"后的采访。在中央电视台的《新闻调查》组,比例太高的选题被否决也令他们疑惑:究竟中国目前是否已经具有了真正做"调查性报道"的条件?《新闻调查》还能生存多少时间?④

---

① 卢跃刚:《卢跃刚自选集》,上卷,自序,1 页,广州,南方日报出版社,2000。
② 夏骏:《走过九八》,448 页,见中央电视台评论部编:《正在发生的历史》,北京,光明日报出版社,1999。
③ 中央电视台新闻评论部编:《抨击腐败》,北京,华艺出版社,2000。
④ 陆晔、潘忠党:《成名的想象:社会转型过程中新闻从业者的专业主义话语建构》,世界华文媒体与华夏文明传播学术讨论会,兰州,2001 年 8 月,18 页。

3. 调查性报道的时间性严重滞后

调查性报道与日常新闻报道不同,它往往与发生的事件有相当的距离,往往是事件在前,调查在后,调查需要一个较长的过程。但中国的调查性新闻时间严重滞后,极端的例子比如《唐山大地震》,在事件发生后的10年才披露了当时的真相,《王实味、储安平、梁漱溟》写的都是几十年前的沉冤,直到政府有关方面对历史冤案有了明确认定之后才敢于下手。其他如《乌托邦祭》(苏晓康)等也是同样的情况。当然,即使这样的调查报道,依然可能充满风险,与西方的经典案例相比,其中的距离是可以看得很清楚的。

因为时间滞后,记者在调查活动中受到的阻挠和压制程度大大减弱,有时甚至可能没有承受太多的压力,新闻表现出一种相对软化的趋势。

4. 调查性新闻的负面性弱化、正面因素加强

中国现行的报道方针是以正面宣传为主、负面报道为主。这决定了以揭丑为宗旨的调查类新闻在宏观的新闻报道中只能占据很小的比重。尽管与20世纪80年代相比,中国的舆论环境已经大为宽松,媒体舆论监督的力度大为增加,但相对于人民对于正义和公正的呼唤还差得很远。舆论监督呼声很高的中央电视台品牌《焦点访谈》,其揭露性的报道还占不到节目的10%,[1]以关注"正在发生的历史"和"新闻背后的新闻"著称的《新闻调查》,真正的调查性报道作品也占很小的比例。

中国的传媒在近年中涌现出相当数量的负面报道以及调查性报道,但其负面性有所减弱。许多揭露社会阴暗面的报道,经常在其中加入有关部门在处理事件时的良好态度、改革的决心等正面性、光明性的内容,使得报道的力度和深度趋于缓和。其中的代表性案例为央视《新闻调查》1998年10月播出的"透视运城渗灌工程"。节目播出时加进了"领导的反思"这一内容,使得整个报道的格调渐趋积极。

负面程度的降低同样也导致调查性报道出现一定程度的软化。

六、中国调查性报道的杰出实践者

1. 赵瑜现象

赵瑜是中国调查性报道的佼佼者之一,赵瑜不是职业记者,是个作家,然而,他那特立独行的新闻实践却将中国的调查性报道带到了一个新境界。在过去的十多年中,他的三部力作《强国梦》(1988)、《兵败汉城》(1988)、《马家军调查》(1998)像三枚重磅炸弹,每次发表时都引起了重大社会反响。

---

[1] 白岩松:《痛并快乐着》,53页,北京,华艺出版社,2000。

1988年，在中国当代报告文学走向巅峰的日子里，赵瑜一反"金牌新闻"、"冠军新闻"的传统，写出了揭露中国体育界内幕的《强国梦》。他通过缜密的调查，用大量的实例反映了体育界的许多弊端。同年，他再接再厉，又发表了《兵败汉城》，进一步揭露体育界存在的问题。在采访过程中，他顶住重重压力，冲破某些官方大人物的阻挠和压制，他不屈不挠地独立作战，终于突破了封锁，写下了令职业记者汗颜的篇章。

1998年，赵瑜在《中国作家》上发表40万字的报告文学《马家军调查》，此举将他的调查性报道实践推向高峰。这篇揭露著名的"马家军"兴衰内幕的调查历时四年，因文中材料"惊世骇俗"而屡告搁浅。他的前两部作品早令有关领导恼火，早就对其展开过批判和抵制，令出版部门心有余悸。《马家军调查》杀青后，《北京青年报》曾对其报道，导致辽宁省很快就作出抵制和阻击的反应。辽体发〔1998〕第10号文件的名称为《关于抵制〈马家军调查〉出版发行的建议》，文中声称该书丑化了"马家军"，特别是马俊仁教练。它要求上级停发此书。文件迅速发往有关部门。在千钧一发之时，《中国作家》鼓足勇气，即刻发排了《马家军调查》。《马家军调查》通过"马家军"的兴衰，集中体现了中国由农业文明向现代社会主义过渡的阵痛和矛盾。"马家军"是现代体育竞技的杰出代表，但家族式的管理，浓厚的东方神秘主义色彩使其与现代化改革相悖。教练马俊仁集英雄气质、农民家长式的意识于一身，是"马家军"兴衰的操纵者。作品打碎了"马家军"的神秘光环，使人们看到那辉煌背后的阴影。

独行侠赵瑜的所有作品都是靠自己不屈不挠的意志完成的。在《强国梦》、《兵败汉城》的采访中，他曾直接打电话找体委负责人李梦华核对消息，他曾独闯体委副主任张彩珍的办公室。面对某些势力的威胁，他也从不屈服。1995年，神话般的"马家军"连生变故，女将弃帅而去。昔日辉煌的"马家军"众叛亲离，风雨飘摇。为探个究竟，赵瑜拎起提包，身揣3万元现金，只身来到东北大连，先找一简陋小店住下，接着从外围迂回，打探消息，慢慢接近了马俊仁的世界。赵瑜最后取得马家军的信任，以作家身份居于"马家军"，与队员们朝夕相处，历时50天，拿到第一手材料。不久，他又赴沈阳秘访"叛将"王军霞等人。采访完毕，他背着一大包材料和26万字的笔记潜回太行山，闭门5个月，大作乃成。①

从任何一个角度看，《马家军调查》都符合格瑞斯有关调查性报道的定义：它的独立性和原创性，它那公众关心的主题，它的揭秘性，再加上某些人对新闻的掩盖，这些都使它能接受严峻的挑战。尽管社会正在对《马家军调查》进行争辩，但它的存在本身就表明了某种深刻的意义。它的报告文学样式并不能减低其价值，它的新闻性同样能经得起考验。赵瑜的非记者身份也不成问题。美国公民西摩·郝什就是一名自由撰稿人，但他的调查

---

① 关于赵瑜和《马家军调查》的情况，见陈勇：《赵瑜调查》，18～19页，广州，广东教育出版社，1998。

性报道却击败了专业记者,1972年荣获普利策新闻奖。①

一个重大的新闻题材让一名非新闻界人士独占鳌头,这个并非滑稽的事实带来的影响是深远的。在中国,一大批自由撰稿人已经崛起,他们开始成为调查性报道的重要生力军。显然,这个当代新闻业的奇观应进入理论界的视野,它应当是人们下力气研究的重要课题。

2. 揪出中国当代庄园主的刘林山

在20世纪90年代初,天津静海县大邱庄的庄主禹作敏是个令人瞩目的大人物。1991年,大邱庄出了几条人命,这个全国人大委员、著名劳动模范一手遮天,制造了重重黑幕,由于他显赫的地位,一时间社会对他毫无办法。

面对红极一时的大人物,时任《法制日报》天津记者站站长的刘林山挺身而出,经过几番苦斗,将禹作敏送进了监狱。

虽然大邱庄在媒体上红极一时,但刘林山通过采访却发现了许多阴暗面,他没有走进吹捧的行列,而是以一种怀疑精神对这个"先进典型"进行审视。

1990年4月11日,大邱庄村民64岁的刘玉田被禹作相、禹作立、禹作民等7人打死后,天津市公安局指示静海县公安局拘捕凶犯。禹作敏上下活动,干扰办案,致使天津市中级人民法院对此案迟迟不能宣判。

1991年4月15日,刘林山根据可靠的信息来源提供的确凿证据,给《法制日报》写了第一篇"内参":《残暴丑闻发生在致富典型村——大邱庄一起重大伤害人命案经过》。其中说:

> 驰名全国的农村致富楷模——天津市静海县大邱庄,发生了一起令人触目惊心的惨剧。7名凶手在光天化日之下,残酷殴打一年逾花甲的老人,围观村民200余人竟无一敢劝阻,致使老人被殴打致死。案发后,大邱庄党委出面为凶手开脱,给死者滥扣种种莫须有的罪名。案发时过逾年,直接凶犯至今未能被宣判,有关责任者依然被大加赞扬。

1991年6月21日,刘林山又以"司马宣"的署名,在《法制日报》上报道了此事——这是新闻媒介首次披露大邱庄伤害人命案。禹作敏看到后大发雷霆。

1991年6月28日,天津市高级人民法院以故意伤害罪判处两名凶犯无期徒刑,其余作案者判为9~15年有期徒刑。6月29日,刘林山在《法制日报》上报道了这一判决结果。判决后,禹作敏上蹿下跳、混淆视听,向天津市公、检、法、人大及中央有关部门、新闻界发起强大书信攻势。仅据天津市法院系统统计,8月27日至9月5日短短10天中,就收到大邱庄以农民身份的来信1520余封。

---

① Hohn Hohenberg. The Pulitzer Story. New York: Columbia University Press, 1980. 91~98.

1991年9月8日,刘林山给《法制日报》写了第二篇"内参"——《颂扬打人凶手/诬陷被害人/攻击政法机关/大邱庄发动书信攻势》。

1992年12月16日清晨,刘林山获悉大邱庄前两天又打死一个人,几名公安人员被禹作敏绑架。下午,刘林山赶到静海县时,正遇上刚刚被释放归来的5位面容憔悴、疲惫不堪的警察。他们被非法拘禁近15个小时,其间滴水未进。刘林山连夜写了第三篇内参——《凶暴残忍大邱庄又打死一人 阻挠破案 刑侦员遭非法拘禁》。后来,一位中央领导在此文上批示:无法无天!!!

此后,禹作敏对刘林山恨之入骨。他公开叫嚷:《法制日报》的刘林山来了就扣住,别客气!

刘林山没有畏惧,根据事态发展,1993年2月8日他又写了第四篇内参——《大邱庄群众奋起揭发本村黑幕》。文中谈到群众强烈要求"对大邱庄一次又一次打死人案件查个水落石出,法办凶手","只要司法机关对此案下决心,我们就敢站出来作证"。文中最后说:大邱庄又打死了人,在天津引起广泛议论,声讨之声随处可闻。

1993年2月10日,刘林山写下了第五篇内参:《北京市国家安全局教师、学员在大邱庄遭毒打和污辱的经过》。

这五篇"内参"是解决大邱庄问题的转折点。一名中央领导人在"内参"上批示:"请天津市委市政府注意,要认真查处。据我所知已不是第一次了。大邱庄太骄傲了,做法无法无天。……中央常委的一致意见是要依法办事。"

批文22日传到天津市委。天津市委、市政法委以及检察院的领导都对刘林山说:没有你这个内参我们还动不了他,你给我们立了一大功。

在中央领导的批文传达下来的前几天,刘林山又写了两篇内参——《保护凶犯 大邱庄停工停产总动员/避免冲突/领导进村工作遭围攻毒打》、《大邱庄通电全国欺骗舆论/四凶犯被藏匿/警察进村一无所获》。

中央领导批文传达下来后,2月26日,刘林山写出了第八篇"内参"——《天津舆论认为禹作敏已构成犯罪》。文中提道:天津普通市民对大邱庄横行不法却不受法律追究非常气愤。一市民说,大邱庄领导至少已触犯刑法第157条"妨害公务罪"、第158条"扰乱社会秩序罪",第162条"窝藏罪犯罪"。文中还提道:大邱庄事件发生后,一些新闻媒介反而起劲地吹捧大邱庄和禹作敏,掀起了一次集中宣传的小高潮。很多人对这种反常现象表示不满,有人反映某些新闻单位的人拿了大邱庄的股份或好处,所以成了大邱庄的喉舌,丧失了新闻工作者的职业道德。

1993年8月28日,全国各大小报纸几乎都刊发了揭露禹作敏犯罪事实的新华社通稿《国法难容》。《法制日报》刊发的是长篇通讯《疯狂庄主——禹作敏罪行录》。[①]

---

① 荣进编:《中外新闻采写与借鉴集成》,杭州,浙江教育出版社,1994。

最后,改革家、现代庄主禹作敏因妨害公务罪等罪行被判处有期徒刑20年,死于狱中。将他送上断头台的就是记者刘林山。

3. 卢跃刚:以人民的名义

《中国青年报》记者卢跃刚以《讨个"说法"》、《以人民的名义》、《大国寡民》、《在底层》、《南中国海寓言》、《辛未水患》、《在那酒神徘徊的地方》等作品,以直面现实的勇气丰富了20世纪90年代中国的调查性新闻报道。卢跃刚具有对重大现实题材的敏感和敢于涉险的胆略,他对弱势人群仗义执言,维护社会的正义和尊严。卢跃刚认为,报告文学"更需要清晰明快的事实陈述,更需要刀刀见血的逻辑力量,更需要直面现实的理性精神"。① 而这也正是调查性新闻报道的精神力量所在。

作为一名记者,卢跃刚自觉地将调查性报道和报告文学联系起来,他认为:

> 报告文学实际上是一种介于新闻和文学之间的边缘性文体。从新闻的角度看,它是调查性报道的放大;从文学的角度看,它是真名、真姓、真时间、真地点的放大;从文学的角度看,它是真名、真姓、真时间、真地点探索社会问题,表达作家和社会真实情感真实想法的大载体。它之所以汇入文学主流,是因为特殊的意识形态背景而导致的社会需求。它之所以有生命力,是因为"社会批判"是它当然的性格。②

从上述论断可以看出,在卢跃刚笔下,调查性新闻报道和报告文学基本是处于同一位置的。

卢跃刚的很多新闻作品都引起过争议,他自己也多次险些被推上被告席。1992年,湖南省娄底市人大代表颜跃明在市人大会上,代表20多名代表依法向大会提出罢免市长案,结果招来"监视居住的二百一十四天"、刑讯逼供的大祸。当时,数几十家媒体先后采访此事,稿件均被枪毙,卢跃刚把稿子拿到《经济日报》,发了一个整版。适值1993年"两会"期间,该报道立刻成了爆炸性新闻,代表们连"两院"报告都不讨论了,湖南省代表团成员质询湖南省省长,省长不得不在见报当天,向新闻界表示要有说法。后来,湖南省省委负责人在告卢跃刚的匿名信上签字,告到中央,称其受贿,中国记协曾牵头追查。在随后的较量中,《中国青年报》旗帜鲜明地支持卢跃刚,7家新闻单位联合署名发新华社内参,有关领导批示严肃查处。最终娄底市市长被降职处分。1995年,湖南省省委办公厅向中国青年报社发公函,承认舆论监督起到了积极作用。③

---

① 丁晓原:《边缘化时代的精神缺损》,载《报告文学》,1999(2)。
② 卢跃刚:《在底层》,见《卢跃刚自选集 观察中国》,上卷,4页,广州,南方日报出版社,2000。
③ 卢跃刚:《以人民的名义——湖南省娄底政治生活档案》,见卢跃刚:《在底层》,75~203页,广州,南方日报出版社,2000;另见《南方周末》,2000-11-09。

1988年,陕西省礼泉县烽火村妇女武芳因长期与丈夫有矛盾难以解决而提出离婚,但遭到拒绝,武芳出走,但又被村干部骗回村,然后发生了一场集体围观、集体参与的特大毁容、毁身案件。1991年,参与毁容事件的几个凶犯被绳之以法。但武芳仍然上告不止,她认为烽火村原党总支书记王保京以及他的儿子、现任咸阳市副市长的王农业是案件的幕后策划者。

1996年8月8日,卢跃刚经过缜密的调查后,在《中国青年报》登出长篇报道《蹊跷的特大毁容案》,引起了长达4年的诉讼案。

在调查采访中,卢跃刚调阅了有关案件当事人咸阳市副市长王农业近40年来的所有造假、浮夸的历史档案及录像资料。在报道中,关于王保京和烽火村历史的文字仅有200多字,但为了这200多字,卢跃刚请了一批工作人员,从20世纪50年代到90年代一页一页检索了《人民日报》和《陕西日报》,整整工作了一个星期,查阅了上千万字的背景资料。他还采访了上至原陕西省委书记、省政协主席、市委书记、礼泉几任书记,下至普通农民数十人。采访资料摞起来有一米厚。追随王保京40年的原烽火村党总支副书记王行兴经历了心灵的炼狱,用日记为自己营造了一个世界,他把他的几十本日记送给卢跃刚,卢跃刚反反复复看了3遍。"谈话,谈话,夜以继日地谈话,我把他挖掘得精疲力竭。挖到他(王保京)老根儿了。"所有的新闻调查都是秘密进行,卢跃刚先后10余次赴西安、咸阳调查取证。《蹊跷的特大毁容案》遭到了陕西当地恶势力以及强权控制的当地司法机关的打击和反扑。咸阳市副市长王农业曾在当地一次群众集会上鸣枪10响,叫嚣"和《中国青年报》、卢跃刚血战到底"。面对这样肆无忌惮的公然挑衅,卢跃刚表示将奉陪到底。在1996年至2000年期间,他多次放下报社工作,一门心思打官司。

然而,2000年7月,陕西省咸阳市中级人民法院作出一审判决,宣布卢跃刚和他所在的中国青年报社败诉。卢跃刚笔下的被毁容民女武芳成了著名人物,其照片被刊登在美国《时代》周刊的封面上。

卢跃刚在其记者生涯最辉煌的时刻消耗4年时间记录一个骇人听闻的案件,为一个素不相识的卑微民女鸣怨,表现出一种为正义而战的不屈精神,他说:

在调查武芳特大毁容案时,我有过恐惧,因为随着新闻调查的深入,我惊恐地发现,像武芳这样的恶性事件其实很有可能发生在我们任何一个人身上。这是最让人感到恐惧的。为什么要关注弱势群体的命运?是因为我们也可能遭遇相同的命运。这决不是危言耸听![1]

---

[1] 《名记者卢跃刚败走陕西》,载《文化时报》,2001-03-28。

4. 媒体的联合行动

2001年7月17日凌晨，南丹一矿发生特大透水事故，致使81名矿工遇难。然而，直到事故发生了14个小时后，矿负责人才向县里领导汇报，请求县里不要上报，并阻止散布消息。4名"县太爷"开始忙着策划怎么瞒报，于是，骇人听闻的悲剧就这样拉开了序幕。

得到上级领导的支持，煤矿负责人更加肆无忌惮的欺上瞒下，从7月下旬到8月初，他们一直声称发生了严重透水，但没有人员伤亡。就在81名矿工的尸体被泡在矿井下长达11天的时候，总经理一边否认事故，一边拿出400多万元用于死难者的赔偿，企图用钱堵住家属的嘴，将事故真相与81名死难矿工的冤魂一道埋进漆黑的矿井。

事故发生后即引起各大媒体的关注。最早接到南丹"7·17"透水事故线索的《南宁晚报》7月27日接到读者举报后，就派《南宁晚报》及其下属报纸的4名记者奔赴南丹进行暗访。他们冒着生命危险深入到矿下采访，掌握了大量第一手资料，并以不同的方式上报。

随后，其他媒体的记者也纷纷投入这一事件的调查。新华社、《人民日报》、中新社、广西电视台等媒体记者也陆续赶到矿区采访，他们了解核实情况，兵分几路进行调查，调查工作受到了极大的阻碍，记者的胶卷被强行曝光；《广西日报》记者被打手用尖刀抵住咽喉；新华社记者在采访途中多次被长时间盯梢，其他的记者也遭到不同程度的恐吓和威胁。

由于记者的努力，南丹事故的黑幕已逐渐被揭开。8月，调查获得重大的突破，记者通过各种途径得到了遇难者的名单、住址和赔偿金等情况，并及时将信息向中央领导作了汇报，新华社记者还发表了长篇调查日记《金钱炮制的弥天大谎是怎样破灭的？》，使调查向纵深发展。

新闻界在对南丹矿难的揭露中起到了不可替代的重要作用。2002年5月29日，广西壮族自治区南宁市中级人民法院庭审了南丹"7·17"特大透水事故瞒报事件的3名"总导演"以及其他相关的犯罪嫌疑人，终于使南丹真相大白于天下。

2002年6月，山西繁峙金矿发生一起爆炸瞒报事件。有关责任人将37具遇难的矿工遗体冒雨掩埋，毁尸灭迹，破坏现场。县政府对上报告："死两人，伤4人。"《中国青年报》接到举报，立即派出记者采访。他们冒着生命危险，冲破杀手的追捕、盯梢和重重迷雾，搜集了大量的证据，在短短几天内，发出了有分量的系列报道，终于揭开了瞒报事故的黑幕。新华社、央视等媒体也相继加入了采访的队伍。由于媒体的揭露，真相大白于天下，该事故的主要责任人和有关领导被逮捕，死难的矿工得以申冤。

《中国青年报》揭露繁峙矿难瞒报案彰显出调查、取证在揭黑报道中的意义。最初，官方调查团在调查中毫无头绪，感到无从下手。结果警方根据报道《惨剧真相扑朔迷离——聚焦山西繁峙金矿爆炸案》，从中分析了三条线索——包括目击井下死亡矿工、搬运尸体、运送尸体车辆的细节,找到了当事人和目击者,进行调查取证,最终澄清了事实。

从2001年的"南丹煤矿案"到2002年"繁峙金矿案",中国新闻界逐渐形成了一种集体揭黑的风气,调查性报道在与黑幕掩盖者的多次较量中走向成熟。在2003年报道"非典"过程中,《财经》、《中国青年报》等媒体顶着某些权势的压力,以极大的勇气向社会揭示了疫情真相。同样的情况出现在"孙志刚事件"的报道中。2003年3月20日,青年孙志刚在广州被收容人员收容后惨死,4月25日,《南方都市报》以《被收容者孙志刚之死》为题,首次披露了孙志刚惨死事件。次日,全国各大媒体纷纷转载此文,并开始追踪报道,形成了密集的媒体攻势,令政府痛下决心,依法惩治了肇事公务员,并修改了相关立法。在披露体坛"黑哨"事件中,新华社、《中国青年报》、中央电视台以及社会各主流媒体都加入了揭黑战役。2000年开始曝光学术、科学界丑闻的著名网站《新语丝》,先后披露了数百个学术不端案例,主流媒体和网民积极加入对不端分子的曝光和追剿,推动了真相揭秘。著名的案例包括上海交通大学生命科学院海归院长"杨杰造假事件"和清华大学医学院副院长"刘宏造假事件"。①

调查性报道的技巧也在不断走向成熟。2000年8月,央视《新闻30分》获悉南京"冠生园"使用陈馅制作月饼的消息后,立即赶赴南京暗访,记者拍摄了两个月,节目反映了从回收陈馅到加工的整个过程,但缺少回收月饼去向的镜头。为了使报道翔实、准确,记者耐心等待了一年。2001年6月,采访组再次来到南京,在"冠生园"公司附近租了间民房,使用了两部摄像机辅之以望远镜拍摄。为了不被暴露,他们冒着高温,在屋内挂上厚窗帘,宛如置身于蒸笼。几十天下来,他们共拍摄了700分钟的胶片。由于调查充分,证据确凿,当事件在2001年9月曝光后遭到当事人反扑时,媒体和记者均未被打倒。在媒体、公众、市场的强大压力下,南京"冠生园"最后申请破产。②

5. 揭开股市黑幕:《财经》杂志及其主编胡舒立

《财经》杂志主编胡舒立(1953—)被美国《商业周刊》称为"中国最危险的女人",这是一种赞扬还是一种揶揄?当《财经》创刊时,胡舒立曾宣称要关心"绝大多数人的福祉的进步","要向经济生活中被损害者和被侮辱者伸出手掌",疾呼"转型的欢乐与痛苦应由公正的规则来衡量"。她的经历表明,她不仅是中国金融领域调查性报道的开路先锋,她还是将西方的新闻理论移植到中国土壤上的勇敢实践者。

作为20世纪80年代初中国人民大学新闻系的毕业生,胡舒立较早认识到了中、西新闻理念之间的差距。但是真正将西方新闻学中富有活力的东西学到手还是她在《工人日

---

① 张威:《独立新闻人的演进——兼谈〈新语丝〉对主流媒体的冲击》,载《新闻记者》,2006(7)。
② 钟清:《"南京冠生园"陈馅月饼曝光》,见展江编:《中国社会转型的守望者——21世纪新闻舆论监督的语境与实践》,82~82页,北京,中国海关出版社,2002。

报》做了多年的记者之后。她到美国学习,研究新闻学,写下了《美国报海见闻录》等著作。看来,她感受最深的就是西方新闻媒体的社会使命感。她曾多次宣称:新闻记者的社会使命就是要担当社会良心的守望者。她特别推崇的就是媒体要有批评权和知情权。1993年,她再次赴美,在华盛顿"外国记者中心"接受训练。1994年,她去斯坦福大学攻读经济学。这些都为她日后的作为打下了坚实的基础。

1998年,《财经》杂志创刊,2000年10月名声大振。当期长篇报道《基金黑幕——关于基金会行为的研究报告解析》在金融界投放了一颗重磅炸弹。多年来大牌公司欺骗股民,违法操作的黑幕被揭开了冰山一角。随后的系列报道《庄家吕梁》、《苏南寓言》、《谁在操纵亿安科技》、《银广厦陷阱》组成了一组宏大持续的调查性分析报道。在这些重大采访过程中,胡舒立是主持人,指挥她的记者冲过急流险滩。《财经》杂志的调查性报道是群策群力的产物,而她就是这个群体的司令。在复杂的揭黑幕过程中,《财经》不仅表现出了足够的勇气,也表现出足够的智慧。她多年从事中国媒体报道的经验、缜密的调查、精当的分析常使《财经》能力挽狂澜,立于不败之地。当《基金黑幕》发出后,10家基金管理公司发表声明,称《财经》"报道失实,误导投资者",对此,《财经》回击道:

> 本刊始终以客观,公正的报道为事业追求准则。本刊的财经报道,包括近期对于证券投资基金企业存在的一些问题的相关报道,均以此为原则,具有正当的来源和可靠依据。

如此坚定而练达的应对让人想起当年日本《文艺春秋》杂志在揭露田中角荣首相丑闻时在重压之下针锋相对的回答,想起《华盛顿邮报》在"水门事件"中面对总统压力的风度,从而感受到中国调查性新闻报道者的日臻成熟。

《财经》杂志的更大成就就是它为中国新闻界培养了一批从事调查性记者的写手。

记者凌华薇以一年之功调查"银广厦"神话,粉碎了这家上市公司的虚假面具就是一个例证。凌华薇于2000年8月着手调查(凌华薇时任《证券市场周刊》的记者),当时"银广厦"还笼罩着"绩优大蓝筹"、"超级大牛股"、"世纪大黑马"等诸般光环,涨幅居沪深股市之首。凌华薇深入银川、西安、芜湖、天津等地采访,逐步解破"银广厦"巨额利润的秘密,终于拿到了其造假的证据。

2001年8月号的《财经》杂志刊登了本刊记者凌华薇的《银广厦陷阱》,认为"银广厦"股价过去两年暴涨的背后,"是一场彻头彻尾的骗局"。

中国证监会全面介入,对"银广厦"正式立案稽查,"银广厦"造假事实成立,多名涉案当事人被移交司法机关。"银广厦"停牌复牌,多日跌停,从每股30多元直落到4元多,以16个跌停创股市之最。而"银广厦"投资者的巨额损失,又引发一大波中国证券市场民事诉讼和赔偿机制建立的呼吁之声。由此产生的公众对上市公司的公信力的怀疑与反思,一度影响了股市的大幅调整。

《财经》杂志笃信"独立采访,独家报道,追求翔实公正"的报道原则,而用行家的、职业的、解释性的手法进行调查性报道的模式则推进了中国调查性报道的精密性和专业化。①

6. 为平民的利益呼号:王克勤

王克勤是中国进入 21 世纪后在调查性报道领域杀出的一匹"黑马",被评为 2003 年"中国记者八大风云人物"。他原是甘肃《经济日报》记者。因发表《兰州证券黑市狂洗"股民"》、《公选"劣迹人"引爆黑幕》两篇调查黑幕报道,被甘肃有关方面开除公职,并立即面临杀身之祸:黑社会悬赏 500 万元拿下王克勤的人头,警方派 4 个荷枪实弹的刑警驻在他家守护。好在上述两篇文章得到朱镕基总理等人的批复,犯罪分子 160 多人先后被逮捕,使千百名股民免于灾难。最后,因报道而失去工作的王克勤被北京《中国经济时报》调入。他很快就在更大的社会舞台上有了卓越的表现。

2002 年 12 月 6 日,王克勤历时半年采写的长篇调查性报道《北京出租车业垄断内幕》在《中国经济时报》上刊出,引起轩然大波。该篇报道通过采访 100 多名出租车司机,翔实地反映了北京出租车司机行业触目惊心的内情,表明了首都地区出租车行业怎样在有关当局的垄断下,将出租车经营权这个公共财富和公共资源变成了少数人手中的特权,从而损害广大出租车司机的利益和积极性。他们怨声载道,群情激奋,甚至有集体停运、集体卧轨自杀以示抗议的情况发生。王克勤在采访中历尽艰辛,饱尝有关方面的压制、威胁之苦。但他以顽强的意志,不向恶势力低头,出色地完成了任务。为了承担风险,报道在发表之前,《中国经济时报》编委会 7 名领导集体签名负责。当天编者按指出"该报道对'十六大'以后的中国行政管理体制改革具有重要的案例启发意义,对北京乃至全国的出租行业市场化改革将产生一定的推动作用"。

《北京出租车业垄断内幕》发表后,在社会上引起强烈反响。十多天来,出租司机快把报社的电话打爆了。他们一批批地找到报社,表示感谢,并提供新情况。一批出租车公司的管理员也纷纷向报社反映公司内幕。

王克勤的骨头是很硬的。他认为,面对社会的不义与不公,新闻记者有责任挺身而出。如果新闻记者不站出来,这个社会就要完蛋了。他的名言既普通又充满激情:"我不下地狱谁下地狱?!"

王克勤的实践为中国调查新闻报道增添了一名代表性人物。新闻界一些人士一直在积极推荐他为"中国新闻奖"候选人。《人民日报》评论员马立诚指出:在新闻界一片浮躁、追星、炒作和表面化风气中,王克勤以半年时间,扎扎实实深入到北京出租车司机群体

---

① 本文主要参考资料王小芃:《"基金黑幕"是这样揭开的》,详见展江主编:《中国社会转型的守望者》,77~81 页,北京,中国海关出版社,2002。2009 年年末,《财经》杂志高层采编人员在胡舒立的带领下集体辞职。详见本书第六章。

当中,进行艰苦的调查,以大量无可辩驳的事实揭露了这一行业长期存在的严重问题。这种深入底层,关注百姓切肤之痛,呼唤公正与公平的精神和作风,体现了新闻界的良知和道义。马立诚还认为,王克勤的报道是对首都实行舆论监督,揭露对象又是一个号称难治的敏感行业,难度之大令新闻界望雷池而却步。然此文一出,即成铁论,获得全社会压倒性支持。①

从2005年到2011年,王克勤陆续写下了中国调查性报道的多篇力作,其中包括《河北定州血案调查》《邢台艾滋病真相调查》《山西黑煤矿矿主打死"记者"的背后》《山西疫苗乱象调查》《河北大学校园"飙车案"调查》,这些调查性报道都产生了深远的社会影响。

但是,2011年7月,《中国经济时报》调查部遭到解散,王克勤亦被解职。

七、挑战与机遇

调查性报道的揭秘性、挑战性和记者决心披露事实真相、维护正义的激情使这种报道形式独具魅力。毫无疑问,一个成功的调查性报道,记者的素质是绝顶重要的。一位研究者指出:"的确,所有美国优秀的调查报道都具有如下品质:对事实真相的渴望,强大的内驱力,精确的判断力,果敢的决断力,持久的忍耐力,丰富的想象力,正直感,对条理性的领悟力和一种基本的直取要害的知觉。"

但是,从事调查性报道历来是充满风险的,它的挑战性主要来自于下列几个方面:

1. 权势的威胁

调查性新闻报道面对的往往是有权势的大人物或集团。被揭发方会不遗余力地压制调查的进行。在"水门事件"中,尼克松为了让《华盛顿邮报》停止调查,威胁要吊销该报的电视执照,致使该报的股票大大下跌,政府甚至还对伯恩斯坦等记者的生命安全形成了威胁;1971年,日本《朝日新闻》记者本多胜一调查了日本的侵华罪行,写了长篇报道《中国之行》,从此不断受到日本"右翼"势力的恐吓;1976年,美国《亚利桑那共和报》记者唐·博尔斯为调查菲尼克斯市地产业的舞弊问题,被暴徒和政客组成的黑网所杀害;在20世纪90年代的伊拉克,出生于伊朗为一家英国报纸工作的新闻记者法赫扎德·巴佐夫特因为调查了一家秘密化工厂的爆炸事件而被当局枪决。②1997年,福克斯电视台的

---

① 有关王克勤的情况见《北京出租车业垄断内幕》,载《中国经济时报》,2002-12-06;并见王克勤《为平民的利益呼号》及马立诚:《提名王克勤获中国新闻奖》,第二届21世纪新闻舆论监督研讨会论文,2002年12月,北京,中国青年政治学院;以及王克勤与作者的谈话,北京,中国青年政治学院,2002年12月21日。

② 威廉·哈森著:《世界多棱镜——变化中的国际传媒》,张丹、张苏译,21页,北京,新华出版社,2000。

记者史蒂夫·威尔森和简·阿克勒被解雇,原因是他们试图将美国的牛奶中含有危险的缓慢增长激素的消息公之于众;美国 CNN 的两名记者阿普丽尔·奥利佛和杰克·史密斯因报道美军在"越战"中曾在老挝使用沙林毒气丢掉了工作;①在意大利,记者佩科莱利曾试图暴露天主教民主党元老、8 次担任内阁总理的安德烈奥蒂与黑手党勾结的情况,最后不幸遇害;一位西西里记者在电视上揭露黑手党时说:"黑手党的成员就在议会里,有时就是部长,是银行家,是此时此刻身居要职的人。"几天后,这位记者就从人间蒸发了;②2002 年年初,《华尔街日报》资深记者丹尼尔·珀尔被谋杀;2002 年 5 月 13 日深夜,菲律宾南部的帕加迪安市《三宝颜快报》周刊主任记者和 DXKP 电台的评论员埃德加·达马勒在回家路上被两名男子枪杀,警方估计可能是因为他长期跟踪揭发菲律宾政客的腐败问题而遭到报复性谋杀;③2002 年 6 月 2 日,巴西"环球"电视台记者洛佩斯前往巴西里约热内卢贫民区克鲁塞罗镇采访,为收集纪录片素材,他携带隐蔽摄像机参加了当地一个掺杂毒品和性交易的舞会,之后神秘失踪。后经警方调查,洛佩斯是被当地贩毒集团"老大"埃利亚斯·佩雷拉·达席尔瓦杀害的。④

1998 年,美国索诺马州立大学揭发了当年被美国政府或某些权势压制的 24 条禁发新闻,它们是:

(1) 秘密国际贸易协定损害国家主权

(2) 化学公司利用乳腺癌获利

(3) 孟山都公司的转基因种子威胁全球产量

(4) 被回收的放射线金属可能就在你家

(5) 美国的大规模杀伤性武器:数十万儿童丧命的罪魁

(6) 美国核计划破坏联合国全面禁止核试验条约

(7) 基因转化可导致危险的新疾病

(8) 天主教医院合并危及妇女的生育权

(9) 美国:纳税人的美元支持着恰帕斯的敢死队

(10) 尼日利亚:学生环保者命丧谢夫隆油田

(11) 扩建私人监狱成为大买卖

(12) 数百万美国人在 1955—1963 年间接种了被感染的小儿麻痹症疫苗

(13) 政治捐款损害美国司法制度

(14) 特种武器和战术部队替代普通警察:针对少数民族社区

---

① 彼得·菲利普斯著:《美国禁发新闻》,张晓译,166~183 页,北京,光明日报出版社,2000。
② 唐惠虎:《舆论监督论》,215 页,武汉,湖北教育出版社,1999。
③ 《检查日报》,2002-05-16。
④ 《北京晨报》,2002-06-11。

(15) 雇佣军服务于国际大公司
(16) 美国媒体对波黑的报道有失公正
(17) "曼哈顿计划"掩盖 化物毒性的后遗症
(18) 克林顿政府纵容儿童玩具中含有毒化学物
(19) 开发商牺牲纳税人 青睐洪泛区
(20) 全球食用储量令人堪忧
(21) 终身教授日渐稀少 学术界岌岌可危
(22) 美土地管理局被控侵犯肖尼部落的人权
(23) 可口可乐公司未达回收标准
(24) ABC广播公司歪曲有关穆米亚·阿布-贾迈勒的报道①

在这些被封杀的新闻幕后,可以想见新闻记者面对权势所承受的巨大压力。

一篇文章指出:"目前美国的所谓调查性报道,矛头所向及其调门都在发生变化,很多新闻工作者和评论家认为,这种变化意味着正在退回到风险较小的新闻领域,这是由于'温和'的新闻界无意惹是生非,比如以诽谤被起诉,引起官方的仇视和遭到经济压力。"②

据国际记者协会报道,2001年全世界共有100名记者在工作中遇难。在中国,记者在调查采访中遭受磨难的数字正在攀升。这里仅举几例:2001年,中央电视台《焦点访谈》、北京电视台记者、《法制日报》记者在采访中遭到袭击;山西河津天龙煤矿发生瓦斯爆炸,该矿隐瞒死亡人数,《华商报》记者为探明事件真相,在现场采访时竟被该矿负责人指使的人打伤;2001年10月,《重庆商报》记者罗侠在某夜总会采访时遭殴打;同年12月12日,青岛《生活导报》记者许勇因揭露传销、外汇黑市、电子赌博遭歹徒报复,被打成重伤;2002年1月,位于新疆乌鲁木齐某煤矿发生井坍,《新疆日报》一行4人在调查中遭到群殴;同年同月,江西万在县攀达烟花公司发生恶性爆炸事故,记者在采访中被人掀翻在地;1月5日,山东两媒体的3名记者在宁阳县采访某村支书涉嫌贪污、欺压百姓过程中遭到该县公安部门的阻拦和暴打;广东东莞某厂一顿饭毒倒百人,记者因拍照被厂方拘至深夜;1月13日,贵州电视台记者在某村采访中遭毒打,两名记者头部受伤,摄像机被摔坏。③ 2010年8月29日,《新语丝》网站主编方舟子因披露一位医学专家的伪科学而遭到歹徒袭击。

2. 记者自身的压力

调查性报道是新闻报道中最复杂、最艰苦、难度最大的一种报道。调查性报道所调查

---

① [美]彼得·菲利普斯:《美国禁发新闻》,张晓译,2页,北京,光明日报出版社,2000。
② 孙世恺:《谈调查性报道》,载《新闻与写作》,1996(5)。
③ 以上披露的事实均见《中华新闻报》维权专版,2002-01-26(8)。

的问题本身即是错综复杂,盘根错节,需要花费大量的时间、人力和物力;卷入报道的各方人士出于各种原因,或不愿透露事实,或设置障碍,甚至故意散布假消息误导记者,使记者的调查更加困难;此外,所调查的问题涉及权势集团,他们往往更会以各种方式向媒介和记者施加压力,阻碍调查的进行。记者在调查中必须遵守法律、社会道德及职业道德,不仅要结果正确,还要程序合理。①

调查性新闻报道的艰巨性要求记者在精神上和体力上都有高度的韧性和坚忍不拔的意志。与一般的追求实效的新闻消息报道不同,调查性报道重在深入调查、揭发内幕。由于事实本身的复杂性,加上通常总会有人企图掩盖真相,调查性报道的问世往往会耗费几个月或几年。

在著名的"水门事件"中,伯恩斯坦等记者在4个月中采访了1000多人,每天工作12~18个小时……

1986年1月写就的《费城调查者报》的系列报道《法院的失序》荣获第71届"普利策调查性报道奖"。从事报道的3名记者就费城法院系统中的种种弊端进行了长达3年的调查,采访了200多人,据说,费城120位法官中有一半人接受了采访。记者们在审判室里泡了数周之久,翻阅了大量的文件和记录。他们对律师进行了非正式的采访,由此获得了报道关键性的突破口;然后又对法官进行了正式采访。他们做了详尽的报道提纲,使用电脑分析材料。在调查进行了2年之后,3名记者开始进行写作,仅导语就写了无数遍。"在市政厅9层那间没有窗户、散发着霉味的屋子里,他们翻阅一页又一页的法庭文件,有时翻看上百小时也写不出一个字来。"②

调查性报道对记者也提出了很高的要求:一方面记者要独立展开调查活动,挖掘隐藏在表面现象下的事实真相;另一方面还需要记者具备在艰苦条件下的工作能力及坚定的信念,此外,记者还要具有相当的分析能力,嗅觉灵敏,思维活跃。

从事调查性报道的记者必须有崇高的职业道德、高度的社会责任感和无私无畏的精神。而且要有扎实的采访作风和采访韧性。从事调查性报道的记者应该像恺撒的妻子那样清白而无可非议。

卢跃刚在调查中曾经面临"上面"的压力,甚至有人威胁要"端掉他的饭碗",认为他的行为是犯上作乱。湖南和陕西省委都以省委的名义向《中国青年报》、中宣部、中国记协发了正式的告状函。还有人对他采取人身威胁。但是,卢跃刚没有屈服。当他在陕西采访面对巨大压力时,有人劝他知难而退。但他拒绝了:

---

① 赵刚:《美国调查性报道的理念与操作》,载"21世纪新闻舆论监督"研讨会参考文章2001(7)。
② 见展江(主译评):《新闻与正义》(Ⅳ),海口,海南出版社,1999年版。相关讨论见唐峰:《美国调查性报道探析》,《21世纪新闻舆论监督》研讨会参考文章,2001(6)。

第十二章 调查性报道的沉浮

我很清楚地告诉他们,这个时候不是你们退不退的问题,而是你们得先问我退不退的问题,不是说我是为你负责的,我是面对我自己的,我认为这个事情不公,这个事情应当按照我们起码有人性的人的善良愿望向前发展……

对于一个成熟的人来说,他不可能不恪守自己的基本价值观念,不可能放弃自己的原则,如果放弃,那他就把他毁灭了……

卢跃刚说,他希望通过自己的努力能够使那些"没有权利的人有一个安全的、幸福的生存环境,有一个安全的、自由地表达自己意志的场所和渠道"。① "……我的职业身份决定我义无反顾地投身于敏感题材的新闻调查。对弱势群体的关注将是长期的、永远的,绝不会因为一个案子的败诉使我放弃……我甘愿为我的职业不惮前行,永远前行"。

深圳记者蔡照明曾经冒着被暗杀的风险采访深圳进口洋垃圾的黑幕,他回忆说:

在实施进口的那家公司里……我正说明来意,从里间走出一个穿背带裤的男子:"你知道这是谁的企业?你可以先想一想,要不要这么快从深圳消失?"他没有看我的反应,转身又进了自己的房间。房间极为平静,但平静中我感到一股肃杀的震撼!②

1997年11月29日,《福州晚报》宿舍内响起枪声,该报记者顾伟因报道福州赌博机而遭到"黑枪"袭击。顾伟在采访游戏机的头天就接待了不少说客、接到了不少电话,有人甚至以几万元的高价要他封笔,但他没封,于是"黑枪事件"便发生了。③

由于种种原因,同样是调查记者,国人面临的压力就比西方同行要大得多。IRE的一项调查表明,第三世界国家的调查记者要承担更多的风险。④ 所以,在中国做一名调查记者需要更多的勇气,因而应得到更多的尊敬。《中国青年报》记者卢跃刚先后10多次被推上被告席,他调查"娄底非法拘禁人大代表事件"、"重庆任亚非事件"、"陕西烽火村村民武芳毁容事件",顶着巨大压力,身陷各种官司,他说:"我没有许多报告文学同行那么好的运气,可以踏踏实实地打死老虎,然后从头到脚从里到外从容不迫、安安全全地解剖一番。我碰到的大多是活老虎,大多是景阳冈上死缠烂打的局面……更多的时候,对手是一个军团,一个千丝万缕的强大体系。"⑤

一些记者因为种种压力退出了调查报道的行列,但更多的新人又涌现出来。调查报

---

① 卢跃刚:《寡民背后的大国:底层与体验》,见文池,《思想的声音:在北大听讲座》,4~22页,北京,中国城市出版社,1999。
② 蔡照明:《我引爆的是烟雾弹》,载《南方周末》,2000-11-09。
③ 顾伟:《记者遭遇"黑枪"》,载《南方周末》,2000-11-09。
④ Julianne Schultz. Investigative Reporting Tests Journalistic Independence. Australian Journalism Review, Vol. 14, No. 2(July-December,1992). 19.
⑤ 曾华锋,《调查记者》,3~4页,北京,中国方正出版社,2004。

道的探索者大都表现出一种坚忍不拔的精神,卢跃刚在谈及"武芳毁容案"时说:"……恐惧阻碍不了我工作的进程,我知道调查每进展一步,武芳昭雪的希望就会大一些。面对武芳,面对束手无策的武芳的亲人们,我觉得任何一个良知未泯的人都不能无动于衷,都不能坐视不管。这样的事情今天发生在武芳的身上,明天可能就会降临到我们自己,包括我们的亲人朋友们身上,只要有一点血性,怎能不拍案而起!"①《唐山大地震》的作者钱刚表示:"……如果我们不能十米十米地跃进,我们就一米一米地跨越;如果我们不能一米一米地跨越,我们就一厘米一厘米地向前……"②以《兰州证券黑市狂洗"股民"》等调查报道出名的记者王克勤曾被黑帮以500万元重金悬赏人头。他坦言:"……作为一个人,害怕是一种本能,不害怕是假的。我……一旦把真相揭开,能昭告天下,传播给中国的每一个老百姓,让大家知道证券市场也有诈骗,老百姓上证券市场炒股的时候就多个心眼,家破人亡或老百姓吃鼠药自杀的恶性事件会减少,我觉得我个人的命能换来几百、几千人的生命就非常有意义。所以此时没什么能阻挡我……"③

3. 新闻官司

不断升级的新闻侵权官司使调查性报道面临挑战,同时也向人们敲响了警钟。这些年比较著名的官司有:

(1)"奚弘案"

被称为中国新闻官司第一案的"奚弘案"发生在1988年,历时8年半始得解决。1988年7月20日《人民日报》"社会一角"中刊登了该报记者与新疆人民广播电台联合采写的《喀什市建管局领导软弱无能,奚弘急工成特殊公民》的报道。被曝光人奚弘认为此报道侵害了他的名誉权。遂诉诸法院。经判决,《人民日报》报道有些用语不当,对奚弘的人格评价造成一定影响,并给其工作生活带来困难,精神造成痛苦。被告《人民日报》登该文不妥,应向当事人道歉并赔偿精神损失20万人民币。④

(2)《工人日报》深圳败诉

1994年年初,《工人日报》发表报道"深圳百万劳务工的呼唤",揭发了深圳市汽车工业贸易总公司总经理兼党委书记刘兴中在工作中打击报复、专横跋扈、腐化堕落、任人唯亲的事实。结果被报道方告到法庭,深圳某法院判决《工人日报》侵犯了原告的名誉权。虽然后来此案被检察机关翻案,但也使那些从事暴露和批评报道的记者们心有余悸。⑤

---

① 曾华锋,《调查记者》,7页,北京,中国方正出版社,2004。
② 周国洪、宋振远:《关注调查记者提前退休现象》,新华社江苏频道,http://www.js.xinhuanet.com/jiaodian/2004-05/28/content_2211415.htm,原始资料自新华社记者朱雨晨在纪实报道国际电视节研讨会现场电脑笔记。
③ 曾华锋,《调查记者》,7页,北京,中国方正出版社,2004。
④ 见张西明、康长久:《新闻侵权:从传统媒介到网络》,152~153页,北京,新华出版社,2000。
⑤ 北京青年报:《青年周末》,1998-11-13。

(3)《中国青年报》陕西败走麦城

1996年8月8日《中国青年报》发表记者卢跃刚的调查性报道《蹊跷的特大毁容案》。1996年8月12日陕西省咸阳市副市长王农业发表致《中国青年报》的公开信,称卢跃刚的文章是对其进行政治毁容。从此,卢跃刚开始了长达4年之久的新闻官司。

1996年8月26日王保京、王农业和烽火村村民委员会以卢跃刚的文章侵害其名誉权为由,向西安市中级人民法院起诉中国青年报社和卢跃刚,要求赔偿损失480万元。

1996年11月30日,《中国社会报》以头版头条的显著位置刊登了新华社记者戴国强和该报记者墨皑的长篇报道《特大毁容案的背后——对"武芳毁容案"的追踪调查》。明确指出硫酸毁容毁身案与王保京、王农业父子有关。他们追踪调查的结论是《中国青年报》的报道准确无误。然而,2000年6月22日,咸阳市中级人民法院公开宣判:王保京等三被告诉讼《中国青年报》名誉侵权成立,《中国青年报》败诉。

(4)《海峡都市报》披露应召小姐事件

1999年11月25日,《海峡都市报》以《夜宿湖美,应召小姐说:这里全省最安全》为题披露了记者暗访福建泉州湖美大酒店的经历。报道说,记者下榻这家酒店后,就有几批小姐先后打来骚扰电话,称可以上门提供"聊天、洗澡、按摩、做爱"等服务,当记者表示对安全有疑虑时,一位小姐竟然说:"我们湖美在整个福建省最安全,是四星级的。如果有什么事的话,警察会通知我们酒店,然后酒店再通知我们。"湖美大酒店认为,《海峡都市报》的报道将其"描写成一个与公安机关串通一气,靠色情服务招揽生意的酒店",严重侵害了酒店名誉,遂向当地法院提起民事诉讼。要求报社"停止侵权行为",赔偿经济损失和精神损失合计30万元。一审法院经审理后认为,"《这里全省最安全》一文引用了电话中一位不知真实姓名和身份的'小姐'的话,对原告酒店的服务质量和存在问题进行报道,该报道对听来的消息未经核实,违反了新闻真实性原则"。法院判令"海峡都市报社应立即停止对原告湖美大酒店的侵害",在报纸上向原告赔礼道歉,并赔偿原告因侵权造成的损失1万元。在审理中《海峡都市报》记者在暗访时曾作了录音,并将这份录音作为证据提交法庭,但法庭不予采信。参与该案审理的法官表示,按照最高人民法院的司法解释,录音资料要征得对方同意才能作为有效证据。海峡都市报社不服一审判决提出上诉,最后被驳回。[①]

2006年6月,《第一财经日报》刊登报道《富士康员工:机器罚你站12小时》,随后遭到富士康公司起诉,采访记者的个人财产被申请冻结,报社对富士康所作所为"表示强烈谴责"。但随后不久,双方"相互致歉、相互致敬",富士康撤销诉讼。[②]

---

① 北京青年报:《青年周末》,1998-11-13。
② 黄钦:《中国式调查性报道综述》,载《新闻界》,2007(5)。

从事调查性报道的记者不仅要做到新闻真实的原则,还要有足够的法律知识以应对不测风云,以免在抨击邪恶势力时陷入灭顶之灾。在影响调查性报道记者的法律限制中,《诽谤法》最具杀伤力。1996年,英国格拉纳达电视台《世界在行动》播出调查性报道《圣米耶尔:光环是否逝去》,结果被触及的全国大零售商 Marks & Spencer 公司以诽谤为名将该电视台诉诸法庭,声称该节目影响了公司的商业声誉。结果格拉纳达电视台被判向 Marks & Spencer 公司支付5万元赔偿金。①

为了避免新闻官司,新闻媒体开始设立专职的律师顾问部门。《纽约时报》在20世纪70年代有4位律师长驻报社,他们与编辑部各个部门的编辑和记者密切合作,共同来防止与避免新闻报道可能引起的诉讼。对调查性报道必须多次查证,对报道的文字也是反复斟酌,一定要等律师认为无法律问题才能发表。②

4. 主客观障碍

新闻记者是信息收集者和传播者,而不是一个警察。曾任《费城调查者报》(*Philadelphia Inquirer*)前任主编的罗伯特(Eugene Roberts)指出:

> 由于政府日益强大,更加难于应付,由于社会更加复杂,由于科技爆炸,由于一些问题混乱不清而又数量庞杂,那种传统的倒金字塔结构的电讯稿已经不合时宜了……调查性报道意味着要给记者解开通常的时空禁锢,让记者真正把重大事件告诉公众。这就意味着要用比那些简明新闻、噱头小品更复杂的手段。一些报纸由于拒绝进行任何调查性报道而失去读者;一些报纸在尝试调查性报道,但却误入歧途,他们对调查性报道进行了狭隘定义:即调查那些坏人坏事。这就立即把新闻记者放到了警察的位子上,而不是一个信息收集者。假如没有这些自以为是的扮演警察角色的新闻媒体,社会将会平安无事。但是社会——尤其是我们的民主社会——在没有得到充分信息时便会摇摇晃晃……报纸之所以为调查性报道开辟空间,是因为它为社会、为某些难题和机遇打开一扇窗口。只要保持这些窗口,就有解决问题的机遇存在,如果报纸不这么做,有些问题就永远不会被公开。③

从许多调查性报道的实践中可以清楚看出,许多新闻记者并没有进行调查。他们只是进行了报道。他们采用种种技巧和依靠对自身、对周围生活的洞察来做调查报道。

---

① [英]吉尔·穆尔:《英国调查性报道的法律构架》(张金玺译),载《中华新闻报》,2002-03-30。
② 李子坚:《纽约时报的风格》,333页,长春,长春出版社,1999。
③ Julianne Schultz. Investigative Reporting Tests Journalistic Independence. Australian Journalism Review, Vol. 14, No. 2, July-December, 1999. 18~30.

20世纪80年代末期，美国西北大学米迪尔（Medill）新闻学校研究的数据显示出调查性报道在发展过程中的矛盾。在为期五年的调查中，研究人员调查了 IRE 机构（调查性报道记者与编辑组织）的成员们，以此来确定调查性报道在美国究竟是风行一时，还是新闻报道的生力军？1986年，研究人员发现，在接受调查的 205 名记者中有 90％的人认为，他们所在新闻单位进行的调查性报道的数量多于上一年，其中 40％在报社工作的记者表示调查性报道是报社一种经常性的活动，而 55％的人则认为调查性报道是报社的一种偶然行为。但实际上，调查性报道的数量是非常之少的，63％在日报工作的记者每年做出的调查性报道不足 6 篇。

研究表明，调查性报道在许多新闻机构都占有一席之地。根据这项调查，调查性报道得到了大量新闻编辑的认可，正如一位在电台工作的新闻官员所总结的那样，进行调查性报道，这是因为它是"一种社会责任，并给我们带来挑战的机遇"。1989年 CNN 成立了一个重要的调查报道部门，并聘请了 30 名有经验的记者来进行报道。IRE 的前任主任威伯格（Steve Weinberg）将这一举措称为"广播（也许是印刷）新闻业历史上为调查性报道所做出的最重大的行动"。

米迪尔调查表明，尽管许多新闻媒体肯定了调查性报道的社会、政治和商业功能，但大多数记者认为他们从事此项报道最主要的是出于社会责任感。一位编辑说："调查性报道令记者无法睡懒觉。"

澳大利亚的新闻记者们表示，他们愿意献身调查性报道并且对此抱有极大兴趣，但是他们有可能会遭到所在新闻媒体机构的强烈反对。1993年有 247 名记者参与的一项调查表明：尽管有 95％的记者认为媒体主动进行调查性报道是衡量其舆论监督作用的重要尺度，但只有不到 63％的人说他们的新闻机构达到了这一目标。

在被调查的记者中，仅仅有 62％的记者说本单位的记者被鼓励从事调查性报道。公众部门的新闻机构对记者的鼓励要多于商业新闻媒体。在 34％的案例中，媒体多是从机构准则上来进行鼓励，但也从以下几方面来鼓励，包括让记者专事调查性新闻报道（30％），配备有经验的编辑（19％），以及给予经济和物质支持（15％）。

有一些新闻机构不鼓励调查性报道，原因多种多样，在被调查的记者中，48％的记者说主要原因是信息来源不充足；25％的人认为记者编辑不成熟的写作技巧是另外一个重要原因；15％的人认为调查性报道不符合新闻机构的准则；10％的人认为是因为调查性报道面临着政治和经济压力。

媒介从事调查性报道的客观和主观障碍是什么？下面是接受调查的新闻记者们的看法。

调查性报道的客观障碍因素：

1. 法律禁令		(28%)
2. 国家机密		(19%)
3. 新闻资源不充分		(16%)
4. 经济限制		(15%)
5. 政治压力		(10%)
6. 媒体所有人的压力		(9%)
7. 其他		(2%)

调查性报道的主观障碍因素：

1. 商业因素		(22%)
2. 媒体所有者的观点		(19%)
3. 政治因素		(15%)
4. 个人隐私		(14%)
5. 人身危险因素		(10%)
6. 国家利益		(8%)
7. 其他		(10%)

客观性障碍因素的排列顺序为：法律禁令(28%)、国家机密(19%)、新闻资源不充分(16%)、经济制约(15%)、政治压力(10%)和媒介所有人的压力(9%)。

主观性障碍因素也被列举了出来。阻碍调查性报道的两个最主要因素是商业因素(22%)和媒体所有者的观点(19%)。这两个因素是7个主观障碍性因素中最主要的两个因素，在澳大利亚许多新闻媒体，阻力最大的因素不是来自媒体外部，而是存在于其内部。记者由于商业因素而做的报道内容与媒体所有人的观点表明，澳大利亚许多新闻单位都实行自我新闻检查制度。

调查性报道的其他主观性因素包括政治因素(15%)、个人隐私(14%)、人身危险因素(10%)和国家利益(8%)。

在被调查的247名记者中，有一半记者认为他们在进行调查性报道时总是有很大阻力，这些阻力来自他们自己的新闻单位内部。调查性报道的最大阻力集团是新闻机构自己的管理部门(23%)。令人不安的是，社论人员(18%)极其反对新闻记者进行重大的调查性报道。政客们(21%)被认为是另一个潜在的反对群体，广告主们(16%)也是潜在的反对群体。只有少数记者认为阻力多是来自于媒体的董事会(8%)，受众(3%)和媒体的股东(2%)。

为了能产生更多、更好的调查性报道，接受调查的记者们认为需要建立法庭诽谤自由法案(22%)，需要法律保障以保护消息来源(18%)，需要更高的新闻标准(17%)，需要对新闻记者进行更多教育(14%),需要更多的媒体机构(13%)。一些被调查者还说,商业独立(9%)和政治独立(5%)也会对报道产生推动作用。

在这247名新闻记者中,有52名记者说他们曾受到某些压力,要他们停止进行调查性报道。多数时候,这些压力采用合法的方式(42%),尽管第二种最普遍的压力形式来源于新闻机构内部(33%)。直接的政治压力可能性最少(12%)。在这52名记者中,有41名说他们不把压力当作一回事,有2名记者已经或正在考虑退休,有8名记者减少了调查性报道的数量。①

5. 调查性报道在走向衰落吗

20世纪70年代末期,调查性报道的实践和理论均趋于成熟,其中IRE(Investigative Reporter & Editor Inc.,调查报道记者与编辑组织)起了重大作用。到了80年代,IRE拥有3500多名会员,建立了最权威的调查报道网站和资料中心,可提供2万多个调查报道的案例研究,它还编辑发行调查报道的专业出版物——《IRE杂志》,它那一年一度的国际会议成为各国调查记者大会师的舞台,IRE年度奖令调查记者奋而拼搏、趋之若鹜。然而,IRE的最大的功绩还是《调查报道记者手册》的出版。从1983年到2002年的10年中,此书连出四版,已经成为一部脍炙人口的调查记者的百科全书。该书对一个合格的调查记者的要求很明确:

> 调查记者……需要一种对世界为什么如此或为什么不如此的强烈好奇心,这种好奇心一定要伴之以并非玩世不恭和虚无主义的怀疑精神、愤世嫉俗和"杀富济贫"的义愤,在这些素质的基础上铸成一种暴露的品格。成功并非靠运气而因胸有成竹、把握机会……②

IRE特别强调调查记者"要有一种愤世嫉俗的义愤",这或许可以解释为记者对社会的责任感。那种只会风流倜傥地在酒会里出没、对百姓疾苦熟视无睹的人是不可能有所作为的。"杀富济贫"的"富"当然不仅仅是财产的衡量,它泛指一切权势;而"贫"则是指那些在权势面前相对劣势的弱势群体。

西方调查报道的巅峰成于20世纪七八十年代是没有疑义的,③然而,自1990年代后这类报道是否开始滑坡却颇有争议。一个不容置疑的情况是:电视调查类节目的确面临

---

① Julianne Schultz. Investigative Reporting Tests Journalistic Independence. Australian Journalism Review, Vol. 14, No. 2, July-December, 1992. 18~30.

② Brant Houston, Len Bruzzese and Steve Weinberg, The Investigative Reporter's Handbook: A Guide to Documents, Databases and Techniques, (Fourth Edition), Bedford/St. Martin's, Boston, MA, 2002. 5.

③ 20世纪六七十年代,英国拥有致力于调查性报道的全国性媒介,包括报纸:《星期日泰晤士报》(调查版)、《观察家报》、《卫报》、《每日电讯》、《新政治家》(*New Statesman*)、《Leveler》、《私家侦探》、《世界新闻》、《每日镜报》;电视:《世界在行动》、《全景》、《TV Eye》、《活跃的人》(*Man Alive*)、《伦敦节目》(*The London Programme*)。

严峻挑战,比如《60分钟》被大大压缩,有时只有12分钟。观众日渐增长的娱乐兴趣、对严肃新闻题材的逆反心理、耗资耗时的调查都使从事此类报道的记者和制片人踌躇不已。资深编导哈瑞·莫赛斯(Harry Moses)认为今天的《60分钟》已经改变了性质——"虽然我们节目的收视率可以高居榜首,但已不再是纯粹的调查性报道"。①

在"海湾战争"中屡建奇功、荣获"普利策国际报道奖"的CNN著名记者阿奈特(Peter Arnett)在无数次战争中化险为夷,但却因卷入调查性报道而触礁。② 1998年6月7日,CNN播出了一部名为《死亡之谷》的调查性报道,主播人阿奈特披露了美军在"越战"中用沙林毒气杀死叛逃士兵的内幕。节目播出后引起了轩然大波,政府和军方都来兴师问罪,指责CNN捏造事实,故意丑化美国政府和五角大楼的形象。CNN调查的结果认定《死亡之谷》摄制组在制作过程中并没有伪造证据。尽管如此,为了五角大楼的颜面,CNN收回了该片。两位试图抵抗的制片人被解雇,阿奈特也被横遭训斥,被迫离去。③ 实际上,相当多的媒体老板对这一类的调查记者爱恨交织,而无可奈何的程度在迅速提升,这些记者被认为是"散漫、蔑视老板、挑战权威、不修边幅的孤狼",尽管他们骁勇善战。

一些西方电视节目拼命追求商业利益和收视率,政府也试图对其施加影响。曾经生机勃勃的英国电视调查性报道,在其高峰期的20世纪70年代末,每年大约出产300部电视片,而目前每年仅有30部左右。就美国来说,电视调查类报道的冲击力似乎也在减弱,业界出现了一种小题大做、故弄玄虚的倾向,渲染一些"坏人坏事"、"对峙采访"等噱头类节目,但那些大题材比如对腐败官员或大公司不轨行为的揭露越来越少。而对媒体自身的问题——如全国性大媒体参与"政治献金"——就更是置若罔闻。④

自1976年起,索诺马州立大学传播系就设立了"另类普利策奖",以奖励那些未能在主流媒体出现的调查性报道。他们认为,由于惧怕被起诉和经济原因,一些大媒体在出版人、媒体拥有者、股票拥有者、投资人和广告商的压力下对某些耗时、昂贵的敏感题材失去了兴趣。

不过,英国调查新闻研究中心主任加文·麦克法蒂安(Gavin MacFadyen)认为,调查性报道在西方并未出现"整体意义上的衰落",只是其语言和形式越来越新颖,更倾向于寓教于乐。他透露,"伊拉克战争"爆发之后,英国公共电视台第4频道用于调查性报道的资金增加了约二三百万英镑。欧洲一些国家——比如法国和德国——调查报道的记者队伍

---

① 周国洪、宋振远:《关注调查记者提前退休现象》,http://www.js.xinhuanet.com/jiao_dian/2004-05/28/content_2211415.htm.

② 1991年1月17日凌晨2时30分,美军空袭巴格达。阿奈特和另外两位同事在楼顶架起卫星设备进行直播,CNN"24小时滚动新闻"使其一举成名,阿奈特站在拉希德饭店楼顶、在被炮火照亮的夜空下进行现场直播的形象也长久留在每位战地记者的心中。

③ http://www.answers.com/topic/peter-arnett.央视国际,2002年11月13日22:15。

④ Rosemary Armao对Charles Lewis的电话采访,16 March 1998.

在扩大,北欧及南欧的国家也出现了许多关心公众问题的记者。①

一些优秀的电视调查记者仍在不懈地追求。美国《60分钟》电视节目编导哈瑞·莫赛斯从业30多年来,制作出了70多部揭露社会问题的作品。他认为,知情权是公民的基本权利,而"《60分钟》的灯光犹如一盏强大的照明灯,投向无数黑暗的角落———如果有人躲在黑暗的角落里从事勾当,我们就会把灯光打开"。

莫赛斯的最新报道《伊拉克的军法审讯》率先披露了美军在伊拉克监狱的虐囚丑闻,引起了全世界的高度关注。在制作即将完成时,美国军方高层来电陈述种种原因请求停播该节目。莫赛斯认为,公众的知情权是神圣而不可侵犯的。经过斗争,节目最后还是播出了,虽然有所迟误。②

查尔斯·刘易斯(Charles Lewis)是另外一个代表。刚进入《60分钟》时,刘易斯调查了150个事件,但只播出了3个。由于制作的节目经常被"枪毙",他自己陷入了长久的痛苦中,6年后,刘易斯决定辞职。当他被问及:离开《60分钟》是因为对调查性报道的失望、对节目娱乐化的失望还是对媒介寡头控制的失望时,他回答:"全都有。"③

为了独立地进行调查性报道,刘易斯于1990年辞职,并创办了非营利组织——美国公众诚信中心(CPI),该中心聚集着一些职业调查记者,为了捍卫新闻的真实性,他们牺牲了稳定的职位和优厚的待遇并挣脱了媒介寡头的控制。CPI近年来发表了250多篇调查性报道,出版了13部调查报道著作,包括《购买总统》系列调查,其中揭示了在美国总统竞选中政治捐款的幕后真相,在美国产生强烈反响。

"我们渴望阳光、法制的透明,渴望建立百姓和政府之间的诚信,这些都是调查记者在向腐败等黑暗势力宣战的有力武器。"刘易斯认为,全世界80%被谋杀的记者都是报道腐败案件的,他们的弱点是信息不足。美国公众诚信中心希望提供帮助。④

刘易斯1997年发起成立的国际调查记者联盟拥有来自46个国家的92名成员,曾多次进行全球合作调查报道。2003年年初,CPI动用了30个记者编导,在全球广泛调查,披露了某国际大公司污染水源的真相。2004年11月,CPI又将美国在阿富汗和伊拉克战争中获利的公司一一曝光。

看来,断言西方调查性报道"滑坡"有些悲观了,至少在印刷媒体上还看不出端倪。观察一下自1990年代末迄今为止西方媒体的表现,仍会发现不少精彩的篇什,除前面提到的一些案例外,2001年3月,《财富》打响了调查"安然(Enron)事件"的第一枪;2002年4月,法国《鸭鸣报》记者对总理希拉利涉嫌挥霍公款进行了持续追踪;同年,《华盛顿邮

---

① 朱强、雨晨:《调查性报道在国外》,载《南方周末》,2004-06-10。
② 汕头日报:http://www.southcn.com/news/dishi/shantou/tp/200405230356.htm。
③ 原始资料自新华社记者朱雨晨在纪实报道国际电视节研讨会现场电脑笔记。
④ 原始资料自新华社记者朱雨晨在纪实报道国际电视节研讨会现场电脑笔记。

报》对墨西哥司法腐败进行了长达 10 个月的报道,从而获得普利策 2003 年国际报道奖;PBS 与《纽约时报》也不甘落后,他们耗时 6 个月联合打造的电视节目《危险工厂》讲述了美国某"巨鳄"企业为赚取暴利而奴役员工的故事,《纽约时报》因此获 2003 年度普利策奖;多年来,美国各报记者一直在调查联合国秘书长安南之子与科乔一案,据《纽约太阳报》报道,科乔涉嫌利用其父之势从联合国"石油换食品"计划中谋取暴利,波及安南;英国 BBC2 台在 2005 年又有惊人之作,它的最新电视调查《谁杀死了斯大林》列出了大量证据,表明当年这位共产主义领袖并非死于突发性脑溢血而可能死于谋杀。①

调查性报道是不会倒下的,只要媒体存在,只要黑暗和腐败存在,调查性报道就会生生不息。正如约瑟夫·普利策(Joseph Pulitzer)宣称那样:"报纸的生命就在于'暴露',这种暴露集中在两个方面:一是政府;一个是社会问题。报纸应当监督政府官员的表现,对任何一种腐化堕落和错误都进行曝光。一个自由而负责的报纸应当试图使'政府官员,公务员,社会各机关和司法系统尽心尽职,履行责任'。"②

阿奈特被 CNN 解雇后旋即来到 NBC 工作,但在 2003 年 3 月爆发的"伊拉克战争"中,由于报道中有诋毁美军之嫌又被 NBC 解雇,他曾服务的"国家地理探索"频道也迫其辞职。但幸运的是,在阿奈特被美国媒体扫地出门几个小时后,英国《每日镜报》立即宣布了对他的聘用。两天后,阿奈特相继出现在希腊国家电视台(NET)和比利时电视台。这表明社会对敢于披露事实真相的记者的广泛认同。正是:"东方不亮西方亮,黑了南方有北方",调查性报道受到压制是必然的,但它不屈不挠地向前发展也是笃定无疑的。

一些西方记者认为:新闻自由是调查性报道的试金石,新闻自由程度有多高,调查性报道就能走多远。③ 换句话说,调查性报道只有在民主的沃土上才能茁壮成长。

近年来,随着中国民主化的不断推进,调查性报道风起云涌,几乎成为所有媒体的王牌。调查性报道正在赢得广泛的关注与尊敬。在当今中国,一家没有调查性报道的媒体是不可想象的。这说明调查性报道无国界,只要有政府、权力、公民和媒体,就会有它的一席之地。

有关中国式调查性报道的理论探索开始崭露头角,近来比较令人瞩目的活动包括:2003—2004 年央视《新闻调查》节目组在北京高校进行的节目展播和"电视调查性报道高峰论坛";2004 年 6 月,汕头大学长江新闻学院举办的"调查性报道国际研讨会",主要参与者即包括调查性报道的国际宿将——美国《60 分钟》栏目编导哈瑞·莫赛斯、美国公众

---

① 《BBC 新记录片列出斯大林之死 5 大嫌疑人》,载《晨报》,2005-03-06。
② See Joseph Pulitzer, Jr. The Press Lives by Disclosure in Allen Kirschner and Linda Kirschner (eds.), Journalism Readings in the Mass Media, New York: The Odyssey Press, 1971. 94.
③ Julianne Schultz, Investigative Reporting Tests Journalistic Independence, Australian Journalism Review, Vol. 14, No. 2 (July-December, 1992). 18.

诚信中心(CPI)总监查尔斯·刘易斯、英国调查报道中心主任加文·麦克法蒂安、美国公共广播公司 PBS《前线》栏目执行制片人路易斯·威利(Louis Wiley),也包括央视《新闻调查》栏目制片人张洁、胡劲草等。在此次会议上,前 CBS《60 分钟》编导彼得·赫福德(Peter Herford)对崛起的中国调查记者敬佩有加,他说:"我们原想给他们上一课,但结果我们从他们那里学到了更多东西。"他的有感而发激起了与会美、英同行的强烈呼应。①

在当年岁末,"汕头大学调查性报道国际研讨会"入选《南方周末》"致敬:2004 中国传媒",其致敬的理由是:

> 调查性报道是对一个记者挑战最大的新闻样式,在中国,新闻的实务界与理论界向来多割裂,其实前者需要理论的充实,后者也需要实践的参照。此会由研究教育机构主办,而参加者多来自新闻第一线,实现了理论与实践的一次交融。更令人瞩目的是,此次会议把世界顶级媒体的调查记者聚于一堂,使中国记者与新闻标杆有了对话的机会(《南方周末》,2004 年岁末版)。

在中国,调查报道论坛已逐步稳定地建立起来。2004—2005 年,复旦大学两次召开"电视调查性报道与中国社会发展"学术研讨会,由中国青年政治学院发起的"全国舆论监督会议"自 2001 年起至 2012 年已经举办了 11 届,在每个年会上,学界人士和调查记者会认真回顾和研究调查性报道的经典案例。该会现已成为中国调查性报道的研究基地。

从 20 世纪 80 年代始,中国调查性报道实践中就不断涌现出一些杰出的勇士,以《"渤海二号"调查》、《人妖之间》、《储安平》等为代表的调查报道第一波刚刚退去,第二波又在 20 世纪 90 年代末和 21 世纪肇始大潮涌起,后继者包括除前面提到的卢跃刚、赵瑜、胡舒立、王克勤等,还包括朱玉(新华社记者)以及张洁(央视《新闻调查》制片人)等,一些成熟的调查性报道记者和媒体调查节目若群星灿烂。这里不去谈家喻户晓的《新闻调查》,也不去分析"龙胆泻肝丸事件"一类轰动性的篇什,仅观察一下 2003 年在央视异峰突起的《每周质量报告》,就会发现调查性报道对当代国人的影响。② 该节目的口号是"你所质疑的,就是我们要求证的"。节目主题为社会关注的产品质量和食品安全领域的调查报道,以打假、除劣、扶优,推动质量进步为第一诉求,是我国电视新闻界质量新闻领域的旗帜性节目。该栏目在 2013 年上半年的几个典型报道包括:《儿童食品添加剂乱象》、《假化肥真相》、《直击地沟油大案》等。窥斑而知豹,从这个小节目的窗口可以看出调查性报道在

---

① 许知远:《新闻业的旧边疆》,博客中国,www.biogchian.com,2005-01-18。该研讨会亦称为"纪实报道国际电视节"。

② 上述报道并不一定达到了西方调查性报道经典定义的标准,只能算是揭黑报道,但至少可以将《每周质量报告》的效应看作是调查性报道的影响。

中国的辐射程度。①

中国和西方虽处于不同的社会,但调查报道的总原则和精神是相通的。进入21世纪后,美国调查性报道的几个新领域——环境报道、慈善报道、弱势群体报道在中国都得到了迅速响应。美国有《寂静的春天》,中国有《中国的水污染》;美国有《孤儿乐园》,中国有《调查儿童村》;美国有《购买总统》,中国有《北京出租车业垄断内幕》。

今天,新闻报道的全球化更加深刻地表现在调查性报道上,无论是西方还是中国,暴露腐败、揭穿黑幕成了媒体共同的重要主题。中国大步走向民主的良好势头、大众对舆论监督和调查性报道的认同及新闻业界人士的共同努力都预示着充满希望的前景。

本章小结

大量事实证明,随着政治环境的日渐宽松,发源、盛行于西方的调查性报道渐渐在中国新闻媒体中开花结果,有些还引起了强烈的反响,比如"黑哨事件";一些以调查性报道为主题的期刊也横空出世,比如《财经》杂志,自1998年4月创刊后,很快便以揭露财经界黑幕的系列性报道名声大噪。有些媒体的调查性报道已经扩张到了海外,比如《南方周末》对胡曼莉非法经营"儿童村"的调查就包括记者去美国核实情况②调查性报道在中国的崛起已经引起了西方媒体的反响。美国《时代》周刊驻北京首席记者吉米(Jaime Flor Cruz)说:"我注意到中国的报纸和电视在负面报道中变得越来越好斗,越来越有事业心。它们的报道形式可能不太成熟,并且不一定直接正面揭示一个问题,但是它们开始以一种我们称之为调查性报道的方式采写社会问题。在这样的报道中有许多揭露政府官员腐败的新闻调查,如滥用职权或行为不端……"③

也许还不能断言中国已迎来了调查性报道的春天,但人们看到了蕴藏在调查性报道背后的机遇——媒体可以借助引人入胜的调查性报道使自己赢得观众;记者可以在错综复杂的报道中得到锻炼;不法行为和官员渎职会得到更有效的监督。那随着机遇而来的诸多方面的艰巨挑战令调查性报道散发出经久不息的魅力。

在浏览了西方和中国的调查性报道之后,我们来看这样一个问题:在本章中使用的"调查性报道"是和英文中的"Investigative Reporting"完全一致吗?比较新闻学不仅要找到比较双方的相同之处,还要特别注意区分同中之异。

前面提过,格瑞斯的调查性报道界定普遍得到了西方世界的认同,假如将格瑞斯的调

---

① 《每周质量报告》曾被批评为"开始为部分企业歌功颂德了",见章淑:《〈每周质量报告〉不要总当夜莺》,载《齐鲁晚报》,2005-03-16。
② 本报记者:《跨国调查"中国母亲"胡曼丽》,载《南方周末》,2001-12-13。
③ 李希光:《中国有多坏?》,128页,南京,江苏人民出版社,1998。

查性报道界定中的三个令人瞩目的要素作为一个比较的坐标,中国和西方的差别就可以看得更明显了。

格瑞斯说,调查性报道其一,必须是新闻媒体的独立、原创工作,而不是被新闻媒体报道的他人行为;其二,它的主题是重要的,公众所关心的;其三,一些人或一些组织企图掩盖事实真相。

在中国近10年来兴起的调查性报道中,中央电视台《新闻调查》占有一个重要的地位;在美国,普利策新闻奖中调查性报道也在新闻界占有崇高地位。将二者的报道选题做一个简单对比,可以发现一些明显的差别(见附件1、2)。

通过两相对比可以发现,在格瑞斯标准的第二条("它的主题是重要的,公众所关心的")和第三条("一些人或一些组织企图掩盖事实真相")上,中、美两国调查性报道多有吻合之处。但在第一条("调查性报道必须是新闻媒体的独立、原创工作,而不是被新闻媒体报道的他人行为")上,双方有较大的距离。

一般来说,中国媒体的独立报道性较弱,美国媒体的独立性较强。除此之外,双方关注的焦点也不甚相同:中国调查性报道的核心部分是社会生活和民众的热点,美国的调查性报道的核心部分是暴露政府和权势人物的腐败,对政府机构、司法等权力部门的监督和揭露。

2000年岁末,《新闻调查》制片人赛纳、张洁说:

> 在世纪之交的临界点上,以深度报道为己任的《新闻调查》会关注些什么?能关注些什么?面对上帝,我们呈上一串长长的名录,这是《新闻调查》在2000年制作播出的50期节目。它凝聚着我们一年里所付出的心血和汗水,凝聚着我们对这片土地的挚爱和忠诚,凝聚着我们面对腐败、灾难、不公的愤怒、痛苦和忧伤。
>
> 2000年有"反腐年"之称,无论是《贪官胡长清》还是《成克杰腐败案》,《新闻调查》关注的不仅是腐败的过程和反腐的举动,我们更关注导致腐败的环境和机制、关注那不受监督约束的权力真空。这种具有建设性的关注,同样体现在司法腐败(《判决未被执行》、《21号裁定书》)、企业官员腐败(《国企如何被蛀空》、《赌博人生》)、官员渎职腐败(《无责任事故》、《七里沟悬疑》)等种种腐败现象的调查当中。①

然而,事实是,近年来揭发贪官污吏的重大案件多是纪检和检察机关查处的结果,而非新闻媒体独立调查的结晶。所以,张洁后来又说:我们从2001年以来的代表作,像《远

---

① 梁建增等编:《调查中国:中央电视台〈新闻调查〉内部档案》,(第一部),北京,中国民族摄影艺术出版社,2001年6月第1版。

华大案》《南丹矿难》的确是揭内幕了,但是这些节目不算是调查性报道,因为它不是记者的独立调查,它是中纪委、司法机关报告完了以后,我们跟进,就是俗话说的"打死老虎"。① 一些研究者置疑《新闻调查》,并以该栏目2004年4月至2006年4月的84期节目为样本进行分析,指出其中真正的调查性报道只有21期,仅占全部节目的25%,而且这个比例呈现出下降趋势。②

面对置疑,制片人张洁将《新闻调查》的节目分为两种类型,一种为调查性节目;一种为调查性报道,他表示要增加调查性报道的比例。舆论界盛赞《新闻调查》的业绩,说它是"中国电视新闻的远征军",它所能够抵达的地方、它的深度和高度,"可能是中国电视新闻所能到达的最远角落",以及"所能达到的最大空间极限",在今后的路上,还有很多谜等待它们揭开,然而,仅仅依靠它们自身的力量显然是不够的,整个中国社会需要与它们一起前行。③

附件1:普利策新闻奖获奖作品中的调查性报道因素(2006—2012年)

年 度	主 题	所获奖项和获奖单位
2006	披露说客阿布拉莫夫的丑闻	调查性报道奖:《华盛顿邮报》
	中情局秘密监狱黑幕	独家报道奖:《华盛顿邮报》
	国家安全局窃听事件	国内报道奖:《纽约时报》
	对众议员兰迪·宁汉姆的调查	国内报道奖:科普利报系、《圣迭哥联盟-论坛报》
	有关也门的报道	解释性报道奖:《华盛顿邮报》
2007	揭露阿拉巴马州大学体系里的腐败	调查性报道奖:《伯明翰(阿拉巴马)新闻报》
	揭露布什总统利用"签名的声明"迂回规避新法律的规定	国内报道奖:《波士顿地球报》
	揭露迈阿密住房供给机构内部腐败	国内报道奖:《迈阿密先驱报》
	揭露影响美国企业的优先认股权丑闻	公共服务奖:《华尔街日报》
2008	揭露伤兵在里德陆军医院受虐待	公共服务奖:《华盛顿邮报》
	揭露私营保安公司在伊拉克违法活动	国际报道奖:《华盛顿邮报》
	弗吉尼亚理工大学校园枪击案内幕	突发新闻奖:《华盛顿邮报》
	披露中国医药等出口产品中有害原料	调查性报道奖:《纽约时报》、《芝加哥论坛报》
	关于DNA测试的伦理困境系列报道	解释性报道奖:《纽约时报》
2009	揭露建筑工地死亡事件内幕	公共报道奖:《太阳报》
	揭露美国对阿富汗、巴基斯坦政治和军事威胁升级	国际报道奖:《纽约时报》

---

① 张洁:《从调查性节目到调查性报道》,载《新闻记者》,2005(10)。
② 黄钦:《中国式调查性报道研究综述》,载《新闻界》,2007(5)。
③ 黄钦:《中国式调查性报道研究综述》,载《新闻界》,2007(5)。

续表

年 度	主 题	所获奖项和获奖单位
	揭露底特律市长的谎言	国内报道奖：《底特律自由新闻》
	揭露加州最大工会负责人财务腐败	调查性报道奖：《纽约时报》
2010	揭露弗吉尼亚州天然气税费管理漏洞	公共服务奖：《布里斯托先驱信使报》
	揭露缉毒警察的违法行为	调查性报道奖：《费城每日新闻》
	揭示新奥尔良在"卡特里娜"飓风中的内幕	调查性报道奖：ProPublica网站
2011	揭露加州贝尔城官员腐败	公众服务奖：《洛杉矶时报》
	揭露佛罗里达州财产保险体系黑幕	调查报道奖《萨拉索塔先驱论坛报》
	揭露新泽西州近海渔船神秘沉没	特稿写作奖《纽瓦克明星纪事报》
	曝光华尔街可疑的金融操作行为	国内报道奖 新闻网站 ProPublica
	曝光芝加哥社区的暴力事件	地方新闻奖：《芝加哥太阳时报》
2012	揭露美国校园暴力	公众服务奖《费城调查者报》
	揭露政府部门使用的危险药物	调查性报道奖：《西雅图时报》
	揭露足球教练杰里-桑达斯基的性丑闻	地方新闻奖《爱国者报》
	揭露伊拉克/阿富汗战争中美伤兵情况	国内报道奖《赫芬顿邮报》
	揭露东非饥荒冲突	国际报道奖《纽约时报》

附件2：中央电视台《新闻调查》栏目内容(2011)

拥堵时代/艾滋病人的家/钱云会之死/把权利还给农民/新生代农民工/干旱——城市的反思

国家行动日本大地震/追问核电安全/黑哨内幕/电力高速路/拍卖骗局从上海到枞阳汇德还我血汗钱

被遗忘的尘肺病/民意的重建/父爱迷途/失落的圆白菜/拐卖重伤/鄱阳湖之痛/北京——暴雨之痛

铝污染 谁之过/乡村医生/马悦凌神话/成长的困境/被质疑的红十字/煤炭局长的生财路/血燕真相

藏羚羊劫难后的复兴/养老之困/贵州水问/渣的警告/温江村的噩梦/疯狂的香菜/李坑之困/苹果的另一面

沉重的裸婚/痛苦的欧洲/百万大移民/医保新路/再访玉树/CSA实验/合作社之路应以和为贵/与狼共舞

脏油之链/前足协官员

中央电视台《新闻调查》栏目内容(2012)

大山里的校车/回家/难以缝合的伤口/感动十年/又到外出打工时/他是雷锋/2012刑事诉讼法大修

苦涩熊胆/漫长的较量/为了儿子的遗愿/增收的脚步/留住手艺/PM2.5迷雾/红旗渠的守望者

温州金融改革再出发/重回杨柳坪/挺进深海/私了/被拷问的死亡飙车/生命的礼物/被拐卖的童年

香港电影北上/弑母/巡航南海/慈善之惑/会呼吸的河道/伦敦奥运的另一面/大学生小老板

黄金大米谜中谜/钓鱼岛：历史与主权/哈尔滨倒桥事故调查/农民何以变股民/留守空巢/免费的考验

库布其之路/预警山洪/问诊大客车/探路风电/温州公车改革/煤城求变/何老汉寻子记/北大荒之变

再问黄金大米/罗阳：追梦航空/陈店的伤痛/睡在桥下的兄弟

结　　论

国人在全球化呼声中告别了20世纪,进入了新纪元。2001年岁末,中国终于加入了WTO,实现了多年的梦想。现在,中国对世界的拥抱已无可怀疑,但并非所有的人都在欢呼。少数反潮流的学者以众人皆醉我独醒的精神对全球化提出了质询。

在新闻界,也有反潮流者。当传媒正以前所未有的勇气向西方借鉴时,一些学者提出了美国对中国"妖魔化"的命题。

如果说"知识分子"的真实含义就是一个对社会提出独立见解、具有批判精神的思想者,那么不管他们的理论是否精确,其胆识和勇气是值得钦佩的。长期以来,中国一直缺乏独立的思想者。

马克思主义在诞生和发展初期生气勃勃,无所畏惧。从另一方面观察,自其横空出世始,便是在矛盾中存在的。马克思主义理论在发展的同时留下了大量难题,而今我们仍在为破解这些难题而苦苦思索、左右奔突。在新闻学领域,情况也是如此:革命导师虽然铸造了理论,发布了指示,但并没有给出答案。马克思说报纸要做党的喉舌,但也指出,报纸是社会的捍卫者,是对当权者的孜孜不倦的揭露者。马克思主义的阶级观点是无产阶级新闻学的中枢。当无产阶级与资产阶级互为仇敌的时候,马克思学说告诉人们应当怎么办;但当无产阶级与资产阶级和平共处时,马克思学说却没有提供药方,他们很可能根本没有料到在20世纪末期,在东西方之间、社会主义和资本主义之间会出现长期和平共处的格局。在新的历史时期,传统的无产阶级新闻学向何处去,始终是令人困惑的疑问。一些具体难题包括:我们是全面借鉴西方新闻理论,还是批判地部分地借鉴?既然在新闻学的一些基本概念上社会主义和资本主义具有迥然不同的理解,那我们又如何与对方合作?我们能找到政治与新闻关系之间的新视点吗?

全球化是什么?全球化就是西方化吗?经济上的引进西方,必然会导致社会各个层面全面引进西方。今天,商业化已经深深地融入中国社会的每一细胞,媒体也深陷其中。除了旗帜和口号,西方传媒精神渗透了中国新闻界,我们需要抵抗吗?我们又应如何抵抗?我们常常陷入一种两难的境地:我们看到并指斥虚伪的资产阶级新闻自由和所谓的客观性,我们看到西方蓄意的宣传和"妖魔化",但与此同时,我们也接受了他们的舆论监督、负面新闻、调查性报道等一系列的概念,这能证明新闻的普世价值吗?

在短暂的政党报纸时期之后,西方报业加速了自由竞争的进程。21世纪之初,随着媒介大亨对世界传媒业的大举兼并,媒体高度集中并操纵于少数寡头之手,一个怪圈和异化出现了——当媒体为少数人垄断或为政府控制之时,在自由沃土上繁衍出来的新闻自由就面临着严峻挑战,近年来在西方相继出现的"维基解密事件"(2010)、"美国棱镜事件"(2013)就是明证;而在大一统历史悠久的中国,原本十分孱弱的调查性报道却峰回路转,渐入佳境,在电子时代生发出的自媒体舆论监督也正方兴未艾。

所有这些现象都会引起研究者们冷静的思考,也需要比较新闻学者做出认真、成熟的诠释。

后　　记

　　本书的写作历尽沧桑,前后居然有 10 年的过程,而贯穿其中的起伏波折如今想想竟有些不堪回首。因为工作关系,我常常携带整箱的资料,在北方大地穿梭旅行;有时还会越过太平洋,到地球的另一端去写作。整整 10 年,这本书压迫着我——既在心灵上,也在身体上。

　　1992 年 2 月的一个灿烂的下午,当我带着研究计划与我未来的导师科萨斯教授会见时,我的内心是忐忑不安的。这个研究计划曾面对冷笑。悉尼大学一位相关领域的泰斗说:比较什么呢?有什么可比的呢?你在拿一个苹果和一个香蕉相比,能有什么结果?中、西新闻完全是两回事。但是和蔼可亲的科萨斯教授在那天下午却给予我极大的鼓励,她说:"你要做的首先就是梳理和呈现。要让人看到比较双方各自相对完整的面貌,这就是贡献。"

　　4 年之后,我交出了博士论文——本书的雏形,它在专家手中辗转数月,终于得到了认可,并认为著者是该领域"少数富有成效的探索者"之一。得到鼓励当然是欣慰的,但我深知,我的探索还相当浅薄,还有漫长的路要走。在研究的过程中,我屡屡感到底气不足,如履薄冰。更何况,我的脑海中时时出现"苹果"和"香蕉"的阴影。如今我胆敢将这个浅薄之作摆到桌面上来,不揣冒昧地说,是因为形势逼人。西方学界有句名言:publish or perish(发表或死灭)。我现在还不愿被人遗忘,再说回国教书已经 5 年,总该有所交代,那就献献丑吧。抛砖引玉是我们中国的俗话,将研究成果拿出来给大家观赏,不揣简陋,也有这个意思。

　　2002 年 9 月的美国之行加快了出版此书的步伐。我在一所大学与传播系师生座谈时,美国学生提出的问题使我感到一阵阵冲击:

　　"中国有犯罪报道吗?"

　　"中国媒体是一个声音吗?"

　　"中国有电视台吗?"

　　"除了宣传,中国媒体还有什么?"

　　我在讲述《调查报道在中国的发展》时,常常要花大量的时间去解释人物、时间和背景。虽然这些都是可以理解的,但我还是感到,美国对中国的了解实在是太有限了,既然如此,他们又如何能以一种平衡的眼光观察中国新闻现象呢?

同样,在国内教授新闻学时,凡是涉及西方新闻学的概念和问题时,同学们的回答大都是苍白或幼稚的,有时对西方新闻现象的解释还停留在10年前的水平上——公式化、政治化、简单化、脸谱化,对研究对象的了解是浅薄的。所以,我们首先得有对中、西新闻学相对平衡的介绍。

这本书的内容曾以课程和讲座的形式在国内几所大学的新闻系讲授过,引起了学生们的普遍兴趣,在一定程度上弥补了比较新闻学教材的匮乏。新的学年很快就要到来了,不能再让学生在没有教材的情况下学习,考虑到以上诸种因素,本书在2002年应运而生了。

目前这个版本,是在本书初版的10年之后的修订版,虽然此间中西新闻的格局发生了显著变革,但双方的本质并未更易,作为一本探讨基本原理的著作,本书依然适用,而且它像一块历史化石,反映出一个变革时代的中西新闻学风貌。在书中的某些部分,作者做了必要的增删,以适应10年间的变化,并希望带给读者一些新意。

本书在初版时,曾对一些支持者表达了鸣谢之意,在本版编辑中,笔者感谢责任编辑纪海虹女士的眼光和魄力,并对参与审读工作的顾学泰、袁丽红、张倩倩、赖慧和吕晓峰等同学表示深深感谢。

2013年6月端午节
山东大学(威海)

主要参考文献

中文部分

[法]阿兰·雷:《文化沟通的障碍》,见《跨文化对话》,第1期,上海,上海文艺出版社,2000。
[美]阿特休尔:《权利的媒介》,北京,华夏出版社,1989。
安岗:《论典型报道》,见《新闻论集》,天津,天津人民出版社,1982。
安景林编:《新闻纵横精粹》,北京,中国人民大学出版社,1998。
[美]鲍勃·伍德沃德:《阴影——在丑闻政治中挣扎的美国总统们》,北京,中国工人出版社,2001。
陈力丹:《典型报道之我见》,载《新闻学刊》,1987(1)。
陈力丹编选:《马列主义新闻学经典著作》,北京,人民日报出版社,1987。
陈崧编:《五四前后东西文化问题论战文选》,北京,中国社会科学出版社,1989。
陈勇:《赵瑜调查》,广州,广东教育出版社,1998。
陈作平:《新闻报道新思路》,北京,中国广播电视出版社,2000。
陈向明:《旅居者与"外国人"——中国留美学生跨文化人际交往研究》,长沙,湖南教育出版社,2004。
大卫·亚当斯:《改进大洋两岸的中美新闻报道》,载《国际新闻界》,1998(4)。
戴邦、钱辛波、卢惠民:《新闻学基本知识讲座》,北京,人民日报出版社,1983。
邓力平:《负面新闻信息传播的多维视野》,北京,新华出版社,2001。
邓炎昌、刘润清:《语言与文化》,北京,外语教学与研究出版社,1989。
丁淦林等:《中国新闻事业史新编》,成都,四川人民出版社,1998。
[日]村山节、[日]浅井隆:《东西方文明沉思录》,北京,中国国际广播出版社,2000。
樊凡主编:《中西新闻比较论》,武汉,武汉出版社,1994。
樊晓国:《西方媒体关于中国洪灾报道的分析》,载《国际新闻界》,1998(5&6)。
方复等:《由"沈崇事件"引发的一场爱国斗争》,载《炎黄春秋》,1996(12)。
方汉奇、陈业劭:《当代中国新闻事业史:1949—1988》,北京,新华出版社,1992。
方汉奇:《五四前后到抗战前夕的资产阶级新闻学研究与新闻思想》,河北大学新闻与传播学院学术报告,2002年6月8日,河北大学。
复旦大学新闻系:《新闻学引论》,福州,福建人民出版社,1983。
甘惜分:《新闻理论基础》,北京,中国人民大学出版社,1983。
甘惜分主编:《新闻学大辞典》,郑州,河南人民出版社,1993。
葛红兵:《障碍与认同:当代中国文化问题》,上海,学林出版社,2000。
顾耀铭编:《我看美国媒体》,北京,新华出版社,2000。
黑格尔:《小逻辑》,北京,商务印书馆,1980。

亨廷顿:《诸文明的冲突吗?》,载《外交》(美国),1993年夏季号。
胡适:《胡适论学近著》,第1集,济南,山东人民出版社,1998。
胡占凡:《穿行社会问苍生》,见安景林主编:《新闻纵横精粹》,北京,中国人民大学出版社,1998。
黄旦、丁未:《中国报刊思想中的三种报刊角色观》,载《新闻传播论坛》,1998(4)。
黄德昌等:《中国之自由精神》,成都,四川人民出版社,2000。
黄维樑、曹顺庆:《中国比较文学学科理论的垦拓》,北京,北京大学出版社,1988。
季羡林:《季羡林散文集》,北京,北京大学出版社,1986。
季羡林:《序》,见乐黛云等:《比较文学原理新编》,北京,北京大学出版社,1999。
简艺:《全球环境中的中国对外传播》,载《现代传播》,2000(2)。
焦国标:《值得商榷的妖魔化》,载《国际新闻界》,1997(6)。
克林顿:《访华期间在北大的演讲》,见文池主编:《思想的声音:在北大听讲座》,北京,新世界出版社,2003。
孔令宏:《中国道教史话》,保定,河北大学出版社,1999。
蓝鸿文等:《中外记者经验谈》,北京,中国人民大学出版社。
李大钊:《东西文明之根本之异点》,见忻剑飞等编:《中国现代哲学原著选》,上海,复旦大学出版社,1989。
李达三、罗钢编:《中外比较文学的里程碑》,北京,人民文学出版社,1997。
李良荣主编:《宣传学导论》,福州,福建人民出版社,1989。
李良荣:《中国报纸文体发展概要》,福州,福建人民出版社,1985。
李龙牧:《中国新闻史稿》,上海,上海人民出版社,1985。
李楠:《历史的追寻,文化的沉思:新华社与美联社新闻比较研究》,载《现代传播》,1996(6)。
李慎之、何家栋:《中国的道路》,广州:南方日报出版社。2001。
李文绚编译:《卷入克林顿性丑闻中的美国新闻界》,载《国际新闻界》,1998(2)。
李希光:《错误之内皆兄弟——记美国新闻界两位老记者》,载《国际新闻界》,1999(4)。
李希光、刘康等:《妖魔化与媒体轰炸》,南京,江苏人民出版社,1999。
李希光:《妖魔化中国的背后》,北京,中国社会科学出版社,1997。
李希光:《中国有多坏?》,南京,江苏人民出版社,1998。
李希光编:《网络媒体》,北京,中国三峡出版社,2000。
李希光:《新闻学核心》,广州,南方日报出版社,2002。
李小兵:《从文明的冲突看西方的没落》,见《我在,我思——世纪之交的文化与哲学》,北京,东方出版社,1997。
李泽厚、刘再复:《告别革命——回望20世纪中国》,香港,天地图书有限公司,1977。
李子坚:《纽约时报的风格》,长春,长春出版社,1999。
李金铨:《超越西方霸权》,Hong Kong,Oxford University Press,2004。
黎秀石编:《英美报刊选读》,长沙,湖南教育出版社,1985。
梁启超:《本馆第一百册祝辞并论报馆之责任及本馆经历》,载《新闻学刊》,1985年创刊号。
梁启超:《梁启超选集》,上海,上海人民出版社,1984年。
梁启超:《饮冰室合集·文集》,第一卷,上海,中华书局,1936。
列宁:《苏维埃政权的当前任务》,全文见《列宁全集》,中文版,27卷,186～191页,北京,人民出版社,1963。
林戊荪:《媒体上的两个中国》,21世纪中国国际形象构建研讨会,1999年,12月,清华大学。
梁建增编:《正在发生的历史》,北京,光明日报出版社,1999。
刘建明:《现代新闻理论》,北京,民族出版社,1999。
刘介民:《现代中西比较文学研究》,成都,四川人民出版社,1988。
刘明华:《西方新闻采访与写作》,北京,中国人民大学出版社,1992。
刘夏塘主编:《比较新闻学》,北京,北京语言文化大学出版社,1997。
刘志民:《现代媒介规则选集》,上海,学林出版社,1992。
刘智锋:《解释中国——"第三只眼睛看中国批判"》,北京,经济日报出版社,1998。
[意]利玛窦、[比]金尼阁:《利玛窦中国札记》,北京,中华书局,1983。
卢跃刚:《卢跃刚自选集(上卷):在底层(自序)》,广州,南方日报出版社,2000。
陆学明:《西方典型理论发展史》,沈阳,东北师范大学出版社,1986。
洛里哀:《比较文学史》,傅东华译,上海,上海书店,1989。
[英]罗素:《中西文化之比较》,北京,时代文艺出版社,1988。
罗艳华:《东方国家人权观透视》,北京,新华出版社,1998。
吕超:《外国人的中国观》,沈阳,辽宁教育出版社,1995。
陆晔、潘忠党:《成名的想象:社会转型过程中新闻从业者的专业主义话语建构》,世界华文媒体与华夏文明传播学术讨论会,兰州,2001年8月。
马立诚、凌志军:《当代中国三次思想解放实录》,北京,今日中国出版社,1998。
麦克卢汉:《麦克卢汉精粹》,何道宽译,南京,南京大学出版社,2001。
孟德斯鸠:《论法的精神》,北京,商务印书馆,1961。
密苏里新闻学院写作组:《新闻写作教程》,北京,新华出版社,1982。
明恩溥:《中国人的素质》,上海,学林出版社,1999。
佚名:《中国印度见闻录》,穆根来等译,北京,中华书局,1983。
穆青:《新闻散论》,北京,新华出版社,1996。
[美]明恩浦:《中国人的素质》,150页,上海,学林出版社,1999。
[美]约翰.霍恩伯格:《普利策新闻奖获奖作品选》,熊昌义译,北京,新华出版社,1984。
彭家发:《新闻客观性原理》,台北:三民书局,1986。
人民日报:《论党的新闻工作》,北京,人民日报出版社,1990。
任白涛:《应用新闻学》,上海,1992。
任继愈:《中国哲学史》,北京,人民出版社,1979。
荣进编:《中外新闻采写与借鉴集成》,杭州,浙江教育出版社,1994。
沙莲香主编:《中国民族性》,北京,中国人民大学出版社,1989。
邵汉明:《中国文化精神》,北京,商务印书馆,2000。
沈莉:《中国新闻学原理建构的宏观考察》,载《新闻与传播研究》,1998(1)。
石仁禹:《一次重大典型宣传的成功——韩素云爱国拥军先进群体宣传的回顾与思考》,载《新闻与成才》,1995(5)。
[美]史彼克:《中国大趋势》,北京,华龄出版社,1996。
[美]史景迁:《文化类同与文化利用》,北京,北京大学出版社,1990。

时统宇：《关于典型报道的各种观点》，见《中国新闻年鉴1989年》，北京，中国社会科学出版社，1989。
宋强等：《中国可以说不——"冷战"后时代的政治与情感抉择》，北京，中国工商联合出版社，1996。
孙杰：《从〈焦点访谈〉看舆论监督的指向》，见季东生、孙玉胜主编：《焦点访谈精粹》，北京，中国人民大学出版社，1998。
孙世恺：《谈调查性报道》，载《新闻与写作》，1996(50)。
孙纬、刘荣忠：《媒介是如何反映暴力现象的？》，《新闻大学》，2000(秋)。
孙旭培：《需要新思路、新政策的中国新闻事业》，亚洲新闻与社会变迁研讨会论文，香港浸会大学，1998年6月。
孙旭培：《我国传播学研究向何处去？》，载《新闻学探讨与争鸣》，1999年冬季号。
孙正一、柳婷婷：《新中国新闻事业50年概述》，《中华新闻报》，1999-09-20。
汤世英、薄澥培、劳沫之：《新闻通讯写作》，北京，中国人民大学出版社，1986。
汤一介：《北大校长与中国文化》，北京，北京大学出版社，1998。
汤一介："略论中国文化发展的前景"，载《理论月刊》，1987(1)。
唐惠虎：《舆论监督论》，武汉，湖北教育出版社，1999。
陶涵主编：《比较新闻学》，北京，文津出版社，1994。
童兵主编：《中西新闻比较论纲》，北京，新华出版社，1999。
《外国人的中国观》，沈阳，辽宁教育出版社，1995。
汪植培：《也谈典型和典型报道》，载《新闻世界》1990(4)。
韦斯坦因：《文学理论与比较文学》，沈阳，辽宁人民出版社，1987。
文池：《思想的声音：在北大听讲座》，北京，中国城市出版社，1999。
王宁等：《中国文化对欧洲的影响》，石家庄，河北人民出版社，1999。
王纬主编：《镜头里的第四势力》，北京，北京广播学院出版社，1999。
王炜、梁虹：《中美首脑互访的双边报道比较》，载《现代传播》，1998(2)。
[美]威廉·哈森：《世界新闻多棱镜——变化中的国际传媒》，北京，新华出版社，1999。
五洲传播中心编：《美国媒体的中国报道》，北京，五洲传播出版社，2001。
吴廷俊、顾建明：《典型报道理论与毛泽东新闻思想》，中国社会科学院新闻研究所建党80周年研讨会论文，北京，2001。
夏瑞春编：《德国思想家论中国》，南京，江苏人民出版社，1989。
肖东生主编：《新闻内幕》，北京，新华出版社，1999。
肖锦龙：《中西深层结构和中西文学的思想导向》，北京，中国社会出版社，1995。
肖黎等编：《影响中国历史的一百个洋人》，广州，广东人民出版社，1992。
肖欣欣、刘乐耕：《世纪末的一场对话——中美主流记者、专家、学者座谈纪要》，载《国际新闻界》，2001(1)。
新华社新闻研究所编著：《世妇会中外新闻实录研究》，北京，新华出版社，1998。
新华社新闻研究所：《苏联东欧剧变与新闻媒介》，北京，新华出版社，1993。
熊蕾：《赞赏与遗憾——我看美国新闻媒介》，见顾耀铭主编：《我看美国媒体》，北京，新华出版社，2000。
熊向晖：《我的情报与外交生涯》，北京，中共党史出版社，1999。
徐宝璜：《新闻学》，北京大学新闻学研究会，北京，1919。
徐光启：《徐光启集》，上海，上海古籍出版社，1984。
徐人仲：《探索有中国特色的社会主义新闻》，见《中国新闻年鉴1987》，北京，中国社会科学出版社,1987。

徐小鸽:《国外有关中国传播的研究:描述与分析》,载《现代传播》,2000(2);徐耀魁编:《西方新闻理论评析》,北京,新华出版社,1998。

徐载平等编:《清末四十年申报史料》,北京,新华出版社,1988。

徐占焜:《新闻写作基础与创新》,北京,新华出版社,1984。

许倬云:《中国文化与世界文化》,贵阳,贵州人民出版社,1991。

许纪霖:《中国知识分子死亡了吗?》,《中国大学学术讲演录》,桂林,广西师范大学出版社,2001。

杨明:《黑哨:足坛扫黑调查手记》,北京,新华出版社,2002。

杨适:《中西人论的冲突》,北京,中国人民大学出版社,1991。

于语和、庚振良编:《近代中西文化交流史》,太原,山西教育出版社,1997。

严光辉:《辜鸿铭传》,海口,海南出版社,1996。

乐黛云:《迎接比较文学的新纪元》,载《中华读书报》,2000-05-10。

乐黛云:《独角兽与龙——在寻找中西普遍性中的误读》,北京,北京大学出版社,1995。

严复:《论世变之亟》,沈阳,辽宁人民出版社,1994。

严绍璗:《中国比较文学的现状与未来》,载《中华读书报》,2000-05-10。

严绍璗:《欧洲中国学的形成与早期理性主义的中国观》,载《北京大学学报》,1990(5)。

姚公骞等编:《中国百年留学精英传》,第1卷,南昌,百花洲文艺出版社,1997。

余小菊:《浅议"典型报道"中的几个问题》,载《新闻学刊》,1987(1),19~21。

喻国明:《中国新闻业透视——中国新闻改革的现实动因和未来走向》,郑州,河南人民出版社,1993。

俞燕敏、鄢利群:《无冕之王与金钱:美国媒体与美国社会》,33页,北京,中国社会科学出版社,2000。

[英]雨果·德·伯格:《英国调查性报道30年》李青藜译,21世纪新闻舆论监督研讨会参考文章,2001。

[美]约翰·霍恩伯格编:《普利策新闻奖获奖作品选》,97~98页,北京,新华出版社,1984。

《美国新闻史》,展江、殷文主译,北京,新华出版社,2001。

《新闻与揭丑:美国黑幕揭发报道经典作品集》,(1),展江、万胜主译,海口,海南出版社,2000。

《新闻与正义》,(Ⅳ),展江主译评,海口,海南出版社,1999。

张法:《中西美学与文化精神》,北京,北京大学出版社,1994。

张芬之:《关于典型报道的讨论综述》,见《中国新闻年鉴1988》,北京,中国社会科学出版社,1988。

张鸿雁:《民族偏见与文化偏见——中西文化比较新论》,沈阳,辽宁教育出版社,1993。

张建伟:《深呼吸》,北京,经济日报出版社,1998。

张昆:《传播观念的历史考察》,武汉,武汉大学出版社,1997。

张隆溪等编选:《比较文学论文集》,北京,北京大学出版社,1984。

张隆溪:《中国比较文学年鉴》北京,北京大学出版社,1986。

张威:《跨国婚恋:悲剧、喜剧、正剧》,北京,世界知识出版社,1999。

张威:《光荣与梦想:一代新闻人的历史终结》,北京,清华大学出版社,2012。

张威:《独立新闻人的演进——兼谈〈新语丝〉对主流媒体的冲击》,载《新闻记者》,2006(7)。

张大卫(张威):《比较新闻学:历史、现状和难题》,载《国际新闻界》,2000(6)。

张小平:《中国之民主精神》,成都,四川人民出版社,2000。

张秀平:《回眸中国报业的三次飞跃》,载《中华新闻报》,1999-07-12。

张应杭、蔡海榕:《中国传统文化概论》,上海,上海人民出版社,2000。

赵浩生:《美国的新闻事业》,载《新闻研究资料》,1980(2)。
赵振宇:《新闻策划》,武汉,武汉出版社,2000。
郑广龙:《模范团长李国安的宣传回顾与启示》,载《新闻与成才》,1996(4)。
郑兴东等:《新闻冲击波——北京青年报现象扫描》,北京,中国人民大学出版社,1994。
中央电视台,《焦点访谈》与《新闻调查》编:《痛击腐败》,北京,华艺出版社,2000。
中共中央文献研究室编:《三中全会以来重要文献汇编》,上册,北京,人民出版社,1982。
中共中央宣传局编:《马克思主义新闻工作文献选读》,北京,人民出版社,1990。
中共中央宣传部编:《中国共产党新闻工作文件汇编:1933—1989》,北京,人民日报出版社,1990。
中国人民大学新闻系编:《中国近代报刊史参考资料》,北京,中国人民大学出版社,1980。
周志春主编:《冰点精粹》,北京,中国人民大学出版社,1998。
祖慰:《误读,在抽象画中造就的戏剧性》,见《跨文化对话》,(4),上海,上海文化出版社,2000。
中国社会科学院外国文学研究所编:《欧美古典作家论现实主义和浪漫主义》,(1),北京,中国社会科学出版社,1980。
郑曦原编:《帝国的回忆:纽约时报晚清观察记 1854—1911》,北京,当代中国出版社,2007。
朱维之等编:《中外比较新文学》,天津,南开大学出版社,1992。

英文部分

Armstrong, Mark Michael Blackeney and Ray Watterson(1990), *Media Law in Australia*, second edition, Melbourne: Oxford University Press.

Allison, Sheila Pankake and Others(1990), *Media Active: A Practical Approach to Media Studies*, Port Melbourne: Heinemann Educational Australia.

Altheide, David L(1976) *Creating Reality: How TV News Distorts Events*, Beverly Hills: Sage.

Anderson, David and Peter Benjaminson(1975), *Investigative Reporting*, Indian University Press.

Avieson, John and Graeme Coddington(1988, eds), *Comparative Journalism*, Vic., Geelong: Deakin University.

ANPA(1973), *News and Editorial Content and Readership of the Daily Newspaper*, Reston: Ametican Newspaper Publishers Association Research Center.

Buchholz, Ted(1993), *Reporting for the Print Media*, USA: Harcourt Brace Jovanovich, Inc..

Betfield, R., C. Hirdand and S. Kelly(1991), *Murdoch: The Decline of an Empire*, U.K: Macdonald.

Bonney, Bill and Hallen Wilson(1983), *Australia's Commercial Media*, South Melbourne: Macmillan Compay of Australia.

Bowers, Peter(1995), "Revealed: Murdoch's Role in 1975", *The Sydney Morning Herald*. May 26.

Barnes, Clive(1980), "Dancing Off to China", *Times*, June 28.

Blood, Warwick(1982), "Agenda Setting: A Review of the Theory" in *Media Information Australia*, No. 26, p. 12.

Bochringer, Kathe Bill Bonney, Tim Rowse and Helen Wilson(1980), *Media in Crisis*, Proceesings of the Third Communication Technology and Control Conference, NSW Institute of Technology, August 22~25.

Brugh, Hugo de(2000), *Investigative Journalism: Context and Practice*, London: Routledge.

Barr, Trevor(1997), *Reflections of Reality: The Media in Australia*, Adelaide: Rigby Limited.
Curran, James Anthony Smith and Pauline Wingate(1987), *Impacts and Influences: Essays on Media Power in the Twentieth Century*.
Curran, James(1991), "Rethinking the Media as a Public Sphere" in P. Dahlgren & C. Sparks(eds.), *Communications and Citizenship*. London: Routledge, p. 30.
Cohen, Bernard C. (1963), *The Press and Foreign Policy*, Princeton University Press.
Cirino, Robert(1972), *Don't Blame the People*, N. Y.: Vintage Books.
Cell, Charles P. (1983), "Communication in China's Mass Mobilisation Campaigns" in Godwin C. Chu and Francis L. K. Hsu(eds.), *China's New Social Fabric*, Kegan Paul International, p. 26.
Chang, T. K. (1993), *The Press and China Policy: The Illusion of Sino-American Relations* 1950-1984, Norwood, NJ: Ablex Publishing Corporation.
Commission on Freedom of the Press(1947), *Toward a Free and Responsible Press*, University of Chicago.
Campbell, Lawrence R. and Roland E. Wolseley(1961), *How to Report and Write the News* Prentice-Hall, Englewood Cliffs, N. J.
Cohen, Stanley and Jock Young(1973), *The Manufacture of News*, *Deviance*, *Social Problems and the Mass Media*, Constable.
Cohen, Stanley and Jock Young(1982), *The Manufacture of News: Social Problems, Deviance and the Mass Media*, *revised edition*, California: SAGE Publications, Beverly Hills.
Cooray, L. J. M. (1992), "Nick Greiner: Victim of the Media", *News Weekly*, (July 18).
Chomskey, N. and E. S. Herman(1987), "The Washington Connection and Third World Fascism", Vol., 1. Boston: Southend Press.
Cooray, L. J. M. (1992), "Nick Greiner: Victim of the Media" in *News Weekly*, (18 July), p. 7.
Deamer, Adrian(1995), "Freepress: A Journalist's Impossible Dream", *Australian Financial Review* (23 February), p. 19.
Deamer, Adrian(1972), "Journalists: Self-censorship", *New Journalist*, 5 November-December Deamer, Adrian(1977), "Walshon the Media" in *New Journalist*, No. 27, October, pp. 6~7.
Deamer, Adrian (1981), "We Can't be Loyal to a Propaganda Sheet", in Keith and Elizabeth Windschuttle, Fixing the News: Critical Perspectives on the Australian Media, Cassell Australia, 1981.
Davies, Chris Lawe (1988), "Agenda-setting: Abandoning the Audience/Media Nexus", *Australian Journalism Review*, Vol. 10, pp. 180-188.
D. Sless(1986), "Not My Agenda: Rejoinder", *Media Information Australia*, No. 42.
Dijk, Teun Adrianus van(1988), News as Discourse, L. Erlbaum Associates.
Duke, Chris (1979), *The Impact of Modern Communication Technology in Australia*. Center for Continuing Education, Australian National University, Canberra. Unesco.
Dennis, Everette E. and John C. Merrill (1991), *Media Debates: Issues in Mass Communicationa*, NewYork: Longman.
Editorial(1995), "Unnecessary Censorship", *The Sydney Morning Herald* (December14).
Farmer, Edward(1994), "Frost on the Mirror: An American Understanding of China in the Cold War

Era", In Chin-Chuan Lee(ed.), *China's Media, Media's China*, Westview Press, 1994, pp. 257~278.

Fukuyama, Francis(1993), *The End of History and The Last Man*, New York: Free press.

Fighter, Rosemary(1978), *Whose News? Politics, the Press and the Third World*, New York: Times Books.

Flint, David(1992), "Complaints and Confidentiality" in *Journalism and the Law*, Seminar Papers, No. 5. Australian Centre For Independent Journalism, October, pp. 13~16.

Fitzsimons, Peter (1995), "Wallabies Drop-kicked Out of the Cup", *The Sydney Morning Herald* (June 12), p. 1.

Granato, Len(1991), *Reporting and Writing News*, Sydney: Prentice Hall.

Growden, Greg(1995), "Decision Time for Top Two", *The Sydney Morning Herald*(June 12), p. 37.

Grader, Doris A(1980), Mass Media and American Politics, Congressional Quarterly Press, Washington, D. C.

Henningham, John, (1988), "Two Hundred Years of Australian Journalism", *Australian Cultural History*, No. 7.

Henningham, John(1993), "The Press" in Stuart Cunningham and Graeme Turner(eds), *The Media in Australian Industries, Texts, Audiences*, Sydney: Allen and Unwin.

Halberstam, David(1979), *The Powers That Be*, London: Chatto and Windus.

Henry F. (1983), "Mass Media As Vehicles of Education, Persuasion, and Opinion Making: In the Western World", in L. John Martin and Anju Grover Chaudhary(eds), *Comparative Mass Media Systems*.

Hurst, John and Sally White(1994), *Ethics and the Australian News Media*, South Melbour: Macmillan Education Australia Pty. Ltd..

Hurst, John(1988), *The Walkley Awards: Australia's Best Journalists in Action*. Richmond, Vic.: John Kerr Pty Ltd..

Hohenberg, Hohn(1980), *The Pulitzer Story*, New York: Columbia University Press.

Tiffen, Rodney(1989), *News as Power*, Sydney. Allen and Unwen.

Hutcheon, Stephen(1995), "Tibet Never Had it So Good: China"(1 September).

Baker, Ian(1980), "The Gatekeeper Chain: A Two-step Analysis of How Journalists Acquire and Apply Organizational News Priorities" in Patricia Edgar(ed) *The News in Focus*, South Melbourne: The Macmillan Company of Australia Pty Ltd, p. 138.

Jervis, Bob(1988), *More News Sense*. Adelaide: Advertiser Newspapers Limited.

Jowett, Garth S. and Victoria O'Donnell(1986), *Propaganda and Persuasion*, Beverly Hills: Sage publications.

Hurst, John(1991), "Journalistic Objectivity in News Reporting and News Selection", *Australian Journalism Review*, Vol. 13.

Hurst, John & Sally A. White (1994), *Ethics and the Australian News Media*, South Melbourne: Macmillan Education Australia Pty Ltd..

Hurst, John(1988), *The Walkley Awards: Australia's Best Journalists in Action*, Richmond, Vic., John Kerr Pty Ltd..

Hulteng, John L. and Roy Paul Nelson(1971), *The Fourth Estate: An Informal Appraisal of the News and Opinion Media*, Harper & Row Publishers.

Hutcheon, Stephen(1995), "Tibet Never Had it So Good: China", *The Sydney Morning Herald*, 2 September, p. 24.

Hall, S. J. Clarke, J. Critcher, T. Jefferson and B. Roberts(1978), *Policing the Crisis*, London: Macmillan.

J. S. Western and Colin A. Hughes(1983), "Deposing the Prime Minister: A Case-Study in Press Coverage", in their *The Mass Media in Australia*, University of Queensland Press, pp. 133~184.

Kincaid, D. Laurence(1987), *Communication Theory: Eastern and Western Perspectives*, Santiago: Academic Press, California.

Kirschner, Allen and Linda(1971eds), *Journalism Readings in the Mass Media*, The Odysser Press.

Knight, Alan(2000), "Online Investigative journalism", *Australian Journalism Review*, 22(2).

Patricia, Edgar(1979), *The Politics of the Press*, Melbourne, Sun Books.

Keith Windschuttle(1988), *The Media, A News Analysis of the Press: Television, Radio and Advertising in Australia*, Sydney: Penguin Books, Third Edition.

Kenn, Steve(1984), "News or Propaganda?", *The Australian Journal of Chinese Affairs*, No. 8. p. 154.

Lee, Chin-Chuan(ed. 1994), *Voices of China: The Interplay of Politics and Journalism*, New York: Guilford Press.

Lee, Chin-Chuan(ed. 1994), *China's Media, Media's China*, Westview Press.

Lorenz, Alfred Lawrence and John Vivian(1996), *News: Reporting and Writing News*, Allyn & Bacon.

Lippmann, Walter(1922), *Public Opinion*, New York: Macmillan.

Lasswell, H. (1948), "The Structure and Function of Communicationin Society" in L. Bryson(ed), *The Communication of Ideas*, NewYork: Harper, p. 43.

Lague, David(1995), "Media Chiefs Baulk at Crack Down on Secrets", *The Sydney Morning Herald*, 14 December p. 3.

Linsky, Martin, Jonathan Moore, Wendy O'Donnell, and David Whitman(1986), *How the Press Affects Federal Policymaking*, Institute of Politics at Harvard University: W. W. Norton & Company, Inc.

Lendvai, Paul(1981), The Bureaucracy of the Truth: How Communist Governments Manage the News, London, Burnett Books Limited.

Manoff, R. K. and M. Schudson(1986), *Reading the News A Pantheon Guide to Popular Culture*, Pantheon Books.

McQuail, Denis(1991), *Mass Communication Theory*, London: Sage Pubications Inc..

McQuail, Denis(1977), "The Influence and Effects of Mass Media" in James Curran, Michael Gurevitch and Janet Woollacott(eds.), *Mass Communication and Society*, The Open University Press, p. 72.

Mollenhoff, Charles R. (1981), Investigative Reporting: From Courthouse to White House New York: Macmillan Publishing CoInc..

McGuinness, Padria in Bruc Stannard(1989), "Why our media are on the nose", *The Bulletin*, 14 November.

Martin, L. John & Anju Grover Chaudhary(1983, eds), *Comparative Mass Media Systems*, London: Longman Inc.

Masterton, Murray (1985), "What Makes News and Do the World's Journalists Agree?", Australian Journalism Review, Vol 7, Nos. 1&2 (January-December), p. 96.

Mark Furnessand Steve Lewins, "Packer Goes on the Attack", *The Australian Financial Review* (February 17,1995).

Meaney, J. M. (1969): "Governor Brisbane and Freedom of the Press in NSW 1824-25", *Armidale District Historical Society Journal and Proceedings*, No. 12.

John Merrill (ed), *Global Journalism: Survey of International Communication*, New York: Longmen,1995.

McCombs, M. E (1972), "Mass Communication in Political Campaigns: Information Gratification and Persuasion", in F. G. Kline and P. J. Tichenor (eds), *Current Perspective in Mass Communication Research*, California: Sage Publications.

Mayer, Henry (1964), *The Press in Australia*, Melbourne: Lansdowne Press.

McQueen, Humphrey (1997) *Australia's Media Monopolies*, Sydney: Widescope.

McGuinness, Padria in Bruc Stannard (1989), "Why our media are on the nose", The Bulletin (14November1989).

Merrill, John C. (ed,1995), *Global Journalism: Survey of International Communications*, Third Edition, New York: Longman Inc..

Marx, Karl and Frederick Engels (1978), "Announcement of the Nene Rheinischezeitung Politisch-okonomische R EVUE" in Karl Max Frederick Engels, *Collected Works*, Vol. 10, London: Lawrence & Wishart.

Maier, Thomas (1996), Newhouse, All the Glitter, Power and Glory of America's Richest Media Empire and the Secretive Man behind it, Stanford: J. Greenburger Associates, Inc..

Moorcroft, Marilyn (1981), Contemporary Investigative Journalism. New York: Franklin Watts.

Norman H. Young (1988), "'Dingo Girl': A Study in Antipodean Intolerance" in Australian and New Zealand Religious History 1788-1988: collection of Papers and Addresses, 11th Joint Conference of the Australian and New Zealand Association of Theological School And Society for Theological Studies, Australian National University, pp. 120~133.

Osborne, Robin (1987), "Good News is No News", *Australian Society* (June), p. 21.

"One is Best" (1980), *The New York Times*, March 20.

Wiio, Osmo A. "The Mass Media Role in the Western World" in L. John Martin and Anju Grover Chaudhary (eds.), *Comparative Mass Media Systems*, pp. 90~91.

Pringle, John Douglas (1995), "Newspaper Proprietors Do, and Should, Havea Say", *Australian Financial Review* 23February, p. 19.

Padraic, P. McGuinness (1990), *The Media Crisis in Australia: Ownership of the Media And Democracy*, Schwartz & Wilkinson, Melbourne.

Patterson & Donsback (1992), "Jounalism Roles and Newsroom Practices: A Cross-national Comparison", paper presented at the International Communications Association Conference (Miali, Mar), p. 3.

Peter Graboskey and Paul Wilson (1989), "The Journalist as Sleuth: Investigative Reporting" in their

Journalism & Justice: How Crime is Reported, Sydney: Pluto Press, p. 101.

Phillip H Ault and Emery Edwin, *Reporting the News* (New York, 1965), p. 16.

Pringle, John Douglas(1995), "Newspaper Proprietors Do, and Should, Have a Say", *Australian Financial Review*, February 23 p. 19.

Pulitzer, Jr. Joseph (1971), "The Press Lives by Disclosure" in Allen Kirschner and Linda Kirschner (eds.), *Journalism Readings in the Mass Media*, New York: The Odyssey Press, p. 94.

Preston, Yvonne, "Dalai Lama Takes his Cause to Bush", *Sydney Morning Heald*, 18 April 1991.

Randall, D(1996), *The Universal Journalist*, London: Pluto Press.

Ramsey, Alan(1995), "Cross-mediaLaws Are Stilla Joke", *The Sydney Morning Herald*, 6 May p. 35.

Raman, Meenakshi (1985), "A News World Information and Communication Order-A Third World Perspective", paper presented at the World Press Convention of the Confederation of Asian Journalists, Kuala Lumpur(18-20 September).

Revill, Lindsay and Colin Roderick(1965), *The Journalist's Craft: A Guide to Modern Practice*, Sydney: Angus and Robertson.

Robinson, C. J. (1995), "Mass Media and the U. S. Presidency", in Dowening, J Mohammadi, A. And Sreberny-Mohammadi A. (eds), Questioning the Media: A Critical Introduction. 2nd. ed Thousand Oaks, CA Sage Publications Ltd, 1995.

Ryan, Warren (1995), "Wallabies Pay the Price for Making Themselves The best" in *The Sydney Morning Herald*, 15 June, p. 55.

Richstad, Jim and Michael H. Anderson (eds. 1981), *Crisis in International News: Policies and Prospects*, New York: Columbia University Press.

Siebert, Fred S., Theodore Peterson and Wilbur Schuramm(1956), *Four Theories of the Press*, Urbana: The University of Illinois.

Sommerlad, E. L. (1968), *The Press in Developing Countries*, Sydney University Press.

Smith, Anthony(1980), *The Geopolitics of Information: How Western Culture Dominates the World*, London: Faber & Faber.

Smith, Anthony(1979), *The Newspaper: An International History*, London: Thames and Hudson Ltd,.

Smith, Anthony (1986), *New International Information and Communication Order*, Sourcebook, International Organization of Journalists, Prague.

Screberny-Mohammadi, Annabelle(1982), "More Bad News Than Good: International News Reporting", *Media Information Australia*, February, pp. 88-90.

Symons, Michael(1976), "Who Really Rules the Media?" in *New Journalist* (March-April).

Schultz, Julianne (1990), *Accuracy in Australian Newspapers*, Australian Centre for Independent Journalism, Working Paper No. 1, University of Technology, Sydney.

Schultz, Julianne(1994), *Not Just Another Business: Journalism, Citizen and the Media*.

Schultz, Julianne (1992), "Investigative Reporting Tests Journalistic Independence", *Australian Journalism Review*, Vol. 14, No. 2, (July-December).

S. Gadir (1982), "Media Agenda Setting in Australia: the Rise and Fall of Public Issues", *Media Information Australia*, No. 26, pp. 13~23.

Snoddy, Raymond (1993), *The Good, the Bad and the Unacceptable: the Hard News about the British Press*, London: Faber and Faber.

The Parliament of the Commonwealth of Australia (1992), News & Fair Facts: The Australian Print Media Industry, Report from the House of Representatives Select Committee on the Print Media Canberra, Australian Government Publishing Service.

Taylor, Lenore (1995), Packer Accuses PM of Intimidation, *The Australian* (7 March).

O'Sullivan, Tim Brian Dutton and Philip Rayher (1994), *Studying the Media: An Introduction* London: Edward Arnold.

Taylor, Lenore, (1992), Turmoil at Tiananmen: A Study of U.S Press Coverage of the Beijing Spring of 1989, John F. Kennedy School of Government, Harvard University.

VladimirIlych, Lenin, (1927), "What is to be Done" in Lenin, *Collected Works*, New York: International Publishers.

White, Sally A. *Reporting in Australia* (1991), The Macmillan Company of Australia Pty Ltd, South Melbourne.

Wright, C. R. (1960), "Functional Analysis and Mass Communication", *Public Opinion Quarterly*, No. 24, pp. 606~620.

Windschuttle, Keith and Elizabeth (1981), *Fixing the News*, North Ryde, NSW: Cassell Australia Limited.

Windschuttle, Keith and Elizabeth (1975), "We Cannot be Loyal to a Propaganda Sheet", *New Journalist*, No. 21 (December).

Windschuttle, Keith (1988), *The Media, A News Analysis of the Press. Television, Radio and Advertising in Australia.*

Wright, C. R. (1974), "Functional Analysis and Mass Communication Revisited" in J. G. Blumler and E. Kats, The Uses of Mass Communications, Beverly Hills and London: Sage Publications.

Whale, John (1980), *The Politics of the Media*, London: Fontana.

Williams, Evan (1973&1974), "The Persecution of John Pringle", *New Journalist*, No. 12 (December 1973-February 1974).

Windschuttle, Keith (1984), *The Media: A News Analasis of the Press, Television, Radio and Advertising in Australia*, Sydney: Penguin Books.

Windschuttle, Keith and Elizabeth (1976), "We Cannot be Loyal to a Propaganda Sheet", *New Journalist*, No. 21 (December 1975-January 1976), pp. 5~7.

Whitlam, E. G. M. H. R (1968), "The Responsibilities of Journalism in an Advances, Democratic Society" in *The Role of the Specialist in Journalism*. The Third Summer School of Professional Journalism, Canberra, February, pp. 5~12.

Walsh, Maximilian (1970) "The Social Responsibility of the Press" in The Six Summer School of Professional Journalism, Canberra, February.

Williams, Evan (1973&1974) "The Persecution of John Pringle", *New Journalist*, No. 12, December 1973-

February 1974, pp. 24~26.

Weale, Putnam(1926), "The Mirror of the Chinese Press" in his *Why China Sees Red*, London: Dodd, Mead And Company.

Zhang, Wei(1997) *Politics and Freedom of the Press: A Comparison of Australian and China with Particular Reference to Coverage by Two Leading Dailies of Some Significant Events Since 1970*, Sydney: Australian Center for Independent Journalism.